中国法学会研究会支持计划
最高人民法院审判理论研究会主持

中国法院类案检索与
裁判规则专项研究

买卖合同纠纷案件裁判规则（一）

合同的订立与效力

钟莉　主编

法律出版社
LAW PRESS · CHINA

买卖合同纠纷案件裁判规则（一）
合同的订立与效力

主　　编：钟　莉
副 主 编：李俊伟　赵芳芳
专 家 组（以姓氏笔画为序）：
刘　颖　刘　璨　刘晓旭　李　晶　吴玲洲
郑浩凯
研究助理：张艳霞

中国法院类案检索与裁判规则专项研究说明

最高人民法院“五五改革纲要”提出“完善类案和新类型案件强制检索报告工作机制”，周强首席大法官提出法官办案应当进行案件检索。为配合司法体制综合配套改革，落实周强首席大法官的指示要求，循序推进人民法院类案同判工作，中国应用法学研究所组织了最高人民法院审判理论研究会及其下设18个专业委员会的力量，开展中国法院类案检索与裁判规则专项研究，并循序推出类案检索与裁判规则研究成果。

最高人民法院审判理论研究会及其分会的研究力量主要有最高人民法院法官和地方各级人民法院法官、国家法官学院和大专院校专家教授、国家部委与相关行业的专业人士，这些研究力量具有广泛的代表性，构成了专项研究力量的主体。与此同时，为体现法为公器，应当为全社会所认识，并利用优秀的社会专业人士贡献智力力量，专项研究中也有律师、企业法务参加，为专项研究提供经验与智慧，并参与和见证法律适用的过程。以上研究力量按照专业特长组成若干研究团队开展专项研究，坚持同行同专业同平台研究的基本原则。

专项研究团队借助大数据检索平台，形成同类案件大数据报告，为使用者提供同类案件裁判全景；从检索到的海量类案中，挑选可索引的、优秀的例案，为使用者提供法律适用参考，增加裁判信心，提高裁判公信；从例案中提炼出同类案件的裁判规则，分析裁判规则提要，提供给使用者参考。从司法改革追求的目标看，此项工作能够帮助法官从浩如烟海的同类案件中便捷地找到裁判思路清晰、裁判法理透彻的好判决（即例案），帮助法官直接参考从这些好判决中提炼、固化的裁判规则。如此，方能帮助法官在繁忙工作中实现类案同判。中国法院类案检索与裁判规则专项研究，致力于统一法律适用，实现法院依法独立行使审判权与法官依法独立行使裁判权的统一。这也正是应用法学研究的应有之义。

专项研究的成果体现为电子数据和出版物(每年视法律适用的发展增减),内容庞大,需要大量优秀专业人力长期投入。有关法院裁判案件与裁判内容检索的人工智能并不复杂,算法也比较简单,关键在于"人工",在于要组织投入大量优秀的"人工"建设优质的检索内容。专项研究团队中的专家学者将自己宝贵的时间、智力投入"人工"建设优质内容的工作中,不仅需要为统一我国法律适用、提升裁判公信力作出贡献的情怀,还需要强烈的历史感、责任感,具备科学的体系思维和强大的理性能力。此次专项研究持续得越久,越能向社会传达更加成熟的司法理性,社会也越能感受到蕴含在优质司法中的理性力量。

愿我们砥砺前行。

编写组

二〇一九年五月十六日

法律法规缩略语对照

一、法律法规

1.《中华人民共和国民法典》(2020 年 5 月 28 日通过,2021 年 1 月 1 日起施行),简称《民法典》

2.《中华人民共和国合同法》(1999 年 3 月 15 日通过,1999 年 10 月 1 日起施行,2021 年 1 月 1 日失效),简称《合同法》

3.《中华人民共和国物权法》(2007 年 3 月 16 日通过,2007 年 10 月 1 日起施行,2021 年 1 月 1 日失效),简称《物权法》

4.《中华人民共和国民法总则》(2017 年 3 月 15 日通过,2017 年 10 月 1 日起施行,2021 年 1 月 1 日失效),简称《民法总则》

5.《中华人民共和国民法通则》(1986 年 4 月 12 日通过,2009 年 8 月 27 日修正),简称《民法通则》

6.《中华人民共和国担保法》(1995 年 10 月 1 日起施行,2021 年 1 月 1 日失效),简称《担保法》

7.《中华人民共和国电子签名法》(2015 年 4 月 1 日起施行,2019 年修正),简称《电子签名法》

8.《中华人民共和国个人独资企业法》(2000 年 1 月 1 日起施行),简称《个人独资企业法》

9.《中华人民共和国民事诉讼法》(1991 年 4 月 9 日通过,2007 年 10 月 28 日第一次修正,2012 年 8 月 31 日第二次修正,2017 年 6 月 27 日第三次修正),简称《民事诉讼法》

10.《中华人民共和国产品质量法》(1993 年 2 月 22 日通过,2000 年 7 月 8 日第一次修正,2009 年 8 月 27 日第二次修正,2018 年 12 月 29 日第三次修正),简称《产品责任法》

11.《中华人民共和国发票管理办法》(1993 年 12 月 12 日批准,1993 年 12 月 23 日发布,2010 年 12 月 20 日第一次修订,2019 年 3 月 2 日第二次修订),简称《发票管理办法》

二、司法解释及司法文件

1. 最高人民法院《关于审理民间借贷案件适用法律若干问题的规定》(2015 年 6 月 23 日通过,法释〔2015〕18 号;2020 年 8 月 18 日修正,法释〔2020〕6 号;2020 年 12 月 23 日第二次修正,法释〔2020〕17 号),简称《民间借贷司法解释》

2. 最高人民法院《关于适用〈中华人民共和国民事诉讼法〉的解释》(2014 年 12 月 18 日通过,法释〔2015〕5 号;2020 年 12 月 23 日修正,法释〔2020〕20 号),简称《民事诉讼法解释》

3. 最高人民法院《关于审理买卖合同纠纷案件适用法律问题的解释》(2012 年 3 月 31 日通过,法释〔2012〕8 号;2020 年 12 月 23 日修正,法释〔2020〕17 号),简称《买卖合同解释》

4. 最高人民法院《关于民事诉讼证据的若干规定》(2001 年 12 月 6 日通过,法释〔2001〕33 号;2008 年 12 月 16 日调整;2019 年 10 月 14 日修正,法释〔2019〕19 号),简称《民事诉讼证据规定》

5. 最高人民法院《关于适用〈中华人民共和国合同法〉若干问题的解释(二)》(法释〔2009〕5 号,2009 年 2 月 9 日通过,2021 年 1 月 1 日失效),简称《合同法解释二》

6. 最高人民法院《关于在审理经济纠纷案件中涉及经济犯罪嫌疑若干问题的规定》(1998 年 4 月 9 日通过,法释〔1998〕7 号;2020 年 12 月 23 日修正,法释〔2020〕17 号),简称《经济纠纷案件涉及犯罪问题规定》

7. 最高人民法院《关于人民法院民事执行中查封、扣押、冻结财产的规定》(2004 年 10 月 26 日通过,法释〔2004〕15 号;2008 年 12 月 16 日;2020 年 12 月 23 日修正,法释〔2020〕21 号),简称《民事执行中查封、扣押、冻结财产规定》

8. 最高人民法院《关于审理民事案件适用诉讼时效制度若干问题的规定》(2008 年 8 月 11 日通过,法释〔2008〕11 号;2020 年 12 月 23 日修正,法释〔2020〕17 号),简称《民事案件适用诉讼时效规定》

9. 最高人民法院《关于人民法院办理执行异议和复议案件若干问题的规定》(2014 年 12 月 29 日通过,法释〔2015〕10 号;2020 年 12 月 23 日修正,法释〔2020〕

21号),简称《执行异议和复议规定》

10. 最高人民法院《关于贯彻执行〈中华人民共和国民法通则〉若干问题的意见(试行)》[法(办)发〔1988〕6号,1988年1月26日通过, 2021年1月1日失效],简称《民通意见》

11. 最高人民法院《关于适用〈中华人民共和国担保法〉若干问题的解释》(法释〔2000〕44号,2000年9月29日通过,2021年1月1日失效),简称《担保法解释》

三、地方性法规、规章等规范性文件

1.《中华人民共和国增值税暂行条例》(1993年12月13日公布,2008年11月5日修订通过,2016年2月6日《国务院关于修改部分行政法规的决定》第一次修订,2017年11月19日第二次修订),简称《增值税暂行条例》

目　　录

买卖合同纠纷案件裁判规则(一)第1条:
在循环买卖中,一方当事人主张"名为买卖,实为借贷",应当从利息、还款期限、担保、违约条款等方面进行举证证明,否则应确认各方之间为买卖合同关系

〔**规则描述**〕:本条裁判规则是对循环买卖案件审理原则的明确。在循环买卖中,若各方当事人签订合同并按照合同支付价款,则货物是否实际交付一般不影响买卖关系的认定,除非主张融资关系的当事人能够提供相反证据予以证明。一方当事人主张"名为买卖,实为借贷"关系的,该方当事人负有举证责任,应当从利益、还款期限、担保、违约条款等方面进行证明;如其无法举证或提交的证据不足以证明借贷关系,则应当认定为买卖合同关系。但如果当事人短时间内进行低买高卖且不存在货物流转,体现出一方当事人出资购买和销售货物但不承担转售的交易风险,且在一定期限后收回本金并获得固定的利益回报,符合借款合同特征,应认定"名为买卖,实为融资",并进一步确认当事人间成立借贷法律关系。

循环买卖关系中,若买卖标的物为第三人所占有(在途或存在于第三方仓库的货物),为交易便捷,在符合行业惯例以及指示交付的外观条件下,买卖双方通过指示交付转让货物返还请求权,不影响买卖关系的成立。

一、类案检索大数据报告

时间:2020年5月24日之前,案例来源:Alpha案例库,案件数量:475件,数据采集时间:2020年5月24日。本次检索到循环贸易法律关系性质争议相关案件共475件,整体情况如图1-1所示。其中,认定为买卖合同关系的案件有332件,占比为69.90%;未认定为买卖合同关系的案件有105件,占比为22.10%;不相关案件有38件,占比为8.00%。

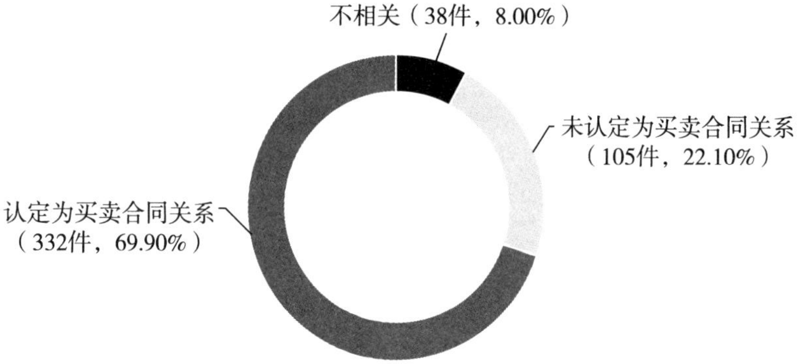

图 1 -1　涉案合同是否认定为买卖合同

如图 1 -2 所示,从案件主要年份分布情况可以看出类似案件中认定为买卖合同关系的案件数量的变化趋势。

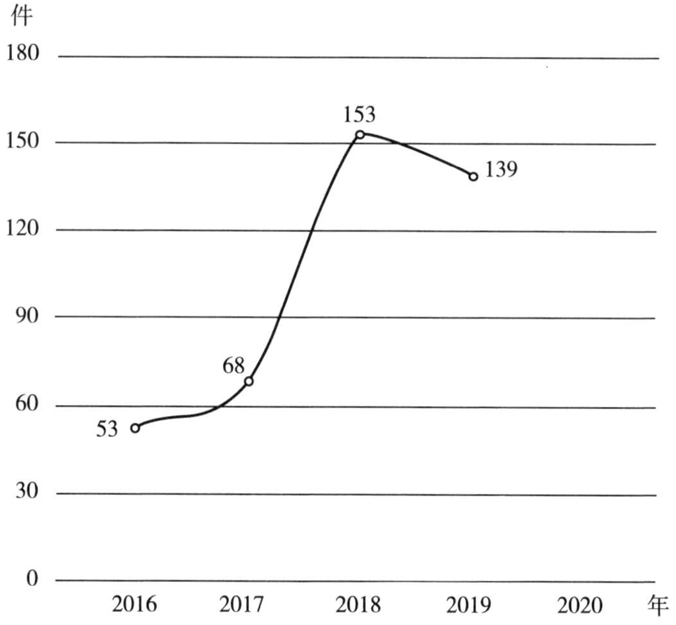

图 1 -2　案件主要年份分布情况

如图 1 -3 所示,从案件主要地域分布情况来看,当前循环买卖纠纷案件主要集中在北京市、广东省、上海市、浙江省。其中,北京市的案件数量最多,达到 167 件。

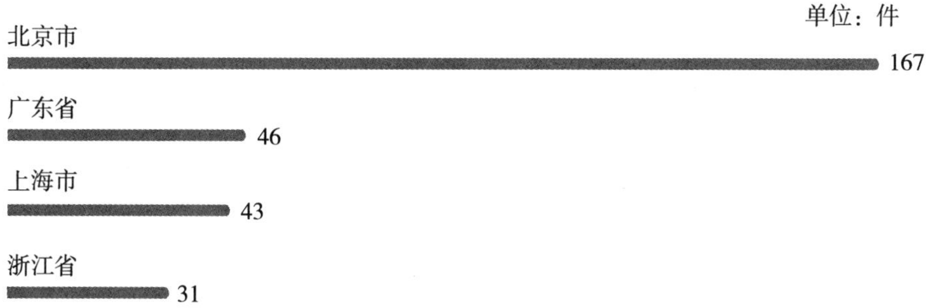

图1-3　案件主要地域分布情况

如图1-4所示,通过对标的额的可视化分析可以看出,标的额为50万元以下的案件有20件,50万~100万元的案件有3件,100万~500万元的案件有104件,500万~1000万元的案件有71件,1000万~2000万元的案件有68件,2000万~5000万元的案件数量最多有139件,5000万~1亿元的案件有38件,1亿元以上的案件有32件。

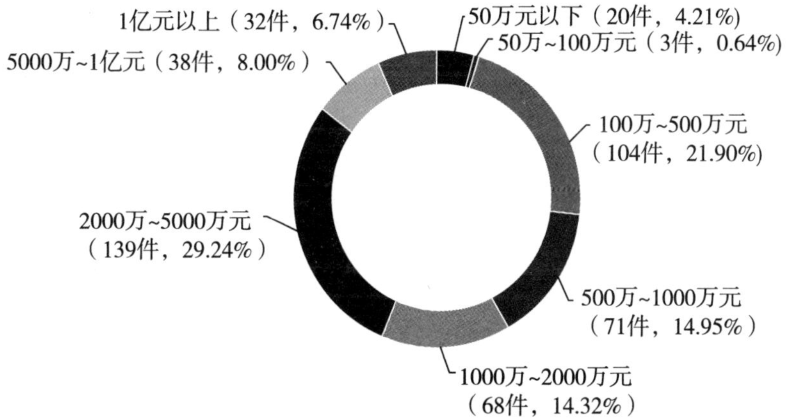

图1-4　案件标的额情况

如图1-5所示,从行业分类情况可以看出,循环买卖合同纠纷当前的行业分布主要集中在批发和零售业,信息传输、软件和信息技术服务业,制造业,科学研究和技术服务业,租赁和商务服务业。

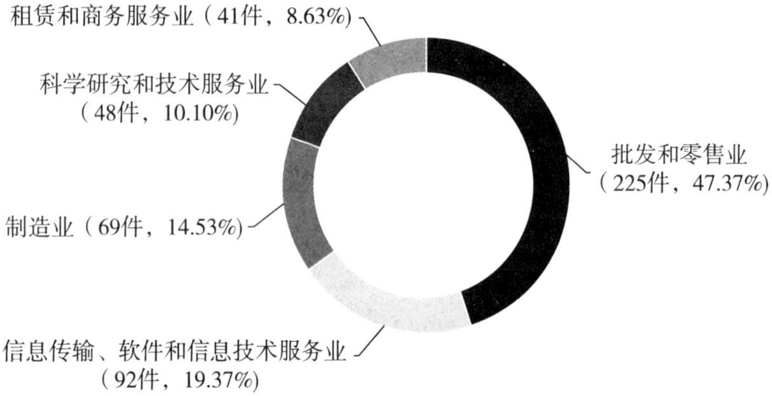

图 1 –5　案件行业分类情况

二、可供参考的例案[①]

例案一　中铁物资集团兰州有限公司、安徽淮化国盛物流有限公司与安徽淮化集团有限公司买卖合同纠纷案

【法院】

最高人民法院

【案号】

(2017)最高法民终 346 号

【当事人】

上诉人(原审原告):中铁物资集团兰州有限公司

上诉人(原审被告):安徽淮化国盛物流有限公司

被上诉人(原审被告):安徽淮化集团有限公司

【基本案情】

2014 年 6 月 30 日,中铁物资集团兰州有限公司(以下简称中铁物资公司)与安徽淮化国盛物流有限公司(以下简称国盛物流公司)签订了编号为 ZTLZ – XHDL – CG – MT – 2014 – 003 的《煤炭采购合同》,合同主要约定:中铁物资公司向国盛物流公司采购特低灰煤,总金额为 2400 万元。交货时间及地点:自本合同

① 本书“可供参考的例案”部分中引用的法律法规等规范性文件,涉及的地名、机构名称、机关名称等,均以裁判文书生效时为准,不再单独标注版本或时效性。全书同。——编者注

生效之日起70日内交货,具体交货时间以中铁物资公司需求计划为准。《煤炭采购合同》签订后,中铁物资公司于2014年7月10日开立了出票人为中铁物资公司、票面金额为2400万元、收款人为国盛物流公司的银行承兑汇票,按约履行了向国盛物流公司支付货款的义务。国盛物流公司收到该银行承兑汇票后,于2014年7月11日向中铁物资公司出具了收据。合同约定的交货期限届满后,国盛物流公司至今未能按约履行向中铁物资公司交付货物的义务,中铁物资公司遂提起本案诉讼。

中铁物资公司、国盛物流公司均不服甘肃省高级人民法院(2015)甘民二初字第2号民事判决,向最高人民法院提起上诉。

【案件争点】

中铁物资公司与国盛物流公司签订的《煤炭采购合同》属于买卖合同还是融资性贸易协议;国盛物流公司是否应按《煤炭采购合同》约定承担相应责任。

【裁判要旨】

最高人民法院经审理认为,根据本案查明事实,本案双方于2014年6月30日签订的编号为ZTLZ－XHDL－CG－MT－2014－003的《煤炭采购合同》中约定,中铁物资公司从国盛物流公司购买煤炭3万吨,暂定价为每吨800元,总金额为2400万元。合同签订后,中铁物资公司已按约支付了2400万元货款。国盛物流公司对案涉合同的内容、签订过程以及已收到货款的事实均无异议。上述合同符合买卖合同特征,亦不违反法律、行政法规的强制性规定,国盛物流公司在不能提交证据证明签订合同并非其真实意思表示的情况下,案涉买卖合同应属有效。因此,国盛物流公司仅以"不走货"为由,否定双方之间的买卖法律关系,证据不足,法院不予支持。

例案二 | 广州临海贸易实业有限公司与广州医药进出口有限公司买卖合同纠纷案

【法院】

广东省广州市中级人民法院

【案号】

(2016)粤01民终7734号

【当事人】

上诉人(原审被告):广州医药进出口有限公司

被上诉人(原审原告):广州临海贸易实业有限公司

【基本案情】

2014年3月21日,广州临海贸易实业有限公司(以下简称临海公司)(供方)与广州医药进出口有限公司(以下简称广药公司)(需方)签订编号为B214GZLH-03A《产品购销合同》,约定供方售出需方购进品名为磷酸铁锂电池组的商品。2014年3月27日,临海公司(卖方)与广药公司(买方)签署《货物收据》。《货物收据》中记载:卖方与买方2014年3月21日签订"B214GZLH-03A""B214GZLH-03B"贸易合同项下磷酸铁锂电池组,货物交接已经完成,2014年5月26日,临海公司向广药公司开具编号为10927491-10927494的增值税专用发票。

临海公司于2014年6月5日、7月3日向广药公司发出《催款函》,认为广药公司已逾期付款,要求广药公司于本月15日前安排还款;于2014年8月14日向广药公司发出《关于尽快支付所欠临海贸易公司货款及滞纳金的函》,敦促广药公司于2014年8月20日之前结清拖欠临海公司的到期货款及滞纳金。

2014年8月26日,广药公司复函给临海公司称,由于近期部分客户拖欠广药公司大笔货款,导致其资金相当紧张,以致无法及时付清临海公司货款,对此,广药公司深表歉意,并恳请临海公司能给予谅解。

2014年11月11日,临海公司向原审法院提起诉讼。

广药公司认为:临海公司的上游供货单位海南蓝某新能源开发有限公司(以下简称蓝某公司)和广药公司的下游购货单位广州市永镒能源科技发展有限公司(以下简称永镒公司)的法定代表人都是张某钧,蓝某公司的股东是张某钧、黄某、高某,收货人是劲能公司,其股东海南华汇投资有限公司的股东其实就是黄某、高某,证实了出货人和收货人都是同一关系人。

【案件争点】

如何认定临海公司与广药公司基于《产品购销合同》产生的法律关系。

【裁判要旨】

对于《产品购销合同》所涉法律关系的性质,应从当事人的交易目的、合同价款是否合理、标的物是否实际交付流转、交易过程是否符合常理等方面进行审查。(1)根据临海公司与广药公司签订的《产品购销合同》及临海公司提交的其与上游客户蓝某公司签订的《产品购销合同》,广药公司提交的其与下游客户永镒公司签订的《产品购销合同》的约定,除合同价款外,前述各合同在订立日期,标的物的类型、数量、质量等方面完全相同,再结合蓝某公司与永镒公司的法定代表人均为张某钧的事实,应可认定在上述各公司之间实际形成了一个闭合性的循环交易关系。(2)从前述各合同的交易价款来看,蓝某公司与临海公司之间、临海公司与广药公司之间、广药公司与永镒公司之间所涉合同价款,显示为逐步递增的情形,即在同一天内,蓝某公司以低价出售、通过临海公司、广药公司、再由永镒公司以高价购买的方式同时完成各方之间的交易。法院认为,在蓝某公司、永镒公司的法定代表人归一的情况下,两公司实际上通过临海公司、广药公司,以低卖高买的方式从事亏本的交易,这明显不符合买卖合同以营利为目的交易特征,不符合一般的交易常理。(3)根据公安机关向张某甲钧所作的询问笔录,张某钧明确表示上述各方之间并非真实的买卖合同关系,进行的只是名义上的锂电池贸易,没有真实的货物交割,实际是借款,利息以利润方式体现。经审查,张某钧在公安机关所作供述具备客观真实性,且能够解释上述各方之间在交易上存在的不合理之处。(4)综合前述情况,法院认为,广药公司提交的证据已能够形成较为完整的证据链条,证实其主张的《产品购销合同》所涉法律关系实为融资性贸易关系,应予以采信。

例案三 | 中石油中铁油品销售有限公司诉烟台市牟平区留德润滑油销售有限公司、中国石化润滑油有限公司等买卖合同纠纷案

【法院】

北京市高级人民法院

【案号】

(2016)京民终529号

【当事人】

上诉人(原审原告):中石油中铁油品销售有限公司

被上诉人(原审被告):中国石化润滑油有限公司

被上诉人(原审被告):中国石化润滑油有限公司山东销售分公司

被上诉人(原审第三人):烟台市牟平区留德润滑油销售有限公司

【基本案情】

2013年7月至2014年7月,中石油中铁油品销售有限公司(以下简称中石油中铁公司)与中国石化润滑油有限公司山东销售分公司(以下简称中石化山东润滑

油公司)及烟台市牟平区留德润滑油销售有限公司(以下简称烟台留德公司)“两两之间”签订购买基础油买卖合同共计5份,进行油品业务共计5轮。本案诉争合同为第5轮业务。

1. 2014年7月10日,烟台留德公司为卖方与买方中石化山东润滑油公司签署《油品采购合同》,向中石化山东润滑油公司出售6000吨350SN基础油,单价为9330元/吨,总价为5598万元。

同年7月11日,中石化山东润滑油公司与中石油中铁公司签署涉案买卖合同,将同一标的物(6000吨350SN基础油)再出售给中石油中铁公司,单价为9350元/吨,总价为5610万元。

同时,中石油中铁公司为卖方与买方烟台留德公司签署《油品买卖合同》,将同一标的物(6000吨350SN基础油)再出售给烟台留德公司,单价为9540元/吨,总价为5724万元。

2. 2014年7月14日,中石油中铁公司向中石化山东润滑油公司支付5610万元;中石化山东润滑油公司分别于同年7月21日、23日,向中石油中铁公司开出30张面额均为1,168,750元、17张面额均为1,122,000元、1张面额为906,015元、1张面额为1,057,485元,总计金额为5610万元的增值税专用发票。

同年7月14日,烟台留德公司向中石化山东润滑油公司开出48张面额均为1,166,250元,总计金额为5598万元的增值税发票;7月16日,中石化山东润滑油公司将5598万元支付给烟台留德公司。

烟台留德公司于2014年7月22日向中石油中铁公司支付该合同项下约定的10%定金572.4万元,2015年5月25日支付300万元,共计872.4万元。

烟台留德公司于2015年8月6日分别出具说明,主要内容为:为解决烟台留德公司资金紧张问题,其与中石油中铁公司总经理陈某刚商议,以进行油品买卖贸易为由,向中石油中铁公司借款,并安排与中石化山东润滑油公司及中石油中铁公司“两两之间”分别签署名义上的买卖合同,借款期限均为3个月。第5轮业务中,烟台留德公司向中石油中铁公司借款5610万元,年利率8%,买卖合同总额5724万元;2014年7月22日、2015年5月25日,烟台留德公司分别归还中石油中铁公司借款572.4万元及300万元,共计872.4万元,尚欠4851.6万元借款本息未予归还。

【案件争点】

三方主体之间形成闭合型循环买卖,但三方当事人无买卖货物的真实意思表示,如何认定本案各方当事人之间相关合同的交易关系。

【裁判要旨】

结合本案闭合型循环买卖交易的特征,货款流转的约定及实际支付、各方当事人的预期获利或亏损情况,各方在签订合同时无占有、使用基础油的意图,客观上不存在货物转移的事实,以及各方当事人、相关人员在公安机关询问笔录中的陈述,法院认为,三方当事人"两两之间"签订的3份油品买卖合同,虽然从形式上、外观上符合一般买卖的特征,但其交易行为明显有别于一般买卖交易规则;本案各方当事人之间只有资金循环,不存在货物交易,参与交易的各方当事人均没有真实的买卖意图,各方当事人之间的交易不符合买卖合同的基本特征和交易习惯,其真实意思为融资而非买卖,系基于循环买卖合同形成的企业间融资借款关系,3份油品买卖合同共同构成融资链条的组成部分,中石油中铁公司为出借人,烟台留德公司为实际用资人。

例案四 丰田通商(上海)有限公司与上海威氏实业集团有限公司、上海威氏信息技术有限公司买卖合同纠纷案

【法院】

上海市浦东新区人民法院

【案号】

(2014)浦民二(商)初字第2727号

【当事人】

原告:丰田通商(上海)有限公司

被告:上海威氏实业集团有限公司

原审第三人:上海威氏信息技术有限公司

【基本案情】

原告与被告上海威氏实业集团有限公司(以下简称威氏集团)有长期的聚乙烯买卖合同关系。

2013年7月12日、15日、19日,原告(供方)与被告威氏集团(需方)先后签订了3份《产品购销合同》,分别约定被告威氏集团向原告购买聚乙烯(规格1180F)160吨、277吨、198吨,单价均为12,763.25元,总价分别为2,042,120元、3,535,420.25元、2,527,123.50元,合计总价为8,104,663.75元。被告威氏

集团指定材料的直供方为上海凌琳实业有限公司(以下简称凌琳公司),并已对其有充分了解,如有质量、数量、交货延迟等一切异议,由被告威氏集团与凌琳公司协商后,自行解决,被告威氏集团不得以此为由拒绝付款。各系争合同签订同日,原告(需方)与凌琳公司(直供方)签订《产品购销合同》,由凌琳公司向原告销售聚乙烯。数量与系争合同一致,单价均为12,550元。每批材料需附质保书,由凌琳公司负责将材料送达给原告,凌琳公司对由质量原因造成的损失承担全部责任。材料用船运输,运费由凌琳公司承担,交付地点为江门威氏新材料有限公司。原告分别在2013年7月15日、16日、22日向凌琳公司付款。

2013年7月12日、15日、19日被告威氏集团向原告出具上述合同160吨、277吨、198吨聚乙烯的收料单。2013年7月18日、22日、25日原告向被告威氏集团开出上海增值税专用发票(数量分别为162.76吨、274.24吨和195.51吨)3张合计8,072,883.50元。被告威氏集团应于2013年8月31日前将该款项支付给原告。截至2014年5月27日,被告威氏集团就系争合同未向原告支付过任何款项。2014年5月27日,被告威氏集团向原告出具《债务确认书》,确认已接收上述合同项下原告交付的货物,确认截至2014年5月27日尚欠原告8,072,883.50元。同日,被告威氏集团向原告和三井住友海上火灾保险(中国)有限公司上海营业部(以下简称三井保险公司)出具《还款计划》,就原告向三井保险公司投保的买卖交易部分中截至当日8,072,883.50元的未付款提出计划,计划内容为分11个月还款,其中2014年6月30日还款50,000元,2014年7月31日前还款100,000元,等等;并承诺如有一期不能如期偿还,原告有权要求被告威氏集团立即偿还全部未还欠款本金及利息,同时有权要求被告威氏集团承担支付未还欠款总额5%的违约金。2014年5月27日,被告上海威氏信息技术有限公司(以下简称威氏信息公司)向原告和三井保险公司出具《保证函》,就本公司的关联公司被告威氏集团欠原告的上述欠款本金、利息及违约金承担连带保证责任。

被告威氏集团在2014年7月2日向原告支付50,000元后,未再付款。被告威氏信息公司也未履行保证义务。

【案件争点】

原告与被告威氏集团、凌琳公司与原告同一日分别签订了连环买卖合同,被告威氏集团和凌琳公司均称实际并没有交货,如何认定原告与被告威氏集团、凌琳公司达成的是买卖的合意还是借款的合意。

【裁判要旨】

本案的关键在于原告与被告威氏集团、凌琳公司达成的是买卖的合意还是借款的合意。探究当事人的真意,首先看表面的合同文本,两份合同为购销合同,由出卖人转移货物所有权、买受人支付价款,而转移货物所有权的方式为指示交付。由于原告指示交货且直接供货方由被告威氏集团指定,因此原告不对货物质量、数量、交货期负责,而由直接供货方凌琳公司负责,并不违法、属于当事人意思自治的范围。两被告认为,原告在两份购销合同中只有付款和收款,符合借款合同的特征。法院认为,原告为三方交易之中间商,以转手交易赚取差价。从两个连环买卖合同的付款条件看,凌琳公司与原告的买卖合同为签订合同之日后的3天内付款;而原告与被告威氏集团的买卖合同的付款条件则是次月底付款,有30~60天的赊账期。原告给予被告威氏集团的账期有融资的性质,但类似先给货后付款的赊销形式属正常贸易往来。同时,原告向被告威氏集团开具了销售货物的增值税发票。从原告角度来看,原告与被告威氏集团和凌琳公司签署和履行的是两个买卖合同,而非借款合同。

三、裁判规则提要

循环买卖,是指三方或三方以上当事人通过互相签订买卖合同或者代理采购协议,使最初出卖人与最终买受人或者最初买受人与最终出卖人同一,形成闭合交易链的贸易形式。关于循环买卖性质的认定,首先,应审查当事人真实意思表示与表面合同行为是否具有一致性,即“买卖”是否为各方的真实意思表示;其次,尽管循环交易以“走单、走票、不走货”为典型特征,但仍应将货物是否真实交付与中间方或者出资方是否承担风险、是否享有固定回报、是否存在货物短时间内“高买低卖”等情况结合起来,予以综合判断。

(一)闭合型循环买卖法律关系认定

1. 认定为买卖合同关系的情形

构成闭合贸易链条的循环买卖并不能否定买卖合同效力。假如买卖标的物客观存在、交易模式具有买卖合同的交易特征,在不违反法律强制性规定的前提下,目前法律并不禁止市场主体通过订立和履行合同实现合同约定之外的其他目的,在买卖意图之外的融资目的不影响买卖合同的定性。各个合同均是循环买卖链中的一环,但各合同均不受另一合同限制,合同订立的各方当事人处于相对独立的出卖人和买受人地位,形成相对独立的权利义务关系,具有真实买卖交易的资源配置功能。

2. 认定为借款关系的情形

循环买卖中,中间方进行短时间内的低买高卖,且不存在实际货物流转,结合当事人陈述可以认定中间方不存在真实的买卖意图的,应认定是名为买卖实为融资,并进一步确认当事人间成立借款法律关系,即循环买卖的实际买受人确有向供货方买卖货物的真实意图和需求,但资金紧缺,通过中间方托盘融资的方式,由中间方代垫资金向供货方购买标的,然后再通过与中间方签订付款期限延后的买卖合同取得标的物,并以买卖价差的形式向中间方支付固定利益。在这种形式中,货物由供货方直接交付实际买受人,作为托盘企业的中间方出资购买和销售货物但不承担转售的交易风险,且在一定期限后收回本金并获得固定的利息回报,符合借款合同特征,中间方与实际买受人之间是借款法律关系而非买卖合同关系。"名为买卖,实为借贷"的循环买卖,在对其效力进行评价时,应以实质上的法律关系即企业间借款法律关系作为评价目标。根据《民间借贷司法解释》第 10 条的规定,涉案企业间借贷实为生产和经营目的,且不存在《民法典》第 146 条、第 153 条、第 154 条及《民间借贷司法解释》第 13 条规定的合同无效的情形的,借贷合同有效。

(二)非闭合的连环买卖法律关系认定

1. 无充分证据证明当事人真实意图在于融资的,认定连环买卖各环节成立独立有效的买卖合同关系

主张"名为买卖,实为借贷"的一方当事人提供的证据不足以证明双方的真实目的在于融资时,买卖合同系双方当事人的真实意思表示,应当认定合法有效。虽然一方当事人与第三人或案外人签署的买卖合同与涉案买卖合同一致,但是只能证明在不同当事人之间成立不同的买卖合同关系。

2. 符合行业惯例的指示交付,中间人未实际提货不影响买卖关系的认定

连环买卖经常出现货物采取指示交付或者拟制交付的方式完成交接,即由最终买受人到最初出卖人处提货,通过交付提货单、货权转移证明等书面文件交接完成货物交付。在已经签订合同建立了买卖关系的情况下,买受人通过指示交付等形式在法律意义上已经实际收到合同货物,虽然没有实际提货,也应当视为对自身权利的处置,货物已经完成法律意义上的交付。企业间通过转移货权凭证的方式

交易库存货物或者在途货物,是大宗商品贸易常用的交易方式,符合行业惯例。在此情况下,对于未形成闭合贸易链条的连环买卖关系,中间环节买受人未实际提货不能否定买卖关系。

四、辅助信息

高频词条:

《民法典》

第146条 行为人与相对人以虚假的意思表示实施的民事法律行为无效。

以虚假的意思表示隐藏的民事法律行为的效力,依照有关法律规定处理。

第153条 违反法律、行政法规的强制性规定的民事法律行为无效。但是,该强制性规定不导致该民事法律行为无效的除外。

违背公序良俗的民事法律行为无效。

第154条 行为人与相对人恶意串通,损害他人合法权益的民事法律行为无效。

《民间借贷司法解释》

第10条 法人之间、非法人组织之间以及它们相互之间为生产、经营需要订立的民间借贷合同,除存在民法典第一百四十六条、第一百五十三条、第一百五十四条以及本规定第十三条规定的情形外,当事人主张民间借贷合同有效的,人民法院应予支持。

第13条 具有下列情形之一的,人民法院应当认定民间借贷合同无效:

(一)套取金融机构贷款转贷的;

(二)以向其他营利法人借贷、向本单位职工集资,或者以向公众非法吸收存款等方式取得的资金转贷的;

(三)未依法取得放贷资格的出借人,以营利为目的向社会不特定对象提供借款的;

(四)出借人事先知道或者应当知道借款人借款用于违法犯罪活动仍然提供借款的;

(五)违反法律、行政法规强制性规定的;

(六)违背公序良俗的。

《经济纠纷案件涉及经济犯罪问题规定》

第11条 人民法院作为经济纠纷受理的案件,经审理认为不属经济纠纷案件而有经济犯罪嫌疑的,应当裁定驳回起诉,将有关材料移送公安机关或检察机关。

买卖合同纠纷案件裁判规则(一)第2条:
买卖合同一方当事人认为对方提交法庭的合同存在单方涂改,但又不提交己方理应持有的合同原件或者相关证据的,其主张难获法院支持

〔**规则描述**〕:买卖合同订立时,通常在条款中会明确“本合同一式两份,买卖双方各执一份”。进入诉讼后,一方若认为对方提交的合同存在单方涂改添加,只需拿出己方持有的合同或者相关证据便是非立判。在双方缔约过程中,如需要对已打印好的合同文本的条款调整,可直接在一式两份的合同上做一致改动,改动之处加以双方签章更为妥当,但若不加签章,因为双方各执一份,通常也不会就是否存在单方改动发生争执。此种合同订立时双方意思一致的涂改添加,不同于合同订立之后的变更,后者适用《民法典》第502条的规定。买卖合同一方当事人认为对方提交的合同存在单方涂改,应提交相关证据。

一、类案检索大数据报告

时间:2015年1月1日至2020年1月6日,案例来源:Alpha案例库,案件数量:227件,数据采集时间:2020年1月6日。由于买卖合同纠纷案件数量庞大,本次检索截取了近5年的案例,通过对“签约”“签订”“缔约”“缔结”与“涂改”“添加”“手写”等关键词进行排列组合分别检索到相关案件共227件,整体情况如图2-1所示。其中,法院支持在缔约过程中买卖一方认为对方提交法庭的合同存在单方涂改,提交己方理应持有的合同原件或者相关证据能获支持的案件有121件,占比为53.30%;不支持的案件有10件,占比为4.41%;不相关案件有96件,占比为42.29%。

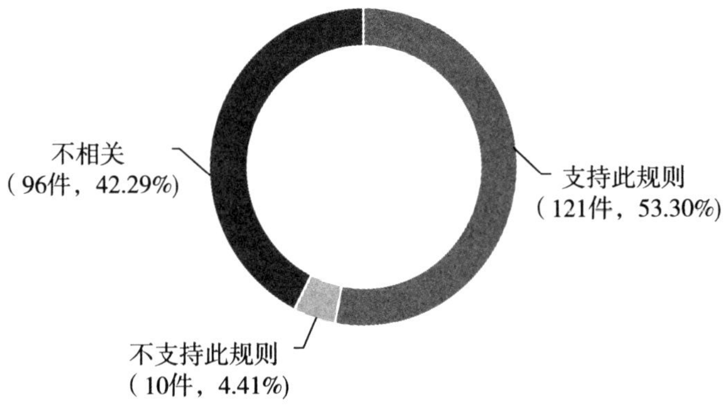

图 2－1　近 5 年案件是否支持此规则

如图 2－2[①] 所示,从案件近 5 年年份分布情况可以看出当前条件下案例数量变化趋势。

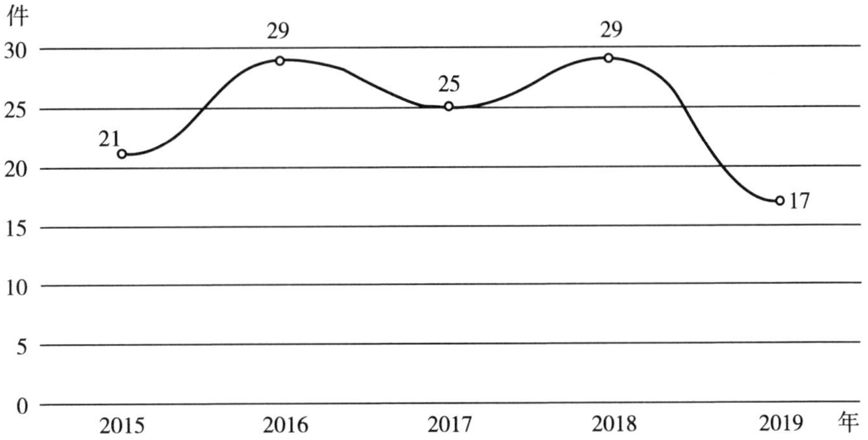

图 2－2　近 5 年支持此规则的有效案件年份分布情况

如图 2－3 所示,从案件主要地域分布情况来看,当前条件下案件主要集中在广东省、江苏省、四川省、浙江省、上海市。其中,广东省的案件数量最多,达到 19 件。

① 图 2－2、图 2－3、图 2－4 体现的均是对剔除不相关案件后的有效案件的分布情况。

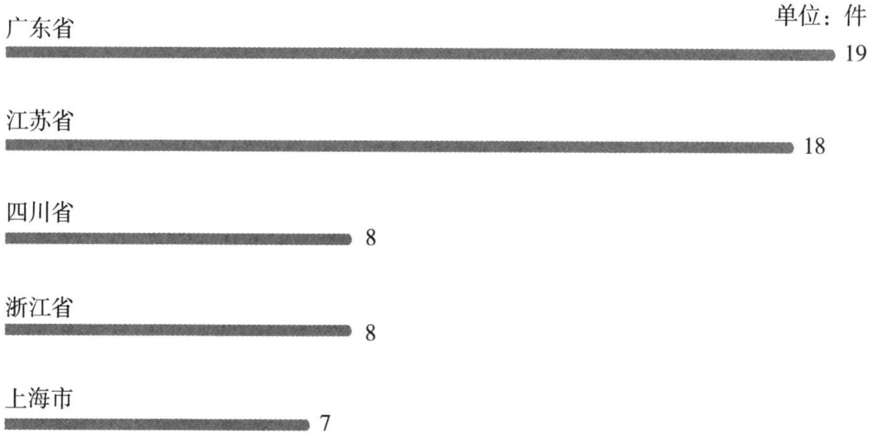

图2-3　近5年有效案件主要地域分布情况

如图2-4所示,从案件行业分布情况可以看出,当前的行业分布主要集中在批发和零售业,建筑业,制造业,科学研究和技术服务业,租赁和商务服务业,房地产业和交通运输、仓储和邮政业。

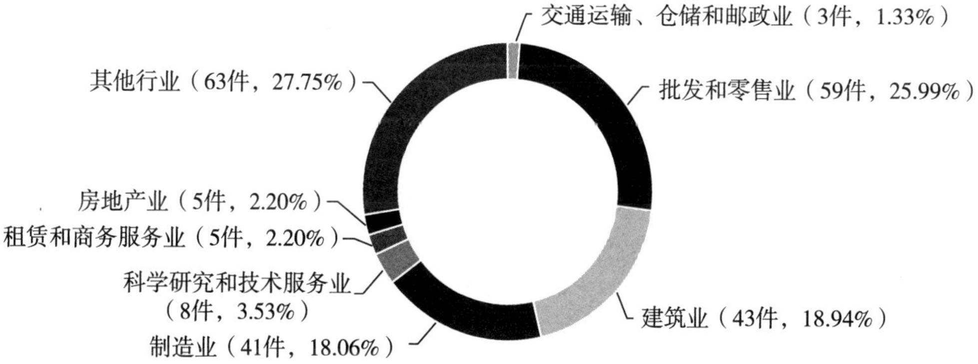

图2-4　近5年有效案件行业分布情况

二、可供参考的例案

例案一 | 厦门盛泰兴贸易有限公司、福建省闽南建筑工程有限公司买卖合同纠纷案

【法院】

福建省厦门市中级人民法院

【案号】

(2019)闽02民终3732号

【当事人】

上诉人(原审原告):厦门盛泰兴贸易有限公司

上诉人(原审被告):福建省闽南建筑工程有限公司

【基本案情】

上诉人厦门盛泰兴贸易有限公司(以下简称盛泰兴公司)、福建省闽南建筑工程有限公司(以下简称闽南建筑公司)因买卖合同纠纷一案,不服厦门市湖里区人民法院(2018)闽0206民初5264号民事判决,向福建省厦门市中级人民法院提起上诉。

上诉人闽南建筑公司认为:缔约时,《钢材购销合同》第7条第5款括号内容是空白的,系盛泰兴公司嗣后自行添加上去的,否则不会与闽南建筑公司留存副本不一致。

被上诉人盛泰兴公司答辩称:闽南建筑公司主张"邱某一"是嗣后添加,但未能举证证明。缔约中闽南建筑公司签字盖章并向盛泰兴公司返还合同时,"邱某一"的签名字样已经存在,盛泰兴公司不清楚闽南建筑公司留存副本中的内容,闽南建筑公司也未出示。

【案件争点】

合同条款是否系盛泰兴公司嗣后自行添加。

【裁判要旨】

盛泰兴公司主张:闽南建筑公司在合同中指定的有权签字人及货款结算人为邱某一,并提供《钢材购销合同》予以证明。经审查,该合同第7条第5项约定,合同履行过程中,供需双方应在每月10日前对上月本合同项下的货物重量、未付货款金额等进行对账确认,由供方提供结算单据,经需方指定的有权确认人签名确认,确认人签名确认后,即代表需方对结算单据中的数量、金额经结算确认无误,日

后不得提出任何异议,供方提供结算单据后5日内需方指定的有权确认人未签字确认的,视同需方认可供方的结算单据。该条款中"确认人签名字样"一栏及合同第8条中"价格确认书需方有权签字人"及"货款结算人"的签名字样均为"邱某一"。

闽南建筑公司确认邱某一为该公司的员工,是合同涉及的工程项目现场管理人员,但认为合同上"邱某一"的签名字样是合同签订后添加的,真实性无法确认。为反驳盛泰兴公司的主张,闽南建筑公司当庭出示其持有的《钢材购销合同》,该合同中第7条、第8条中"有权确认人"及"货款结算人"的签名字样均为"邱某二"。

盛泰兴公司对闽南建筑公司的辩驳意见不予认可,其陈述当时合同是盛泰兴公司根据双方协商内容拟好并先盖章后,由业务负责人詹某某带到工地项目部找邱某二盖章签字,邱某二称公章不在工地,加盖项目部印章效力是一样的,于是詹某某将两份合同交给邱某二盖章,之后邱某二将盖章后的一份合同文本交给詹某某,当时合同上已注明"有权确认人"及"货款结算人"的签名字样为"邱某一",至于闽南建筑公司留存的合同文本,当时邱某二并未出示。

法院经审查认为:双方对对方持有的合同文本是真实签署的事实均不持异议,争议在于合同第7条、第8条有关闽南建筑公司指定的有权签字人和货款结算人是谁?该条款性质上属于授权条款。内部授权和外部授权发生冲突时,应以外部授权为准,以保护善意相对人的合理信赖利益。闽南建筑公司并无证据证明盛泰兴公司持有的合同文本中有关"邱某一"的授权内容系盛泰兴公司事后擅自添加的。

例案二 苏州三江装饰工程有限公司与南通开发区新开镇三剑灯饰名品生活馆买卖合同纠纷案

【法院】

苏州市吴中区人民法院

【案号】

(2017)苏0506民初5599号

【当事人】

原告(反诉被告):苏州三江装饰工程有限公司

被告(反诉原告):南通开发区新开镇三剑灯饰名品生活馆

【基本案情】

2015年9月21日,苏州三江装饰工程有限公司(以下简称三江装饰)与案外人南通世隆实业有限公司(以下简称世隆公司)签订装修合同一份,约定其承接世隆公司下属的世隆驾校园林路驾培基地装修工程。关于装修工程的灯具,世隆公司指定南通开发区新开镇三剑灯饰名品生活馆(以下简称三剑灯饰)为供货商。三江装饰于2016年3月16日与三剑灯饰签订《花灯供货及安装合同》一份,约定了相应的违约责任。2016年3月23日三江装饰向三剑灯饰预付货款18万元。2016年7月7日,世隆公司书面通知解除了其与三剑灯饰的合同。同年11月7日,三剑灯饰函告三江装饰,要求其接函后3日内付款提货,否则解约。鉴于世隆公司与三剑灯饰合同解除,三江装饰与被告之间合同无履行基础,故要求被告按约返还预付的款项。

被告三剑灯饰称:案涉合同系双方自愿签订,并非世隆公司指定,双方签约时并不存在关于退款的特别约定,该条款系原告单方面添加,不能约束三剑灯饰。

法院经审理认定该部分涉案事实如下:三江装饰(甲方)与三剑灯饰(乙方)于2016年3月16日签订《花灯供货及安装合同》一式八份,甲方七份,乙方一份。双方均在该合同上盖章。合同盖章处手写添加:"说明1.此合同总价为最终结算价,不进入审计计算;2.本合同履行过程中因建设单位原因导致不能由甲乙双方执行的,与甲方无关,并甲方不承担违约责任。乙方无条件退还甲方支付的所有款项。"盖章处右侧添加"该合同总价为60万元人民币,不计入审计"。上述手写添加部分均有三剑灯饰盖章。

三剑灯饰称:案涉合同盖章处手写添加部分其仅认可"说明1.此合同总价为最终结算价,不进入审计计算","该合同总价为60万元人民币,不计入审计"的字样,其他为三江装饰事后添加,其在添加部位均盖章予以确认,三剑灯饰还申请对该条手写部分字迹是否与其他字迹同时形成进行司法鉴定。三江装饰表示所有手写部分均为同一时期形成的,不存在后期添加的情况。

【案件争点】

合同尾部条款是否由原告事后添加,以及是否对被告发生效力。

【裁判要旨】

三剑灯饰抗辩合同尾部手写条款为三江装饰事后添加,不对其发生效力的意见,三剑灯饰对此并未提供相应反证,且三剑灯饰亦在该添加部位盖章,根据合同约定,双方均应持有原件,但三剑灯饰未能提供其持有的原件予以比对,即便该印章与添加条款不是同一时间形成的,也不足以证明该条款非三剑灯饰真实意思表示,故法院对此意见不予采纳,对于三剑灯饰的鉴定申请不予准许。

例案三 | 岑某某、岑氏文本智能科技(佛山)有限公司买卖合同纠纷案

【法院】

广东省佛山市中级人民法院

【案号】

(2019)粤06民终2952号

【当事人】

上诉人(原审原告、反诉被告):岑某某

被上诉人(原审被告、反诉原告):岑氏文本智能科技(佛山)有限公司

【基本案情】

上诉人岑某某因与被上诉人岑氏文本智能科技(佛山)有限公司(以下简称智能科技)买卖合同纠纷一案,不服广东省佛山市南海区人民法院(2018)粤0605民初21028号民事判决,向广东省佛山市中级人民法院提起上诉。

岑某某在庭审期间补充的上诉意见表明:关于备注条款,是合法有效的条款,是经过双方协商一致达成的,不是岑某某单方书写的,在双方合同中均存在备注条款,不仅仅是岑某某持有的合同才有,在备注条款书写后5天智能科技才将货物发送给岑某某,在5天内智能科技从来没有提出异议,故智能科技对备注条款是认可的。从岑某某在二审补充的证据材料反映,双方对备注条款也进行过沟通,尽管智能科技认为应是每天生产300~1000吨,但智能科技没有任何证据可以证明,从以上事实可以反映备注条款是双方认可和知情的。

智能科技针对岑某某的上诉,答辩中表明:《设备采购合同》右下方落款处的备注系岑某某单方书写,未经智能科技确认,不具有法律效力。根据《设备采购合同》第6条第3款的约定,如合同条款发生变更或有未尽事宜,经双方确认,在原合同上变更并加盖双方合同章以示修正,或以书面形式签订补充协议予以确认。而《设备采购合同》右下方落款处的备注仅仅是岑某某单方书写,未经智能科技加盖双方合同章,因此,该备注不具备法律效力。至于岑某某的鉴定申请,一方面,岑某某在举证期限届满后才提出;另一方面,如前所述,《设备采购合同》右下方落款处的备注并不具备法律效力,岑某某主张智能科技交付的设备存在质量问题没有事实与

法律依据。

二审庭审期间,智能科技补充答辩的意见表明:关于备注条款是否经过双方协商一致的问题,在一审时智能科技已经如实陈述合同签订过程,该过程与一审判决认定的事实一致,即智能科技先将合同一式两份打印出来,在加盖公章后由智能科技业务代表交给岑某某签名,岑某某签名后自行在两份合同乙方正下方书写备注内容,当时智能科技业务代表已经当场提出异议,而且岑某某也与智能科技的实际控制人岑亦云有过电话沟通,但电话中智能科技明确不认可岑某某自行书写的备注内容,因为每小时300~1000吨的产量是根本无法达到的,而且如果是试用设备双方也需约定试用期限,但实际上合同并没有约定。在双方电话沟通智能科技明确不确认每小时300~1000吨产量的标准,当时岑某某也没有当场提出异议,也向智能科技的账户汇入20万元的首期款,智能科技也按照合同正文的内容履行相应义务,在2018年7月18日交付破碎锤。

经审查,佛山市中级人民法院对一审判决查明的事实予以确认。

另查明(1)智能科技持有的《设备采购合同》右下方落款处签名后,亦存在手写的备注内容,内容与岑某某持有的《设备采购合同》落款后的手写备注内容一致。(2)根据一审庭审笔录内容反映,对《设备采购合同》如何签署的问题,岑某某与智能科技均反映,合同系由智能科技先打印好盖好公章,由智能科技的工作人员带到岑某某处交岑某某签名,岑某某在智能科技的工作人员面前签名时即在两份合同落款后手写备注内容。

【案件争点】

1.《设备采购合同》落款处岑某某手写添加的备注内容对双方是否有约束力。

2.岑某某要求解约并返还预付货款等请求有无理据。

【裁判要旨】

1.《设备采购合同》落款处岑某某手写添加的备注内容对双方是否有约束力

《合同法》第13条规定:“当事人订立合同,采取要约、承诺方式。”第21条规定:“承诺是受要约人同意要约的意思表示。”第30条规定:“承诺的内容应当与要约的内容一致。受要约人对要约的内容作出实质性变更的,为新要约。有关合同标的、数量、质量、价款或者报酬、履行期限、履行地点和方式、违约责任和解决争议方法等的变更,是对要约内容的实质性变更。”由上述法律规定可知,当事人订立合同通过要约和承诺方式订立,承诺除了需要表明同意要约的意思外,承诺内容必须和要约内容一致。

本案中,智能科技工作人员携带盖好智能科技公章的《设备采购合同》与岑某某签约,应视为向岑某某提出订约的要约。岑某某在增加了手写备注内容的情况下才签订合同,且备注内容对合同案涉设备质量提出了新的要求,属于对要约内容的实质性变更,依据《合同法》第30条的规定,岑某某签字的行为不能视为承诺,应属岑某某向智能科技提出的新要约,此时双方合同尚未订立。之后,岑某某依据《设备采购合同》约定的付款条件和支付方式向智能科技预付20万元,智能科技亦依照《设备采购合同》约定的发货、包装、运输方式向岑某某交付破碎锤,依照《合同法》第26条第1款"承诺通知到达要约人时生效。承诺不需要通知的,根据交易习惯或者要约的要求作出承诺的行为时生效"的规定,应视为智能科技根据岑某某发出的新要约要求接受预付款并作出交货行为时,承诺生效,即包括手写备注部分内容的《设备采购合同》正式订立并对岑某某、智能科技均发生法律效力,双方均应依约履行。

2. 岑某某要求解约并返还预付货款等请求有无理据

现岑某某以智能科技提供的案涉破碎锤无法达到备注内容要求的产量为由提出解约,智能科技亦在答辩内容中确认其提供的破碎锤确实无法达到每小时300~1000吨的产量,即智能科技提供的产品不能达到双方约定的质量技术标准致双方订约目的不能实现,岑某某据此提出解约并要求智能科技返还预付20万元及利息,合理合法,法院予以支持。智能科技反诉要求岑某某支付合同余款5万元及利息,因其未向岑某某交付符合约定质量标准的产品,其付款请求无法律依据,法院予以驳回。

至于岑某某主张智能科技应承担的运费、租勾机费用、司机人工费等,依据《设备采购合同》约定,运费由岑某某承担,岑某某亦提交了广西圣天物流有限公司出具的物流单据反映其支付了2500元运费,现合同因智能科技违约而被解除,岑某某主张智能科技返还2500元运费作为违约损失,合理合法,法院予以支持。至于余下500元运费,岑某某仅提供"韦盛芳"签名的手写收条一份,无其他证据予以佐证,智能科技对此亦不予认可,法院对余下500元运费不予支持。关于租勾机费用,岑某某提交了《挖机租赁合同》一份,拟证明其为了履约而租用勾机一台作为启动破碎锤之用,租赁费用每月6万元,但上述合同约定的6万元租金岑某某未提交进一步证据证明已经支付,智能科技对此亦不予认可,故法院对该项请求不予支持。至于司机人工费7000元,岑某某未提交证据证明该费用已经发生且与履约有关,应承担举证不能的不利后果,法院对此亦不予支持。

三、裁判规则提要

买卖合同中,添加、涂改、手写部分若不能排除嫌疑系后来单方添加的,法院对相关部分无法予以认定。且除法律另有规定外,当事人对自己提出的诉讼请求所依据的事实或者反驳对方诉讼请求的事实,应当提供证据加以证明。努力引导当事人在缔约过程中谨慎签名、盖章、捺指印的同时,也要准备好产生该类纠纷后的应对之策。

(一)适格主体的判断

买卖合同涂改的情形多出现在合同中手写添加抬头,或者缔约后添加印章,需要判断是否为适格主体的情形下。如果不能排除合同义务一方擅自添加合同权利主体而在诉讼中予以认定,必将导致市场交易秩序的混乱。在此情形下,大多时候是提出诉求的一方当事人去证明被提及主体是否为适格对象,以及双方之间是否存在涉案合同的买卖关系;若其举证不充分,理应承担举证不能的法律后果。被诉是或者不是适格主体的一方并不需要去证明,或者说其很难证明自己为什么是或者不是涉案法律关系的主体。①

司法实践中可能出现一种情况:买卖合同的买受方以个人名义订立合同,签约后添加公章,且该买卖合同履行过程中,已付款项均由个人支付。出卖方以此时的公章并非缔约时添加为由起诉签约的主体非案件的适格主体。根据原告提供的证据,被告在缔约、结算、付款时均以个人名义进行,且被告未举证证明其系代表公司履行职务行为,故被告系本案买卖合同的买受方,该买卖合同合法有效,双方均应恪守履行。②

(二)双方合意的判断

要判断买卖合同中,一方当事人在另一方当事人已拟定好的合同中手写修改、添加的内容是否系双方的合意行为,可以参考以下几方面(不完全归纳)进行判断:

---

① 参见倪某城与东莞市美姬服饰有限公司案,广东省东莞市中级人民法院(2015)东中法民二终字第580号民事判决书;安徽广通汽车制造股份有限公司与广州精益汽车空调有限公司案,广东省广州市中级人民法院(2017)粤01民终13708号民事判决书。

② 参见苏州市吴中区木渎德克司达灯具商店与陆某明案,江苏省苏州市吴中区人民法院(2018)苏0506民初1638号民事判决书。

(1)修改、添加部分的内容是否实质性变更了原合同中已拟定的部分内容。(2)修改后的合同是否经另一方审核并加盖了印章和骑缝章。(3)其他。如合同修改、添加部分内容实质性变更了原合同中拟定的内容,但是该修改、添加已经经过了另一方审核并有加盖印章之类的外部公示行为。上述这些行为足以表明合同双方当事人对合同缔约修正条款的承诺和终局性合意确认,故双方签订的买卖合同客观真实,合同中修改、添加部分的内容系双方的合意行为,依法应予认定。① 此外,需要注意的是,如果在手写、修改、添加部分加盖的印章不具有合同印章效力,此时争议内容可能会被认定为约定不明或未约定。②

(三)伪造单证问题

买卖合同履行过程中,因部分条款或者销货单、送货单、收货单、收据、对账单等重要涉案证据涂改或者有"事后添加"嫌疑的情况而影响合同实际履行时(如影响合同履行金额、履行主体),首先要判断该单据是否系伪造。若是伪造的则其涉及的事实不真实;若非伪造,再继续判定该涂改之效力,结合相关因素看双方是否能对该涂改作出合理说明,是否有证据表明该涂改系后来添加的。③ 如该涂改是后来添加的,则审查其是否为买卖合同双方合意的产物,是否合法有效,是否符合逻辑、习惯和情理。④

买卖合同纠纷中涉及的供货单等重要单据上,若供货数量有涂改调整,需要判断其是否因送货时实际收货量有变化;若金额有涂改,需要判断其涂改是否在合理范围内。如因送货时数量变化或者金额合理范围内的涂改,则应视为对供货数量、金额的合理变更,应以变更后的数量为准。⑤

---

① 参见郭某某与四川三力工程机械有限公司案,四川省巴中市通江县人民法院(2018)川1921民初335号民事判决书。

② 参见广西鑫和建材科技产业开发有限公司、广西建工集团第一建筑工程有限责任公司、广西建工集团第一建筑工程有限责任公司第十九分公司案,广西壮族自治区崇左市中级人民法院(2019)桂14民终158号民事判决书。

③ 参见安徽四环置业开发有限公司、宿州市浩海商贸有限责任公司与江苏阳江建设集团有限公司案,最高人民法院(2017)最高法民申1076号民事裁定书;昆明鑫奕帆商贸有限公司、宁波市镇海睿利贸易有限公司案,最高人民法院(2017)最高法民再110号民事判决书;福建省南平市闽宁钽铌矿业开发有限公司与于都万鑫矿业有限责任公司案,福建省南平市延平区人民法院(2015)延民初字第1801号民事判决书。

④ 参见广东吴泰钢结构有限公司、东莞市顺盈钢材贸易有限公司案,广东省高级人民法院(2018)粤民申5701号民事裁定书。

⑤ 参见成都市同兴达建筑工程有限公司、成都精准混凝土有限公司案,四川省成都市中级人民法院(2019川01民终9404号民事判决书。

此外,在买卖合同纠纷中原告主张合同或单证中存在部分金额涂改,但数额均是大写改小写、小写改大写等符合日常经验法则的情形时,该结算金额对被告具有约束力,被告应当按照该结算金额支付货款。①

(四)补充、变更协议问题

涉案合同中存在补充涂改且已经过盖章确认,但合同正文中约定了"本合同内容以打印体为准,任何内容的修改或补充均需签订补充或变更协议"的情形下,补充、变更协议是否有效是一个值得我们思考的问题。若补充、变更协议真实有效,那么合同补充、涂改部分则可能无效。在此情形下,若双方已经按照补充、变更协议实际履行完毕,并未对该合同补充、变更协议提出应予撤销、变更或者无效的请求,未提供任何证据证明该协议存在无效情形,也未对该补充、变更协议的真实性提出异议,该补充、变更协议依法有效。②

(五)涂改构成新的要约

买卖合同一方当事人因增加了手写备注内容才签订合同,且备注内容对合同提出了新的要求,属于对要约内容的实质性变更,依据《民法典》第 488 条的规定,要求增加手写备注一方当事人的签字行为不能视为承诺,应属其提出的新要约,此时双方合同尚未订立。另一方当事人对此新要约作出有效承诺后,合同成立,包括手写添加备注部分内容的合同全部内容对买卖合同双方当事人均发生法律效力,双方均应依约履行。③

(六)涂改、添加后举证

当事人对自己提出的诉讼请求所依据的事实或者反驳对方诉讼请求所依据的事实,应当提供证据加以证明。当事人未能提供证据或者证据不足以证明其事实主张的,由负有举证责任的当事人承担不利的后果。例如,买卖合同中所涉备注部分与主体内容非同一次打印形成,又无更多证据佐证,尚不足以据此认定备注部分

---

① 参见重庆源亿混凝土有限公司与重庆市武阳建筑工程有限公司买卖合同纠纷案,重庆市第二中级人民法院(2018)渝 0235 民初 2591 号民事判决书。

② 参见马鞍山市泰裕金属制品有限责任公司与马鞍山海德商业管理有限公司买卖合同纠纷案,安徽省高级人民法院(2015)皖民申字第 01394 号民事裁定书。

③ 参见岑某某与岑氏文本智能科技(佛山)有限公司买卖合同纠纷案,广东省佛山市中级人民法院(2019)粤 06 民终 2952 号民事判决书。

系事后添加所为的。①

当买卖合同中确有涂改,但被告一方在该涂改处按指模并在旁边签字,依据常理,该按指模及签字应在涂改原手写内容后形成。此时需要判断涂改痕迹是否与原告举证涂改前的内容相符合,若涂改前痕迹与诉讼一方主张的符合,则其能够获得支持。若涂改前痕迹依旧与其主张不符合,则其主张难获支持。②

(七)涂改后的缔约过失责任

若双方当事人的买卖合同中均存在笔迹相同的手写添加部分,但在诉讼中双方对此各执一词,且没有双方公司及各自主要负责人的签章,其中一方认可双方曾就此磋商,另一方违背诚实信用原则,将所持的买卖合同中该部分单方画掉,后者即存在缔约过失。综合考虑一方存在缔约过失及主张该案证据在形式上存在的瑕疵等情况,若该方主张手写添加部分无效或者主张违约金等,一般不会得到支持。③

本条规则在国际货物贸易纠纷中也有一定的适用性。④

四、辅助信息

高频词条:

《民法典》

第137条 以对话方式作出的意思表示,相对人知道其内容时生效。

以非对话方式作出的意思表示,到达相对人时生效。以非对话方式作出的采用数据电文形式的意思表示,相对人指定特定系统接收数据电文的,该数据电文进入该特定系统时生效;未指定特定系统的,相对人知道或者应当知道该数据电文进入其系统时生效。当事人对采用数据电文形式的意思表示的生效时间另有约定的,按照其约定。

第471条 当事人订立合同,可以采取要约、承诺方式或者其他方式。

第484条 以通知方式作出的承诺,生效的时间适用本法第一百三十七条的

---

① 参见广东仁济医药有限公司与江苏鹏鹞药业有限公司案,广东省广州市中级人民法院(2017)粤01民终19126号民事判决书。

② 参见东莞市盘谷机电阀门有限公司与欧阳某保案,广东省东莞市第一人民法院(2017)粤1971民初8893号民事判决书。

③ 参见洛阳市亨冶商贸有限公司与洛阳高鹏建筑工程有限公司、张某鹏案,河南省洛阳市西工区人民法院(2015)西民重字第36号民事判决书。

④ 参见通达有限公司与沈某丰案,浙江省高级人民法院(2018)浙民终316号民事判决书。

规定。

承诺不需要通知的,根据交易习惯或者要约的要求作出承诺的行为时生效。

第488条 承诺的内容应当与要约的内容一致。受要约人对要约的内容作出实质性变更的,为新要约。有关合同标的、数量、质量、价款或者报酬、履行期限、履行地点和方式、违约责任和解决争议方法等的变更,是对要约内容的实质性变更。

第562条 当事人协商一致,可以解除合同。

当事人可以约定一方解除合同的事由。解除合同的事由发生时,解除权人可以解除合同。

第566条 合同解除后,尚未履行的,终止履行;已经履行的,根据履行情况和合同性质,当事人可以请求恢复原状或者采取其他补救措施,并有权请求赔偿损失。

合同因违约解除的,解除权人可以请求违约方承担违约责任,但是当事人另有约定的除外。

主合同解除后,担保人对债务人应当承担的民事责任仍应当承担担保责任,但是担保合同另有约定的除外。

第577条 当事人一方不履行合同义务或者履行合同义务不符合约定的,应当承担继续履行、采取补救措施或者赔偿损失等违约责任。

第585条 当事人可以约定一方违约时应当根据违约情况向对方支付一定数额的违约金,也可以约定因违约产生的损失赔偿额的计算方法。

约定的违约金低于造成的损失的,人民法院或者仲裁机构可以根据当事人的请求予以增加;约定的违约金过分高于造成的损失的,人民法院或者仲裁机构可以根据当事人的请求予以适当减少。

当事人就迟延履行约定违约金的,违约方支付违约金后,还应当履行债务。

第626条 买受人应当按照约定的数额和支付方式支付价款。对价款的数额和支付方式没有约定或者约定不明确的,适用本法第五百一十条、第五百一十一条第二项和第五项的规定。

第628条 买受人应当按照约定的时间支付价款。对支付时间没有约定或者约定不明确,依据本法第五百一十条的规定仍不能确定的,买受人应当在收到标的物或者提取标的物单证的同时支付。

《民事诉讼法》

第64条 当事人对自己提出的主张,有责任提供证据。

当事人及其诉讼代理人因客观原因不能自行收集的证据,或者人民法院认为审理案件需要的证据,人民法院应当调查收集。

人民法院应当按照法定程序,全面地、客观地审查核实证据。

买卖合同纠纷案件裁判规则(一)第3条:

印章在证明合同真实性上属初步证据;认定合同真实性须考虑其他证据及事实

〔**规则描述**〕:本条规则是关于盖章行为法律效力的认定。印章真实不等于协议真实。协议形成行为与印章加盖行为在性质上具有相对独立性,协议内容是双方合意行为的表现形式,而印章加盖行为是双方确认合意内容的方式,二者相互关联又相对独立。在证据意义上,印章真实一般即可推定协议真实,但在有证据否定或怀疑合意形成行为真实性的情况下,不能根据印章的真实性直接推定协议的真实性。也就是说,印章在证明协议真实性上尚属初步证据,人民法院认定协议的真实性需综合考虑其他证据及事实。

买卖合同纠纷司法实践中,在"真人假章"(有代表权或者代理权的人加盖假公章),或者"假人真章"(无代表权或者代理权的人加盖真公章)等"人章不一致"的情况下,印章在证明合同真实性上只是初步证据,还必须考虑其他相关证据及事实,应当着重考察盖章之人有无代表权或者代理权来认定合同效力,有代表权或者代理权的人即使加盖的是假公章,也应认定其构成有权代表或者有权代理。①

一、类案检索大数据报告

时间:2015年3月31日至2020年3月31日,案例来源:Alpha案例库,案件数量:213件,数据采集时间:2020年3月31日。由于买卖合同纠纷案件数量庞大,本次检索截取了近5年的案例,通过对裁判文书中法院认为部分"印章""合同真实"等关键词进行检索到相关案件共213件,整体情况如图3-1所示。其中,法院认同该印章在证明合同真实性上属初步证据,认定合同真实性须考虑其他证据及事实的案件有152件,占比为71.36%;不认同的案件有10件,占比为4.70%;不相关案件有51件,占比为23.94%。

① 参见最高人民法院民事审判第二庭编著:《〈全国法院民商事审判工作会议纪要〉理解与适用》,人民法院出版社2019年版,第289页。

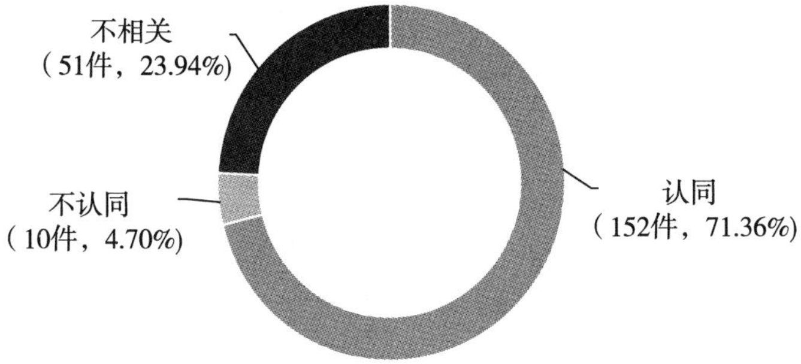

图3-1　是否认同印章在证明合同真实性上属于初步证据

如图3-2所示,从案件主要年份分布情况可以看出当前条件下买卖合同纠纷案例数量的变化趋势。

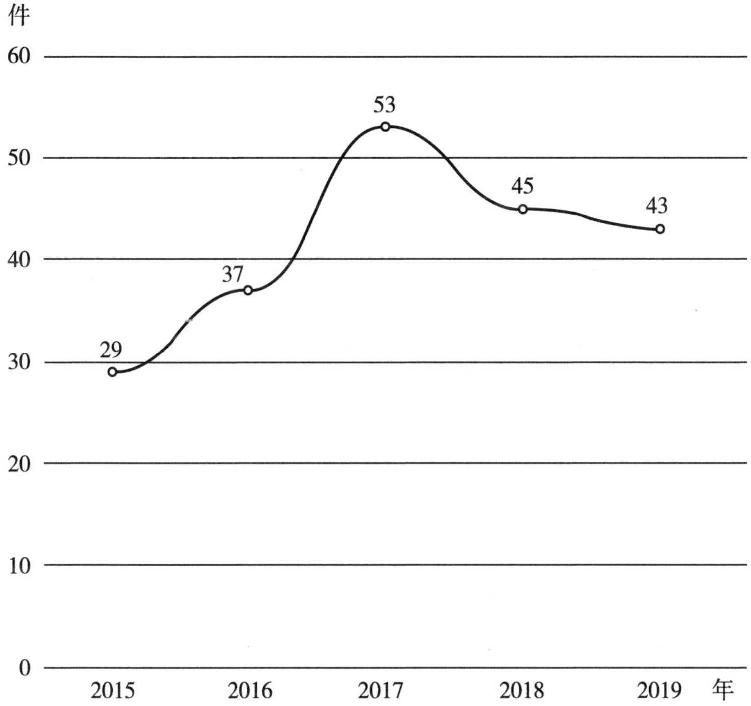

图3-2　案件主要年份分布情况

如图3-3所示,从案件主要地域分布情况来看,当前买卖合同纠纷案件主要集中在四川省、江苏省、山东省、广东省、重庆市。其中,四川省的案件数量最多,达到30件。

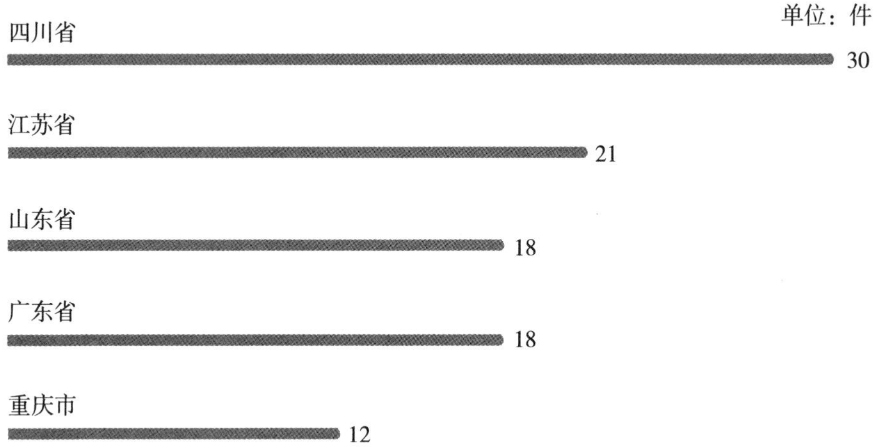

图3－3　案件主要地域分布情况

如图3－4所示,从案由分布情况可看出买卖合同纠纷当前的案由分布由多至少分别是其他买卖合同纠纷、分期付款买卖合同纠纷。

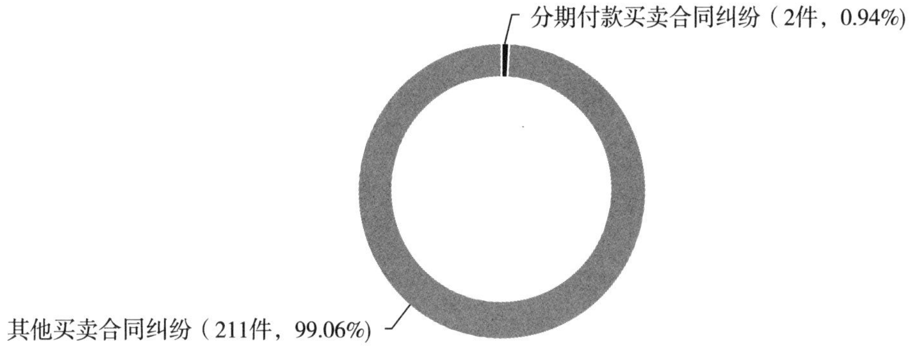

图3－4　案由分布情况

如图3－5所示,从案件行业分布情况可看出买卖合同纠纷当前的行业分布主要集中在建筑业、批发和零售业、制造业、房地产业、科学研究和技术服务业。

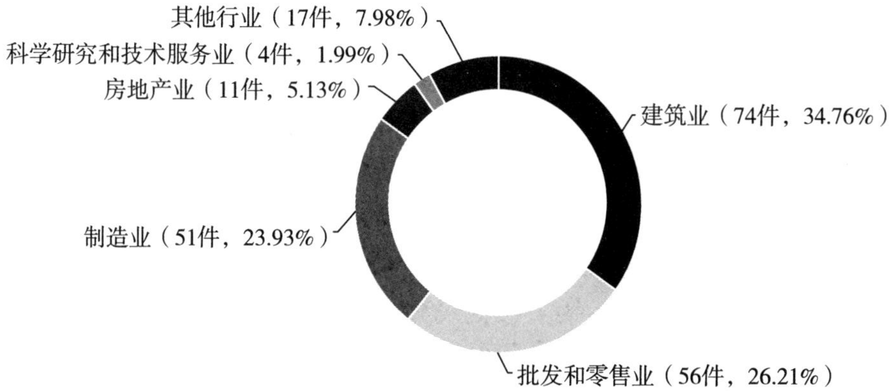

图3-5　行业分布情况

二、可供参考的例案

例案一 | 陈某某与内蒙古昌宇石业有限公司合同纠纷案

【法院】

最高人民法院

【案号】

(2014)民提字第178号

【当事人】

再审申请人(一审被告、二审上诉人):内蒙古昌宇石业有限公司

被申请人(一审原告、二审被上诉人):陈某某

【基本案情】

一审情况:

福建省宁德市中级人民法院(以下简称一审法院)经审理查明:2005年5月1日,陈某某与内蒙古昌宇石业有限公司(以下简称昌宇公司)签订《协议》一份(以下简称5.1协议),双方就合作开采花岗岩矿等事项作了明确约定。2007年11月,因陈某某违约,昌宇公司诉至和林格尔县人民法院,请求解除双方签订的5.1协议。和林格尔县人民法院经审理后作出判决,解除双方签订的5.1协议。陈某某不服提起上诉,呼和浩特市中级人民法院(以下简称呼市中院)作出了维持原判的民事判决,该判决现已生效。

2008年9月22日,陈某某向呼市中院提起诉讼,请求昌宇公司补偿其在矿山的投入900万元。在该案诉讼期间,呼市中院委托兴益会计师事务所对陈某某承包花岗岩矿期间的土方剥离、花岗岩开采费用进行鉴证,并委托内蒙古自治区煤矿设计院勘察队对该花岗岩矿各矿口开挖的土方量、石方量进行测量。嗣后,兴益会计师事务所作出鉴证报告,确定陈某某承包花岗岩矿期间的土方剥离、花岗岩开采费用为7,112,080元。后因陈某某未按期缴纳诉讼费,呼市中院裁定该案按陈某某撤诉处理。

2011年11月1日,陈某某向本案一审法院提起诉讼,请求昌宇公司依据上述鉴证报告的结果,补偿其在矿山的投入7,112,080元。在该案管辖权异议审理期间,福建省高级人民法院(以下简称福建高院)对陈某某提供的2005年5月3日的《补充协议》(以下简称5.3补充协议)上所盖公章的真实性进行委托鉴定。经鉴定认定:检材上"内蒙古昌宇石业有限公司"的印文与样本上的"内蒙古昌宇石业有限公司"印文系同一枚印章盖印。福建高院于2012年5月21日作出裁定驳回昌宇公司管辖权异议的上诉请求,维持原裁定。

关于双方是否签订过5.3补充协议的问题,一审法院认为,昌宇公司对司法鉴定意见书的真实性无异议,一审法院对该组证据予以采信,据此可以认定5.3补充协议上昌宇公司印章的真实性。至于昌宇公司要求对5.3补充协议打印及盖章时间进行鉴定的申请,一审法院认为,协议中昌宇公司印章的真实性已经确定,即使该5.3补充协议的打印时间在盖章之后,昌宇公司也应当对其意思表示承担法律后果。昌宇公司主张5.3补充协议系陈某某用其所持有的加盖公司公章的空白纸编造打印后用于诉讼,未能提供证据证明其主张。依据现有证据,一审法院认定5.3补充协议真实存在,应代表昌宇公司的真实意思表示。

关于昌宇公司应否补偿陈某某履行5.1协议期间投入损失的问题,一审法院认为,对于陈某某提交的鉴证报告,呼市中院委托鉴定函、兴益会计师事务所出具的说明,昌宇公司经质证对真实性无异议,一审法院予以采信,可以作为定案依据。至于鉴证报告的性质问题,虽然呼市中院的委托函表述为"委托鉴定函",但法院实际委托的内容为费用鉴证,该鉴证报告是针对陈某某的投入费用进行的鉴证,性质上应属会计鉴证。经审查,作出鉴证的兴益会计师事务所具备相应的审计、鉴证资质,鉴证人员亦具有会计资格。鉴证过程虽然使用了煤矿勘测队编制的榆树沟大理石矿测量说明,并聘请工程造价专业技术人员进行鉴证计算,但此系会计师利用专家协助执行鉴证业务,符合注册会计师鉴证业务基本准则,并不影响签证报告的合法性;且煤矿勘测队系受人民法院委托而进行土石方量计算,作出测量计算的人员亦具有相应的工程师资质。昌宇公司对鉴证报告的内容持有异议,又未申请重新鉴证,故对昌宇公司的理由不予采纳,对该鉴证报告的证明力予以确认,故一审法院认定陈某某承包花岗岩矿期间土方剥离、花岗岩开采费用为7,112,080元。

综上所述,一审法院认为,本案陈某某和昌宇公司于2005年5月3日签订5.3补充协议,约定双方签订的5.1协议解除后,昌宇公司应当对陈某某的投入费用进行清算并予以退还,经会计师事务所鉴证,确定陈某某在承包花岗岩矿期间的土方剥离、花岗岩开采费用为7,112,080元,故陈某某要求昌宇公司依照5.3补充协议约定退还其上述投入费用的主张,于法有据,一审法院予以支持。昌宇公司认为5.3补充协议不真实,陈某某并未投入资金,但未能提供有效证据予以证实,其主张缺乏事实依据,一审法院对该主张不予支持。

二审情况:

一审宣判后,昌宇公司不服,上诉至福建高院。

二审法院认为,本案二审的争议焦点是:(1)一审审理程序是否合法的问题;(2)鉴证报告能否作为本案事实认定依据的问题。

第一,关于一审审理程序是否合法的问题。

二审法院认为,昌宇公司在本案管辖权异议上诉期间,向福建高院提出司法鉴定申请,申请鉴定的事项是对5.3补充协议印章印文进行司法鉴定。二审法院委托福建鼎力司法鉴定中心进行鉴定,该鉴定中心已出具司法鉴定意见。昌宇公司主张上述司法鉴定意见须告知其有权重新申请复核,没有法律依据。一审法院对本案进行实体审理期间,昌宇公司再次申请对5.3补充协议上的公司印章真实性进行重新鉴定,因其未能提供证据证明福建鼎力司法鉴定中心的司法鉴定存在程序违法或鉴定结论依据不足等情形,故一审法院对昌宇公司要求重新鉴定的申请不予准许并无不当。昌宇公司主张一审法院没有告知其有申请重新鉴定的权利,剥夺了其司法救济权利,没有法律依据。

另外,一审期间,昌宇公司又要求对5.3补充协议打印及盖章时间进行鉴定。昌宇公司主张5.3补充协议系陈某某用所持有的加盖公司公章的空白纸编造打印后用于诉讼,未能提供证据证明其主张。一审法院认为,在昌宇公司印章的真实性已确定的情况下,再对5.3补充协议中打印及盖章时间进行鉴定没有意义,从而对昌宇公司鉴定申请不予准许,程序合法。

第二,关于鉴证报告能否作为本案事实认定依据的问题。

二审法院认为,在陈某某向呼市中院提起诉讼期间,呼市中院委托兴益会计师事务所对陈某某承包花岗岩矿期间的土方剥离、花岗岩开采费用进行鉴证。兴益会计师事务所出具内兴益鉴字[2009]第002号鉴证报告,确定陈某某承包和林格尔县榆树沟花岗岩矿期间的土方剥离、花岗岩开采发生的费用为7,112,080元。该鉴证报告系法院依职权委托鉴证;鉴证单位为相关法律法规规定的会计师事务所,且兴益会计师事务所具备相应的审计、鉴证资质,鉴证人员亦具有会计师资格;鉴证内容为陈某某承包和林格尔县榆树沟花岗岩矿期间的土方剥离、花岗岩开采所发生的费用;鉴证依据为冶金矿山概预算定额2007、冶金矿山建筑安装工程费用定额2007及煤矿勘测队2009年5月19日编制的榆树沟大理石矿测量说明。鉴证过程虽然使用了榆树沟大理石矿测量说明,并聘请工程造价专业技术人员进行鉴证计算,但此系会计师利用专家协助执行鉴证业务,符合注册会计师鉴证业务准则。另外,昌宇公司在本案一审期间未向一审法院申请重新鉴定,故上述鉴证报告在认定陈某某对讼争岩矿存在投入事实和具体投入的费用数额上可以作为定案依据。

二审法院判决:驳回上诉,维持原判。

再审情况:

昌宇公司不服福建高院民事判决,向最高人民法院申请再审。

最高人民法院再审查明:(1)2004年9月26日,昌宇公司(甲方)与刘某某、陈某某(乙方)签订《内部承包合同》,约定甲方将清水县白色花岗岩矿承包给乙方开采。(2)2005年5月1日,昌宇公司与陈某某又签订《补充协议》,内容为"昌宇公司根据陈某某对公司的贡献,同意以优惠的条件与陈某某签订新的合同。原昌宇公司与刘某某、陈某某于2004年9月26日签订的内部承包合同从2005年5月1日起终止"。(3)2005年5月1日,昌宇公司(甲方)与陈某某(乙方)签订《协议》一份(5.1协议)。(4)2005年5月3日,陈某某为甲方,昌宇公司为乙方签订《补充协议》(5.3补充协议),约定在5.1协议的基础上,就合作开采花岗岩石材矿形成如下补充条款。条款具体内容如下:第1条"甲乙双方一致同意,为保证甲方在与乙方合作开采石材矿期间投入的全部投资安全及不受损失,双方商定,不论双方的合作能否继续,也不论双方5.1协议有效或无效,只要乙方单方面解除或终止协议,或者《协议》被法院判定解除、终止或无效,乙方同意按照公平、合理的原则,对甲方的全部投入进行清算并退还给甲方。为此,甲乙双方中的任何一方有权申请鉴定机构或申请法院进行鉴定、评估,乙方按照评估、鉴定结果退还甲方的投资。如乙方已申请鉴定或评估,对该鉴定报告及评估结果另一方无权再次申请鉴定"。

第2条“5.1协议第一条约定的‘甲方有权单方终止合同,造成的损失由乙方承担’,本条所指的损失是指经营损失,不包括陈某某的投资”。第3条“5.1协议发生纠纷,双方协商解决,协商不成,甲乙双方一致同意提交福建省福鼎市人民法院或福建省宁德市中级人民法院管辖和受理”。该补充协议下方有陈某某签字和昌宇公司盖章。

又查明:(1)二审庭审期间,陈某某提供部分生产经营票据,共57本。票据反映的情况如下:①票据除部分为正式发票外,多为收据、收条、个人记账凭证等。②票据性质含生产性支出,也含非生产性支出。③票据含部分矿石荒料销售内容。④票据中包含陈某某与案外公司及部分个人等形成荒料加工、销售关系的有关领款凭证、收据或记账凭证等单据。(2)陈某某与昌宇公司协议履行期间,昌宇公司没有人员参与具体采矿及矿务管理事宜。(3)陈某某及代理人称仍有大量投资票据,但审理期间经催告未再予提供。

再查明:(1)生效判决判决解除双方5.1协议。(2)2008年9月至2011年2月,呼市中院在审理陈某某诉昌宇公司合作经营合同纠纷一案中,陈某某提出司法鉴定评估申请;兴益会计师事务所作出鉴证报告,该鉴证报告认为陈某某合作期间共挖土方5万余立方米,石方12万余立方米,支出的费用为7,112,080元。后陈某某未按期交纳诉讼费,2011年2月28日呼市中院裁定按撤诉处理。在上述诉讼中,陈某某未提及亦未提供5.3补充协议及约定内容。

【案件争点】

1. 原判决认定事实和适用法律是否存在错误。

2. 关于鉴证报告的采信及认定问题。

【裁判要旨】

本案原判决昌宇公司对陈某某承担投资损失赔偿责任的基础主要是5.3补充协议的可信性和鉴证报告的客观性及合法性。综合本案原审及再审期间当事人的陈述及举证情况,法院认为,原判决昌宇公司承担投资损失赔偿责任的事实依据不足。

1. 关于5.3补充协议真实性的认定问题

2011年9月,陈某某以与昌宇公司存在5.3补充协议为据,向一审法院提起诉讼。2011年,昌宇公司在本案管辖异议二审期间向福建高院对5.3补充协议上昌宇公司的真实性提出司法鉴定申请,经福建鼎立司法鉴定中心鉴定,鉴定意见为印章真实。本案一审期间,昌宇公司又于2013年5月25日,向一审法院提出司法鉴定申请书,除再次对5.3补充协议上加盖公章的真实性提出鉴定申请外,另提出对公章与文字形成的前后顺序、文字形成日期、纸张日期进行鉴定的申请,一审法院经审查对昌宇公司再行提出印章真实性的鉴定申请不予支持,并无不当;但因公章与文字的前后顺序、文字形成日期等对认定协议的真实性亦有重要影响,原审法院以公章与文字形成先后不影响协议真实性的判断为由,不予支持,确有不当。

在5.3补充协议真实性的认定上,该协议加盖的印章虽为真实,但因协议形成行为与印章加盖行为具有相对独立性,协议形成行为是双方合意行为的反映形式,而印章加盖行为是双方确认双方合意即协议的行为,二者相互关联又相互独立,在证据意义上,印章真实一般即可推定合意形成行为真实,但在有证据否定或怀疑合意形成行为真实性的情况下,即不能根据印章的真实性直接推定协议的真实性,也就是说,印章在证明协议真实性上尚属初步证据,人民法院认定协议的真实性需综合考虑其他证据及事实。

最高人民法院认为,本案5.3补充协议的真实性有如下不足:

第一,5.3补充协议对5.1协议的风险负担进行根本变更,不合常理,陈某某对此变更不能进行合理说明。根据2004年9月26日陈某某、刘某某与昌宇公司签订的《内部承包合同》,陈某某等在获得采石生产、定价、销售所属矿山产品权利的同时,对生产、销售活动中所需的资金、物力等均需自行解决,自行承担在生产经营中因自身原因引起的责任;同时,陈某某等还需一次性给付50万元开发补偿费,并据商品荒料的价格按比例向昌宇公司交纳补偿金。可见,合作合同的风险主要在陈某某一方。之后,双方签订2005年5月1日《补充协议》,决定终止上述《内部承包合同》,该《补充协议》虽有昌宇公司同意以优惠条件与陈某某签订新合同之内容,但同年5月1日签订的5.1协议仍有陈某某负责生产、销售活动的资金、人力、物力以及税金,承担生产经营活动中因自身原因引起的各项责任义务等内容;同时,5.1协议还对协议履行期间陈某某不合理开采、开采权转让、不按约给付补偿金等约定昌宇公司享有单方解除权,并约定因此造成的损失由陈某某自行承担。

可见,陈某某与昌宇公司无论在前的《内部承包合同》还是在后根据昌宇公司给予陈某某优惠条件签订的5.1协议,合作风险几乎全部由陈某某承担。但5.3补充协议对双方合作合同期间的风险作了完全相反的约定,即合作合同风险完全转移到昌宇公司一方。根据该5.3补充协议内容,无论协议有效还是无效、昌宇公司单方或法院判定协议解除或终止,昌宇公司均有义务对陈某某除经营损失外的全部投入予以退还。同时,该《补充协议》有关剥夺他方鉴定申请权及明确诉讼管辖地等内容,进一步将风险完全转移到昌宇公司一方。

最高人民法院认为,在合同当事人的缔约地位并未改变,且依约昌宇公司全部矿山使用补偿费仅240万元的情况下,上述约定超出了合作协议的合理范围,不合常情、常理;陈某某对仅时隔一天后签订5.3补充协议根本变更5.1协议内容,虽解释是受到昌宇公司和他人所签合同的影响,但并未提供相关证据予以支持,其解释的可信性不足。

第二,5.3补充协议的基本内容存在矛盾,陈某某不能合理说明。5.3补充协议第2条规定5.1协议第1条中陈某某承担的损失限定为"经营损失",以与5.3补充协议第1条所涉"投资"相区分。实际上,所谓"经营损失"反映的是投资与收益的关系,而陈某某履行协议中所投入的生产经营成本性质上即为投资,5.3补充协议对此又明确约定为自行承担,从而其主张自相矛盾。再审庭审中,陈某某对协议正常履行条件下,生产经营成本与投资、生产经营风险不能作出合理说明;同时,其在法庭陈述中也表示主张投资是因为前期没有产品产出而其开挖的风化层对之后的生产带来了方便,如有产品产出,其投资和生产经营风险即自行承担。可见,其主张的生产经营成本与投资无法区分,经营成本是其自愿承担范围。

第三,陈某某在相关诉讼中从未提及5.3补充协议及管辖问题,不合常理。内蒙古自治区相关人民法院在审理陈某某与昌宇公司互为原被告的多起相关诉讼中,陈某某均未提及双方曾签订有5.3补充协议,亦未就管辖法院提出异议,其虽解释该5.3补充协议当时无法找到,是多年后在清理个人物品时偶然发现,但其前后陈述发现地点不一,结合该补充协议相关内容对双方关系的重大影响,其解释不合情理。

第四,5.3补充协议在形式上还存在甲方、乙方列法及明确协议份数的条款等与之前订约习惯明显差异的情况。

综上所述,根据5.3补充协议的内容、形式及该补充协议的形成过程和再审庭审查明陈某某在原审中有隐瞒重大事实信息的不诚信行为,同时考虑昌宇公司一直否认自行加盖印章且不持有该协议之抗辩意见,法院对5.3补充协议相关内容的真实性不予采信。

2. 关于鉴证报告的采信及认定问题

根据再审期间法院查明的事实,原审法院采信呼市中院审理陈某某诉昌宇公司合作经营合同纠纷一案中委托兴益会计师事务所出具的鉴证报告作为认定陈某某实际损失的证据,存在如下问题:

第一,鉴证报告是陈某某申请呼市中院委托兴益会计师事务所所作鉴证,因陈某某申请撤诉,呼市中院已对该案作出撤诉处理。本案原审期间,陈某某并未向原审人民法院提出有关损失鉴定申请,原审法院将陈某某提供的该鉴证报告作为鉴定意见予以质证和认定,违反《民事诉讼法》第 76 条第 1 款之规定,属适用法律错误。同时,依据《民事诉讼法》第 78 条之规定,鉴定意见即使为原审法院依法委托,该鉴定意见在当事人提出异议的情况下,原审法院亦应通知鉴定人出庭作证,否则不能采信为认定案件事实的证据。

第二,本案鉴证报告属投入费用鉴证,不能作为认定投资损失事实的依据。该鉴证报告在内容上虽列明了陈某某开采期间开挖的土方量和石方量及各项费用,但并未说明开挖的石方量中有商品荒料及形成多少商品荒料,即并未包含产品产出情况。根据 2005 年 6 月,昌宇公司委托山西省地质科学研究所进行的内蒙古和林格尔县榆树沟村花岗岩矿区普查地质报告及 2005 年 9 月 8 日内蒙古科瑞房地产评估有限公司出具的内蒙古和林格尔县榆树沟村花岗岩矿区普查地质报告评审意见书,均认为合作开采矿区矿体分布稳定,覆盖层或风化层较薄,裸露地表,陈某某所采矿区的平均图解荒料率为 25.03%。上述地质普查报告及评审意见均为采矿的基本资料,陈某某作为合作采矿当事人,对此应该明知,其在履行相关开采协议期间并未提出异议。对此,法院予以采信。

昌宇公司主张鉴证报告所涉石方量中已有部分商品荒料产出,有一定可信性,且得到法院庭审查明事实的佐证,陈某某认为没有矿石产品产出,故意隐瞒重要案件事实,违背诚实信用的诉讼原则,对其陈述不予采信。再审期间,陈某某于 2014 年 7 月 20 日委托中国冶金地质总局内蒙古地质勘查院所作内蒙古自治区和林格尔县榆树沟花岗岩矿区覆盖层调查报告亦对矿区矿体的荒料率予以了调查,但该报告为陈某某单方委托,且勘测的是已经开挖的矿坑,矿体因开采已经破坏,无法予以认证,对此,法院不予采信。综上,法院认为,原审根据上述鉴证报告认定陈某某的投资损失,认定事实和适用法律均有错误,法院予以纠正。

例案二 | 中国纺织机械和技术进出口有限公司与中建六局土木工程有限公司买卖合同纠纷案

【法院】

北京市高级人民法院

【案号】

(2019)京民终607号

【当事人】

上诉人(原审原告):中国纺织机械和技术进出口有限公司

被上诉人(原审被告):中建六局土木工程有限公司

【基本案情】

上诉人中国纺织机械和技术进出口有限公司(以下简称中纺公司)因与被上诉人中建六局土木工程有限公司(以下简称中建六局土木公司)买卖合同纠纷一案,不服北京市第三中级人民法院(2018)京03民初14号民事判决,向北京市高级人民法院提起上诉,经依法组成合议庭,公开开庭进行了审理。

一审情况:

被告中建六局土木公司对案涉《物资购销合同》不予认可,主张其系于某某个人冒用中建六局土木公司的名义签订,与中建六局土木公司无关且中纺公司并未实际供货,故中建六局土木公司不应支付中纺公司所主张的货款及违约金。

一审中争议焦点为:关于合同签订的情况。

中纺公司主张,案涉《物资购销合同》系于某某持有项目经理部印章签订的,且其有理由相信于某某系代表中建六局土木公司的职务行为并有权签订上述《物资购销合同》,故中建六局土木公司应当承担《物资购销合同》项下付款义务。《物资购销合同》、还款承诺函中加盖的印章为项目经理部印章,委托代表人处签有"于某某"的字样;价格确认书、赊销收货证明中均签有"于某某"的字样。对于上述"于某某"签字的真实性,中建六局土木公司虽不予认可,但其未提交反证亦未申请鉴定。对于上述项目经理部印章,中建六局土木公司主张该印章系其发现于某某私刻印章而收回,经鉴定,该印章与中建六局土木公司提交的印章交接证明及印文中的印章具有同一性。

中建六局土木公司主张,案涉《物资购销合同》系于某某个人冒用中建六局土木公司的名义签订,中建六局土木公司不应承担合同义务。

经查,案涉《物资购销合同》中加盖的系项目经理部印章而非中建六局土木公司的公章,委托代表人处系于某某签字。对于于某某的身份审查问题,中纺公司仅提交名片予以佐证。中纺公司称在签订合同时,系通过于某某提供的其作为中建六局土木公司北京分公司副总经理的名片及其持有项目经理部印章来认定于某某有权代表中建六局土木公司签订案涉合同。经询,中纺公司称其在签订合同时仅见过于某某一人,而未与中建六局土木公司其他人员联系核实于某某身份及签署合同权限。故中纺公司并未提交其他证据证明于某某有权代表中建六局土木公司签订案涉《物资购销合同》。一审法院认为,根据项目经理部印章、于某某名片,不足以认定于某某有权代表中建六局土木公司签订案涉《物资购销合同》。

【争议焦点】

双方当事人之间是否存在货物买卖合同关系,其认定基础在于于某某以项目经理部的名义与中纺公司签约是否系职务行为抑或是否构成表见代理行为,进而涉及中纺公司是否有权向中建六局土木公司主张《物资购销合同》项下货款的结论性问题。

【裁判要旨】

关于是否存在明确的出卖人和买受人的问题。二审法院认为,《物资购销合同》真实存在,货物出卖人为中纺公司亦毋庸置疑。但是,现有证据不足以证明项目经理部的真实存在;于某某的行为不应认定为职务行为或者表见代理行为,其行为后果不能及于中建六局土木公司。

中纺公司上诉称:在中建六局土木公司一审证据7(由中建六局土木公司承建"铁岭北方金融后台服务基地生活服务区芭蕾舞学校工程"的《工程项目合作施工协议书》)、一审证据12(由中建六局土木公司承建"铁岭北方金融后台服务基地生活服务区金融会馆土建工程"的《工程项目合作施工协议书》)中,均明确载明于某某具有对外采购等权限的事实,而一审判决未予认定。但根据补充认定的事实,上述证据7和证据12所涉合同中,中建六局土木公司的签约代表人均非于某某,于某某均是代表黑龙江龙鑫公司签约,而非代表中建六局土木公司签约。中建六局土木公司以该两项证据证明其承建的是与"北方金融后台服务基地"相关的"铁岭北方金融后台服务基地生活服务区芭蕾舞学校工程"和"铁岭北方金融后台服务基地生活服务区金融会馆土建工程",不存在中建六局土木公司北方金融后台服务中心项目及项目经理部。中纺公司在本案一审质证中明确表示对证据7的关联性和证据12的真实性、关联性均不予认可,现中纺公司又以一审判决未予认定相关事实为由提出上诉,显属自相矛盾,亦表明其对存在上述两个工程项目,而非"北方金融后台服务中心项目"的事实不存异议。与之相佐证的中建六局土木公司一审证据13(由中建六局土木公司承建"国家兽医微生物中心实验室"工程的《工程项目合作施工协议书》)中,于某某亦是代表黑龙江龙鑫公司签约,而非代表中建六局土木公司签约。相反,中纺公司至今不能提交确实、充分、有效的证据证明项目经理部的真实存在,故二审法院对中建六局土木公司关于其从未承接中纺公司所述项目,于某某从未担任中建六局土木公司任一项目的项目经理,亦无权代表中建六局土木公司对外签约的答辩意见予以采信。二审法院进而认定于某某以项目经理部的名义与中纺公司签约的行为不能构成代表中建六局土木公司对外签约的职务行为。

中建六局土木公司在一审审理中提交的印章交接证明,能够证明中建六局土木公司已于2016年3月18日将于某某所持项目经理部印章予以收回。中天司法鉴定中心文书司法鉴定意见书中亦载明检材2(编号为17CTCK-06的还款承诺函)中项目经理部的盖印为先印章后打印文字形成的。对于上述鉴定意见,双方当事人均认可其真实性。该鉴定结果证明在中建六局土木公司收回项目经理部印章后,于某某向中纺公司出具的还款承诺函并非中建六局土木公司的真实意思表示。与之相佐证的"铁岭北方金融后台服务基地生活服务区芭蕾舞学校工程"、"铁岭北方金融后台服务基地生活服务区金融会馆土建工程"及"国家兽医微生物中心实验室"工程的三份相关《工程项目合作施工协议书》的签章处,均加盖的是中建六局土木公司合同专用章而非项目经理部印章。如二审法院上述认定,本案现有证据既不能证明于某某所持项目经理部的印章系中建六局土木公司的印章,亦不足以证明于某某在中建六局土木公司收回项目经理部印章之前的签约盖章行为,系中建六局土木公司的授权所为。

根据《合同法》第49条的规定,经二审庭审中再次核查,中纺公司承认其在签订《物资购销合同》时,仅凭于某某出示的印有"中建六局土木公司北京分公司副总经理"字样名片、其持有的项目经理部印章,以及《物资购销合同》中明确指定了交货地点,即"有理由相信"于某某有权代表中建六局土木公司签约。中纺公司亦确认其不能提供证据证明其在签约和之后的履约过程中,曾与中建六局土木公司其他人员有过接触,或者曾向中建六局土木公司有关部门和相关人员核实过是否存在项目经理部、于某某的具体身份,以及其是否有对外签约的权限等情况。从普通"商人"的判断常识和商业交易惯例的视角分析,仅根据中纺公司所述的"理由"根本不足以"相信"于某某有权代表中建六局土木公司签约。故中纺公司具有严重的缔约过失。二审法院认定于某某以项目经理部的名义与中纺公司签约的行为亦不能构成表见代理行为。一审判决认定"根据项目经理部印章、于某某名片,不足以认定于某某有权代表中建六局土木公司签订案涉《物资购销合同》",是正确的。

因此,无论从签约审核判断,还是从客观实际分析,本案事实中不存在明确的买受人,于某某以项目经理部的名义与中纺公司签约的行为后果更不能及于中建六局土木公司。

三、裁判规则提要

(一)关于印章的认定

加盖于合同文本上的公章或合同专用章或法定代表人或代理人的个人私章(以下统称为印章),不是合同条款本身,也不是意思表示本身,印章发挥的法律作用应与文件的种类和性质相匹配。合同书上盖章的意义在于表示该书面形式的意思表示系公章或合同专用章显示的主体所为的,不应无条件地断言合同书上盖章的意义在于确认当事人通过书面形式作出的意思表示的真实性。

印章显示某特定意思表示所归属的表意者、受领者,也就反过来表明、影响该特定意思表示的状况。例如,甲向裁判机构提交某特定文件,意欲基于该文件向乙主张权利,乙举证证明成功该文件上加盖的公章所显示的公司根本不存在,说明该文件系伪造的,其载意思表示应属子虚乌有,那么,乙就能有效地对抗甲的诉讼请求。因此认定合同的真实性往往需要核查、认定相关印章。从这个意义上说,应对印章进行核查、认定,并就其与缔约人的身份、意思表示之间的关联作出说明、予以阐释,进而探知整个合同的含义。①

总之,印章虽非合同条款,也不是意思表示本身,但是对其的认定对于合同真实性的判定是至关重要的。

(二)关于盖章行为的法律意义

《全国法院民商事审判工作会议纪要》第41条②对加盖印章的法律行为效力

---

① 参见崔建远:《合同解释语境中的印章及其意义》,载《清华法学》2018年第4期。

② 《全国法院民商事审判工作会议纪要》第41条规定:"司法实践中,有些公司有意刻制两套甚至多套公章,有的法定代表人或者代理人甚至私刻公章,订立合同时恶意加盖非备案的公章或者假公章,发生纠纷后法人以加盖的是假公章为由否定合同效力的情形并不鲜见。人民法院在审理案件时,应当主要审查签约人于盖章之时有无代表权或者代理权,从而根据代表或者代理的相关规则来确定合同的效力。法定代表人或者其授权之人在合同上加盖法人公章的行为,表明其是以法人名义签订合同,除《公司法》第16条等法律对其职权有特别规定的情形外,应当由法人承担相应的法律后果。法人以法定代表人事后已无代表权、加盖的是假章、所盖之章与备案公章不一致等为由否定合同效力的,人民法院不予支持。代理人以被代理人名义签订合同,要取得合法授权。代理人取得合法授权后,以被代理人名义签订的合同,应当由被代理人承担责任。被代理人以代理人事后已无代理权、加盖的是假章、所盖之章与备案公章不一致等为由否定合同效力的,人民法院不予支持。"

作出了明确。印章是印在文件上表示鉴定或签署的文具,包括公章和私章两种。公章是国家机关、社会团体、企事业单位用自己的名称制作的签名印章,私章则是自然人用自己的名字制作的签名印章。

从《民法典》第490条的规定看,盖章与签字具有同等效力,都是对书面形式的意思表示的确认。对自然人而言,签字与加盖私章都由其自身完成,二者具有同等效力,一般不存在争议。但公司是个组织体,需要通过特定自然人的签字或盖章才能实现其意志。而该自然人本身同时也是独立的法律主体,在此情况下,确定该自然人的行为是其自身的行为还是代表公司从事的行为就至关重要。而仅凭法定代表人的签字,尚不足以区别某一行为是其个人行为还是公司行为。因此,只能通过加盖公章来区别。就此而言,盖章具有签字所不具备的功能。自然人在合同书上加盖公章的行为表明,该行为是职务行为而非个人行为,应由公司承担法律后果。①

(三)实务中印章效力问题

1. 关于仅有法定代表人或代理人的签字,合同未加盖公章的,能否认定为公司行为的问题

根据签字等同于盖章的规则,加之盖章问题的本质在于是否有代表权或代理权,故只要有证据证明法定代表人或代理人是以公司名义而非自身名义签订合同的,就应认定为是公司行为,由公司承担法律后果。

2. 关于先在空白合同书上加盖公章,后确定合同内容的,公章显示的公司应否作为合同主体承担责任的问题

通常情况下,先有合同条款后加盖公章,故加盖公章的行为除了表明是公司行为外,往往还有对合同条款予以确认的性质。但在空白合同上加盖公章的场合,则是先加盖公章后有合同内容。此时,务必要严格考察空白合同持有人与公司之间是否具有代理关系,来综合认定合同效力是否及于公司。空白合同持有人确实具有代理权,或足以使交易相对人相信其具有代理权的,在空白合同上添加的合同条款效力及于公司。反之,仅仅根据持有盖章的空白合同这一事实,尚不足以认定其具有代理权,应按无权代理规则处理。

---

① 参见最高人民法院民事审判第二庭编著:《〈全国法院民商事审判工作会议纪要〉理解与适用》,人民法院出版社2019年版,第289页。

3. 关于公章的种类与文件的种类是否必须相匹配的问题

公章种类很多,常见的有公章、财务章、合同专用章、发票专用章。原则上,公章的种类与文件的种类要相匹配,在最高人民法院(2014)民申字第1号陈某某与国本建设有限公司、中太建设集团股份有限公司民间借贷合同纠纷中,最高人民法院认为,当事人在借款合同上加盖具有特定用途的公司项目资料专用章,超越了该公章的使用范围,在未经公司追认的情况下,不能认定借款合同是公司的意思表示。该观点总体值得赞同,但尚须追根溯源。之所以不认可超出公章特定用途的盖章行为的效力,本质上并非公章本身代表了某种意思表示,而是因为盖章之人缺乏代理权。反之,如果盖章之人确有代理权,即使超出公章的使用范围,亦不宜认定合同无效。故公章须与文书种类相匹配的要求,并非绝对。即使考虑此种要求,实务中仍需要考虑交易习惯,尽可能保护相对人的合理信赖。借款合同加盖公司项目资料专用章固然不太符合交易习惯,但如加盖的是财务章,似亦在情理之中。故在匹配度的认定上,还要根据通常的交易观念从宽予以认定。

4. 关于能否以与备案公章不符为由认定某一枚公章是假公章的问题

司法实践中,公司通常以涉案的某一枚公章为假公章为由提出合同不成立或无效的抗辩,理由则往往是加盖的公章与备案公章不符。公章的备案,既有公安机关的备案,也有工商管理部门的备案。就民商事审判来说,其更多地涉及工商管理部门的备案问题。公司使用备案过的公章,即使该公章实际上已经废弃不用了,只要相对人信赖该枚公章仍在使用的,法律就要保护此种信赖。但要求相对人在所有交易活动中都核查公章的真伪,是不符合交易便捷原则的,因此,相对人不应负有审核某一公章是否为备案公章的义务。故在公司使用备案公章以外的其他公章场合,法院不能以相对人未尽审核义务为由,就认定公司的该枚公章为假公章,除非公司能够举证证明该枚公章确实是伪造的、废弃不用的公章。当然,相对人也可以通过举证证明公司使用的该枚备案公章以外的公章,曾在此前的交易中或者在与其他的交易中使用过等事实,证明该枚公章就是公司的公章。与公章备案相似的是预留印鉴。所谓预留印鉴,是指存款人在银行开立银行结算账户时留存的、凭以办理款项支付结算的权利证明,也是开户银行收付结算的审核依据。预留印鉴约束的对象主要是银行,对交易当事人并无拘束力。在存款人预留印鉴的情况下,银行未尽审核义务,因向他人付款导致存款人损失的,应根据约定承担继续付款责任。①

(四)关于法院对于印章与合同真实的裁判思路

1. 要确立"看人不看章"的裁判思路

既然盖章行为的本质在于表明行为人从事的是职务行为,而从事职务行为的前提是,该自然人不仅须是公司的工作人员,而且还需要享有代表权或代理权。有代表权或代理权的人盖章确认的合同,自然对公司具有约束力。而无代表权或代理权人加盖的公章,即便是真公章也不能产生合同有效的预期效果。对合同相对人来说,合同书加盖公章的情况下,其可以信赖公章显示的主体为合同当事人,并推定合同记载的条款系该主体作出的意思表示。至于该意思表示是否自愿真实,盖章之人有无代表权或代理权等问题,均不能通过盖章行为本身直接得到确认。可见,公章之于合同的效力,关键不在公章的真假,而在盖章之人有无代表权或代理权。盖章之人为法定代表人或有权代理人的,即便其未在合同上盖章甚至盖的是假章,只要其在合同书上的签字是真实的,或能够证明该假章是其自己加盖或同意他人加盖的,仍应作为公司行为,由公司承担法律后果。反之,盖章之人如无代表权或超越代理权的,则即便加盖的是真公章,该合同仍然可能会因为无权代表或无权代理而最终归于无效。

2. 要注意代表与代理的区别

无论是代表还是代理,都需要遵循前述的裁判思路以及相应的裁判规则。所不同的是,根据《民法典》第61条第1款的规定,法定代表人无须另行授权,就可以一般性地代表公司从事民事活动。即便超越权限对外从事行为,也仅是越权代表,并非无权代表。而除法定代理人外,委托代理一般是一事一授权,代理人变动性很大。在无权代理的情况下,代理人根本就没有代理权,其与所谓的被代理人间并无任何联系。正因如此,《民法典》第504条仅有越权代表的规定,而无无权代表的规定。而《民法典》第172条有关表见代理的规定,除了越权代理外,还有没有代理权以及代理权终止后等两种无权代理情况下构成表见代理的规定,此点与代表判然不同。另外,法定代表人是公司的法定机关,其代表权限来源于法律的明确规定。

---

① 参见最高人民法院民事审判第二庭编著:《〈全国法院民商事审判工作会议纪要〉理解与适用》,人民法院出版社2019年版,第291-292页。

法定代表人对外从事的行为,即使是越权行为,也是公司对外从事的行为,只不过越权行为不对公司生效罢了。而在委托代理情况下,代理人的权限来自被代理人的授权,未经被代理人授权的,其行为与被代理人无关,自然不对被代理人发生效力,而应由代理人自身承担责任。尤其是法定代表人以公司名义对外从事民事活动,本质上属于履职行为,由其个人承担责任缺乏依据。而无权代理人在根本没有代理权的情况下对外以被代理人名义从事行为,其行为与被代理人没有任何关系,自不应由被代理人承担责任,因此法律才规定由代理人自身承担责任。

3. 关于举证责任分配

假公章的认定,往往需要借助举证责任的分配予以解决。通常情况下,公司以加盖在合同书上的某一枚公章是假公章为由提出合同不成立或无效的抗辩时,应由该公司承担举证责任,公司可通过申请鉴定、比对备案公章等方式进行举证。公司举证后,合同相对人可通过举证证明盖章之人有代表权(如为法定代表人或负责人)、代理权(职务代理、个别代理)或其有合理理由相信盖章之人有代表权或代理权等事实,从而主张根据相关规则认定合同对公司有效。此时,公司只能通过举证证明交易相对人为恶意相对人来否定合同的效力。

总之,印章是否有效存在争议时,法院要结合其他佐证材料进行判断,其他证据能够认可时,法院会对买卖合同的真实性、合法性、关联性予以采信。①

(五)关于印章主体加强对印章的管理问题

在公司合同管理法律实务中,要加强对合同印章的管理。合同签订需要加盖公司的印章。就合同上需要加盖的印章而言,可以是公司的公章,也可以是公司的合同专用章,两者都可以表示公司对合同内容的认可,公司愿意按照合同条款承担相应的义务与责任。

1. 合同专用章的刻制与启用

公司公章的刻制需要到公安部门备案,随意性较小;但是对于合同专用章的刻制,法律没有特别的限制,只要公司需要便可以到任意一家刻章公司刻制,因此其随意性较高。

如前所述,合同专用章对于公司而言,同样具有重要作用,是公司意思表示的

---

① 参见最高人民法院民事审判第二庭编著:《〈全国法院民商事审判工作会议纪要〉理解与适用》,人民法院出版社 2019 年版,第 290 - 291 页。

重要证据,因此公司在刻制合同专用章时应当履行严格的内部管理程序。因此,笔者建议合同专用章的刻制必须得到公司法定代表人的批准,公司的部门经理,甚至其他高级管理人员均无权批准刻制合同专用章。

为了明确合同专用章的使用范围与程序,笔者建议公司启用新刻制的合同专用章时,需要由公司法定代表人或总经理发布启用通知文件,告知全体员工该合同专用章的启用时间、使用范围、该印章的管理部门以及用印的流程,最后还应当附上印模。

2. 合同印章的使用

无论是公司公章还是合同专用章,使用之前均需要履行批准与登记手续。业务人员需要在合同上加盖印章时,应填写用印申请单,在用印之前必须取得公司审核部门的批准用印决定。

作为印章管理人员,应当熟悉公司的审批权限,其不但需要核实用印申请是否得到审核部门的同意,还需要进一步核实审核人员是否有权进行该项审核。如果印章管理人员发现用印异常,应及时向公司总经理报告。

用印时需要进行详细的登记,包括用印日期、合同编号、批准人、申请人。

3. 合同专用章的作废

当合同专用章作废时,应当发布停用通知,并指定法律事务部门或档案管理部门封存,在一定期限后再销毁。

若公司的印章(包括但不限于公章、合同专用章)遗失或被盗,公司应当及时报警,同时登报声明遗失作废。①

四、辅助信息

高频法条:

《民法典》

第172条 行为人没有代理权、超越代理权或者代理权终止后,仍然实施代理行为,相对人有理由相信行为人有代理权的,代理行为有效。

第504条 法人的法定代表人或者非法人组织的负责人超越权限订立的合同,除相对人知道或者应当知道其超越权限外,该代表行为有效,订立的合同对法

① 参见杨春宝、程强:《公司全程法律风险防控实务操作与案例评析》,中国法制出版社2015年版,第317页。

人或者非法人组织发生效力。

《民事诉讼法》

第 64 条 当事人对自己提出的主张,有责任提供证据。

当事人及其诉讼代理人因客观原因不能自行收集的证据,或者人民法院认为审理案件需要的证据,人民法院应当调查收集。

人民法院应当按照法定程序,全面地、客观地审查核实证据。

买卖合同纠纷案件裁判规则(一)第4条:
买卖双方为达到避税、通关等目的而就同一标的物签订价格不同的多份合同后因此发生纠纷时,法院应综合证据确认体现双方真实意思的合同的效力

〔**规则描述**〕:《民法典》第146条规定:“行为人与相对人以虚假的意思表示实施的民事法律行为无效。以虚假的意思表示隐藏的民事法律行为的效力,依照有关法律规定处理。”该规定针对的是对通谋虚伪表示的民事法律行为的效力判断,完善了意思表示瑕疵的立法,第1款是关于虚假表示的规定,第2款是关于隐藏行为的规定。买卖双方为达到避税、通关等目的而就同一标的物签订不同价格的多份合同,签订价格不同的“阴阳合同”即双方通谋的虚假意思表示,而避税或通关的行为则是隐藏行为。因此,对于买卖行为中仅针对同一标的物签订的不同价格的合同,不能单一依据合同文本中的约定来判断合同效力或划分权责,而是应该绕过双方共同的虚假意思表示综合考虑双方的真实意思表示,确认合同的效力如何。

一、类案检索大数据报告

时间:2020年5月25日之前,案例来源:Alpha案例库,案件数量:56件,数据采集时间:2020年5月25日。本次检索到相关案件共56件,整体情况如图4-1所示。其中,法院认定以真实意思表示为准的案件有34件,占比为60.72%;认定以合同约定为准的案件18件,占比为32.14%;不相关案件有4件,占比为7.14%。

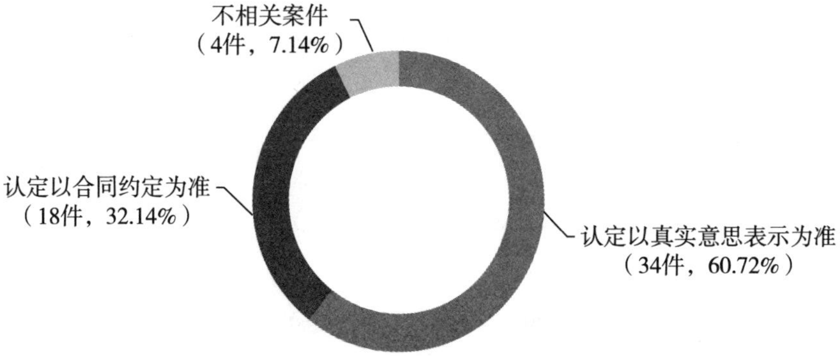

图4-1 法院认定以真实意思表示为准还是以合同约定为准

如图4－2所示,从案件主要年份分布情况可以看出当前条件下合同纠纷案件数量的变化趋势。

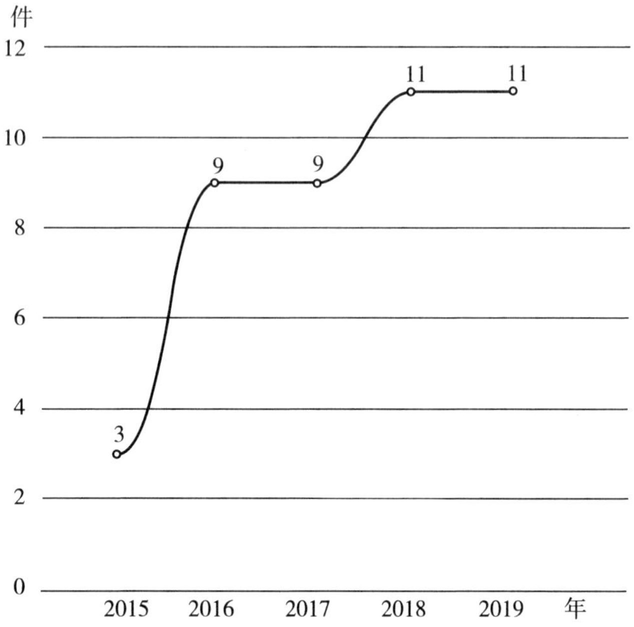

图4－2　案件主要年份分布情况

如图4－3所示,从案件主要地域分布情况来看,当前买卖合同纠纷案件主要集中在四川省、浙江省、湖北省、上海市、安徽省。其中,四川省的案件数量最多,达到8件。

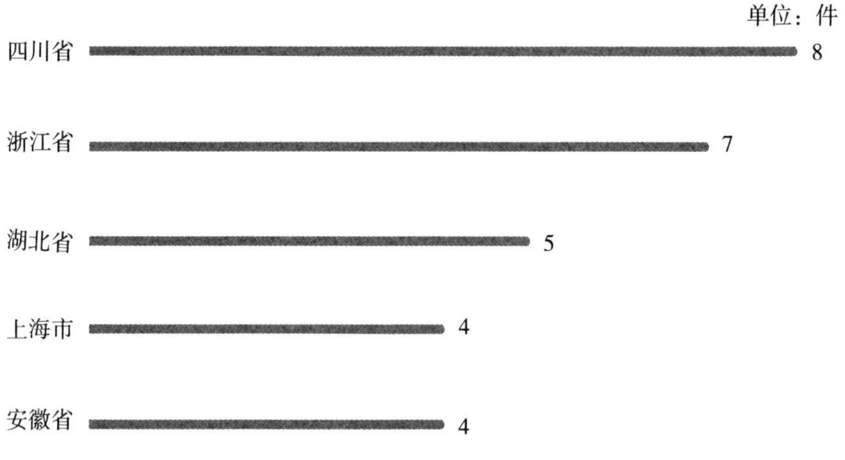

图4－3　案件主要地域分布情况

如图4-4所示,从案件的行业分类情况可以看出,买卖合同纠纷当前的行业分布主要集中在批发和零售业、建筑业、制造业、金融业、采矿业。

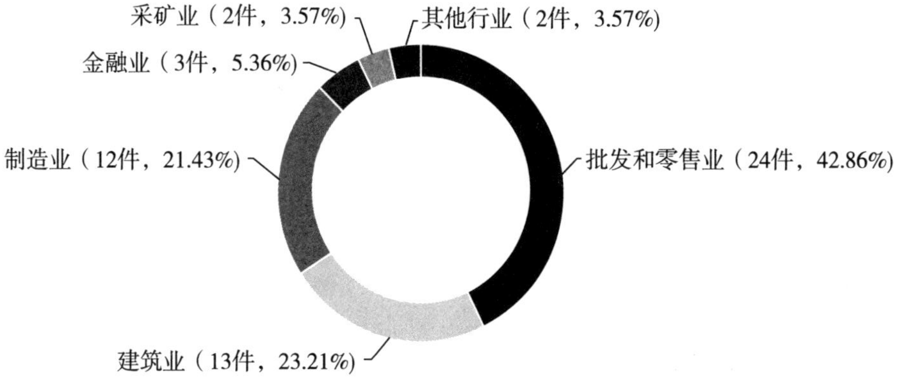

图4-4 案件行业分类情况

二、可供参考的例案

例案一 滁州市易达混凝土有限公司与中国葛洲坝集团第六工程有限公司买卖合同纠纷案

【法院】

安徽省滁州市中级人民法院

【案号】

(2016)皖11民终2355号

【当事人】

上诉人(原审原告):滁州市易达混凝土有限公司

上诉人(原审被告):中国葛洲坝集团第六工程有限公司

【基本案情】

上诉人滁州市易达混凝土有限公司(以下简称易达混凝土公司)、中国葛洲坝集团第六工程有限公司(以下简称葛洲坝集团第六工程公司)因买卖合同纠纷一案,均不服安徽省来安县人民法院作出的(2016)皖1122民初664号民事判决,向安徽省滁州市中级人民法院提起上诉。安徽省滁州市中级人民法院于2016年11月2日立案受理后,依法组成合议庭公开开庭审理了本案。上诉人易达混凝土公司法定代表人董某某及其委托的诉讼代理人邓某某、上诉人葛洲坝集团第六工程公司委托的诉讼代理人张某某、汤某某到庭参加诉讼。本案现已审理终结。

易达混凝土公司上诉请求:撤销一审判决,改判支持易达混凝土公司的一审诉讼请求,一审、二审诉讼费用由葛洲坝集团第六工程公司承担。事实与理由:易达混凝土公司与葛洲坝集团第六工程公司签订的《滁州市建设工程预拌商品混凝土购销合同》中约定价格不含税,没有违反法律规定,根据《增值税暂行条例》关于增值税的税额由购买方承担的规定,本案的税款应当由葛洲坝集团第六工程公司承担。

葛洲坝集团第六工程公司辩称:2015 年 3 月 9 日,来安县国家税务局对易达混凝土公司涉税情况进行检查,发现易达混凝土公司销售的混凝土没有账面核算收入,未申报缴纳增值税。2015 年 5 月 5 日,易达混凝土公司向来安县国家税务局缴纳税款 37 万元。该税款的补缴及开票是在税务部门进行税务核查后发生的,由此产生的税款应由易达混凝土公司负担。请求驳回易达混凝土公司的一审诉讼请求。

葛洲坝集团第六工程公司上诉请求:撤销一审判决,驳回易达混凝土公司的一审诉讼请求。事实与理由:易达混凝土公司提供的葛洲坝集团第六工程公司发出的通知中印章不真实,易达混凝土公司没有举证证明所缴税款是应葛洲坝集团第六工程公司要求开票而补缴的。

易达混凝土公司辩称:葛洲坝集团第六工程公司已收到涉案税票,易达混凝土公司已经缴纳了 37 万元的税款,其应该承担 37 万元税款,请求支持易达混凝土公司的诉讼请求。

易达混凝土公司向一审法院起诉请求:葛洲坝集团第六工程公司支付其税款 37 万元,并承担诉讼费用。

一审法院认定事实:葛洲坝集团第六工程公司(2014 年 11 月 7 日变更为中国葛洲坝集团第六工程有限公司)承建滁州市天长西路安置房工程。葛洲坝集团第六工程公司为施工需要,设立了葛洲坝集团第六工程公司滁州市国家安居工程天长西路安置房工程项目部(以下简称天长西路项目部)。2011 年 4 月 12 日,天长西路项目部为甲方与易达混凝土公司为乙方签订一份《滁州市建设工程预拌商品混凝土购销合同》,由易达混凝土公司向葛洲坝集团第六工程公司提供混凝土,该合同约定了混凝土品种、技术要求、数量要求、计价办法、违约责任等。该合同还约定了:“此价格不含税,结算货款时乙方不需要向甲方提供税票。”合同签订后,易达混凝土公司依约向葛洲坝集团第六工程公司供应混凝土,经双方结算,易达混凝土公司向葛洲坝集团第六工程公司供应混凝土总价款为6,670,910元(不含税)。由于葛洲坝集团第六工程公司尚有部分货款未付,易达混凝土公司于2013年7月23日向安徽省滁州市中级人民法院提起诉讼,安徽省滁州市中级人民法院2013年12月2日作出(2013)滁民二初字第00102号民事判决书,葛洲坝集团第六工程公司不服,提起上诉,安徽省高级人民法院2014年5月28日作出(2014)皖民二终字第00171号民事调解书。葛洲坝集团第六工程公司按照调解书履行了支付易达混凝土公司货款义务。2014年11月3日,天长西路项目部向易达混凝土公司发一份通知,载明:"易达混凝土公司:我项目部向贵公司购买的商品混凝土货款已全部付清,请贵公司将所有发票开给我项目部。"2015年4月26日、5月24日,易达混凝土公司共向天长西路项目部开具金额为6,670,910元的安徽省国家税务局通用机打发票。2015年7月28日,葛洲坝集团第六工程公司安徽分公司在易达混凝土公司提供的开票明细表上盖财务专用章,并注"今收到易达混凝土公司发票67张(8092-8137)、(311829-311849),共计金额6,670,910元"。

2015年3月9日,来安县国家税务局对易达混凝土公司涉税情况进行检查发现,易达混凝土公司销售给天长西路项目部混凝土没有在账面核算收入,未申报缴纳增值税。易达混凝土公司于2015年5月5日向来安县国家税务局预缴查补增值税税款370,000元,来安县国家税务局向易达混凝土公司出具了税收缴款书。

一审法院根据当事人的诉辩主张确定本案的争议焦点为:易达混凝土公司的诉讼请求能否得到支持。

天长西路项目部与易达混凝土公司签订的《滁州市建设工程预拌商品混凝土购销合同》,是双方当事人真实意思表示,对双方具有约束力,双方均应按约定履行合同。葛洲坝集团第六工程公司支付易达混凝土公司全部货款后,天长西路项目部要求易达混凝土公司提供发票,易达混凝土公司提供了金额为6,670,910元的发票。后来安县国家税务局对易达混凝土公司涉税情况进行检查,由于易达混凝土公司销售给天长西路项目部混凝土没有在账面核算收入,未申报缴纳增值税,易达混凝土公司向来安县国家税务局预缴查补增值税税款370,000元。《滁州市建设工程预拌商品混凝土购销合同》约定的混凝土价格不含税,说明卖方易达混凝土公司不需向天长西路项目部提供发票,或者买方天长西路项目部不要求卖方易达混凝土公司开具发票。审查认为,易达混凝土公司负有开具相应发票的责任,天长西路项目部与易达混凝土公司约定混凝土价格不含税,违反法律规定,天长西路项目部、易达混凝土公司规避税法的行为,不符合法律规定,易达混凝土公司、天长西路项目部均负有责任,根据公平原则,对易达混凝土公司预缴查补增值税税款370,000元,易达混凝土公司、天长西路项目部应各承担50%责任,故对易达混凝土公司已补交的税款370,000元,应由购买方天长西路项目部承担185,000元(370,000元×50%)。由于天长西路项目部不能独立承担民事责任,相应的民事责任应由葛洲坝集团第六工程公司承担,因此,易达混凝土公司要求葛洲坝集团第六工程公司支付税款370,000元的诉讼请求,予以部分支持。综上所述,依照《合同法》第5条、第6条、第8条、第60条第1款、第107条、第109条,《民事诉讼法》第64条第1款,《民事诉讼法解释》第90条之规定,判决葛洲坝集团第六工程公司于判决生效后10日内支付原告易达混凝土公司185,000元。案件受理费6850元,由原告易达混凝土公司负担3425元,被告葛洲坝集团第六工程公司负担3425元。

【案件争点】

合同中约定价格不含税的,税款由谁承担。

【裁判要旨】

法院认为:《税收征收管理法》第4条第3款规定,纳税人、扣缴义务人必须依照法律、行政法规的规定缴纳税款、代扣代缴、代收代缴税款。第21条第2款规定,单位、个人在购销商品、提供或者接受经营服务以及从事其他经营活动中,应当按照规定开具、使用、取得发票。《增值税暂行条例》第1条规定,在中华人民共和国境内销售货物或者提供加工、修理修配劳务以及进口货物的单位和个人,为增值税的纳税人,应当依照本条例缴纳增值税。第21条规定,纳税人销售货物或者应税劳务,应当向索取增值税专用发票的购买方开具增值税专用发票,并在增值税专用发票上分别注明销售额和销项税额。根据上述法律及行政法规的规定,易达混凝土公司向葛洲坝集团第六工程公司销售混凝土,应当开具增值税发票。而双方当事人在合同中约定"此价格不含税,结算货款时乙方不需要向甲方提供税票",违反了上述法律及行政法规的规定,存在逃税、避税的行为,该约定应当无效。虽然我国税收管理方面的法律法规对于各种税收均明确规定了纳税义务人,但并未禁止纳税义务人与合同相对人约定由合同相对人或第三人缴纳税款。税法对税种、税率、税额的规定是强制性的,而对于实际由谁缴纳税款没有作出强制性或禁止性的规定。易达混凝土公司与葛洲坝集团第六工程公司在合同约定"此价格不含税,结算货款时乙言不需要向甲方提供税票",并未约定税款由谁承担。根据法律规定,双方之间的买卖产生的税款应当依法缴纳,而由此产生的增值税,因双方未约定由谁负担,且双方亦无法协商一致,鉴于双方存在逃税、避税的行为,由此产生的责任应共同承担,原审判决各承担50%符合公平原则。

案涉合同以及合同中约定了"此价格不含税,结算货款时乙方不需要向甲方提供税票",均属于双方当事人真实意思表示,合同条款约定应对双方当事人均具有约束力,且应按照合同约定履行。但合同中约定的"价格不含税"是否具有排除应缴税款的意思,以及是否有约定税款由哪一方承担的问题。

法院认为,双方当事人约定价格不含税,尽管出卖方出具了发票,但未作入账处理,仍存在逃避缴纳税款的行为,对该行为应该予以纠正,根据公平原则,判决由双方各自承担50%的责任,支付相应的税款。

例案二 | 益阳欧绅汽车销售服务有限公司与长沙市湘环土石方工程运输有限公司买卖合同纠纷案

【法院】

益阳市赫山区人民法院

【案号】

(2017)湘0903民初2226号

【当事人】

原告(反诉被告):益阳欧绅汽车销售服务有限公司

被告(反诉原告):长沙市湘环土石方工程运输有限公司

【基本案情】

原告(反诉被告)益阳欧绅汽车销售服务有限公司(以下简称原告)与被告(反诉原告)长沙市湘环土石方工程运输有限公司(以下简称被告)买卖合同纠纷一案,益阳市赫山区人民法院于2017年7月13日立案后,依法适用普通程序,公开开庭进行了审理。

原告向法院提出诉讼请求:(1)判令被告偿还所欠车款1,089,800元;(2)判令被告按合同约定支付欠款利息42,417元,并支付利息至所有欠款偿还完毕之日。事实与理由:2016年10月17日,原告、被告签订《长沙市新型智能环保渣土砂石专用运输车辆定购合同》,对买卖车辆的品牌、型号、数量、单价等进行了约定。后根据需方要求,又增加两台同类型车辆,合同金额总计4,401,600元,附加税376,200元,后原告为车辆上牌检测花费1000元/台,货款金额总计为4,789,800元。合同约定被告办理车辆按揭贷款,月利率为0.46%。合同签订后,原告向被告交付了12台渣土车,并组织银行工作人员上门办理按揭贷款手续,被告均予以拒绝,导致贷款手续无法办理,双方另约定用现金予以结算,但在原告将车辆合格证及购车发票交付被告后,被告拖欠购车余款1,089,800元至今未付,故原告诉至法院,请求支持诉讼请求。

被告辩称:本案所涉车辆定购合同系张某某与原告签订,后原告向被告实际交付12台车,发票显示12台车价格总计2,448,820.56元。交车后,原告催被告付款,被告总计付款370万元,多支付1,251,179.44元。付款后,被告多次联系原告对账结算,原告拒绝,且原告所交车辆故障频出,改装也未进行,亦未落实购车时许诺的多种优惠措施。由此,被告请求驳回原告的诉讼请求,并向法院提出反诉请求:请求判令原告退还被告购车款1,251,179.44元。

当事人围绕诉讼请求依法提交了证据,法院组织当事人进行了证据交换和质证。对当事人无异议的证据,法院予以确认并在卷佐证。对有争议的证据和事实,法院认定如下:原告提供的《长沙市新型智能环保渣土砂石专用运输车辆定购合同》,被告提出异议,认为该定购合同的签订双方为原告和张某某,并非被告公司,但对其已接收原告12台同型号车辆无异议。法院认为,根据被告的答辩意见及接收车辆的事实,可以认定张某某系代表被告签订该定购合同,被告的异议理由不成立,该合同来源合法、内容真实、与本案具有关联性,应当作为定案依据。原告提供的车辆合格证、进项增值税发票、物流发票、车辆适时分析系统发票、长沙市渣土管理处长渣政发(2016)18号文件及附件,被告对真实性、合法性无异议,但认为与本案无关。经审查,上述证据来源合法、内容真实、能够证明涉案车辆的进货成本价及买卖标的的合法性,予以采信。原告提供的长沙市同顺渣土运输有限公司购车合同、货箱发票、东宽公司销售发票、车辆按揭贷款合同、按揭抵押合同、机动车辆保险批单,被告提出异议,认为与本案所涉买卖合同及车辆型号无关。经审查,上述证据中按揭抵押合同登记的车辆品牌、规格型号与涉案车辆相符,证据来源合法、内容真实,故上述证据可以作为认定本案事实的参考依据。被告提供的《长沙市新型智能环保渣土砂石专用运输车辆定购合同》、车辆登记证明、检测费发票、发票认证抵扣清单、转账证明,原告无异议,法院予以采信。被告提供的发票联、税收完税证明、长沙市同顺渣土运输有限公司机动车销售统一发票,原告对真实性、合法性、关联性无异议,对证明目的有异议,认为车辆的车身与底盘、货箱是分开开发票的,上述发票不能证明每台车辆的价税合计为188,000元,且发票金额低于合同约定的车辆价格是为了合理避税。法院认为,综合双方所交证据及涉案车辆的市场价格,可以认定原告的质证意见成立,被告的上述证据不能达到其证明目的,不作为车辆真实价格的认定依据。被告提供的12台车辆司机的证言,原告有异议,认为证人与被告有利害关系,司机并非质量鉴定机构,其证言达不到证明目的,法院认为原告的质证意见成立,该证据因无其他有效证据佐证,不予采信。

根据当事人陈述和经审查确认的证据,法院认定事实如下:

2016年10月17日,原告(甲方)与被告(乙方)签订《长沙市新型智能环保渣土砂石专用运输车辆定购合同》,约定被告向原告定购欧曼智能渣土车(型号BJ3253DLPKB)10台,单价366,800元/台,付款方式为银行按揭贷款,首付30%,被告在提车前须将合同首付款一次性付清,余款贷款期限24个月,月利率0.46%,原告须于2016年10月28日交付车辆。另对贷款保证金、利率、手续费、综合费用及产品配置、技术参数、交车时间、地点等进行了约定,其中约定车辆购置税31,350元/台。上牌费3000元/台,由被告另行支付给原告,由原告代为办理车辆购置附加税和车辆上牌手续。合同签订后,被告另按同等条件增购2台同型号车辆。原告按约向被告交付12台欧曼渣土车后,被告未按定购合同约定以银行贷款形式支付车款,而是陆续以现金转账方式向原告支付车款共计370万元,之后未再支付车款。原告为达到避税目的,向税务机关申报时隐瞒车辆真实价格,机动车销售统一发票载明的车辆价格为160,683.76元/台,增值税税额为27,316.24元/台,价税合计188,000元/台。另原告实际为被告代交车辆购置税16,068.38元/台、车辆上牌检测费1000元/台。因被告未按约定办理按揭贷款手续,原告亦未兑现其在签订合同时口头承诺的相关优惠,双方就车辆价款支付产生争议。诉讼过程中,双方对车款支付方式已由银行按揭贷款支付变更为现金支付无争议。

被告主张本案所涉12台欧曼渣土车存在质量问题,经当庭征询其意见,被告表示暂不申请车辆质量鉴定。

另查明,原告、被告发生车辆买卖合同关系过程中,与原告联系洽谈的被告方代表均为张某某,之后由张某某代表被告与原告签订《长沙市新型智能环保渣土砂石专用运输车辆定购合同》,合同正文第二行注明"乙方(订购方):湖南长沙市湘环土石方工程运输有限公司",合同落款处乙方法人代表(签名)为张某某,未加盖被告公章。张某某系被告法定代表人聂某某之前夫。

【案件争点】

经双方签字确认的合同中的价款金额与发票金额不一致时,如何认定价款金额。

【裁判要旨】

法院认为:《长沙市新型智能环保渣土砂石专用运输车辆定购合同》签订过程中被告方派出的代表为张某某,原告已按书面和口头约定向被告交付12台车辆,被告支付了部分车款,故合同的签订双方为原告与被告,合同内容不违反法律、行政法规的强制性规定,对双方均具有法律约束力。关于车辆价格的认定,被告主张车辆价格应以机动车销售统一发票显示的价格为准。法院认为,原告为逃避税收,向税务机关申报时有意降低车辆真实价格,导致开具的机动车销售统一发票上显示每台车辆价税合计仅为188,000元,远低于合同约定的车辆单价,参照原告的进货成本价及市场同类型车辆的销售价格,应当认定双方在《长沙市新型智能环保渣土砂石专用运输车辆定购合同》约定的价格366,800元/台为双方真实意思表示,被告应当按此价格支付车款。原告逃避税收的行为违反国家相关规定,属于税收行政管理范畴,应由相应行政机关予以处理。合同约定被告向原告支付车辆购置税31,350元/台、上牌费3000元/台,由原告代办缴税和上牌手续,原告实际仅支出车辆购置税16,068.38元/台、车辆上牌检测费1000元/台,原告多代收上述税费的行为有违诚实信用原则,其超出部分的诉讼请求,法院不予支持。原告在起诉状中认可付款方式已由银行按揭贷款方式变更为现金支付,但未就现金付款方式及付款期限提供证据,故原告要求被告支付欠款利息缺乏依据,法院不予支持。

在买卖交易的过程中,双方通过签订合同的方式确认了购买车辆的型号、规格、价格等信息,系双方真实意思表示的合意。但一方为避税向税务机关申报时有意降低车辆真实价格,导致开具的发票上的金额低于车辆实际金额,并且主张以最终开具发票金额为准。很显然,上述行为不仅违反国家税收的规定,也有违诚实信用原则。

例案三 | 杭州卡卡物资有限公司与鸿鑫建设集团有限公司买卖合同纠纷案

【法院】

浙江省杭州市中级人民法院

【案号】

(2013)浙杭商终字第959号

【当事人】

上诉人(原审被告):鸿鑫建设集团有限公司

被上诉人(原审原告):杭州卡卡物资有限公司

【基本案情】

上诉人鸿鑫建设集团有限公司(以下简称鸿鑫公司)与被上诉人杭州卡卡物资有限公司(以下简称卡卡公司)买卖合同纠纷一案,不服杭州市拱墅区人民法院(2012)杭拱商初字第1043号民事判决,向浙江省杭州市中级人民法院提起上诉。浙江省杭州市中级人民法院于2013年5月22日立案受理后,依法组成合议庭进行了审理。本案现已审理终结。

原审法院审理查明:2010年12月27日卡卡公司(甲方)与鸿鑫公司(乙方)签订钢材购销合同一份,合同约定:乙方因绍兴市云东路1号地块A区安置房项目建设需要,向甲方购买各种钢材共计约20,000吨;钢材单价按"我的钢铁网"杭州市场价格(此价格为不含税单价)。在合同中对交货、质量及付款均进行了约定。合同签订后卡卡公司按约向鸿鑫公司提供钢材5520.294吨,不含税价款为25,980,994.48元。2012年7月15日卡卡公司代理律师发函给鸿鑫公司,要求鸿鑫公司支付税金及提供开具增值税发票所需的信息。

原审法院审理认为:卡卡公司、鸿鑫公司签订的钢材购销合同约定钢材单价为不含税价。在钢材交易中,通常所指的价格不含税,意为销售方不开具增值税发票给购货方,或购货方不要求销售方开具增值税发票。对此规避税法的行为,法律不予支持。卡卡公司应承担开具相应增值税发票的民事责任。根据《增值税暂行条例》的规定,卡卡公司、鸿鑫公司应负担的增值税率应为17%,卡卡公司(纳税人)销售货物或者应税劳务,按照销售额和该条例规定的税率计算并向鸿鑫公司(购买方)收取的增值税额,为销项税额。销项税额计算公式:销项税额=销售额×税率,即卡卡公司供给鸿鑫公司5520.294吨钢材,应向鸿鑫公司收取的增值税额(销项税额)为4,416,769.06元(25,980,994.48元×17%)。卡卡公司应向鸿鑫公司开具总增值税额为4,416,769.06元的增值税发票。在依法由销售方卡卡公司开具增值税发票的情况下,涉及的税费实为减少销售方卡卡公司的合同约定收入,故在不含税价格依法调整为含税价格后,税费4,416,769.06元折抵相应价款由购货方鸿鑫公司承担,也仅体现出价格恢复到正常含税价格,购货方鸿鑫公司也仅为支付正常的市场交易价格。故卡卡公司要求鸿鑫公司支付货款税金的诉请,予以支持。卡卡公司要求鸿鑫公司支付利息的主张,因缺乏依据,不予支持。根据《合同法》第32条、第44条、第61条、第62条,《增值税暂行条例》第2条第(1)(2)(3)项、第5条之规定,法院于2013年4月8日作出如下判决:(1)鸿鑫公司于判决生效后支付卡卡公司含税价款4,416,769.06元,并提供开具发票的相应资料,卡卡公司收到款后3天内向鸿鑫公司开具总增值税额为4,416,769.06元的增值税发票。(2)驳回卡卡公司的其他诉讼请求。如果未按判决指定的期间履行给付金钱义务,应当依照《民事诉讼法》第253条之规定,加倍支付迟延履行期间的债务利息。案件受理费47,134元,由鸿鑫公司承担。

上诉人鸿鑫公司不服原审法院上述民事判决,向浙江省杭州市中级人民法院提起上诉称:(1)原审判决鸿鑫公司承担税款对鸿鑫公司显失公平。原审判决虽然认定双方合同约定的钢材单价不含税价,但鸿鑫公司不论在本案中,还是在关于双方货款争议的(2012)杭拱商初字第214号案件中(以下简称214号案件),均一直主张双方约定的钢材单价实质上已经包含了税款,鸿鑫公司就此主张提供了由会计师事务所出具的专项审计报告证明,该报告通过专业的审计方法,作出卡卡公司销售的钢材价值中已包括了应支付给销货方的增值税,其价格为包含增值税的价格。故无论是本案原审判决还是214号案件,均忽视该报告所证明的事实,从而作出了错误的认定。在鸿鑫公司已支付了货款和支付货款的对价已经包含了税款的事实情况下,原审法院仍判决让鸿鑫公司承担税款,相当于鸿鑫公司在购买一次钢材过程中,承担了两笔税款,致使双方的权利与义务明显违反公平、等价有偿的原则,对鸿鑫公司显然不公平。(2)原审法院认定税款由鸿鑫公司承担体现了价格恢复到正常含税价格,并认定是支付正常的市场交易价格,该认定与事实不符。且不论鸿鑫公司提交的专项审计报告已经证明了鸿鑫公司支付给卡卡公司的钢材单价款已经包含了税款的事实,即使从本案双方发生的钢材买卖支付的对价款金额上而言,在杭州钢材交易市场中,不论相比较钢铁网公布的杭州市场信息价,还是其他商家交易的价格,与双方买卖的钢材单价款一致,若存在差别也相差无几。换言之,鸿鑫公司支付的钢材单价款已然包括了卡卡公司需要向税务部门缴纳的销项税额。但原审法院认为"在依法由销售方卡卡公司开具增值税发票的情况下,涉及的税费实为减少卡卡公司的合同约定收入,故在不含税价格依法调整为含税价格后……购货方鸿鑫公司也仅为支付正常的市场交易价格"。原审法院作出该价格是恢复到正常的含税价格和正常的市场交易价格的认定,不仅会出现让鸿鑫公司承担了双倍税款的不公平结果,也造成了本案钢材买卖价格与正常市场价格相差巨大的结果。该认定完全不顾钢材市场的正常交易秩序,而且纵容了不法商家攫取暴利的行为,更与法律规定的等价有偿原则背道而驰。原审法院未能从客观事实出发,判决错误。另补充以下上诉意见:(1)原审判决适用法律错误。①原审法院对《增值税暂行条例》适用错误,该条例属于公法范畴,调整的是国家机关和纳税义务人的关系,而鸿鑫公司作为购买方,非纳税义务人,不属于该条例的调整范畴。该条例第5条规定纳税人销售货物,按照销售额和规定税率计算并向购买方收取的增值税额为销项税额,该规定只是说明增值税可转嫁以及计算的方法,并不是购买方应支付增值税额给销售方。该条文只在明确计算方式,而不是对购买方设定义务。购买方根本不属于该条例的调整对象,原审法院对《增值税暂行条例》适用该条例给鸿鑫公司设定义务是错误的。此外,也没有法律规定增值税的负担应当由购买方承担。按照增值税的原理,增值税是一种间接税,纳税人可以将其承担的部分纳入价格中转嫁给购买方,但是税负的转嫁不是法律的强制性规定,仅仅根据增值税可以被转嫁的特性不能得出增值税必须转嫁的结论。我国法律并未规定纳税人必须将其应当缴纳的增值税纳入价格中,更未规定纳税人可以先以不含税的价格销售再以开票的名义追索税款,销售方作为增值税的纳税义务人主动放弃将增值税纳入价格中,是销售方行使权利的表现。现实生活中,销售方为了市场竞争可以不将税款加入价格,如果按不含税销售货物最终因为交税使得收入减少,没有任何理由要求购买方另行承担。因此,没有法律依据可以支持卡卡公司的诉讼请求。②原审判决适用《合同法》第61条、第62条,适用法律错误。其一,鸿鑫公司和卡卡公司对结算价款约定明确,是按照“我的钢铁网”进行结算,双方的合同和结算单也体现了该点,卡卡公司无权单方改变实质的结算价款,因此,并无适用《合同法》第61条、第62条的余地。其二,关于该笔交易产生的税金承担问题,应当按照税法的规定进行处理,不属于合同双方必须约定的内容,更不属于由法院解释决定的内容。其三,按照原审法院的认定,合同的约定规避税法,法律不予承认,那么也只有《合同法》第52条可推翻合同的约定,应当按照合同无效的方式处理卡卡公司和鸿鑫公司之间的关系。原审判决适用法律错误。(2)原审判决认定事实错误。①原审判决认定由鸿鑫公司额外支付含税价款使价格恢复到正常含税价格,并认为是支付正常的市场交易价格,该认定与事实不符。从鸿鑫公司提交的杭州市建设工程信息价中可以看出,杭州市建设委员会调查公布的杭州钢铁市场供应价和“我的钢铁网”公布的价格基本一致,说明“我的钢铁网”上的价格是市场的正常价格。而原审判决认为鸿鑫公司按杭州钢铁网的价格再加价17%才是恢复到正常的市场价格,原审判决对市场价格的认定远远超出了市场权威部门的实际调查结果,纵容了不法商家获取暴利的行为。②原审法院认定鸿鑫公司故意不提供开票信息而导致卡卡公司无法开具发票,该认定错误。卡卡公司和鸿鑫公司的交易从

2010年一直持续到2012年,前后3年卡卡公司一直未开具发票,而卡卡公司应当开具的发票是增值税普通发票而非增值税专用发票,只需要有开票对象的名称就可以,无须鸿鑫公司提供任何开票信息。(3)原审判决将产生恶劣的社会效果。本案中卡卡公司是纳税义务人,因此,不开具发票是卡卡公司违法,而非鸿鑫公司违法。本案不含税的合同也由卡卡公司出具,如果规避税法成功,也主要是卡卡公司可以从少缴税款中获益,鸿鑫公司并不能直接获益,因此卡卡公司是规避税法的主要责任方,也是主要获利方。根据《增值税暂行条例》第4条的规定,卡卡公司实际应纳税额等于销项税减去进项税,也就是说,即使卡卡公司开具增值税发票,其实际缴纳的税款也是低于不含税价乘以17%,现卡卡公司出于恶意获利的目的,要求鸿鑫公司在市场价外再额外支付17%的税金,如果法院予以支持,鸿鑫公司支付给卡卡公司的款项中只有一部分会作为税款上交,部分是卡卡公司的获利,规避税法的主要责任人和获益人不仅没有惩罚,反而在规避税法的过程中通过法院判决而进一步获益,不但严重违背公平责任原则,也纵容了规避税法的始作俑者和主要责任人,判决社会效果恶劣。(4)原审判决违背民事交易的意思自治原则。在市场经济条件下,允许双方当事人在不违背法律规定的前提下,进行自由磋商,达成交易协议,本案中鸿鑫公司作为购买方和卡卡公司达成的价格协议并不违背法律规定,法院应当遵循双方的意思自治。但原审法院不顾合同约定,简单机械的理解《增值税暂行条例》的规定,判决将17%的增值税由鸿鑫公司承担,并将合同约定的价格变更为含17%增值税的价格,违背了鸿鑫公司缔约时的交易价格。(5)原审判决违反了国家税收征管理的规定。原审判决第1项要求鸿鑫公司先向卡卡公司支付税金,然后由卡卡公司向鸿鑫公司开具增值税发票,该项判决放任卡卡公司的违法行为,卡卡公司如果未按规定缴纳税款,按照相关法律规定,其作为纳税义务人,在交易发生时就应向税务机关及时、足额申报缴纳税款。如果违反规定,迟延缴纳或者脱逃,应向税务机关缴纳滞纳金、罚款,构成刑事责任的还应当承担责任并处罚金。事实上,卡卡公司的行为已经违反规定,应当由主管税务部门对其进行处罚。(6)原审法院判非所请。在一审的诉讼请求中,卡卡公司请求支付货款的税金,而判决内容是要求鸿鑫公司向卡卡公司支付含税价款,原审法院的判决内容和卡卡公司的请求完全不同。(7)原审法院的判决破坏了交易的稳定性,背离了民事交易的意思自治,损害了鸿鑫公司的合法权益,无依据的增加了鸿鑫公司的交易成本。综上所述,请求二审法院撤销原判,改判驳回卡卡公司的一审诉讼请求;本案一审、二审诉讼费用由卡卡公司承担。

被上诉人卡卡公司答辩称:双方之前的纠纷已经法院判决,现在是第二次诉讼。(1)双方确认的价款不含税。鸿鑫公司要求先暂不开具发票,所以合同约定的价款不含税,如果开具发票,则税金应当由鸿鑫公司承担。无论是双方的口头约定、还是实践,或是增值税管理的规定,都很清楚,该税款应当由鸿鑫公司承担,然后由卡卡公司缴纳。(2)卡卡公司并不存在避税行为,合同有明确约定。(3)关于开票信息的问题。增值税发票分为专用发票和普通发票,应当填写相应内容,至少应有单位名称、税号,否则无法开具。(4)卡卡公司也认可现在的经济是市场经济,应当尊重双方的意思自治。意思自治是双方对交易在不违背真实意思的情况下达成的价格约定。卡卡公司注意到,鸿鑫公司在一审、二审期间提供的材料都证明市场价格多少,该市场价格仅仅是市场的行情,还有远近和供求的变化。本案中,当事人达成的价格是双方的意思自治,不存在违背诚信或者欺骗等情形。(5)价格受很多因素影响。卡卡公司经营的目的是盈利,卡卡公司是三级代理商,中间环节存在资金占用、仓储、运输、损耗、利润、税收等问题,双方达成的价格(不含税)并未违背正常的市场规律。此外,卡卡公司查阅了很多类似的司法判例,均支持货物销售一方。卡卡公司的诉讼请求与原审法院的判决一致。综上所述,请求二审法院驳回上诉,维持原判。

二审期间鸿鑫公司向法院提交《杭州造价信息》(2011年5月)一份,欲证明权威部门调查后公布的同期市场价格与“我的钢铁网”价格基本一致,原审判决认为本案价款加价17%后才是正常的市场价格,该认定与市场价格不符。

经质证,卡卡公司对该证据的真实性无异议,但认为该证据不属于新的证据,同时认为该信息价是招标时的参照价格,还有材料补差和人工补差等,故该证据对本案无参照意义。

二审法院对鸿鑫公司提交的证据作如下认证:对该证据的真实性予以确认。

二审法院经审理查明的事实除与原审法院查明的事实一致外,另查明:卡卡公司曾于2012年2月9日向原审法院起诉,要求鸿鑫公司支付货款及利息等。经原审法院214号案件审理,于同年6月10日作出判决。鸿鑫公司不服判决,向浙江省杭州市中级人民法院提起上诉。经浙江省杭州市中级人民法院(2012)浙杭商终字第1110号案件审理,鉴于卡卡公司确认已于2012年7月17日收到鸿鑫公司通过原审法院支付的本案所涉货款7,980,994.39元、2011年11月30日前的利息1,300,000元及2011年12月1日至2012年2月9日的利息,法院于2012年11月作出判决,对一审判决鸿鑫公司应付款金额予以调整,判令鸿鑫公司向卡卡公司支付相应利息损失。

二审法院认为:卡卡公司与鸿鑫公司之间的货款纠纷已经法院(2012)浙杭商终字第1110号案件审理,该案依据双方在合同中的约定、鸿鑫公司每月确认的货款结算单及双方最终确认的货款总清单,对双方诉争的货款为“不含税价款”已作出明确认定。现鸿鑫公司仍以诉争货款已经包含了税款作为上诉理由,二审法院不予采纳。本案争议的焦点在于涉案交易所产生的增值税额是否应由鸿鑫公司承担的问题。二审法院认为,增值税具有可转嫁的性质,纳税人可以将其所承担的增值税纳入产品的价格之中,从而转嫁给购买产品的消费者。《增值税暂行条例》第1条规定:“在中华人民共和国境内销售货物或者提供加工、修理修配劳务以及进口货物的单位和个人,为增值税的纳税人,应当依照本条例缴纳增值税。”卡卡公司系货物销售方即增值税的纳税义务人,其在向鸿鑫公司销售钢材时可以将其所承担的增值税纳入产品的价格中,从而将增值税转嫁给购买方的鸿鑫公司。然而本案中,卡卡公司在签约时确认合同约定的价格为“钢材单价按‘我的钢铁网’杭州市场价格(此价格为不含税单价)”,并未主动将增值税纳入价格中,亦未就税款负担问题与鸿鑫公司作出明确约定,在此后的每月货款结算及最终货款总确认过程中,卡卡公司亦从未向鸿鑫公司作出转嫁其应承担的增值税的意思表示。二审法院认为,销售货物应按规定开具发票,并计算缴纳税款。卡卡公司作为增值税的纳税义务人,在交易发生之时就知晓必须履行交纳税款及开具增值税发票的义务,而无论鸿鑫公司是否向其索要发票。根据卡卡公司的前述行为可以确认,卡卡公司已经放弃了向鸿鑫公司转嫁增值税的权利。二审法院还注意到,在(2012)浙杭商终字第1110号案件审理中,卡卡公司并不否认“我的钢铁网”公布的钢材单价是含税价,但认为双方约定以此作为不开票的结算价。也就是说,在“我的钢铁网”公布的钢材单价系含税价的情况下,卡卡公司与鸿鑫公司之间却特别约定为不含税价、是“不开票”的结算价。显然,从上述约定内容看,合同价格对鸿鑫公司并无优惠。卡卡公司对此解释,“我的钢铁网”公布的钢材单价系一级代理商送货到码头的价格,因卡卡公司不是一级代理商,还需另行承担运费、装车费、卸车费以及赚取利润等,因此双方达成的不含税价格并未违背正常的市场交易价格。二审法院认为,即便如此,卡卡公司完全可以明示的方式在合同中对价格进行调整或者直接将增值税额纳入价格中,以达到其期待的利益。而卡卡公司先是以不含税的价格成交,并以不开票为条件,待本次交易完成后再向鸿鑫公司追索税款,显然有逃避税收之嫌。任何单位和个人都有依法纳税的义务,即便合同中有“不含税单价”的约定,也不能因此而免除相关义务。同样,无论鸿鑫公司是否向卡卡公司索要增值税发票,都不能当然免除卡卡公司交纳税款的义务。涉案合同签订于2010年12月,卡卡公司于2012年2月向原审法院起诉,要求鸿鑫公司支付货款及利息等,在该案审理期间鸿鑫公司履行了支付货款本金及支付利息的义务,此后,卡卡公司又于同年7月向原审法院提起诉讼,要求鸿鑫公司支付该笔交易的税金。从以上事实可以看出,卡卡公司以不含税的价格成交,现交易已完成且鸿鑫公司也已履行付款义务,卡卡公司又因税款承担问题再次向法院提起本案诉讼,二审法院认为,卡卡公司的上述行为不但存在规避税收的嫌疑,还造成了交易的不稳定,况且,在合同中仅对"不含税单价"作出约定的情况下,双方并未对税款如何负担作出明确约定,因此,卡卡公司作为开具发票的义务人,要求鸿鑫公司承担其应缴纳的税款,缺乏法律依据,二审法院不予支持。

【案件争点】

交易所产生的增值税额应由购买方还是销售方承担的问题。

【裁判要旨】

法院认为:增值税具有可转嫁的性质,纳税人可以将其所承担的增值税纳入产品的价格之中,从而转嫁给购买产品的消费者。根据《增值税暂行条例》的相关规定,货物销售方即增值税的纳税义务人,销售钢材时可以将其所承担的增值税纳入产品的价格中、从而将增值税转嫁给购买方。双方显然在签订合同时,仅约定了"不含税单价"但未明确约定税款由哪一方承担的问题。

销售方作为纳税义务人,在销售货物时应按规定开具发票,并计算缴纳税款,在交易发生之时就知晓必须履行交纳税款及开具增值税发票的义务,无论对方是否向其索要发票。而本案销售方先是以不含税的价格成交,并以不开票为条件,待本次交易完成后再向鸿鑫公司追索税款,显然有逃避税收之嫌,且造成了交易的不稳定。因此,在已有生效判决认定购买方的付款义务,且已履行完毕之后,销售方再提起诉讼,请求对方承担应缴纳的税款,缺乏法律依据。

三、裁判规则提要

在买卖交易的过程中,有的当事人会就同一法律关系,签订两份以上内容不尽相同的合同,且有特别针对价款进行不同约定,即以"阴阳合同"的方式,试图达到逃避税收或逃避国家监管等目的。常见的二手房买卖过程中,为了缴纳较低的税款,买卖双方选择就交易的房产签订两份有价差的买卖合同,一份合同中体现了真实价款,而另一份主要用于向税务机关申报。但如果在合同履行的过程中,买方试图以低价合同进行履行,势必有违诚实信用原则,导致双方产生争议。对于此类争议的解决,应充分结合双方的真实意思表示以及交易过程中的实际情况进行综合判断。

(一)应注意是否存在以合法形式掩盖非法目的或者恶意串通损害他人利益之情形

显然,以合法形式掩盖非法目的或恶意串通损害他人利益的,应该认定合同无效。如果"阴阳合同"不违反法律强制性规定,但双方当事人针对同一法律关系签订不同内容的合同,应当认可其中一份合同的效力。

(二)探究双方当事人隐藏的真实意思表示为争议解决的关键

《民法典》规定"以虚假的意思表示隐藏的民事法律行为的效力,依照有关法律规定处理"。隐藏行为,是指隐藏于虚伪表示中依其真意所欲订立的法律行为。因此,隐藏行为才是双方当事人真实合意以求达到的法律结果,并且就同一法律关系只可能有确定的一个真实意思表示,否则将会认定为存在欺诈或重大误解之情况。如果交易双方均认同某一合同,则该份合同可以认定为双方的真实合意,然而当出现合同价款或其他约定的分歧时,则应当根据举证责任的分配,根据双方提供的证据,充分结合交易习惯、市场交易规律等进行判断。

(三)注意合同签订的时间顺序

双方当事人针对同一法律关系签订两份以上合同的,按照日常的交易习惯,往往后签订的合同可视为对原合同的变更。排除违反法律强制性规定以及违反交易习惯、与市场价格存在较大差异等情形,不同合同中约定的内容差异较小,对于哪一份合同更能体现双方的真实意思表示,无法做准确判断时,在后签订的合同已对外公示或进行登记的情况下,应当认定后签订的合同是对先签订合同的变更,当事人应当履行后签订的合同。这样更能保证交易的稳定性以及对第三人利益的保护。

四、辅助信息

高频词条:

《民法典》

第 146 条 行为人与相对人以虚假的意思表示实施的民事法律行为无效。

以虚假的意思表示隐藏的民事法律行为的效力,依照有关法律规定处理。

第510条 合同生效后,当事人就质量、价款或者报酬、履行地点等内容没有约定或者约定不明确的,可以协议补充;不能达成补充协议的,按照合同相关条款或者交易习惯确定。

第511条 当事人就有关合同内容约定不明确,依据前条规定仍不能确定的,适用下列规定:

(一)质量要求不明确的,按照强制性国家标准履行;没有强制性国家标准的,按照推荐性国家标准履行;没有推荐性国家标准的,按照行业标准履行;没有国家标准、行业标准的,按照通常标准或者符合合同目的的特定标准履行。

(二)价款或者报酬不明确的,按照订立合同时履行地的市场价格履行;依法应当执行政府定价或者政府指导价的,依照规定履行。

(三)履行地点不明确,给付货币的,在接受货币一方所在地履行;交付不动产的,在不动产所在地履行;其他标的,在履行义务一方所在地履行。

(四)履行期限不明确的,债务人可以随时履行,债权人也可以随时请求履行,但是应当给对方必要的准备时间。

(五)履行方式不明确的,按照有利于实现合同目的的方式履行。

(六)履行费用的负担不明确的,由履行义务一方负担;因债权人原因增加的履行费用,由债权人负担。

买卖合同纠纷案件裁判规则(一)第5条:

买卖合同的出卖人应该是买卖合同标的物的所有权人或有处分权人,但出卖人无权处分不影响买卖合同的效力,在无其他无效情形的情况下,买卖合同应认定为有效

〔**规则描述**〕:买卖合同的出卖人应该是买卖合同标的物的所有权人或有处分权人。所有权人,是指依法对自己的财产享有占有、使用、收益、处分权利的人;有处分权人,是指经过所有权人授权或者基于法律的规定,可以出卖他人财产的人。司法实践中,在出卖人处分权产生争议的案件中,出卖人是否构成无权处分的认定不影响买卖合同的效力,在无其他无效情形的情况下,买卖合同应认定为有效;但对出卖人无权处分的判定,影响买受人是否要主张根据善意取得制度取得标的物或要求出卖人承担违约责任,有处分权人或其他权利人是否可以主张取回标的物或要求出卖人承担相应责任,处理结果与标的物的交付、价款的给付、权利人的主张等相关情况,需要分情形判定。

一、类案检索大数据报告

时间:2020年3月7日之前,案例来源:Alpha案例库,案件数量:1371件,数据采集时间:2020年3月7日。本次检索到相关案件共1371件,整体情况如图5-1所示。其中,法院认定出卖人构成无权处分的案件有484件,占比为35.30%;不构成无权处分的案件有613件,占比为44.71%;不相关案件有274件,占比为19.99%。

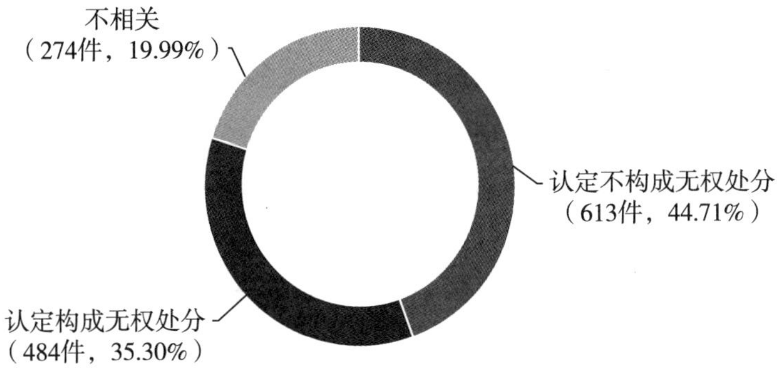

图 5-1　法院是否认定构成无权处分

如图 5-2 所示,从案件主要年份分布情况可以看出当前条件下买卖合同纠纷案件数量的变化趋势。

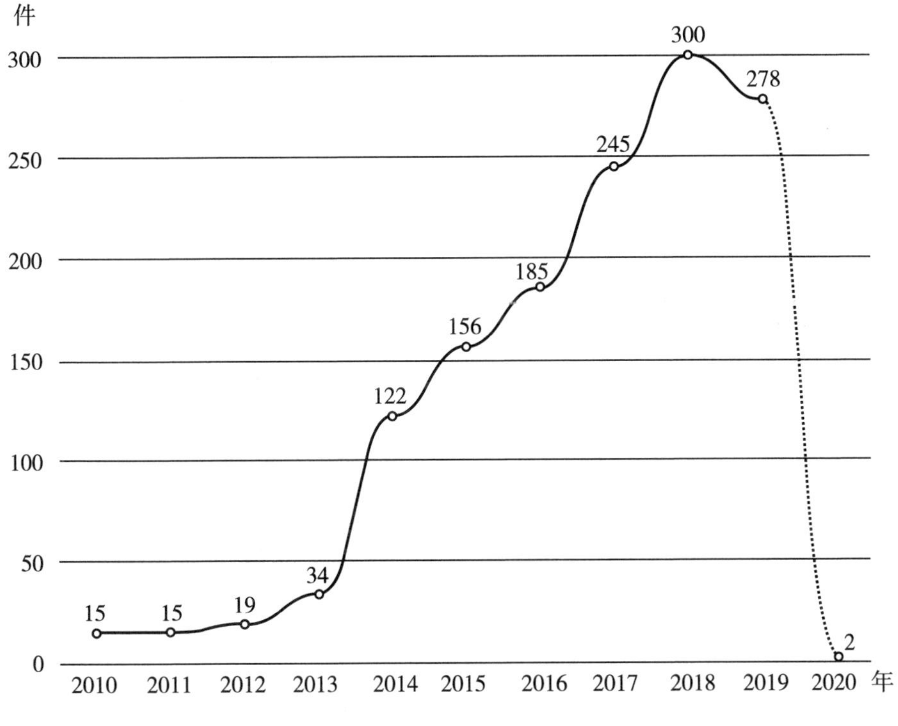

图 5-2　案件主要年份分布情况

如图 5-3 所示,从案件主要地域分布情况来看,当前买卖合同纠纷案件主要集中在山东省、河南省、江苏省、广东省、河北省。其中,山东省的案件数量最多,达到 133 件。

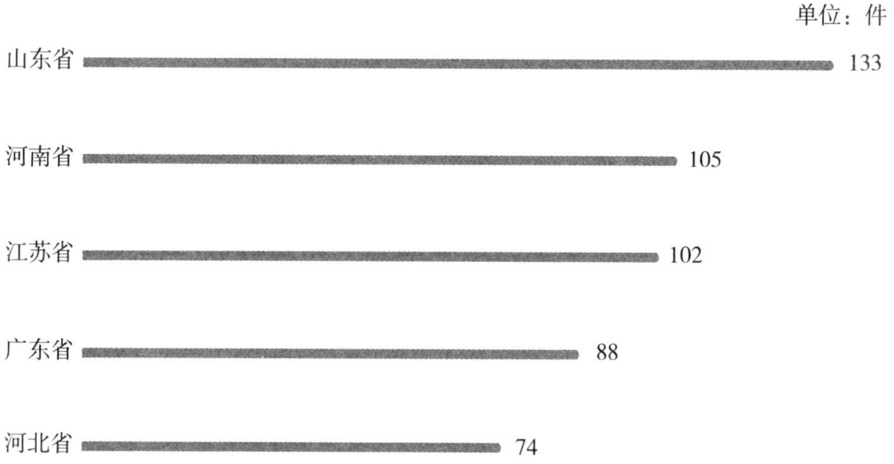

图 5－3　案件主要地域分布情况

如图 5－4 所示,通过对标的额的可视化分析可以看出,标的额为 50 万元以下的案件数量最多,有 1170 件,100 万～500 万元的案件有 89 件,50 万～100 万元的案件有 82 件,500 万～1000 万元的案件有 19 件,1000 万～2000 万元的案件有 5 件,2000 万～5000 万元的案件有 6 件。

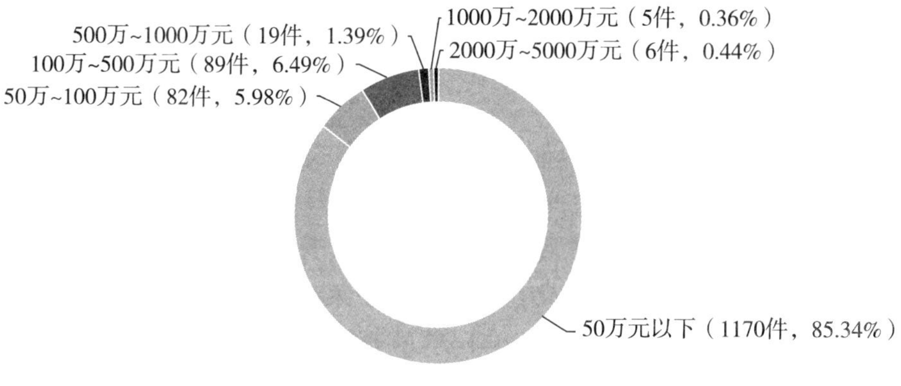

图 5－4　案件标的额情况

如图 5－5 所示,从案件的行业分类情况可以看出,买卖合同纠纷当前的行业分布主要集中在批发和零售业,制造业,租赁和商务服务业,交通运输、仓储和邮政业,金融业。

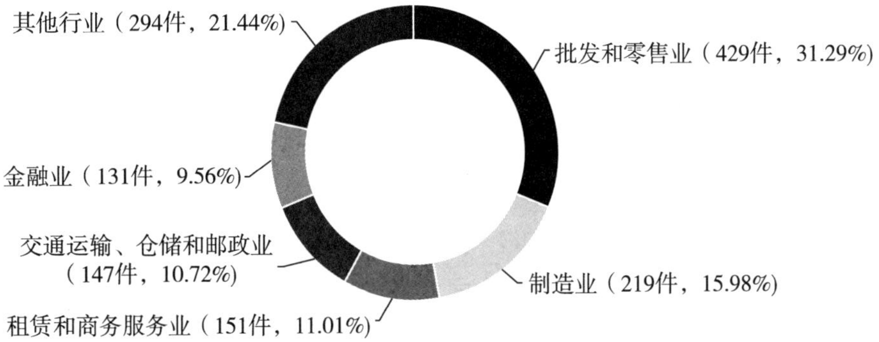

图5-5 案件行业分类情况

二、可供参考的例案

例案一 | 北京东方海航商贸有限责任公司八分公司、陈某与李某海买卖合同纠纷案

【法院】

北京市第三中级人民法院

【案号】

(2017)京03民终11251号

【当事人】

上诉人(原审被告):陈某

被上诉人(原审原告):李某海

原审第三人:北京东方海航商贸有限责任公司八分公司

【基本案情】

2016年9月3日,陈某(甲方)与李某海(乙方)签订《协议书》,约定甲方将一辆黑色帕萨特卖给乙方,总价格15万元,乙方需要甲方提供车辆的所有真实有效的手续及票证,并保证此车无任何经济纠纷及法律责任和交通违章,甲方应积极协助乙方进行车辆的过户,此协议在乙方对车况、公里数、外观、内饰及手续认可,甲方已收车款并双方签字的情况下生效,如手续有问题将全款退车,保证正常年审,保险正常上。当日,李某海向陈某支付14.5万元。

李某海称其向陈某支付车款15万元,除上述转账支付14.5万元外,另现金支付5000元。陈某对此不予认可,称其仅收到李某海车款14.5万元。涉案车辆登记在北京东方海航商贸有限责任公司八分公司(以下简称东方海航公司)名下。

陈某称其与徐某龙、杨某良合作经营二手车买卖生意,涉案车辆系自李某娜处抵押取得,李某海对此明知,并提交徐某龙与李某娜签订的车辆抵押协议及杨某良银行明细为证,车辆抵押协议显示李某娜将涉案车辆抵押给徐某龙,抵押全款为11.5万元,2016年9月2日,杨某良向李某娜账户转账9.9万元,桑某某于同日向李某娜账户转账1.6万元。李某海对于车辆抵押协议真实性不予认可,对于转账记录真实性认可,但不认可与本案的关联性,表示其不清楚该情况。

李某海向北京市朝阳区人民法院提出诉讼请求:判令陈某退还购车款15万元。

一审法院认为:根据李某海提交的证据及查明的事实,涉案车辆登记在东方海航公司名下,对此陈某与李某海均为明知,李某海在明知陈某无东方海航公司授权的情况下签订协议书,处分东方海航公司名下的财产,该行为亦未得到东方海航公司的追认,因此陈某与李某海签订的《协议书》应属无效。无效的合同自始没有法律约束力。合同无效,因该合同取得的财产,应当予以返还。现涉案车辆已被车辆所有权人收回,陈某应将其所收取的车款返还李某海。李某海虽称其支付购车款15万元,但其提交的证据仅显示其付款14.5万元,陈某对于其有关支付15万元的主张亦不认可,故陈某返还购车款金额亦以14.5万元为宜。东方海航公司经法院合法传唤,未到庭参加诉讼,视为其放弃陈述和质证的权利,不影响法院根据查明的事实依法作出判决。

陈某不服北京市朝阳区人民法院(2016)京0105民初67738号民事判决,向北京市第三中级人民法院提起上诉,请求:(1)撤销一审判决,依法改判驳回李某海一审全部诉讼请求。(2)诉讼费用由李某海承担。事实和理由:(1)一审法院程序违法。东方海航公司并未出庭应诉,仅在开庭后提交法院一份说明,该说明并未经过质证,无法确定所陈述是否为事实,一审法院以此作为认定案件结果的证据属于程序违法。(2)一审法院认定事实错误。本案应属于民刑交叉案件,陈某对于涉案车辆应当属于善意取得,合法转卖。东方海航公司车辆丢失后,损失应当向夏某某主张,而公司并未报警,对于该车辆被转卖存在过错,且在发现车辆后,亦未通过报案取回车辆,其涉嫌盗窃罪。一审法院对于该行为的认可属于变相认可违法的私力救济行为。(3)根据一审法院的认定势必会引起一系列的诉讼,本案涉及刑事犯罪,在未查明整个车辆转卖和抵押过程的情况下,未分析车辆是否为善意取得,导致结果错误,认定合同无效属于适用法律错误。综上所述,一审法院认定事实不清,适用法律错误,请求二审法院予以依法改判。二审中,陈某、李某海与东方海航公司均未提交新证据。李某海明确一审的诉讼请求为合同目的无法实现，请求法院依法予以解除，并返还车款。

【案件争点】

1. 陈某作为出卖人对涉案车辆是否有处分权。

2. 陈某与李某海签订的《协议书》是否有效。

3. 陈某是否应当返还购车款。

【裁判要旨】

北京市第三中级人民法院审理认为，根据《买卖合同解释》第3条之规定："当事人一方以出卖人在缔约时对标的物没有所有权或者处分权为由主张合同无效的，人民法院不予支持。出卖人因未取得所有权或者处分权致使标的物所有权不能转移，买受人要求出卖人承担违约责任或者要求解除合同并主张损害赔偿的，人民法院应予支持。"买卖合同法律关系中，买卖合同是物权变动的原因行为，所有权转移是物权变动之结果。出卖人在缔约时对标的物没有所有权或者处分权，并不影响作为原因行为的买卖合同的效力。在本案中，陈某在取得涉案车辆时，明知车辆登记的车辆所有权人为东方海航公司，并非李某娜，该人亦未持有东方海航公司的授权文件。陈某取得车辆后，亦未曾与东方海航公司联系确认过转移车辆所有权等事宜，因此其并未取得涉案车辆的所有权，其再行出卖车辆应属于无权处分行为。

在本案所涉买卖关系中，尽管陈某作为车辆出卖者系无权处分人，但其与李某海签订的买卖合同不应因未受到所有权人追认而认定为无效。一审法院以陈某处分行为未得到东方海航公司的追认而认定《协议书》无效，有失妥当。李某海因陈某为无权处分人，车辆已被实际所有权人取回，致使双方合同目的无法实现，请求解除合同，返还车款应予以支持。

例案二 | 珠海经济特区飞鸿拍卖有限公司与杨某波、珠海市江海电子股份有限公司买卖合同纠纷案

【法院】

广东省珠海市中级人民法院

【案号】

(2013)珠中法审监民再字第26号

【当事人】

申请再审人(一审被告、二审被上诉人):珠海经济特区飞鸿拍卖有限公司

被申请人(一审原告、二审上诉人):杨某波

原审第三人:珠海市江海电子股份有限公司

【基本案情】

珠海经济特区飞鸿拍卖有限公司(以下简称飞鸿公司)是一家专门从事贸易经纪与代理的公司。2010年3月左右,珠海市江海电子股份有限公司(以下简称江海公司)决定处理涉案物品,遂委托飞鸿公司对外转让涉案物品。

经朋友介绍,杨某波向飞鸿公司表达了购买涉案物品的意向。2010年4月19日上午,飞鸿公司带领杨某波及其朋友到江海公司的厂区查验了涉案物品,当时江海公司予以了配合。当日下午,飞鸿公司与杨某波签订了《转让协议书》,主要内容是:“甲方:飞鸿公司,乙方:杨某波。甲方受江海公司授权转让原公司的生产设备、电子设备等(包括车间及仓库所有的电子设备,半成品及包装物等物资为准)转让给乙方。一、上述所有物资乙方以人民币伍佰叁拾捌万元整购买。二、甲、乙双方签订本协议即支付购买诚意金人民币伍拾万元整,其余款项汇到甲方指定账号或私人账号后,乙方需在一个月左右将上述设备、电子设备拉走。三、本协议双方签订后如乙方中途违约,乙方所支付给甲方的转让购买诚意金归甲方所有。”签订协议后的当日下午,依照飞鸿公司的指示,杨某波向飞鸿公司的法定代表人莫某飞支付了人民币50万元。2010年4月20日,莫某飞向杨某波出具了一张收据,主要内容是:“今收到杨某波购买江海公司旧设备、电子设备预付定金。金额人民币(大写):伍拾万。¥500000。经手人:莫某飞。”

2010年4月23日左右,由于案外人对涉案物品中的2件设备有抵押权,有关部门拟拉走该2件设备。在飞鸿公司的参与协商下,在付出70万元后,杨某波拿到了该2件设备。

2010年8月10日,江海公司发布内部招标告知书,邀请相关个人及单位参加竞投处理上述旧物品。后江海公司公开召开了旧设备、产品及材料招标投标现场会,涉案物品(前述2件设备除外)被其他企业投标竞得。

2010年8月20日,飞鸿公司通过莫某飞的个人账号向杨某波的个人账号划款50万元。在相关划款委托书中“划款原因”栏中,莫某飞载明该款项为“退款”。

杨某波在一审法院举行的第三次庭审中,补充提交了三份证据,其中,第一份证据为告知书,内容为“杨某波先生:我公司受江海公司口头授权,你于二○一○年

四月十九日与我公司签订关于江海公司的设备、电子设备、半成品等转让事宜,转让价为人民币伍佰叁拾捌万元整(¥538万元),协议签订后,由于江海公司各种原因协议无法履行,于二〇一〇年五月七日经我们双方协商解决,经双方同意本转让协议书终止。我公司同意向杨某波先生支付人工费人民币贰仟元整(¥2000元)作为补偿,我公司收取的诚意金人民币伍拾万元整(¥50万元)退还给杨某波先生,日后双方互不追究,特此告知。本告知书一式叁份,双方各执一份,江海公司一份。飞鸿公司(盖章)二〇一〇年五月十三日”。杨某波提交告知书用以证明飞鸿公司一直承认其转让涉案物品得到了江海公司的授权。第二份证据为固定资产——电子设备清查评估明细表,该证据详细记载了江海公司所有的LS-7500型CCD测微计等设备、产品的数量、购置日期、启用日期、账面价值、在评估基准日2008年10月31日时的评估价值等信息。杨某波称评估表中所载的设备即《转让协议书》中交易的物品,该评估表系江海公司提供的。第三份证据为部分涉案物品的照片。杨某波提交该证据用以证明江海公司同意并认可杨某波进入江海公司存放涉案物品现场查验设备。对于上述三份证据,飞鸿公司认为没有原件,不予质证。江海公司2011年3月3日以书面形式向一审法院陈述“开始想委托飞鸿公司处理。但后经股东会研究决定本着公开、公平、公正的原则,采用在公司办公室公开招标竞投的方式,处理了上述货品”。江海公司一审、二审均陈述曾有委托飞鸿公司处理涉案物品的意向,但并没有达成最终有效的协议。

杨某波认为:飞鸿公司系专业拍卖公司、专业行纪人,其以飞鸿公司无法完成合同义务应双倍返还定金并赔偿损失为由提起本案诉讼,请求:(1)判令飞鸿公司支付双倍定金,即再支付50万元;(2)判令飞鸿公司支付杨某波在履约过程中实际支出的7万元费用损失。

以上案情事实为二审和再审查明事实,二审认为一审查明的事实不清,未予确认。

二审认为:(1)依据《民事诉讼证据规定》第41条之规定,杨某波于二审中提交的赵某某律师的说明及飞鸿公司于二审中提交的肖某某的证言,均不属于二审新证据,不能作为本案二审定案的依据。

(2)关于江海公司有无委托飞鸿公司对外转让涉案物品的问题。①从二审查明的事实看,涉案物品存放于江海公司的厂区内,飞鸿公司曾带杨某波到江海公司的厂区内查看过,而江海公司当时亦予以了配合。由于飞鸿公司是一家专门从事贸易经纪与代理的公司,从日常生活经验上判断,若江海公司没有委托飞鸿公司转让涉案物品,飞鸿公司不会带领杨某波去查看涉案物品,江海公司更不会配合。②在《转让协议书》中,飞鸿公司明确诉称其受江海公司委托转让原公司的生产设备、电子设备等给杨某波。在本案诉讼中,江海公司亦诉称其有委托飞鸿公司处理涉案物品的意向。虽然江海公司没有明确承认其曾委托飞鸿公司转让涉案物品,但是,江海公司诉称的上述内容在一定程度上验证了飞鸿公司在《转让协议书》中所述内容的真实性。③从江海公司于二审调查中所述事实看,在《转让协议书》签订后,杨某波即告知江海公司其已购买了涉案物品,并且入驻江海公司厂区旁江海公司的宿舍看守涉案物品。江海公司对此采取了放任态度。若江海公司未委托飞鸿公司转让涉案物品,在杨某波告知江海公司已购买了其所有的涉案物品时,这意味着要么是有人对其涉案物品侵权,要么是有人在打着其公司的幌子在诈骗。对此情形,江海公司不可能对上述行为采取消极的举措。而事实上,江海公司采取了消极的态度,未阻止杨某波自行看管物品的行为。这说明前面假设的前提可能不是事实。综上分析,杨某波所主张的在飞鸿公司与杨某波签订《转让协议书》前,江海公司已委托飞鸿公司转让涉案物品的事实,盖然性较大,二审予以采信。鉴于飞鸿公司为从事贸易经纪与代理的专业公司,且是以自己的名义对外办理江海公司所委托的贸易活动,依据《合同法》第414条、第423条之规定,应认定,就涉案物品的转让问题,江海公司与飞鸿公司之间成立行纪合同关系,其中飞鸿公司为行纪人,江海公司为委托人。

(3)关于《转让协议书》的效力问题。《转让协议书》是双方当事人的真实意思表示,且不违反法律法规的强制性规定,依据《合同法》第44条"依法成立的合同,自成立时生效"之规定,是有效合同。至于一审判定《转让协议书》无效一节,①处分行为是指直接使标的物权利发生变更的法律行为,例如,出卖人以移转所有权的意思,将动产交付于买受人或办理不动产所有权登记。而在本案中,从《转让协议书》的内容看,仅是约定所转让设备的价款、付款方式、杨某波取走设备的期限及违约责任,并没有直接使涉案物品的物权发生变更的法律行为。因此,飞鸿公司与杨某波签订《转让协议书》不是一种处分行为,亦不存在认定该行为为无权处分行为的问题。②从《合同法》第418条、第419条规定的内容看,虽然行纪人不是委托人委托转让的标的物的所有人,其仍然可以对外甚至与己签订合同,转让上述标的物。江海公司与飞鸿公司之间成立行纪合同关系,这已如前所详述。作为行纪人的飞鸿公司完全有权以自己的名义,与杨某波签订有关转让委托人江海公司所有的涉案物品的协议。在此情况下,即使将签订协议的行为在性质上视为一种处分行为,飞鸿公司与杨某波签订有关转让涉案物品的协议的行为,亦属于一种有权处分行为,不能认定该行为属于一种无权处分。综上分析,一审认定飞鸿公司与杨某波签订《转让协议书》属于无权处分行为是错误的,据此适用《合同法》第51条判定《转让协议书》无效不当,应予纠正。

(4)关于杨某波与飞鸿公司之间是否成立定金合同关系的问题。江海公司与飞鸿公司之间存在行纪法律关系,而《转让协议书》是飞鸿公司为完成江海公司的委托事务而与杨某波签订的协议,是有效的合同。依据《合同法》第421条之规定,飞鸿公司对《转让协议书》直接享有权利、承担义务。在履行《转让协议书》过程中,杨某波向飞鸿公司指定的收款人莫某飞支付了50万元。莫某飞于2010年4月20日向杨某波出具了一张收据,主要内容是:"今收到杨某波购买江海公司旧设备、电子设备预付定金。金额人民币(大写):伍拾万。¥500000。经手人:莫某飞。"从内容上看,莫某飞是明确将所收到的50万元定性为杨某波购买涉案物品的定金。莫某飞为飞鸿公司的法定代表人,且飞鸿公司也未否认莫某飞出具收据是一种职务行为。故收据中所载预付定金,应视为飞鸿公司的意思表示,杨某波接到具有上述内容的收据,未表示反对意见。在此情况下,应认定双方之间成立以将涉案的50万元定性为杨某波购买涉案物品的定金为内容的定金合同关系,且双方已实际履行。至于飞鸿公司称收据中"定金"字样是笔误,且其内容也未改变《转让协议书》中诚意金内容一节,二审认为,①从字形上看,"定金"与"诚意金"相去甚远。飞鸿公司称是笔误,不足采信。②"定金"是具有特定含义的法律用语,是债权担保的一种方式,而"诚意金"的含义不太明确,两者的含义是不一致的。莫某飞作为一家从事贸易经纪与代理的专业公司的法定代表人,不可能不知道此点。而在此情况下,莫某飞仍使用"定金"来表述涉案的50万元,其改变原约定的"诚意金"为"定金"的意思是明显的。无论《转让协议书》中"诚意金"含义为何,皆应以"定金"含义为准。飞鸿公司此节辩称理由不成立,二审不予采纳。

(5)关于飞鸿公司应否向杨某波再行返还定金50万元的问题。从本案查明的事实看,在飞鸿公司的参与下,杨某波买到了涉案物品中少量设备(价值70万元)。之后,飞鸿公司未再履行《转让协议书》中确定的义务。更为重要的是,飞鸿公司在本案诉讼中一直主张,其对涉案物品是无权处分,《转让协议书》是无效合同。这说明,飞鸿公司具有拒绝继续履行《转让协议书》的意思表示。而从前文分析可知,飞鸿公司并非无权处分,《转让协议书》更非无效合同。飞鸿公司拒绝履行该协议书,其行为应认定为一种使杨某波无法实现其合同目的的违约行为。根据《担保法》第

89条、最高人民法院《关于适用〈中华人民共和国担保法〉若干问题的解释》第120条的规定,飞鸿公司应当按照未履行部分所占合同约定内容的比例,向杨某波双倍返还定金,具体为86.9888万元{算式:[(538万元-70万元)÷538万元]×50万元×2倍=86.9888万元}。鉴于飞鸿公司已在诉讼前向杨某波返还了50万元定金,则目前还应向杨某波返还36.9888万元。一审驳回杨某波关于返还定金的全部诉求不当,应予纠正。至于飞鸿公司辩称在江海公司明确不委托其处理涉案物品后,飞鸿公司与杨某波就终止履行《转让协议书》达成了一致意见一节,二审认为,依据《民事诉讼证据规定》第5条之规定,飞鸿公司应对其所称的上述事实承担举证责任。飞鸿公司于一审诉讼中未提出此主张,更未提交包括告知书在内的任何相关证据。退一步讲,即使飞鸿公司于一审提出了该主张,也提交了告知书作为证据,从本院查明的事实看,告知书仅为飞鸿公司单方向杨某波发出的意思表示,为飞鸿公司的单方陈述,不能证明杨某波同意终止协议。二审中,虽然飞鸿公司补充提交了肖某某的证人证言,但是,该证据不能作为二审定案依据。从肖某某的证言内容看,肖某某称其并不清楚飞鸿公司与杨某波达成了协议,更不知道协议内容。即使该证人证言属于二审中的新证据,亦不能证明飞鸿公司所称的事实。依据《民事诉讼证据规定》第2条第2款之规定,飞鸿公司应承担不利后果,应认定飞鸿公司所称的事实缺乏依据,不能成立。

(6)关于杨某波要求飞鸿公司向其赔偿7万元人工费损失的问题。依据《合同法》第133条、第142条的规定,涉案货物所有权应自飞鸿公司将其交付给杨某波时方发生转移。而事实上,涉案物品存放于江海公司厂区内,并未交付给杨某波。在此情况下,即使涉案物品发生毁损、灭失等意外事件,有关风险亦由飞鸿公司或江海公司承担。杨某波派人看守涉案物品的行为,不属于履行《转让协议书》的必要行为,系其自行扩大的支出。杨某波要求飞鸿公司承担该笔费用,缺乏法律依据,应予以驳回。

本案为申请再审人飞鸿公司与被申请人杨某波、原审第三人江海公司买卖合同纠纷一案,经珠海市香洲区人民法院审理作出(2011)珠香法民二初字第2647号民事判决,杨某波不服上诉至广东省珠海市中级人民法院。广东省珠海市中级人民法院经审理作出(2012)珠中法民二终字第2号民事判决,已发生法律效力。飞鸿公司不服,向广东省高级人民法院申请再审,广东省高级人民法院以(2012)粤高法民一申字第2613号民事裁定,指令再审本案。

申请再审人飞鸿公司再审请求:撤销(2012)珠中法民二终字第2号民事判决;

改判维持一审判决,飞鸿公司无须向杨某波支付未能履行合同的定金369,888元;并由杨某波承担本案诉讼费用。事实与理由:(1)本案错误将涉案的委托合同认定为行纪合同,系导致二审判决错误的关键因素,将飞鸿公司认定为专门从事贸易的主体及将涉案合同认定为行纪合同均存在错误;(2)涉案转让行为违反《拍卖法》的强制性法律规定,属无效行为,所签的转让协议也为无效协议;(3)《转让协议书》表明飞鸿公司在协议中仅是委托合同代理法律关系,所有权人不认可也不追认,属无效协议;(4)二审以杨某波实地查看过设备或有雇请人员在江海公司场外空置房屋自行驻守是江海公司的默认及消极接受,并推定飞鸿公司与江海公司存在委托及获得授权属错误认定;(5)抛开合同有效性,就法律关系而言,飞鸿公司仅为委托合同下的代理关系,不是设备的所有权人,并非买卖合同关系中的卖方,而《合同法》中定金双倍返还违约规则,是卖方违约时定金的处理方式,飞鸿公司无双倍返还定金的义务。一审、二审均依法追加了设备所有权人江海公司作为第三人,即使认定江海公司与飞鸿公司存在委托代理关系,也应由江海公司承担责任,二审判决由代理人承担法律责任缺乏事实和法律依据。

【案件争点】

1. 飞鸿公司是否为出卖人。

2. 飞鸿公司与所有权人江海公司之间的委托事项是否影响其与买受人杨某波签订的《转让协议书》的效力。

3. 飞鸿公司是否应向买受人杨某波承担双倍返还定金的违约责任。

【裁判要旨】

广东省珠海市中级人民法院经再审认为,所谓合同是当事人协商一致的产物,分析合同性质也不应脱离订约时当事人的真实意思表示。飞鸿公司只是说接受江海公司的授权,具体授权以什么形式交易,《转让协议书》没有说明。将协议书浓缩归纳起来,其含义就是飞鸿公司转卖一批设备给杨某波,价格538万元。至于飞鸿公司设备来源、是否真实有委托,都不是确定合同性质的关键因素。飞鸿公司和杨某波签订的协议书是买卖合同,所确立的是一种债权债务关系,飞鸿公司是否取得标的物的处分权,并不是判断买卖合同有效与否的依据。涉案合同有效,现因飞鸿公司未取得标的物的处分权而无法履行。

江海公司不是《转让协议书》的一方当事人,不能通过涉案《转让协议书》以及各方当事人的陈述确定飞鸿公司和江海公司之间具体的法律关系。本案事实可以认定江海公司和飞鸿公司之间存在委托关系,但委托事项不明。二审推定江海公司和飞鸿公司之间是行纪合同关系属适用法律错误,再审予以纠正。委托代理、居间、拍卖、行纪等都具有委托的某些特征,但据现有证据不能确认江海公司系委托飞鸿公司进行拍卖活动。飞鸿公司在协议书中自称"受委托",并未表明其所进行的法律行为就是拍卖行为,法律也没有禁止拍卖公司以自己的名义从事买卖活动。飞鸿公司认为其转让行为违反拍卖法而无效的观点没有法律依据。

飞鸿公司在发生争议进入诉讼后,一直主张其对涉案物品是无权处分,且涉案合同已经无法履行。应认定飞鸿公司构成违约,并承担违约责任。在杨某波已支付定金的情况下,飞鸿公司应依照《担保法》第89条规定的定金罚则双倍返还定金。但因飞鸿公司协助杨某波向案外人买下70万元的两台设备,应视为履行了《转让协议书》的部分约定,从定金总额中按比例扣减是正确的。

例案三 广东菱王电梯有限公司诉武夷山市建宏置业有限公司分期付款买卖合同纠纷案

【法院】

福建省南平市中级人民法院

【案号】

(2010)南民终字第971号

【当事人】

上诉人(原审原告):广东菱王电梯有限公司

被上诉人(原审被告):武夷山市建宏置业有限公司

被上诉人(原审第三人):施某某

【基本案情】

广东菱王电梯有限公司(以下简称菱王电梯公司)分别于2007年4月5日和2008年9月3日与武夷山市建宏置业有限公司(以下简称建宏置业公司)订立两份设备买卖合同,由建宏置业公司向菱王电梯公司购买两部电梯。其中,第二份合同即编号为LW-080612-F的合同还对付款方式、违约责任等进行了约定:付款方式为"合同签订后三日内支付27,800元预付款,设备运至指定工地验箱合格后三日内支付83,400元发货款,安装完毕经技术监督部门验收合格后三日内支付26,410元验收款,余款1390元质量保修金在技术监督部门验收合格保修期(一年)结束后三日内支付"。合同第10条约定"如果买方未按合同规定的日期支付设备发货款、验收款和质量保证金给卖方,则须按拖欠金额每天5‰支付违约金至该款付清止”。合同第12条约定“卖方在未收到本合同款项的99%价款时,设备的所有权仍旧归卖方所有”。合同签订后,菱王电梯公司依约将两部电梯根据建宏置业公司的指示进行了安装,并分别于2007年12月20日和2008年12月18日通过了验收,但建宏置业公司安装于书画艺术创作交流中心、型号为LTW630/1.0VF电梯尚有57,200元余款未付清。

另查明,施某某于2008年12月9日与建宏置业公司签订《商品房买卖合同》,由施某某向建宏置业公司购买位于武夷山国家旅游度假区的“武夷中国书画艺术家创作交流中心A区”,购房款5,000,000元,合同附件三“设备标准”第14项注明“电梯一个”,该合同于2008年12月12日在武夷山房地产交易管理所办理了备案登记,并于2009年9月30日对该房屋办理了3本房产证。

菱王电梯公司以建宏置业公司未在电梯检验合格后3日内支付第二部电梯的57,200元货款,在多次催收后仍未支付构成违约为由,向福建省武夷山市人民法院提起诉讼,请求:建宏置业公司立即支付所欠57,200元货款,并按照中国人民银行同期贷款利率4倍的标准支付违约金11,136元,同时确认其在建宏置业公司清偿所有款项之前对安装于书画艺术创作交流中心、型号为LTW630/1.0VF电梯拥有所有权。

原审法院认为:原告、被告签订的《设备买卖各同》系双方真实意思表示,未违反法律法规,应属有效合同。菱王电梯公司依约将合同约定的电梯进行安装并经有关部门检验合格,建宏置业公司应依约履行付款义务,故菱王电梯公司诉请要求建宏置业公司支付货款57,200元应予支持。建宏置业公司逾期支付货款,依约应承担相应违约责任。关于违约金的标准,法院认为,《设备买卖合同》虽有约定按拖欠金额每天5‰计付违约金,因该标准过高,原告自行作出调整,主张按同期银行贷款利率的4倍进行计算,本案系买卖合同纠纷,应当按照《合同法》及其司法解释的有关规定对违约金进行评判和调整。根据《合同法解释二》第29条的规定,当事人约定的违约金超过造成损失的30%的,一般可以认定为《合同法》第114条第2款规定的“过分高于造成的损失”,菱王电梯公司在庭审中对其损失的陈述为资金本身的利率损失,故应当以菱王电梯公司自认的利率损失为基础上浮30%确认违约金,超过的部分不予保护。对于违约金的起算日期,由于菱王电梯公司自愿将合同中第二笔应付款的违约金延迟至2008年12月22日起计算,不违反法律规定,可以支持;但对最后一期1%的款项即1390元,应在合同约定的给付期限届满后起算,即应在电梯检验合格后一年保修期结束后的第四天(2009年12月22日)起算。关于菱王电梯公司主张确认其对电梯的保留所有权,法院认为,根据《物权法》第106条的规定,无处分权人将财产转让,受让人受让时是善意的、支付了合理的对价,并且依照法律规定不需要登记的,已经交付给受让人即取得财产所有权。在此情况下,第三人善意、有偿取得财产所有权的,财产所有权已发生转移。本案中,虽然原、被告双方约定了电梯的保留所有权,但由于建宏置业公司又将包含电梯在内的房屋转让给本案第三人,并办理了房屋产权登记,且没有证据证明第三人在购买房屋时知晓电梯系出卖人保留所有权,可以认为第三人善意取得该电梯的所有权,菱王电梯公司不能再依据设备买卖合同保留对电梯的所有权,故菱王电梯公司的该项诉请不予支持。

菱王电梯公司对上述原审判决不服,向福建省南平市中级人民法院提出上诉称:一审法院确认上诉人的损失仅为资金利息损失是完全错误的。施某某不是善意第三人。诉争电梯属于特种设备,其使用权人至今仍是建宏置业公司,说明产权并未转移。综上所述,请求二审法院:(1)撤销一审判决第2项;(2)变更第1项中有关违约金的内容为:判令建宏置业公司从2008年12月22日起按中国人民银行同期贷款利率的4倍计付违约金给上诉人;(3)确认建宏置业公司在未付清99%货款前诉争电梯所有权归上诉人。

【案件争点】

菱王电梯公司与建宏置业公司约定支付一定额度货款前保留标的物的所有权,建宏置业公司将未取得所有权的标的物出售给善意第三人,第三人能否取得该标的物所有权。

【裁判要旨】

福建省南平市中级人民法院经审理认为:关于诉争电梯所有权的保留问题,《商品房买卖合同》附件三第14项明确约定:电梯一个说明第三人所购系有电梯的房屋;加上房屋买卖合同的签订、备案,以及房产权属证书的办理,其时间均在诉争电梯安装之后,且房屋权属证书在本案诉讼前4个月即已办理,说明房屋转让时即包含诉争电梯在内。诉争电梯保留所有权的约定存在于菱王电梯公司与建宏置业公司的买卖合同之中,欠缺公示性,亦无证据证明施某某在购买房屋时知晓该约定。另,在本案中,诉争电梯已经安装(说明已交付),应可视为房屋的附属物,而且房屋产权证已办,转让价格也是合理的。因此,根据物权法等相关法律的规定,可以认为第三人取得诉争电梯是善意的,菱王电梯公司不能再以设备买卖合同保留对电梯的所有权。

三、裁判规则提要

在买卖合同的出卖人是买卖合同标的物的所有权人或有处分权人的情形下,买卖合同效力没有争议,但在出卖人对标的物的处分权产生争议的案件中,买卖合同效力成为争议焦点,根据《民法典》第597条的规定,出卖人是否构成无权处分不影响买卖合同效力的认定,在无其他无效情形的情况下,买卖合同应认定为有效。出卖人有无处分权的认定,对出卖人、买受人和主张有处分权人或其他权利人的权益的影响,实践中应分情况考虑。

(一)出卖人处分权存在争议的情形及认定

出卖人对出卖的标的物应有处分权,学界对无权处分的认定产生一定的争议,尤其是针对所有权人处分自己的财产是否可能构成无权处分的问题。无权处分的认定关键在于处分人的处分权存在瑕疵,实践中主要有以下几种情形。

1. 出卖他人所有之物,未经所有权人授权应认定为无权处分。出卖他人所有之物就是出卖人对出卖标的物不享有所有权,看起来简单的判断,实践中情况复杂,也最为常见,主要有以下三种情况:(1)出卖人认为本人是标的物的所有权人,如例案一中作为出卖人的陈某认为其是涉案车辆的所有权人,而车辆的登记车主并不认可;(2)出卖人受所有权人委托出卖标的物,如例案二中作为出卖人的飞鸿公司与涉案物品所有权人存在委托关系,但委托事项约定不明;(3)出卖人出卖被设定所有权保留的标的物,如例案三中建宏置业公司将菱王电梯公司主张保留所有权的电梯出卖给第三人。

2. 出卖本人所有但处分权受限之物,未经相关权利人同意应认定为无权处分。出卖标的物为出卖人所有,一般而言,所有权包括占有、使用、收益和处分的权利,但在特定的情形下,所有权中的处分权利受到限制。《民法典》第443条第2款规定:"基金份额、股权出质后,不得转让,但是出质人与质权人协商同意的除外。"出质人对基金份额、股权的处分权在出质期间受到限制,出质人未经质权人同意擅自转让基金份额、股权应认定为无权处分。

3. 出卖共有之物,未经占有份额2/3以上的按份共有人或者全体共同共有人同意应认定为无权处分。《民法典》第301条规定:"处分共有的不动产或者动产以及对共有的不动产或者动产作重大修缮的,应当经占份额三分之二以上的按份共有人或者全体共同共有人同意,但共有人之间另有约定的除外。”出卖人对标的物并不享有完全的所有权,亦不享有完全的处分权。

(二)出卖人处分权的认定不影响买卖合同效力

在出卖人处分权发生争议,买受人主张其未取得标的物,要求出卖人承担违约责任或主张解除合同并进行损害赔偿的案件中,应把握以下裁判思路。

1. 买卖合同效力与出卖人处分权的认定不相关,如无其他无效情形,应首先认定买卖合同有效。实践中很多案例显示,在买受人主张出卖人无权处分或出卖人自行主张无权处分的买卖合同案件中,审理的重点都首先放在了出卖人处分权的认定上,如例案一和例案二,主张处分权人作为第三人均参加了诉讼,这样的审理思路是基于出卖人处分权的认定影响买卖合同效力的偏差理解,偏离了案件应审理的重点。

2. 在买卖合同效力确定后,应判断出卖人是否按约定履行合同责任,这与出卖人是否有处分权不直接相关。出卖人的主要合同义务就是向买受人转移标的物的所有权,出卖人与第三人针对标的物的所有权或处分权争议不应影响买受人向出卖人主张承担合同责任。如在例案一中,无论出卖人是否有处分权,根据第三人主张权利的情况,买受人支付了价款而未取得标的物,出卖人未履行合同义务,已构成违约。

3. 出卖人不能依约履行买卖合同义务,买受人可以要求出卖人承担违约责任或者要求解除合同并主张损害赔偿,这也与出卖人有无标的物处分权不直接相关。《民法典》第 597 条规定:“因出卖人未取得处分权致使标的物所有权不能转移的,买受人可以解除合同并请求出卖人承担违约责任。”该条应理解为包括出卖人因与第三人发生处分权争议,不能按约定向买受人转移标的物所有权的情况。

(三)出卖人处分权的认定在买受人已取得标的物情形下对各方权益的影响

如前所述,在买受人因未取得标的物向出卖人主张违约责任或要求解除合同并赔偿损失的情况下,出卖人处分权的认定对买卖合同的效力以及出卖人违约责任的承担并不产生直接影响。但在买受人取得标的物的情况下,出卖人处分权的认定直接影响出卖人、买受人和主张处分权人的权益。出卖人有权处分,买受人当然依照买卖合同约定取得标的物的所有权。在认定出卖人无权处分的情况下,买受人因已取得标的物,产生买受人和标的物处分权人的权益对抗,则需要根据《民法典》第111条确立的善意取得制度判断买受人能否取得标的物的所有权,如买受人主张善意取得标的物成立,标的物的处分权人仅能向无权处分出卖人主张赔偿责任。

四、辅助信息

高频词条:

《民法典》

第215条 当事人之间订立有关设立、变更、转让和消灭不动产物权的合同,除法律另有规定或者当事人另有约定外,自合同成立时生效;未办理物权登记的,不影响合同效力。

第311条 无处分权人将不动产或者动产转让给受让人的,所有权人有权追回;除法律另有规定外,符合下列情形的,受让人取得该不动产或者动产的所有权:

(一)受让人受让该不动产或者动产时是善意;

(二)以合理的价格转让;

(三)转让的不动产或者动产依照法律规定应当登记的已经登记,不需要登记的已经交付给受让人。

受让人依据前款规定取得不动产或者动产的所有权的,原所有权人有权向无处分权人请求损害赔偿。

当事人善意取得其他物权的,参照适用前两款规定。

第597条 因出卖人未取得处分权致使标的物所有权不能转移的,买受人可以解除合同并请求出卖人承担违约责任。

法律、行政法规禁止或者限制转让的标的物,依照其规定。

第956条 行纪人卖出或者买入具有市场定价的商品,除委托人有相反的意思表示外,行纪人自己可以作为买受人或者出卖人。

行纪人有前款规定情形的,仍然可以请求委托人支付报酬。

买卖合同纠纷案件裁判规则(一)第6条:
长期供货合同的履行中,买受人虽未在特定批次报价单上签字但接受货物且未提出异议的,一般可认定其对该报价已经认可

〔**规则描述**〕:长期供货合同作为一种继续性供给合同,同种类或不同种类货物在一定期间多次分批供给,不同批次货物的价格通常随市场行情波动存在一定的变化。若合同双方就每批次货物未单独订立价格明确的合同而发生争议,法院应根据具体案情以确定不同批次的交易价格。若买受人在出卖人提供的报价单上签字,当然可以认定买受人已认可出卖人所报价格;若买受人虽未在报价单上签字但接受货物且未提出异议,一般亦可认定买受人已经认可该批次货物的报价。

一、类案检索大数据报告

时间:2020年3月10日之前,案例来源:Alpha案例库,案件数量:86件,数据采集时间:2020年3月10日。本次检索到相关案件共86件,整体情况如图6-1所示。其中,法院认定报价单可以作为结算依据的案件有42件,占比为48.84%;认定报价单不能作为结算依据的案件有8件,占比为9.30%;不相关案件有36件,占比为41.86%。

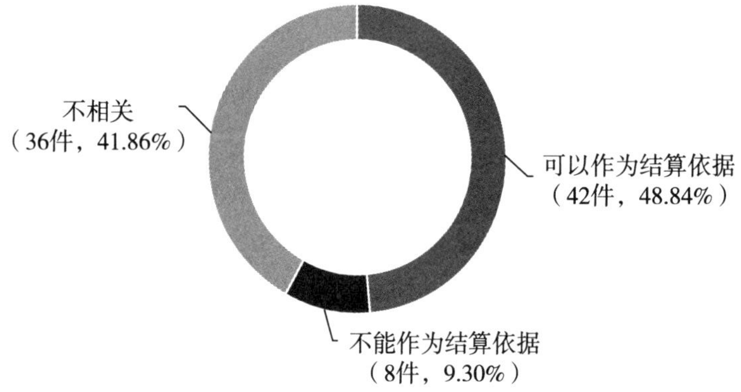

图6-1 报价单能否作为结算依据

如图6-2所示,从案件的年份分布情况可以看出当前条件下买卖合同纠纷案件数量的变化趋势。

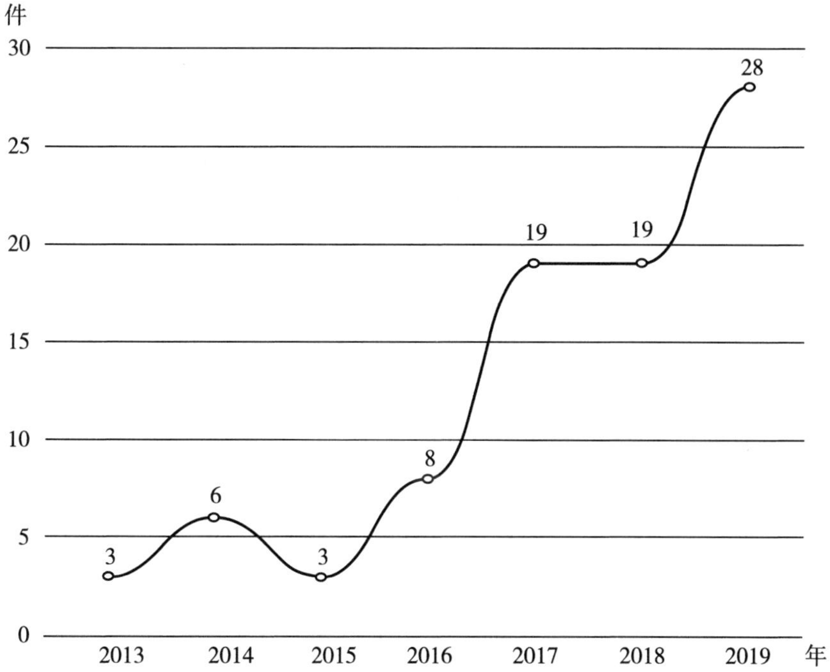

图6－2　案件年份分布情况

如图6－3所示，从案件主要地域分布情况来看，当前买卖合同纠纷案件主要集中在江苏省、广东省、上海市、四川省、浙江省。其中，江苏省的案件数量最多，达到17件。

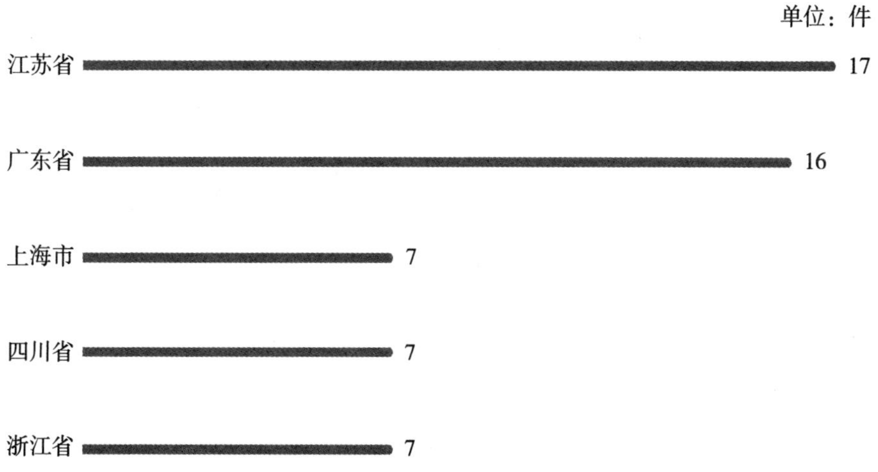

图6－3　案件主要地域分布情况

如图 6－4 所示,通过对标的额的可视化分析可以看出,标的额为 50 万元以下的案件数量最多,有 53 件,100 万～500 万元的案件有 17 件,50 万～100 万元的案件有 12 件,1000 万～2000 万元的案件有 3 件,500 万～1000 万元的案件有 1 件。

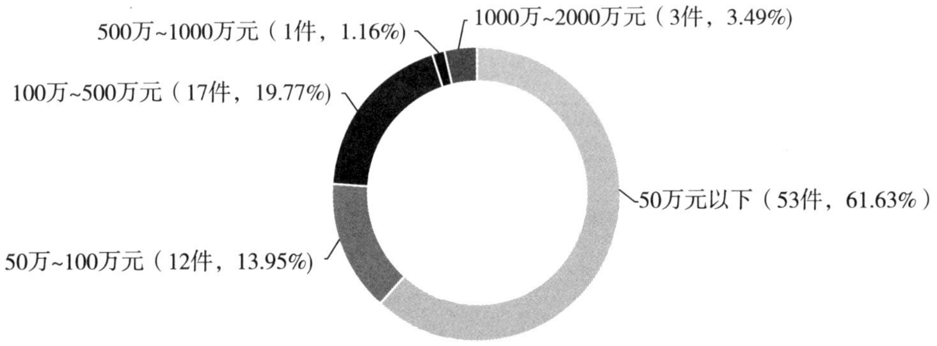

图 6－4　案件标的额情况

如图 6－5 所示,从行业分类情况可以看出,买卖合同纠纷当前的行业分布主要集中在制造业、批发和零售业、建筑业、科学研究和技术服务业、房地产业。

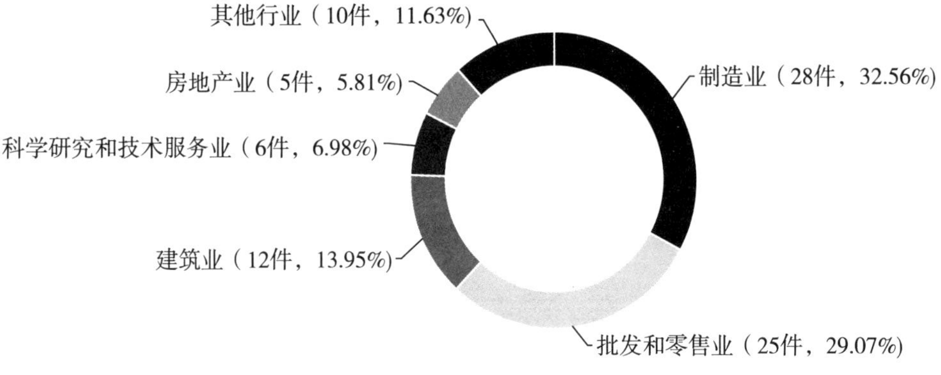

图 6－5　案件行业分类情况

二、可供参考的例案

例案一 | 张某层与林某珠买卖合同纠纷案

【法院】

广西壮族自治区防城港市中级人民法院

【案号】

(2019)桂06民终151号

【当事人】

上诉人(原审被告):张某层

被上诉人(原审原告):林某珠

【基本案情】

张某层通过林某珠女儿的介绍,自2017年4月起,与林某珠达成买卖螃蟹的协议,由林某珠每日将张某层所需货物交物流公司运送至深圳,并于当日下午将货物的重量及单价以手机短信的形式发送给张某层。从2017年6月至12月,按林某珠报价计算,共卖给张某层货值为1,136,568元的螃蟹,张某层先后支付了80万元货款。其间,张某层通过微信谈话分别对供应螃蟹的规格、质量提出异议,2017年8月29日,张某层通过微信谈话,要求当天按深圳出卖行情打价格,未见林某珠回复。2017年12月13日,林某珠通过微信谈话向张某层追讨余款,双方对货物价格未达成协议,遂造成纠纷。

林某珠向广西壮族自治区东兴市人民法院起诉请求:张某层向林某珠支付货款336,568元并支付利息(利息计算:以336,568元为本金,按中国人民银行规定的商业银行同期贷款利率,自2017年12月6日计至债务清偿之日)。

广西壮族自治区东兴市人民法院一审认为,本案争议焦点是货物价款如何确定。双方虽未订立书面买卖合同,但林某珠已将货物交付给张某层,张某层实际也收到相应货物且已支付部分货款,双方形成的买卖合同关系合法有效。关于价款问题,因双方买卖的是螃蟹,每天的价格均不同,在如何确定本案货物合理价格上,双方约定不明确,根据《合同法》第62条第1款第2项的规定,应按照订立合同时履行地的市场价格履行,由于本案货物已全部灭失,无法进行评估,对林某珠每日提出的报价,未见张某层在合理期限内提出异议,故本案货物价格应以林某珠向张某层提出的报价来确定为宜,法院依法认定张某层尚欠林某珠货款336,568元。张某层辩称按交易习惯及深圳当地卖价为单价计算货物价格于法无据,不予支持。

张某层对上述原审判决不服,向广西壮族自治区防城港市中级人民法院提起上诉,请求:(1)撤销(2018)桂0681民初575号民事判决;(2)张某层只须支付林某珠105,514元货款及利息;(3)本案一审、二审诉讼费用由林某珠承担。事实和理由:(1)一审判决认定张某层尚欠林某珠货款336,568元属认定事实错误。林某珠计算的2017年6月2日至12月6日共计1,136,568元货款及张某层欠其336,568

元只是林某珠单方制作的账单,适用该账单的前提首先是双方约定按林某珠所在地价格行情来认定双方合同的价格,其次是林某珠供货完美,也就是林某珠提供给张某层的实际到货质量、重量与订单一致。而实际上,张某层给付的货款并不是按林某珠提供的账单付款的。首先,双方明确约定和实际履行都是按上诉人所在地的螃蟹价格来确定合同价格的。张某层与林某珠的女儿在2017年3月沟通螃蟹买卖的时候,就是说要林某珠打货深圳,2017年4月至5月30日张某层给林某珠微信对账单的价格均是以张某层所在地当日行情为准,并据此付款,林某珠对此无异议。其次,林某珠提供的螃蟹质量也是以张某层认定为准,张某层于2017年4月30日至5月30日发给林某珠的微信对账单上E、Y表示膏蟹、肉蟹质量正常,E′、Y′表示小膏蟹、小肉蟹,价格只有正常膏蟹、肉蟹价格的一半,而在被上诉人的账单里是没有大小膏蟹、肉蟹之分的。最后,林某珠的螃蟹重量也是以张某层实际称量为准,张某层在一审提交的完全依照张某层发给林某珠的微信对账单制作的《2017年4月30日至5月30日按交易习惯承认的订单价值差额汇总表中,“林某珠订单重量”为1408斤,“张某层实际称重重量”为1320斤,双方一个月承认的重量差距就有88斤。因林某珠的供货并不完美,且张某层所在地的当日行情与林某珠有差别,因此在2017年4月30日至5月30日按交易习惯承认的订单价值差额汇总表中,双方按交易习惯承认的订单价值差额就达30,022元。2017年6月以后,林某珠的供货质量较2017年4月、5月出现了直线式滑坡,林某珠也未否认过质量问题。在林某珠的供货没出现质量问题的4月、5月,张某层都没有按林某珠的账单付款,在供货质量出现严重问题的6~12月,一审判决却按林某珠的账单认定,违反公平原则和《合同法》第61条按合同有关条款和交易习惯确定质量、价款或者报酬、履行地点的法律规定。(2)一审法院认为,张某层对林某珠的每日报价未在合理期限内提出异议及2017年8月29日的异议只是明确“当天”价格按深圳出卖行情打价格属认定事实错误。张某层在一审提交的证据中多次与林某珠沟通协商价格问题,在2017年8月8日提出“本地蟹收货60多元”,8月10日提出“这个价格可以说是全世界最高”,8月12日提出“价格在市场上拿,比你便宜好几倍”,8月20日提出“人家上来的螃蟹都是大高,你的是中高跟小高,人家大高才卖50多元,全部都是大个的”,2017年12月21日提出“数据必须重整”。如果说张某层2017年8月8日至20日提出的价格异议只是跟林某珠在沟通价格,2017年8月29日明确说“今天膏蟹打少！全部得按我这边卖的行情打价格,不然没得做！干脆给你打工算了”。林某珠没提出异议,并继续供货,就是对张某层的“全部得按我这边卖的行情打价格,不然没得做!"的价格合同的实际履行。一审法院根据"今天膏蟹打少!"就认定上诉人只是要求2017年8月29日"当天"的价格按深圳出卖行情打价格,属认定事实错误。(3)一审判决适用法律错误。适用《合同法》第62条的前提是当事人就有关合同内容约定不明确,依照第61条的规定仍不能确定的才能适用,根据第61条能确定的,就不能适用第62条,而双方在2017年4月至5月有明确的交易习惯,应优先适用《合同法》第61条的规定。另外,双方在洽谈之初就明确约定了合同履行地,一是约定发货深圳,二是货物都是通过物流公司送到张某层所在地深圳,合同实际履行地在深圳,按照《民事诉讼法解释》第18条第1款和《合同法》第62条第2款的规定,也是由张某层所在地的价格确认合同价格。综上所述,一审判决在事实认定及法律适用方面均存在错误,恳请二审法院查清事实,依法改判。

【案件争点】

林某珠与张某层之间没有订立书面的买卖合同明确货物价格,但在买受人张某层实际接收了相应货物并在合理期限内没有提出异议的情况下,能否认定出卖人林某珠的报价为结算依据。

【裁判要旨】

广西壮族自治区防城港市中级人民法院经审理认为:林某珠在2017年6月至12月向张某层异地供应螃蟹,虽然双方没有签订书面的买卖合同,但林某珠已经将货物交付给张某层,张某层实际也收到相应货物且已支付货款,双方形成的买卖合同关系合法有效。根据双方交易习惯,由林某珠通过电话短信或者微信聊天的方式向张某层发送每次交易的螃蟹品种、价格、数量,并于当天通过物流发货给张某层,张某层收到相应的货物,并没有在合理期限内对货物的质量、价款、数量提出异议,并支付了大部分的价款,视为对林某珠报价的认可。张某层虽然对部分批次的货物质量及单价问题提出异议,但没有与林某珠就螃蟹质量问题、运输过程中死亡造成损失需要抵扣多少货款进行协商并达成一致,而是继续签收林某珠的货物;也没有就部分批次的单价问题与对方协商,而只是提出比深圳当地的价格高,而其也没有提供证据证明深圳同一时期的市场价格。如果张某层认为林某珠提供的螃蟹价格过高、质量不合格、数量不符,导致其无利可图,完全可以及时中断与林某珠的交易,而不是在交易6个月后,双方终止交易后才由张某层单方制作交易清单发给林某珠,林某珠对此不予确认。而双方在2017年4~5月的交易,张某层均及时就交易的单价、数量向林某珠反馈,并取得林某珠的确认。因此,张某层以其单方制作的结算清单为结算依据,上诉主张本案总货款为905,514元,其只欠林某珠货款105,514元,理由不成立,法院不予采信。一审判决以林某珠向张某层发送的手机短信及发货物流凭证作为结算依据,判决张某层支付林某珠尚欠货款336,568元及利息正确,法院予以维持。

例案二 | 广州亿仁医院与韶关市福景医疗技术服务有限公司买卖合同纠纷案

【法院】

广东省广州市中级人民法院

【案号】

(2019)粤01民终5868号

【当事人】

上诉人(原审被告):广州亿仁医院

被上诉人(原审原告):韶关市福景医疗技术服务有限公司

【基本案情】

韶关市福景医疗技术服务有限公司(以下简称福景公司)原名韶关市腾扬贸易有限公司,于2018年6月11日经工商机关核准变更名称为韶关市福景医疗技术服务有限公司。福景公司与广州亿仁医院(以下简称亿仁医院)之间并未签订书面买卖合同。

为证明双方存在长期交易及交易情况,福景公司提交了增值税普通发票12张,开票日期在2015年10月8日至2016年2月23日,金额总计227,566元,还提交了亿仁医院付款凭证10张,付款时间在2015年11月3日至2016年5月31日,金额总计227,566元。为证实上述交易的送货情况,福景公司一审庭后补充提交了销售单13张,制单日期在2015年10月8日至2016年2月23日,销售单载明客户为亿仁医院,销售商品包括负压封闭引流辅料管路套装、全螺纹锁钉、带线缝合针、接骨螺钉、医用自粘敷料等,签收人分别有黄某某、胡某某、曾某某、蒋某,其中一张2015年11月19日金额为11,180元的销售单并无签收人签字。该13张销售单的日期、金额与上述12张增值税普通发票中的8张能一一对应。福景公司称该13张销售单是2015年10月8日至2016年2月23日期间的部分销售单,由于该期间的货款亿仁医院已经支付完毕,故福景公司未保存所有销售单。亿仁医院对上述销售单的真实性表示无法确定,对上述增值税普通发票及付款凭证的真实性无异议,但认为与本案无关。

为证实亿仁医院未付货款情况,福景公司提交了制单日期在2016年3月15日至2017年5月25日的销售单14张,金额共计99,953元,销售单载明客户为亿仁医院,其中4张销售单无人签收,金额分别为7330元、4650元、16,970元、1800元,其余销售单签收人分别有黄某某、曾某某及刘某某。福景公司另提交了开票日期在2016年3月18日至2017年5月25日的增值税普通发票8张,金额共计99,953元,以及亿仁医院于2016年5月31日付款6713元的付款凭证。亿仁医院对上述期间的销售单及发票不予认可,主张药品采购由药剂科负责,黄某某只是护士无权签收货物,曾某某及刘某某并非其单位员工,无人签收的销售单无法证实亿仁医院收到货物,且亿仁医院并未收到上述发票也并未入账。

福景公司述称,双方并不存在对账单,交易习惯是以销售单及发票对账付款,福景公司根据销售单开具发票,通常在送货时将发票一起送达亿仁医院,或者送货后通过快递将发票寄给亿仁医院,亿仁医院根据福景公司开具的发票进行付款。亿仁医院则称双方存在对账单,不应以福景公司开具发票作为对账付款的凭证。

另查明,福景公司申请向税务机关查询上述开票日期在2016年3月18日至2017年5月25日、金额共计99,953元的8张增值税普通发票的入账情况。

福景公司向广东省广州市黄埔区人民法院提出诉讼请求:(1)判令亿仁医院支付货款93,240元及利息(利息以93,240元为基数,从2017年7月1日起至付清之日止,按中国人民银行同期同类贷款基准利率计付);(2)判令亿仁医院承担本案全部诉讼费用。

广东省广州市黄埔区人民法院一审认为:(1)关于福景公司与亿仁医院之间是否存在福景公司主张的买卖关系。福景公司、亿仁医院之间并未签订书面合同,福景公司以销售单、发票、付款凭证等主张与亿仁医院存在买卖合同关系,根据《买卖合同解释》第1条的规定,法院认为,应结合当事人之间的交易方式、交易习惯以及其他相关证据,对买卖合同是否成立作出认定。福景公司诉称双方交易习惯是福景公司交货后以销售单对账,福景公司根据销售单开具发票,亿仁医院以销售单及福景公司开具的发票进行付款。福景公司为此提交了2015年10月8日至2016年2月23日的部分销售单、发票及对应的付款凭证,亿仁医院对真实性并无异议。法院认为,该部分证据之间可以形成完整的证据链,体现了交易双方之间交货、开票及付款的真实情况,其交易方式符合买卖合同关系的基本特征,可证实福景公司、亿仁医院之间确实存在真实的买卖关系。亿仁医院辩称双方是产品试销推广合作关系,因并无证据证实,故对亿仁医院的该项答辩不予采纳。同时,福景公司提交的上述证据足以证实福景公司、亿仁医院的交易方式及交易习惯,与福景公司的陈述能相互印证,故法院采信福景公司关于双方交易方式及交易习惯的主张,亿仁医院称双方存在对账单,但并未举证证实,故对亿仁医院的主张不予采纳。

(2)关于亿仁医院所欠货款数额的确定。福景公司提交了2016年3月15日至2017年5月25日的销售单14张及增值税普通发票8张,金额均为99,953元,亿仁医院对此不予认可。法院认为,首先,在亿仁医院认可的2015年10月8日至2016年2月23日销售单中,也有黄某某及曾某某作为收货人签字,故2016年3月15日至2017年5月25日有该两人签字的9张销售单,应视为有效签收。其次,虽其余5张销售单由亿仁医院不予认可的人员签收或无人签收,但根据亿仁医院自2015年10月8日以来的交易习惯可知,亿仁医院签收人员并不固定,亿仁医院未对其授权签收人员进行说明及举证,且在亿仁医院已经付清货款的2015年10月8日至2016年2月23日,也存在销售单无人签收的情况,而亿仁医院付款情况与福景公司开具发票情况相一致,可见实际履行中亿仁医院会根据福景公司开具的发票金额进行付款,亿仁医院认为双方并非以销售单及发票对账付款,但其未能举证说明双方对账情况,应承担举证不能的不利后果。根据《民事诉讼法解释》第108条第1款、第2款的规定,对负有举证证明责任的当事人提供的证据,人民法院经审查并结合相关事实,确信待证事实的存在具有高度可能性的,应当认定该事实存在。因此,法院认为,福景公司的举证可证实其在2016年3月15日至2017年5月25日进行了送货,双方交易货款总额为99,953元,亿仁医院是否对发票进行入账并不影响亿仁医院的付款义务,故亿仁医院应支付相应的货款,双方均确认已支付货款为6713元,亿仁医院还应支付货款93,240元。至于利息,双方并未约定付款时间,福景公司亦未能举证证实其在起诉之前向亿仁医院书面催收货款,故利息应自福景公司主张权利之日即2018年8月29日起计算,福景公司诉请按照中国人民银行规定的同期同类贷款基准利率支付逾期付款利息,于法有据,法院予以支持。

亿仁医院不服广东省广州市黄埔区人民法院(2018)粤0112民初5104号民事判决,向广东省广州市中级人民法院提起上诉,请求:(1)撤销一审判决;(2)依法查清事实后改判驳回福景公司的诉讼请求;(3)一审、二审诉讼费用由福景公司负担。其中部分事实与理由:一审判决中确定的数额有明显的错误,缺少事实依据,没有证据支持。(1)双方没有合同、无亿仁医院采购部门或者授权人员签字认定的单据,且没有查明实际物品交付的情况,故亿仁医院不认可一审法院认定的数额。

(2)根据亿仁医院财务审核要求:货款支付必须附带采购合同、单据收货人签字、价格三方询价单、交易沟通记录。福景公司没有提供相关单据,无法完整证明交易的单价、数量。(3)以双方认可的实际交易计算支付数额。由于完整交易所需要素不齐全,亿仁医院认为必须以双方确认的交易数额、品种、单价及数量来确认整个交易的最终未付款,而非仅以福景公司提供的部分单据来计算,这有失完整及公平。本案中存在的明显错误是一审法院仅凭福景公司单据就直接按福景公司的请求进行了实体权利的认定。亿仁医院认为这个判决在此处缺少事实依据和证据支持。在二审庭审中,另补充:福景公司善于利用利益输送影响亿仁医院的经办人来达成交易。亿仁医院查阅了当时的一些资料,福景公司 2018 年 8 月 13 日发出了律师函,2018 年 8 月 29 日就提交了起诉状。2018 年 9 月 3 日亿仁医院收到法院传票。2018 年 9 月 12 日,福景公司一位姓谢的先生跟亿仁医院药剂科的吕某某进行沟通。2017 年 5 月 25 日至 2018 年 8 月 13 日,福景公司没有跟亿仁医院进行沟通过,因为原来的采购人员和流程都是违规的,所以亿仁医院没有进行合规登记。谢先生在微信中给了亿仁医院吕某某一个红包,这是一个不合理的不合规的交易。根据《合同法》第 54 条的规定,亿仁医院有权请求法院撤销本案合同。对于价格方面,亿仁医院询价一个显微镜是 15,300 元,但是福景公司的供货价是 33,000 元,明显偏离了市场价格。亿仁医院询价高频电刀是 17,500 元,但是福景公司的供货价是 32,000 元,根据院方财务的管理规定审核要求,货款的支付必须要附带采购合同。但本案单据没有收货人的签字,部分没有价格,也没有三方询价单,看不到交易的沟通记录。所以亿仁医院认为福景公司没有提供相关的证据,不能完整的证明这一次交易的合理合规。根据有关的财务管理规定,亿仁医院的财务有权对不完整单据的款项进行拒付。亿仁医院在 2017 年 5 月之后没有付款。福景公司的证据已显示亿仁医院之前有付过款,而且付款的频率和周期是在一个合理的范围内,说明亿仁医院在这方面没有发现错误的情况下,亿仁医院是善意的,是合规的一个企业。但是亿仁医院已经发现有这样的问题,还继续付款显然是不对的、不合理的。在此前,福景公司没有跟亿仁医院进行过任何的沟通,只凭一纸诉状,诉至法院。因为福景公司知道其证据不够支撑整个交易,起诉状称亿仁医院无故拒不支付,是非常不合理的。

【案件争点】

1. 福景公司与亿仁医院之间是否存在买卖合同关系。

2. 福景公司提供的销售单上的货款价格有无依据,在亿仁医院收到货物及涉案发票之后并未提出异议的情况下能否认定亿仁医院认可销售单上的报价。

【裁判要旨】

广东省广州市中级人民法院审理认为:福景公司主张与亿仁医院存在买卖合同关系,双方的交易方式为交货、开具发票、向亿仁医院收款,提交了销售单、发票,以及亿仁医院支付部分货款给福景公司的银行收款明细。虽然亿仁医院对无人签名的销售单不予确认,但是亿仁医院二审提交的福景公司交付货物给亿仁医院的销售单并无亿仁医院签名,亿仁医院亦依据该些未签名的销售单向福景公司支付了货款。虽然双方当事人未签订书面的合同,但根据《买卖合同解释》第1条的规定,当事人之间没有书面合同,一方以送货单、收货单、结算单、发票等主张存在买卖合同关系的,人民法院应当结合当事人之间的交易方式、交易习惯以及其他相关证据,对买卖合同是否成立作出认定。依据福景公司提交的销售单、发票,结合双方当事人之间的交易方式、交易习惯,以及亿仁医院已付款给福景公司的银行收款明细,足以认定福景公司与亿仁医院双方之间的买卖关系成立。

福景公司主张亿仁医院尚欠涉案款项93,240元,提交了销售单以及相应的发票予以证明。部分销售单上有亿仁医院的员工签名,虽有部分销售单无人签名,但亿仁医院亦有依据无人签名的销售单向福景公司付款,福景公司提交的销售单有单价、数量、价款,与福景公司开具的发票情况相一致,亿仁医院收到涉案发票后,并未向福景公司提出异议。现亿仁医院主张对福景公司交付的涉案货物的数量、单价、价款不予确认,从亿仁医院二审提交的微信聊天记录、案外人的报价单,并不足以证明涉案货物单价,反而亿仁医院二审提供的无人签名销售单,证明其已付款给福景公司,即可视为亿仁医院认可销售单上记载的单价、数量、价款。因此,亿仁医院主张对福景公司交付的涉案货物的数量、单价、价款不予确认,缺乏事实和法律依据,法院不予支持。一审法院认定亿仁医院尚欠福景公司涉案货款93,240元并无不当,法院予以维持。

例案三 张店杏园东路科高五金商行与淄博汇港川化工科技有限公司买卖合同纠纷案

【法院】

山东省淄博市张店区人民法院

【案号】

(2019)鲁0303民初5419号

【当事人】

原告:张店杏园东路科高五金商行

被告:淄博汇港川化工科技有限公司

【基本案情】

张店杏园东路科高五金商行(以下简称张店五金商行)从事劳保用品、四氟球阀等经营销售,与淄博汇港川化工科技有限公司(以下简称淄博化工科技公司)存在长期业务关系。自2015年11月30日至2018年5月31日,淄博化工科技公司以现金、银行承兑汇票及银行转账三种方式支付张店五金商行共计939,212.6元。

张店五金商行主张其与淄博化工科技公司存在长期业务关系,以淄博化工科技公司拖欠2015年11月30日至2018年12月8日的货款411,991元为由提起本案诉讼,请求:(1)法院依法判令被告立即支付原告货款411,991元;(2)本案诉讼费用由被告承担。原告提交45张增值税发票及录音等证据予以佐证。

【案件争点】

1. 张店五金商行与淄博化工科技公司之间不存在书面买卖合同,此种情况下能否仅依据增值税发票认定双方之间存在买卖合同关系。

2. 张店五金商行是否已实际交付货物。

【裁判要旨】

山东省淄博市张店区人民法院审理认为:依照《买卖合同解释》第1条第1款的规定:"当事人之间没有书面合同,一方以送货单、收货单、结算单、发票等主张存在买卖合同关系的,人民法院应当结合当事人之间的交易方式、交易习惯以及其他相关证据,对买卖合同是否成立作出认定。"本案中,结合双方提交的证据及陈述,可以确定原告与被告之间存在长期业务关系。但原告仅以发票主张2015年11月30日至2018年12月8日被告尚欠货款411,991元,无其他证据予以佐证,且被告不予认可,依照《买卖合同解释》第8条第1款的规定:"出卖人仅以增值税专用发票及税款抵扣资料证明其已履行交付标的物义务,买受人不认可的,出卖人应当提供其他证据证明交付标的物的事实。"故原告要求被告支付拖欠货款411,991元的诉讼请求,证据不足,法院依法不予支持。在其证据充分后,可再行主张其权利。

三、裁判规则提要

实践中,因便捷交易、长期合作等原因,买卖双方在签署一个框架协议或未签订书面协议的情况下,进行多次交易,该类合同有继续性合同的特征。继续性合同作为不确定契约,合同主要内容不能自始确定,而是在合同存续期间分多次确定,为了使交易更有效率,往往双方确定合同内容的形式多样,有送货单、报价单等书面形式,也有微信、邮件等电子形式,还有仅随货提供增值税发票的形式,双方结算价款时,针对货物的价格、数量等极易产生争议,不能协商一致即引发诉讼。

(一)长期供货合同标的物单价争议裁判原则

长期供货合同标的物单价争议,一般表现为买受人对出卖人主张的标的物单价不予认可,认为高于市场价,要求按照市场价进行结算,如例案一中,买受人不认可出卖人提供的螃蟹价格,认为应该以买受人所在地的市场价格为合同价格。出卖人对买受人主张的单价不认可,主要还是因为在多次供货的情况下价格确认形式不规范引发争议,如存在报价单无买受人盖章或人员签字,有签字人但买受人不认可签字人员身份等情形。

《民法典》第 19 条规定:“依法成立的合同,对当事人具有法律约束力。”标的物单价是买卖合同的主要内容,长期供货合同存续期间需要买卖双方多次约定确认,如发生争议,处理原则就是应首先寻找双方交易过程中的真实意思表示,找到双方确认价格的合意,要从买受人和出卖人的主张和证据分析判断双方对价格是否有明确的约定,即先找明确的标的物价格约定。只有在不能认定存在明确约定的情况下,再根据《民法典》第 510 条和第 511 条关于合同约定不明的规定,确认双方结算应该依据的价格标准。

(二)寻找有效的要约和承诺——判断是否有明确价格约定

如前所述,处理长期供货合同价格争议案件,应首先判断双方是否有明确的约定,即寻找出卖人是否就标的物价格发出了明确的要约,买受人针对出卖人的要约是否作出了承诺。具体而言,明确的价格合意需要具备以下三个条件。

1. 出卖人发出明确价格内容的要约到达买受人

双方形成价格合意的前提是出卖人要约价格明确且到达买受人。实践中,长期供货合同出卖人在多次交易中多采用以下几种要约形式:报价单列明货品名称和单价,通过书面形式发送给买受人;送货单或销货单列明货品名称、单价和数量,一般随货提供给买受人,如例案二;微信、电子邮件等形式表示货品的名称和单价,如例案一。上述要约形式中是否有明确的价格和是否确认已送达给买受人,是该类案件审理中首先要判断的问题。

2. 买受人针对出卖人有明确价格内容的要约作出承诺

《民法典》第484条规定:“以通知方式作出的承诺,生效的时间适用本法第一百三十七条的规定。承诺不需要通知的,根据交易习惯或者要约的要求作出承诺的行为时生效。”很多案例显示,买受人是否对价格问题作出明确承诺是案件审理的焦点问题,买受人的承诺形式分为书面形式和行为承诺。书面形式包括在出卖人提供的报价单或送货单上盖章或签字确认,微信、电子邮件等数据电文形式确认;行为承诺指买受人未书面确认出卖人要约,但以其收货行为表明认可出卖人提供的价格。

3. 出卖人提供增值税专用发票和税款抵扣资料可以证明双方有明确价格约定,但仅提供上述资料不能证明已履行供货义务

《买卖合同解释》第5条第1款规定:“出卖人仅以增值税专用发票及税款抵扣资料证明其已履行交付标的物义务,买受人不认可的,出卖人应当提供其他证据证明交付标的物的事实。”该条规定的是出卖人不能仅以增值税专用发票证明标的物交付义务,但增值税专用发票因载明标的物的名称和价款,故出卖人的开票行为和买受人的抵扣行为,可以认定双方对标的物价格的确认。如例案二中,在出卖人提供的部分销售单无人签名的情况下,其开具的发票与销售单上载明的单价、数量、价款一致,买受人收到发票后,未向出卖人提出异议,可以认定双方确认了价格,结合买受人对该部分货物的付款行为,认定出卖人履行了交货义务;例案三中,出卖人是仅提供增值税发票证明履行供货义务和供货金额而未被法院认可。

(三)未明确约定价款或约定不明的情况下价款的结算

《民法典》第510条规定:“合同生效后,当事人就质量、价款或者报酬、履行地点等内容没有约定或者约定不明确的,可以协议补充;不能达成补充协议的,按照合同有关条款或者交易习惯确定。”第511条规定:“当事人就有关合同内容约定不明确,依照本法第五百一十条的规定仍不能确定的,适用下列规定:……(二)价款或者报酬不明确的,按照订立合同时履行地的市场价格履行;依法应当执行政府定价或者政府指导价的,按照规定履行……”在根据买卖双方的主张和证据不能认定明确的价格约定情况下,根据上述规定,法院可以首先引导双方通过协商方式补充确定标的物价格,不能协商一致的,考虑根据交易习惯能否确认,仍不能确认的,最后采用市场询价或价格鉴定的方式解决争议。

四、辅助信息

高频词条:

《民法典》

第119条 依法成立的合同,对当事人具有法律约束力。

第137条 以对话方式作出的意思表示,相对人知道其内容时生效。

以非对话方式作出的意思表示,到达相对人时生效。以非对话方式作出的采用数据电文形式的意思表示,相对人指定特定系统接收数据电文的,该数据电文进入该特定系统时生效;未指定特定系统的,相对人知道或者应当知道该数据电文进入其系统时生效。当事人对采用数据电文形式的意思表示的生效时间另有约定的,按照其约定。

第472条 要约是希望与他人订立合同的意思表示,该意思表示应当符合下列条件:

(一)内容具体确定;

(二)表明经受要约人承诺,要约人即受该意思表示约束。

第484条 以通知方式作出的承诺,生效的时间适用本法第一百三十七条的规定。

承诺不需要通知的,根据交易习惯或者要约的要求作出承诺的行为时生效。

第490条 当事人采用合同书形式订立合同的,自当事人均签名、盖章或者按指印时合同成立。在签名、盖章或者按指印之前,当事人一方已经履行主要义务,对方接受时,该合同成立。

法律、行政法规规定或者当事人约定合同应当采用书面形式订立,当事人未采用书面形式但是一方已经履行主要义务,对方接受时,该合同成立。

第510条 合同生效后,当事人就质量、价款或者报酬、履行地点等内容没有约定或者约定不明确的,可以协议补充;不能达成补充协议的,按照合同相关条款或者交易习惯确定。

第511条 当事人就有关合同内容约定不明确,依据前条规定仍不能确定的,适用下列规定:

(一)质量要求不明确的,按照强制性国家标准履行;没有强制性国家标准的,按照推荐性国家标准履行;没有推荐性国家标准的,按照行业标准履行;没有国家标准、行业标准的,按照通常标准或者符合合同目的的特定标准履行。

(二)价款或者报酬不明确的,按照订立合同时履行地的市场价格履行;依法应当执行政府定价或者政府指导价的,依照规定履行。

(三)履行地点不明确,给付货币的,在接受货币一方所在地履行;交付不动产的,在不动产所在地履行;其他标的,在履行义务一方所在地履行。

(四)履行期限不明确的,债务人可以随时履行,债权人也可以随时请求履行,但是应当给对方必要的准备时间。

(五)履行方式不明确的,按照有利于实现合同目的的方式履行。

(六)履行费用的负担不明确的,由履行义务一方负担;因债权人原因增加的履行费用,由债权人负担。

《买卖合同解释》

第1条 当事人之间没有书面合同,一方以送货单、收货单、结算单、发票等主张存在买卖合同关系的,人民法院应当结合当事人之间的交易方式、交易习惯以及其他相关证据,对买卖合同是否成立作出认定。

对账确认函、债权确认书等函件、凭证没有记载债权人名称,买卖合同当事人一方以此证明存在买卖合同关系的,人民法院应予支持,但有相反证据足以推翻的除外。

买卖合同纠纷案件裁判规则(一)第7条:

买卖合同一方主张合同中特定条款系格式条款而要求确认其无效或采取对该方有利的条款解释时,法院首先从特定条款的重复性、不特定性和双方交易地位、有无协商等方面综合判定是否属于格式条款,确认为格式条款后再根据条款内容和提请相对人注意等情况认定条款效力

〔**规则描述**〕:格式条款,是指当事人为了重复使用而预先拟定,并在订立合同时未与对方专门协商的条款,这是《民法典》第496条第2款的规定。审判实践中,要在把握好格式条款的重复使用和未与对方协商两个核心认定标准的前提下,从双方的订约能力、交易地位等方面综合判定是否属于格式条款。对格式条款进行特别规定就是在促进交易的同时保护交易中处于弱势的一方,《民法典》第496条规定了格式条款使用人的义务,《民法典》第497条规定了格式条款无效的情形,第498条规定了解释格式条款时歧义不利于提供者。随着网络购物的高速增长,格式条款被各大电商平台广泛应用,影响经营者和消费者的权益,格式条款的效力判定问题更显得尤为重要。

一、类案检索大数据报告

时间:2020年3月11日之前,案例来源:Alpha案例库,案件数量:4256件,数据采集时间:2020年3月11日。本次检索相关案件共4256件,整体情况如图7-1所示。其中,民事判决3042件,管辖异议裁定1147件(其中,涉及网络购物合同纠纷744件),再审裁定67件。其中,民事判决中认定格式条款无效的案件有167件,占比为5.49%;认定有效的案件有597件(一般为网络购物合同纠纷),占比为94.51%。

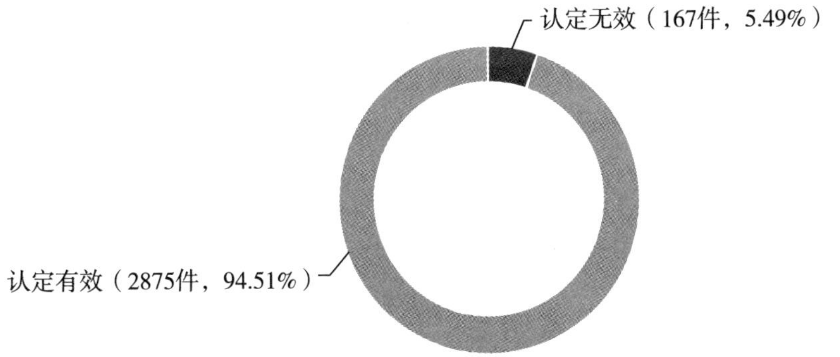

图7-1 民事判决案件中认定格式条款有效还是无效

如图7-2所示,从认定格式条款是否有效的管辖异议裁定来看,认定格式条款有效的占47.95%,认定格式条款无效的占52.05%。

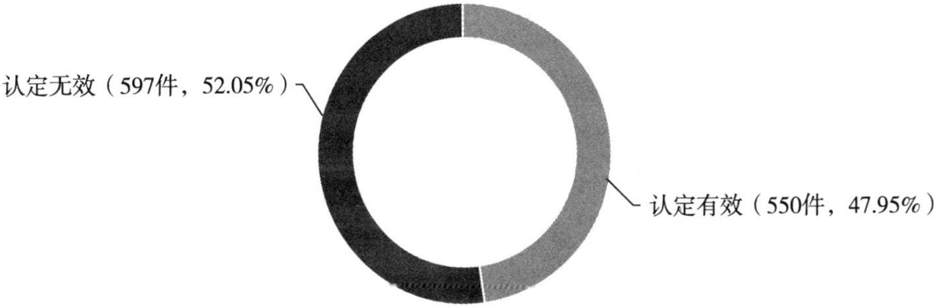

图7-2 管辖异议裁定认定格式条款有效还是无效

如图7-3所示,从案件主要年份分布情况可以看出当前条件下买卖合同纠纷案件数量的变化趋势。

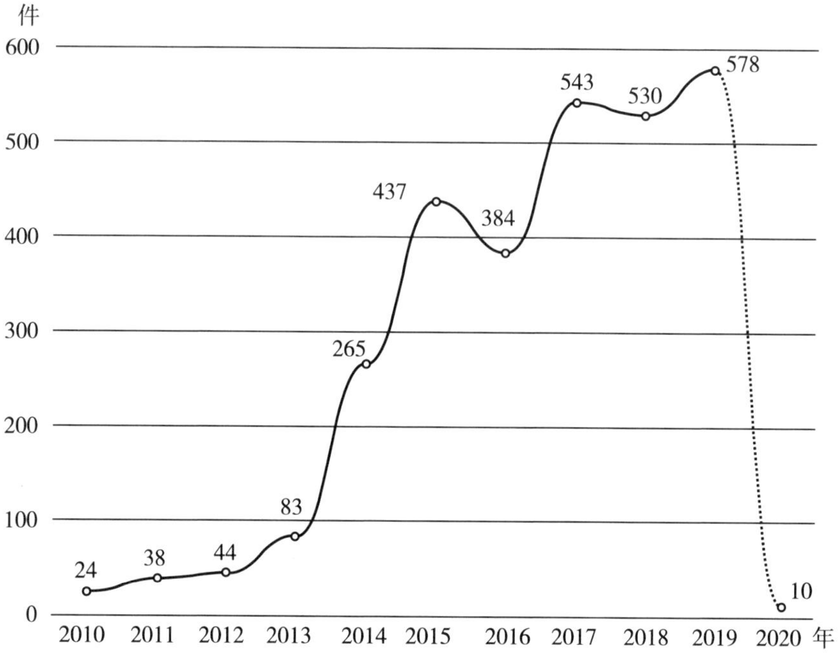

图 7－3　案件主要年份分布情况

如图 7－4 所示,从案件主要地域分布情况来看,当前买卖合同纠纷案件主要集中在广东省、江苏省、浙江省、上海市、山东省。其中,广东省的案件数量最多,达到 458 件。

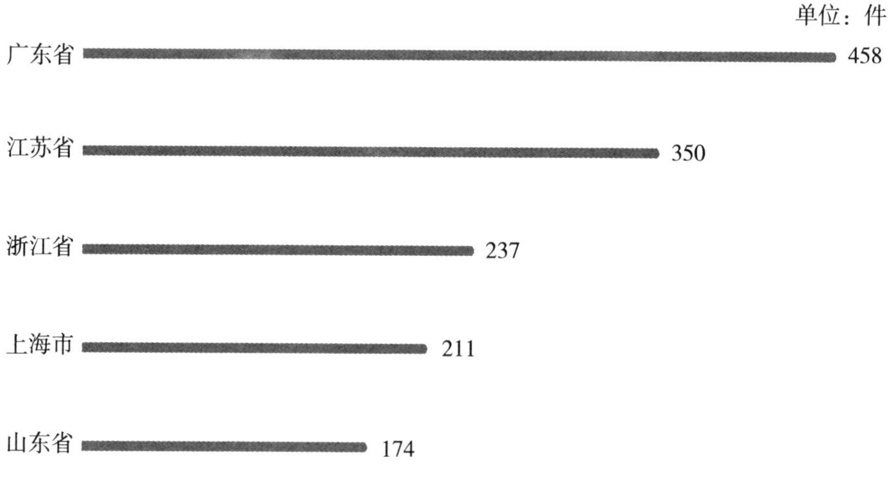

图 7－4　案件主要地域分布情况

如图7-5所示,通过对标的额的可视化分析可以看出,标的额为50万元以下的案件数量最多,有3191件,50万~100万元的案件有418件,100万~500万元的案件有499件,500万~1000万元的案件有90件,1000万~2000万元的案件有40件,2000万~5000万元的案件有17件,5000万~1亿元的案件有1件。

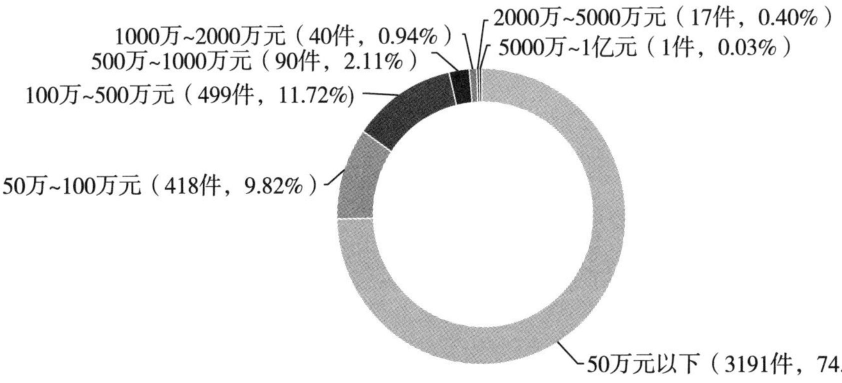

图7-5 案件标的额情况

如图7-6所示,从上面的行业分类情况可以看出,买卖合同纠纷当前的行业分布主要集中在批发和零售业、制造业、建筑业、房地产业、科学研究和技术服务业。

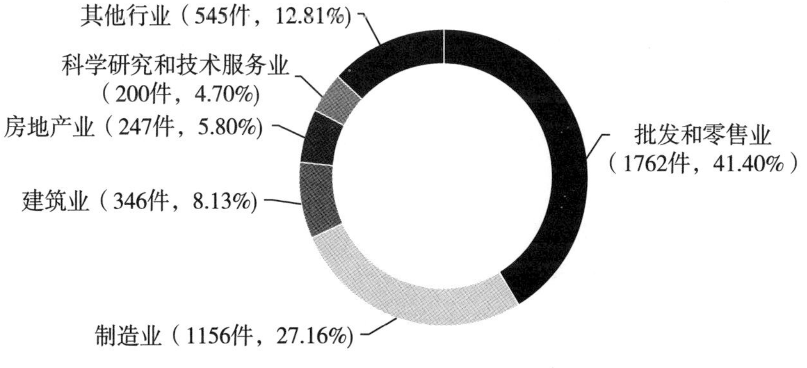

图7-6 案件行业分类情况

二、可供参考的例案

例案一 | 上海诺盛律师事务所与上海圆迈贸易有限公司买卖合同纠纷案

【法院】

上海市第二中级人民法院

【案号】

(2010)沪二中民四(商)终字第1423号

【当事人】

上诉人(原审被告):上海诺盛律师事务所

被上诉人(原审原告):上海圆迈贸易有限公司

【基本案情】

上海诺盛律师事务所(以下简称诺盛律师事务所)于2010年7月16日在上海圆迈贸易有限公司(以下简称圆迈公司)京东商城网站购买"美的"转页扇一台,金额人民币165元(以下币种均为人民币),圆迈公司于7月19日送货并向诺盛律师事务所出具发票和购物清单。同年7月26日,诺盛律师事务所在安装电扇过程中发现电扇撑杆存在缺陷而无法安装,即向圆迈公司提出换货,但圆迈公司以发票载明的货物名称为办公用品予以拒绝。

据此,诺盛律师事务所诉至原审法院,诉请要求判令圆迈公司为诺盛律师事务所购买的"美的"转页扇换货;确认圆迈公司规定的"为了享受商品的正常质保,我们建议您将发票开具为商品明细,否则您将无法享受产品厂商或京东商城的正常质保"条款无效。

圆迈公司对诺盛律师事务所主张的买卖电扇以及出具发票载明的货物名称为办公用品的事实部分没有异议,但认为商品售出7日内出现性能故障才能换货,诺盛律师事务所主张的缺陷属外观损坏,应在签收商品时就确认,诺盛律师事务所过了7日提出,有理由认为商品由诺盛律师事务所人员损坏。根据国家"三包"规定,消费者依据合法有效发票才可以保修,圆迈公司根据国家规定进行的提示性条款内容并不违法。此外,诺盛律师事务所主张的合同条款无效与买卖合同属不同案由。

针对双方争议的商品质量问题的事实部分,诺盛律师事务所提交"美的"转页扇原物以及圆迈公司网站返修网页的打印件,证明该电扇撑杆质量问题以及报修、圆迈公司拒绝换货的事实。圆迈公司对电扇撑杆因橡皮脱落而不能上下移动控制的事实没有异议,但认为此由诺盛律师事务所安装不妥造成,同时认为网站返修网页的打印件不具有真实性,其网站返修网页已经删除无法印证。诺盛律师事务所认为橡皮脱落系产品内在质量问题,网站返修网页可以查证。针对双方争议的发票未载明货品明细是否享有商品保修权利的观点,诺盛律师事务所认为根据网页界面,首先点出商品类别是办公用品,提示条款是圆迈公司提出后才找到。提示条款称不填写货品明细就不保修属免除圆迈公司责任的格式条款,当属无效。圆迈公司认为发票商品类别明细自行点击,且提示性条款网页第一页就有,商品质量问题无法查明系不予保修的依据,但表示同意换货。

二审法院另查明:其一,查阅诺盛律师事务所主张无效的条款需进入京东商城网站主页,在网页的左下方点击售后服务中的退换货政策后,该页面上有退换货说明、特殊说明,其中特殊说明第1条的内容为:为了享受商品的正常质保,我们建议您将发票开具为商品明细,否则您将无法享受产品厂商或京东商城的正常质保。其二,在原审审理中,诺盛律师事务所提供了其于2010年7月26日在京东商城网站换货申请的打印件,显示转页扇存在的问题为:一边的支撑杆坏,无法安装。审核意见为:您好!很抱歉,您的发票开的是办公用品,发票未开明细无法提供退换货以及返修服务,在开发票时有特殊提示:发票不开明细,自动放弃质保,望谅解。在二审审理中,诺盛律师事务所提交了其所购买电扇的保修卡。

上海市黄浦区人民法院一审认为:圆迈公司作为销售商对出售的商品负有保修、退货和换货的义务。圆迈公司以发票未填写货品明细为由拒绝诺盛律师事务所换货,而诺盛律师事务所持有的记载货品类别为办公用品的发票由圆迈公司许可开具,且诺盛律师事务所在商品清单栏写明了货品的具体编号和名称,电扇与办公用品在用途上亦可构成种属关系,故诺盛律师事务所持有的发票为有效发票。圆迈公司援引该项条款免除其质量保证的理由不能成立。圆迈公司同意诺盛律师事务所换货的诉请,法院予以准许。诺盛律师事务所主张的未填写货品明细无法享受正常质保的格式条款是免除圆迈公司合同义务,应属无效条款。由于圆迈公司与消费者是通过网上交易,网上交易的销售、配送、售后服务等具有不同于通常的交易方式,圆迈公司的该项条款系出于交易程序管理之需要,且填写货品明细亦属买方的合同附随义务,不正确填写,可能会给正常的售后服务产生障碍。由于圆迈公司提供的提示条款为“无法享受正常质保”,相对于正常的售后服务程序而言,不能认定“无法享受正常质保”条款完全排除圆迈公司法定义务,诺盛律师事务所该项诉讼请求,不能予以支持。圆迈公司认为系争电扇的质量问题由诺盛律师事务所安装不当造成,无事实依据,不予采信。

诺盛律师事务所不服上海市黄浦区人民法院(2010)黄民二(商)初字第288号民事判决,向上海市第二中级人民法院提起上诉称:《合同法》规定,提供格式条款的一方免除其责任,加重对方责任,排除对方主要权利的,该条款应为无效。圆迈公司的上述格式条款以单方面声明的形式完全排除了消费者享受保修的权利,该条款应属无效。原审法院判决驳回诺盛律师事务所关于确认该条款无效的请求与判决支持换货的内容相矛盾,原审法院的判决将导致更多的消费者无法享受应有的"三包"服务,在客观上纵容圆迈公司的不诚信行为。诺盛律师事务所是根据网页的操作流程操作的,发票内容跳出的就是办公用品,诺盛律师事务所默认了办公用品。圆迈公司并非因为诺盛律师事务所操作不当而拒绝保修,而是直接引用该格式条款拒绝其应承担的保修义务。诺盛律师事务所认为不应由消费者自行选择开具发票的内容,而应根据商品的名称开具发票,圆迈公司为满足一部分有不正当目的的消费者的报账或报销,提供可选择开票项目的做法也是违法的。购物清单中明确了购买商品的名称,即使没有发票圆迈公司也应提供售后服务,圆迈公司以发票未开具明细为由拒绝提供保修服务没有依据。请求法院撤销原审判决第二项,依法改判系争条款无效。

【案件争点】

诺盛律师事务所与圆迈公司的网络购物合同中,圆迈公司作为商家在网页上发布的有关销售商品质量的保修条件、免责事由等声明是否属于格式条款,如何认定该条款的效力。

【裁判要旨】

上海市第二中级人民法院审理认为,从诺盛律师事务所订立合同的操作流程上分析,尽管网上购物和现实生活中的传统购物在具体交易环境与方式上有非常明显的区别,但是二者在交易实质上是一样的,网络购物合同是以数据程序的形式表现出来,但网络购物中的交易也需要经过要约与承诺,商家发布详细的商品信息构成要约,而消费者通过浏览信息,最终选择交易则构成承诺。虽然交易双方并无书面合同,但是以网页文字等表现的内容同样属于《合同法》所规定的书面形式。商家发布的商品详细信息及购物说明(包括但不限于店铺告示、买家须知、交易规则等)均构成合同的一部分。因此,京东商城网站主页退换货政策中特殊说明第1条的内容,即"为了享受商品的正常质保,我们建议您将发票开具为商品明细,否则您将无法享受产品厂商或京东商城的正常质保”应为双方的合同内容的一部分。

关于该条款是否系格式条款，法院认为，所谓格式条款，是当事人为了重复使用而预先拟定，并在订立合同时未与对方协商的合同条款。格式条款具有以下特点：(1)格式条款是由当事人一方为了重复使用而预先拟订的。(2)格式条款适用于不特定的相对人。(3)格式条款的内容具有定型化的特点。格式条款普遍适用于一切要与格式条款提供者订立合同的不特定的相对人，相对人对合同的内容只能表示完全的同意或拒绝，而不能修改、变更合同的内容。本案中，诺盛律师事务所称在购物时发票内容系网络默认为办公用品，由于其未能提供相关证据予以证明，故法院不予采信，根据二审审理中进行的操作演示，诺盛律师事务所在京东商城的网站上进行购物时对于发票内容可自行作出选择，即系争的条款是否适用于双方的买卖合同关系取决于对于发票内容的选择，如购物者选择发票的内容为办公用品，则系争条款即自动适用。在此种情况中，尽管购物者对于该条款是否适用拥有自主选择权，但该条款是由网站事先针对不特定的消费者所拟定，且对于条款的内容消费者并不能进行协商，合同缔结行为在瞬间完成，作为消费者只能同意或者接受，故其性质仍然是格式条款。

关于该条款的效力问题，法院认为，圆迈公司作为京东商城的经营商，应当按照国家有关规定或者商业惯例向消费者出具购物凭证或者服务单据，消费者也有权利要求经营者出具发票，经营者不得拒绝。本案中，圆迈公司为迎合部分消费者报销等需求，在其购物网站中设立相应的流程操作提供可以选择的发票内容，使购物者可以不按实际购买货物的品名选择填写发票内容，双方的行为均有违《发票管理办法》中关于应如实开具发票内容的相关规定，税务部门对此可依法予以处理。同时，根据《产品质量法》第40条的规定，销售者售出的产品有下列情形之一的，应当负责修理、更换、退货；给购买产品的消费者造成损失的，销售者应当赔偿损失：(1)不具备产品应当具备的使用性能而事先未作说明的；(2)不符合在产品或者其包装上注明采用的产品标准的；(3)不符合以产品说明、实物样品等方式表明的质量状况的。本案中，诺盛律师事务所在安装电扇过程中发现电扇撑杆存在缺陷而无法安装，即向圆迈公司提出换货，圆迈公司对电扇撑杆存在质量问题的事实没有异议，其在答复中援引系争条款以发票载明的货物名称为办公用品为由拒绝承担保修义务。

对此，根据《合同法》第39条的规定，采用格式条款订立合同的，格式条款提供人应遵循公平原则确定当事人之间的权利和义务，并采取合理的方式提请对方注意免除或者限制其责任的条款,按照对方的要求,对该条款予以说明;同时,《合同法》第40条规定,提供格式条款一方免除其责任、加重对方责任、排除对方主要权利的,该条款无效。根据网上购物流程的操作,购物者在选择发票内容时页面上有相关的以红色文字显示的提示条款,故圆迈公司已以合理的方式提醒消费者注意系争条款中的免责内容。但就条款内容而言,虽然双方未按规定如实开具发票,但双方之间就购买美的转页扇的买卖合同关系依然有效成立,圆迈公司应履行其作为销售商的法定义务。诺盛律师事务所所购电扇系《部分商品修理更换退货责任规定》中列入目录的产品,实行谁经销谁负责三包的原则,在"三包"有效期内圆迈公司有义务为消费者办理修理、换货、退货。圆迈公司称由于发票内容开具为办公用品故无法向生产商主张要求承担维修义务,但其主张并无合同及法律依据,发票内容未能如实开具为明细系圆迈公司向消费者提供选择所致,故圆迈公司以此为由免除其应承担的义务,法院不予支持,圆迈公司作为提供格式条款的一方将本应由自己承担的责任以发票的内容并非商品明细为由予以免除,既免除其作为销售商应承担的责任,也加重了消费者责任并排除消费者的主要权利,该条款应属无效条款,法院予以改判。

例案二 广西物资集团有限责任公司与中铁十八局集团第二工程有限公司买卖合同纠纷案

【法院】

河北省高级人民法院

【案号】

(2019)冀民终784号

【当事人】

上诉人(原审原告):广西物资集团有限责任公司

被上诉人(原审被告):中铁十八局集团第二工程有限公司

【基本案情】

中铁十八局集团第二工程有限公司(以下简称中铁十八局二公司)为承建海口东海岸如意岛跨海大桥工程向广西物资集团有限责任公司(以下简称广西物资公司)采购钢筋等货物。双方于2016年10月27日、12月12日签订《临购钢筋买卖合同》与《钢筋买卖合同》。该两份合同约定,由乙方广西物资公司向甲方中铁十八局二公司出卖钢筋等货物,合同总价为51,360,935元。关于货款的支付,均约定在该两份合同的第6条,内容相同。具体为“6.6　甲方付款需要下列条件成就后付款:(1)双方履行合同事实;(2)乙方提供完整履行合同资料(包括但不限于产品合格证、试验资料、权属证书、收款人授权委托书、收款账号、足额合法发票等);(3)经甲方有权签认人签认的合同履行金额。以上三个条件都具备后,甲方承担付款义务。第6.6.1条甲方支付乙方价款的比例与本工程业主同期计量支付甲方工程进度款比例一致。如业主延误支付甲方工程进度款,乙方愿意充分理解,并放弃追求甲方因此造成的违约责任(包括但不限于违约金、逾期付款利息等)”。关于违约责任,《临购钢筋买卖合同》第11.1条约定,“……如因甲方上级或业主拨款不及时、不到位,导致甲方不能按时支付乙方货款时,乙方应予以充分理解,保证本合同的正常履行。乙方承诺不因此要求甲方承担任何违约金、利息等损失赔偿责任”。合同签订后,广西物资公司向中铁十八局二公司提供钢筋等货物。截至2018年5月15日,广西物资公司累计向中铁十八局二公司提供货物金额为40,806,765.32元,中铁十八局二公司已付款14,500,000元,现尚欠货款26,306,765.32元。

另查明,中铁十八局二公司承建的海口东海岸如意岛跨海大桥工程现已被海口市建设工程质量安全监督站责令停工。中铁十八局二公司为索要工程款现已向海口海事法院起诉业主海南如意岛旅游度假投资有限公司。

广西物资公司向河北省唐山市中级人民法院起诉请求:(1)中铁十八局二公司向广西物资公司支付尚欠货款26,306,765.32元。(2)中铁十八局二公司向广西物资公司支付违约金800,993.16元(违约金从2017年9月8日起暂计至2018年5月15日,此日后至判决生效前另计。计算方法另附于证据目录中)。(3)中铁十八局二公司向广西物资公司支付保理费用77,000元。(4)中铁十八局二公司向广西物资公司承担本案律师服务费用260,900元。以上四项共计人民币27,445,658.48元。(5)本案保全费用和保函费用、诉讼受理费用全部由中铁十八局二公司承担。

河北省唐山市中级人民法院一审认为:《临购钢筋买卖合同》与《钢筋买卖合同》系广西物资公司与中铁十八局二公司真实意思表示,且内容未违反法律、行政法规的强制性规定,该两份合同合法有效,法院依法予以确认。本案争议焦点为中铁十八局二公司现是否应向广西物资公司支付货款及中铁十八局二公司是否违约、应否承担违约金。

1. 中铁十八局二公司现是否应向广西物资公司支付货款

每份合同的签订都历经要约、承诺阶段,需要合同双方反复磋商。特别是对合同条款的制定,合同双方往往反复斟酌。合同双方的履行能力、信用程度、相关业务情况等因素在一定程度上决定着合同是否订立。案涉当事人均为国有企业,在对外签订合同时相对于其他企业或个人,对相关利益的考量及风险的评估更加专业、更为谨慎。案涉合同系双方真实意思表示,不存在欺诈、显失公平的情形,合同双方应按照合同的约定履行自己的义务。

合同作为一个整体由合同条款组成。合同条款是合同整体的一部分,均有各自的含义。但合同每项条款不仅仅是一个个体,其含义绝不能单独理解。每项条款的含义需要与合同中其他相关条款联系起来分析判断,才能准确地把握每项条款的真实意思。具体到本案,两份合同的第6条是对结算与支付的约定。第6.6条约定"(1)双方履行合同事实;(2)乙方提供完整履行合同资料(包括但不限于产品合格证、试验资料、权属证书、收款人授权委托书、收款账号、足额合法发票等);(3)经甲方有权签认人签认的合同履行金额"。以上三个条件都具备后,中铁十八局二公司承担付款义务。中铁十八局二公司现是否应向广西物资公司支付货款,即以上三个条件成就后中铁十八局二公司是否立即向广西物资公司支付货款及应付多少货款。从合同整体分析,还需满足第6.6.1条的约定即"甲方支付乙方价款的比例与本工程业主同期计量支付甲方工程进度款比例一致"。现工程业主海南如意岛旅游度假投资有限公司未按期向中铁十八局二公司支付相关工程进度款,且中铁十八局二公司未怠于向海南如意岛旅游度假投资有限公司行使自己的权利,现正以诉讼方式积极向海南如意岛旅游度假投资有限公司索要工程款,故按照合同约定中铁十八局二公司现不应向广西物资公司支付相关货款。

2. 中铁十八局二公司是否违约、应否承担违约金

案涉两份合同合法有效,双方应按照合同约定,遵循诚实信用的原则履行自己的义务。案涉合同第6.6.1条明确约定"甲方支付乙方价款的比例与本工程业主同期计量支付甲方工程进度款比例一致"。现工程业主海南如意岛旅游度假投资有限公司未按期向中铁十八局二公司支付相关工程进度款,且中铁十八局二公司未怠于向海南如意岛旅游度假投资有限公司行使自己的权利,现正以诉讼方式积极向海南如意岛旅游度假投资有限公司索要工程款,故中铁十八局二公司不存在违约行为。同时根据合同第6.6.1条"如业主延误支付甲方工程进度款,乙方愿意充分理解,并放弃追求甲方因此造成的违约责任(包括但不限于违约金、逾期付款利息等)"及《临购钢筋买卖合同》第11.1条"如因甲方上级或业主拨款不及时、不到位,导致甲方不能按时支付乙方货款时,乙方应予以充分理解,保证本合同的正

常履行。乙方承诺不因此要求甲方承担任何违约金、利息等损失赔偿责任”的约定,中铁十八局二公司亦不承担违约责任。

广西物资公司不服河北省唐山市中级人民法院(2018)冀02民初315号民事判决,向河北省高级人民法院提起上诉,请求:(1)依法撤销河北省唐山市中级人民法院(2018)冀02民初315号民事判决;(2)依法改判为:①中铁十八局二公司立即向广西物资公司支付所欠货款26,306,765.32元;②中铁十八局二公司立即向广西物资公司支付违约金800,993.16元(违约金暂计算至2018年5月15日,此后违约金按合同约定计算至实际支付之日止);③中铁十八局二公司立即向广西物资公司支付保理费用77,000元;④中铁十八局二公司立即向广西物资公司支付律师费260,900元;⑤本案保全费、保函费、一审、二审案件受理费全部由中铁十八局二公司承担。事实和理由:(1)原判决以“甲方支付乙方价款的比例与本工程业主同期计量支付甲方工程进度款比例一致”的约定系支付货款的生效条件,进而以条件尚未成就为由,认定中铁十八局二公司不应向广西物资公司支付欠款错误。第一,本案系买卖合同纠纷,在出卖人广西物资公司已按约交付价值40,806,765.32元钢材履行了合同主要义务前提下,原判决的认定导致其收取中铁十八局二公司尚欠货款26,306,765.32元的基本权利不能享有,违背权利义务的一致性、平等性要求。第二,原判决将中铁十八局二公司收到业主支付的相应比例的工程进度款作为其支付广西物资公司货款的生效条件,从而将广西物资公司债权的实现完全依赖于业主的偿债行为,并处于其控制之下。这从根本上违背合同权利义务的相对性原则,将业主违约所造成的不利后果转嫁给广西物资公司承担。根据原判决,如果中铁十八局二公司对业主的债权不能实现或者未达到相应比例,则付款条件未成就,根据“生效条件”的法律属性,则中铁十八局二公司得以永远免责,永不承担付款义务,这样,债权人广西物资公司的实体权利消灭,与民法公平原则相悖。第三,原判决的认定违反法律规定,更违背双方当事人的真实意思表示。当双方对合同条款的理解发生争议时,应依据《合同法》第125条的规定进行解释。首先,在字面意义上,双方并未将第6.6.1条即“甲方支付乙方价款的比例与本工程业主同期计量支付甲方工程进度款比例一致”明确约定为付款条件。即便明确约定为付款条件的第6.6条,实际并非付款条件,而是对支付金额确定的依据或者流程。其次,原判决混淆了附条件和附期限的区别。条件的成就存在不确定性,期限是肯定会到来,附条件的付款期限本身就是一个矛盾。故原判决将第6.6.1条的约定认定为付款期限的条件错误,事实上,案涉合同第6.2条对货款的付款期限已明确约定。从一个角度来说,“生效条件”的法律属性决定其一次性成就或者不成就,而原判决的认定导致只要业主向中铁十八局二公司支付一定款项,则中铁十八局二公司对广西物资公司支付相应比例款项的条件生效,即支付一次,生效一次,这也就反证该条款并非对付款条件的约定。再次,案涉第6.6.1条系广西物资公司能够在业主方向中铁十八局二公司支付工程款后及时得到货款而订立的权利保障条款,其真实意思为中铁十八局二公司向广西物资公司付款的兜底条款或者说最低付款的承诺,即中铁十八局二公司承诺,向广西物资公司付款金额的比例等于或者高于业主向其支付工程款进度款的比例,但具体数额由双方根据第6.6条确定。最后,如果认定为付款条件,广西物资公司的债权可能丧失,中铁十八局二公司享有标的物的所有权而不用支付价款。既违反合同约定,更违背当事人的真实意思表示。广西物资公司订立合同目的系通过交付标的物而获得价款,从未作出放弃或者免除买受人支付货款义务的意思表示。而且,中铁十八局二公司已实际支付40,806,765.32元钢材款中的14,500,000元,其实际履行行为或者交易习惯亦与原判决的错误认定相悖。(2)案涉《临购钢筋买卖合同》实际履行金额4,367,644.98元,《钢筋买卖合同》实际履行金额36,439,120.34元,中铁十八局二公司已支付14,500,000元。根据《钢筋买卖合同》第14.6条“其他约定”第2项,如果甲方决定在乙方供货的第四个月付款,乙方所供钢筋,参考基准单价,每吨上浮25元作为结算单价。涉案合同实际履行是中铁十八局二公司决定在广西物资公司供货的第四个月付款,广西物资公司与中铁十八局二公司签名盖章的每月所供钢材结算单备注上就明确标注有:3.23(3月23日)××平均网价,第四月付款上浮25元。第6.2条所述内容是货款支付时间和货款金额的比例。钢材买卖合同付款的交易习惯有一次性付款和分期付款二种付款形式,没有支付比例与业主同期支付采购方工程进度款比例一致的付款交易习惯。因为这不是建筑施工合同,要按工程进度进行付款。一审中铁十八局二公司提供的业主向其进度款支付比例是29.3%,而中铁十八局二公司付给广西物资公司比例是35.5%就能证明不是按进度款比例支付的。(3)原判决认定中铁十八局二公司不存在违约行为进而不承担违约责任错误。第一,根据合同的相对性,本案广西物资公司已按合同履行相应义务,有权获得相应货款,中铁十八局二公司亦应履行给付剩余欠货款的义务,其以业主未付款为由进行抗辩,进而拒绝给付剩余欠货款的行为违反合同法的规定。第二,案涉《钢筋买卖合同》《临购钢筋买卖合同》的内容、结构、表述均为一致,系中铁十八局二公司单方提供的格式合同。第6.6.1条系格式合同中的格式条款,中铁十八局二公司对合同中第6.1条、第6.2条即“结算时间”“货款的支付时间”的具体内容以下画线的形式以示区别注意,但对第6.6.1条并未采用足以引起广西物资公司注意的文字、符号、字体等特别标识,也未特别予以说明,应为无效条款。第6.6.1条后半部分系中铁十八局二公司免除其责任、排除广西物资公司主要权利的条款,违反公平原则。第三,案涉两份合同第11.1条,双方就逾期付款的违约责任最后达成一致。在中铁十八局二公司逾期付款的违约行为发生后,广西物资公司及时履行了通知的附随义务。中铁十八局二公司对其逾期付款的违约行为应当按约承担违约责任。至于广西物资公司是否要求解除合同系其权利,不影响中铁十八局二公司违约责任的承担。另外,关于保理费77,000元的问题。根据案涉合同第6.3条的约定,货款的支付方式为银行转账,而中铁十八局二公司违反合同约定采用铁建银信平台的方式,导致广西物资公司支付保理费77,000元,虽然双方对此费用的承担没有预先约定,但系中铁十八局二公司违约而产生,中铁十八局二公司应当予以承担。至于律师费,系因中铁十八局二公司违约而导致广西物资公司为实现债权而支出的合理费用,且已实际发生并举证予以证明,故中铁十八局二公司亦应予以承担。

【案件争点】

1. 合同中关于甲方付款比例与第三方支付该工程的进度款比例一致的约定是否属于格式条款,该条款是否有效。

2. 中铁十八局二公司现是否应向广西物资公司支付货款,中铁十八局二公司是否违约、应否承担违约金。

【裁判要旨】

河北省高级人民法院审理认为:关于案涉两份买卖合同是否约定付款条件的问题。案涉两份买卖合同将第6条明确约定为“结算与货款支付”。该条款项下的第6.6条约定“甲方付款需下列条件成就后付款:(1)双方履行合同事实;(2)乙方提供完整履行合同资料;(3)经甲方有权签认人签认的合同履行金额。以上三个条件都具备后,甲方承担付款义务”,按该条款的文义解释,本案所涉货款在上述三个条件成就后,中铁十八局二公司才负有付款义务,故上述三个条件是双方约定的中铁十八局二公司付款的条件,第6.6条为双方约定付款条件的条款。第6.6.1条为合同第6.6条项下的子条款,亦应属于约定付款条件的条款。合同第6.6.1条约定“甲方支付乙方价款的比例与本工程业主同期计量支付甲方工程进度款比例一致”。从该条款的内容看,系双方对中铁十八局二公司付款比例的约定,付款比例的含义为应支付的货款占合同履行金额的比例,具体至本案,付款比例为本工程业主同期计量支付甲方工程进度款比例,故上述约定属于对第6.6条约定内容的补充,即合同第6.6条约定的条件成就,中铁十八局二公司才负有付款义务,但具体付款金额由第6.6.1条约定付款比例予以确定。故一审认定中铁十八局二公司的付款义务在第6.6条约定的三个条件成立后,还需满足第6.6.1条的约定并无不当。合同第14.6条第2项特别约定的内容及第6.2条的内容均与合同第6.6条、第6.6.1条的内容并无冲突,广西物资公司主张合同第6.6条约定的条件不是付款条件的理由不能成立,法院不予采信。

1. 关于合同第6.6条、第6.6.1条的效力问题

合同条款系双方协商一致后自愿签订,内容不违反法律、行政法规效力性强制性规定,应为合法有效的条款。广西物资公司主张合同条款属于格式条款,第6.6.1条系中铁十八局二公司免除其责任、排除广西物资公司主要权利的条款,违反公平原则,该条款无效。《合同法》第39条第2款规定,"格式条款是当事人为了重复使用而预先拟定,并在订立合同时未与对方协商的条款"。涉案合同是广西物资公司与中铁十八局二公司协商一致后签订,合同第6.6.1条内容系对付款比例的特别约定,该条款不属于格式条款,对广西物资公司的该项理由,法院不予采信。

2. 关于中铁十八局二公司现是否应向广西物资公司支付货款的问题

中铁十八局二公司与广西物资公司在合同中约定,中铁十八局二公司的付款比例与本工程业主同期计量支付中铁十八局二公司工程进度款的比例一致。现涉案工程业主海南如意岛旅游度假投资有限公司未按期向中铁十八局二公司支付相关工程进度款,中铁十八局二公司为催要工程款已对海南如意岛旅游度假投资有限公司提起诉讼,未怠于向海南如意岛旅游度假投资有限公司行使自己的权利,故广西物资公司向中铁十八局二公司主张货款的条件未成就,一审未予支持并无不当。待付款条件成就后,广西物资公司可另行主张。

3. 关于中铁十八局二公司是否违约、应否承担违约金

由于合同约定的中铁十八局二公司对剩余货款的付款条件尚未成就,中铁十八局二公司对于剩余货款不负有付款义务,其未将剩余货款支付给广西物资公司符合合同约定,不构成违约。《合同法》第114条第1款规定,"当事人可以约定一方违约时应当根据违约情况向对方支付一定数额的违约金,也可以约定因违约产生的损失赔偿额的计算方法"。中铁十八局二公司不存在违约行为,即使合同约定了违约金,中铁十八局二公司亦不应向广西物资公司支付违约金。关于广西物资

公司所提保理费问题,可待付款条件成就后一并解决。关于广西物资公司所提律师费问题,因中铁十八局二公司不存在违约行为,广西物资公司主张律师费没有依据,法院不予支持。

例案三 | 林某平与纽海信息技术(上海)有限公司网络购物合同纠纷案

【法院】

广东省广州市中级人民法院

【案号】

(2016)粤01民辖终344号

【当事人】

上诉人(原审被告):纽海信息技术(上海)有限公司

被上诉人(原审原告):林某平

【基本案情】

林某平因网络购物合同纠纷一案将纽海信息技术(上海)有限公司诉至广东省广州市白云区人民法院,纽海信息技术(上海)有限公司遂提出管辖权异议。广东省广州市白云区人民法院作出(2015)穗云法民二初字第2789号民事裁定书裁定驳回其管辖权异议。

纽海信息技术(上海)有限公司不服广东省广州市白云区人民法院(2015)穗云法民二初字第2789号民事裁定,向广东省广州市中级人民法院提起上诉,请求:撤销原审裁定,将本案移送至上海市浦东新区人民法院审理。事实与理由:上诉人在1号店网站上公示《1号店用户服务》第11条载明:"如就本协议内容或其执行发生任何争议,则双方应首先通过友好协商方式解决;协商不成的,任何一方均应向上海市浦东新区人民法院提起诉讼。"根据在1号店网站平台购物流程,被上诉人应当同意网签服务协议才可以购物,因此该协议对被上诉人有效,并且上诉人通过对条款文字加粗加黑、特别提醒等合理方式,提醒对方注意该条款。上诉人与被上诉人之间是买卖合同关系,双方约定1号店所在地上海市浦东新区人民法院为管辖法院。

【案件争点】

网络购物合同中,出卖人纽海信息技术(上海)有限公司提供的《1号店用户服务协议》中载明纠纷管辖法院的条款是否属于格式条款,该条款效力如何。

【裁判要旨】

广东省广州市中级人民法院审理认为:首先,虽然上诉人提供的《1号店用户服务协议》载明“如就本协议内容或其执行发生任何争议,则双方应首先通过友好协商方式解决;协商不成的,任何一方均应向上海市浦东新区人民法院提起诉讼”,但该条款是上诉人提供的格式条款,且并未以特别提示等合理方式提醒被上诉人注意,故根据《民事诉讼法解释》第31条的规定“经营者使用格式条款与消费者订立管辖协议,未采取合理方式提请消费者注意,消费者主张管辖协议无效的,人民法院应予支持”,该条款无效。其次,本案系网络购物合同纠纷。《民事诉讼法》第23条规定:“因合同纠纷提起的诉讼,由被告住所地或者合同履行地人民法院管辖。”《民事诉讼法解释》第20条规定:“以信息网络方式订立的买卖合同,通过信息网络交付标的的,以买受人住所地为合同履行地;通过其他方式交付标的的,收货地为合同履行地。合同对履行地有约定的,从其约定。”本案中,涉案买卖合同是通过信息网络方式订立的,且涉案产品是以送货的方式来交付的,根据被上诉人提供的订单等显示,涉案产品的收货地址为广东省广州市白云区齐富路九石岭15号体育场203,该收货地可视为本案的合同履行地,在原审法院辖区内,故原审法院对本案有管辖权。综上所述,上诉人的上诉理由不成立,法院予以驳回。原审裁定正确,法院予以维持。

三、裁判规则提要

格式条款是当事人为了重复使用而预先拟定,并在订立合同时未与对方协商的条款。格式条款原多见于金融借款、保险、房屋和车辆买卖等合同中,随着互联网经济的快速发展,网络购物高速增长,由于网络交易具有无纸化、广泛性的特点,相关企业在经营的网络平台上一般均需制定交易规则以明确交易双方的权利义务。因此,格式条款在电子商务中被广泛采用,许多电子商务网站都拟定了极为详尽的格式条款。

(一)格式条款的认定标准

格式条款是订立合同采用的一种方式,格式条款成立仍然要经过要约承诺的过程,格式条款使用人提供条款属于发出要约,相对方同意该条款作为合同条款属于承诺。格式条款的一般合同特征,容易使得对格式条款扩大化理解。在很多案例中,当事人将合同版本由一方提供、合同主要条款由一方拟定的合同均理解为属

于格式条款,如例案二。准确把握格式条款的认定标准是对特定条款评价的前提,格式条款的判定应当注意同时把握以下几个标准:

1. 格式条款是由一方当事人为了重复使用而预先准备的

《民法典》第496条第1款用的表述是"为了重复使用而预先拟定",是考虑到提供格式合同的一方当事人可能不是合同的草拟人情况。另外,该条款是为了重复使用,强调的是条款拟定的目的,而不是实际发生,即主张特定条款为格式条款一方仅需证明该条款是为了重复使用而拟定,不用证明实际使用情况。

2. 格式条款是用于一方当事人与不特定第三人

格式条款最重要的价值在于降低交易成本,格式条款普遍适用于一切要与格式条款提供者订立合同的不特定的相对人,如例案一网络购物合同纠纷中,合同条款就是网站事先针对不特定的消费者拟定的。

3. 格式条款的内容定型化

所谓内容定型化,是指格式条款一经确定较长时间内不修改,相对人对合同的内容只能表示完全同意或拒绝,而不能修改、变更条款的内容。

4. 格式条款使用者在签订合同时未与对方协商

《民法典》第496条第1款对格式条款定义的后半句为"在订立合同时未与对方协商的条款",这个特征是格式条款非常重要的判断标准。应当注意的是,该特征必须与上述格式条款认定标准同时考虑,才能判断特定条款是否为格式条款,避免将未经协商的条款均纳入格式条款的范围。

(二)格式条款使用者的法定义务和格式条款的效力

法律对格式条款的关注,是由格式条款的前述特征决定的,不具备前述特征的条款不应认定为格式条款,遵循契约自由原则,法律除规定合同无效情形外也无须对一般合同条款进行特别的规范。法律针对格式条款被不断重复使用而涉及不特定第三人利益的情况,对格式条款使用者的义务和格式条款的效力进行了较严格的规范。

1. 格式条款使用者的法定义务

《民法典》第496条第2款规定:"采用格式条款订立合同的,提供格式条款的一方应当遵循公平原则确定当事人之间的权利和义务,并采取合理的方式提请对方注意免除或者减轻其责任等与对方有重大利害的条款,按照对方的要求,对该条款予以说明。"该条款明确了格式条款使用者相较一般合同订立者的三个法定义务:公平确定合同内容的义务;合理方式提请对方注意免责、限责条款的义务;按对方要求履行说明义务。

2. 格式条款的效力

应首先明确的是,特定条款被认定为格式条款后,并不当然为无效条款,必须严格按照格式条款无效判定标准进行认定,没有无效情形下,格式条款有效。格式条款的效力与格式条款使用者是否严格履行了前述三项法定义务密切相关:《民法典》第497条关于"有下列情形之一的,该格式条款无效:(一)具有本法第一编第六章第三节和本法第五百零六条规定的无效情形;(二)提供格式条款一方不合理地免除或者减轻其责任、加重对方责任、限制对方主要权利;(三)提供格式条款一方排除对方主要权利"的规定,是格式条款使用者未履行公平确定合同内容的义务导致格式条款无效。

(三)格式管辖条款的分析

从案例检索情况来看,格式管辖条款争议已成为格式条款争议的特殊部分,格式条款不仅包括买卖双方实体权利义务,还涉及诉讼权利义务均衡问题。目前,格式管辖条款争议的增多主要是由于网络购物平台格式管辖条款普遍约定由经营者所在地法院管辖双方争议,给消费者维权带来困难。对格式管辖条款的认定和效力判断除了依据一般格式条款的规定外,主要依据《民事诉讼法解释》第31条的规定,"经营者使用格式条款与消费者订立管辖协议,未采取合理方式提请消费者注意,消费者主张管辖协议无效的,人民法院应予支持"。实践中,需要注意的是,上述规定仅适用于经营者和消费者之间的协议,对于其他主体不应适用。

四、辅助信息

高频词条:

《民法典》

第496条 格式条款是当事人为了重复使用而预先拟定,并在订立合同时未与对方协商的条款。

采用格式条款订立合同的,提供格式条款的一方应当遵循公平原则确定当事人之间的权利和义务,并采取合理的方式提示对方注意免除或者减轻其责任等与对方有重大利害关系的条款,按照对方的要求,对该条款予以说明。提供格式条款的一方未履行提示或者说明义务,致使对方没有注意或者理解与其有重大利害关系的条款的,对方可以主张该条款不成为合同的内容。

第497条 有下列情形之一的,该格式条款无效:

(一)具有本法第一编第六章第三节和本法第五百零六条规定的无效情形;

(二)提供格式条款一方不合理地免除或者减轻其责任、加重对方责任、限制对方主要权利;

(三)提供格式条款一方排除对方主要权利。

第498条 对格式条款的理解发生争议的,应当按照通常理解予以解释。对格式条款有两种以上解释的,应当作出不利于提供格式条款一方的解释。格式条款和非格式条款不一致的,应当采用非格式条款。

《民事诉讼法解释》

第31条 经营者使用格式条款与消费者订立管辖协议,未采取合理方式提请消费者注意,消费者主张管辖协议无效的,人民法院应予支持。

买卖合同纠纷案件裁判规则(一)第8条:

买卖合同一方与其关联公司的财产混同且无法区分,严重损害对方利益的,法院可判定公司人格存在混同,关联公司对合同债务承担连带责任

〔**规则描述**〕:买卖合同一方的实际控制人注册有多家关联公司,关联公司存在财产混同,使买卖合同一方丧失独立意思和独立财产,在买卖合同履行过程中,利用混同关系恶意逃避债务,严重损害合同对方利益的,法院根据诚信原则,直接适用或参照适用《公司法》第20条第3款的规定,判定由于公司人格的混同,由关联各方共担合同责任。

一、类案检索大数据报告

时间:2020年3月13日之前,案例来源:Alpha案例库,案件数量:307件,数据采集时间:2020年3月13日。本次检索到相关案件共307件,整体情况如图8-1所示。其中,认定公司人格混同的案件有78件,占比为25.41%;未认定公司人格混同的案件有229件,占比为74.59%。

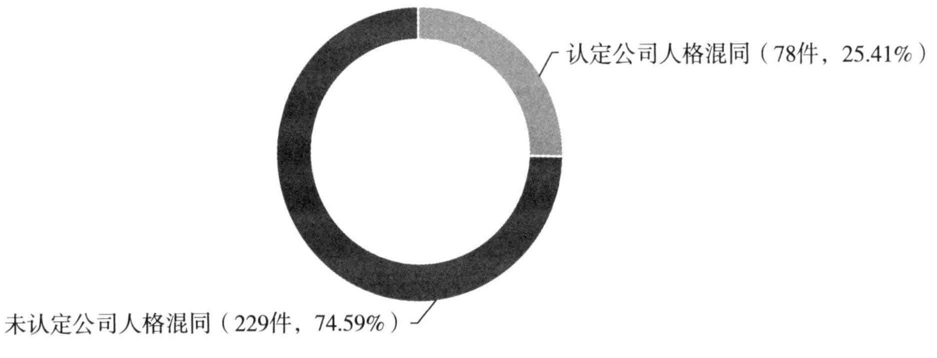

图8-1 是否认定公司人格混同

如图8-2所示,从案件年份分布情况可以看出当前条件下案件数量的变化趋势。

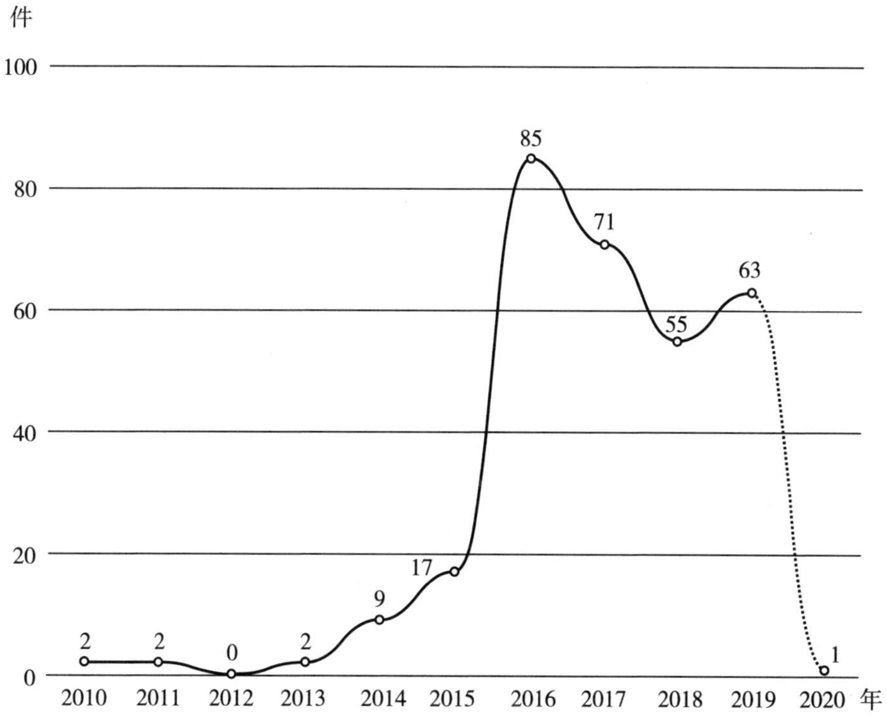

图8-2 案件年份分布情况

如图8-3所示,从案件主要地域分布情况来看,当前案件主要集中在广东省、四川省、福建省、山东省、江苏省。其中,广东省的案件数量最多,达到69件。

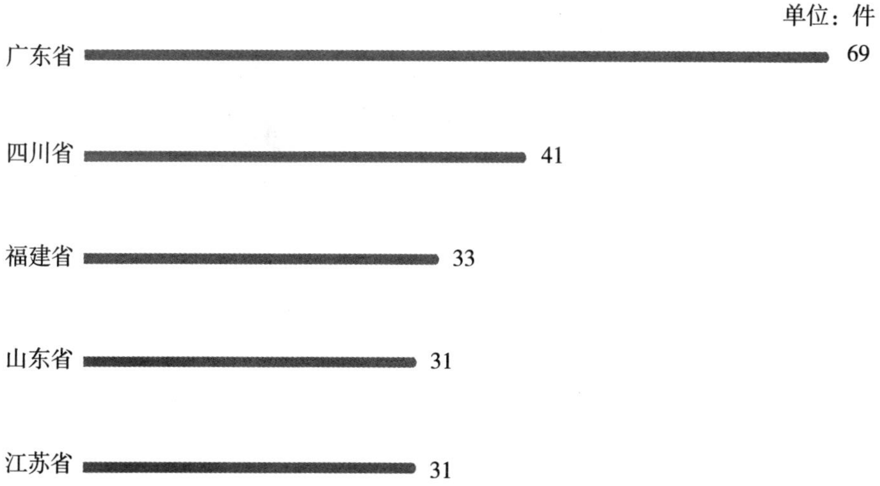

图8-3 案件主要地域分布情况

如图 8－4 所示,通过对标的额的可视化分析可以看出,标的额为 50 万元以下的案件数量最多,有 169 件,50 万～100 万元的案件有 48 件,100 万～500 万元的案件有 59 件,500 万～1000 万元的案件有 18 件,1000 万～2000 万元的案件有 3 件,2000 万～5000 万元的案件有 3 件,5000 万～1 亿元的案件有 1 件,1 亿元以上的案件有 6 件。

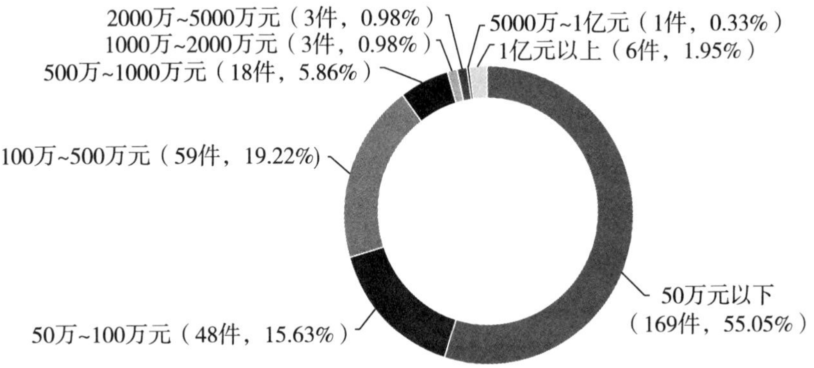

图 8－4　案件标的额情况

如图 8－5 所示,从案件的行业分类情况可以看出,当前的行业分布主要集中在制造业、批发和零售业、房地产业、科学研究和技术服务业、租赁和商务服务业。

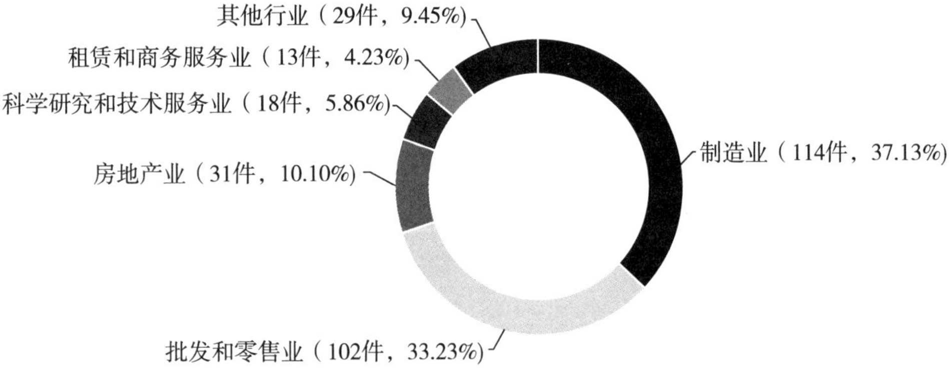

图 8－5　案件行业分类情况

二、可供参考的例案

例案一 | 徐工集团工程机械股份有限公司与四川瑞路建设工程有限公司、成都川交工程机械有限责任公司等买卖合同纠纷案

【法院】

江苏省高级人民法院

【案号】

(2011)苏商终字第0107号

【当事人】

上诉人(原审被告):四川瑞路建设工程有限公司

法定代表人:王某礼

上诉人(原审被告):成都川交工程机械有限责任公司

被上诉人(原审原告):徐工集团工程机械股份有限公司

【基本案情】

成都川交工程机械有限责任公司(以下简称川交机械公司)成立于1999年,股东为四川省公路桥梁工程总公司二公司、王某礼、倪某、汤某明等。2001年,股东变更为王某礼、李某、倪某。2008年,股东再次变更为王某礼、倪某。四川瑞路建设工程有限公司(以下简称瑞路公司)成立于2004年,股东为王某礼、李某、倪某。2007年,股东变更为王某礼、倪某。成都川交工贸有限责任公司(以下简称川交工贸公司)成立于2005年,股东为吴某、张某某、凌某、过某某、汤某某、武某、郭某,何某某2007年入股。2008年,股东变更为张某某(占90%股份)、吴某(占10%股份),其中张某某系王某礼之妻。在公司人员方面,三个公司经理均为王某礼,财务负责人均为凌某,出纳和会计均为卢某,工商手续经办人均为张某;三个公司的管理人员存在交叉任职的情形,如过某某兼任川交工贸公司副总经理和川交机械公司销售部经理的职务,且免去过某某川交工贸公司副总经理职务的决定系由川交机械公司作出;吴某既是川交工贸公司的法定代表人,又是川交机械公司的综合部行政经理。在公司业务方面,三个公司在工商行政管理部门登记的经营范围均涉及工程机械且部分重合,其中川交工贸公司的经营范围被川交机械公司的经营范围完全覆盖;川交机械公司系徐工集团工程机械股份有限公司(以下简称徐工机械公司)在四川地区(攀枝花除外)的唯一经销商,但三个公司均从事相关业务,且相

互之间存在共用统一格式的《销售部业务手册》、《二级经销协议》、结算账户的情形;三个公司在对外宣传中区分不明,2008 年 12 月 4 日重庆市公证处出具的《公证书》记载:通过因特网查询,川交工贸公司、瑞路公司在相关网站上共同招聘员工,所留电话号码、传真号码等联系方式相同;川交工贸公司、瑞路公司的招聘信息,包括大量关于川交机械公司的发展历程、主营业务、企业精神的宣传内容;部分川交工贸公司的招聘信息中,公司简介全部为对瑞路公司的介绍。在公司财务方面,三个公司共用结算账户,凌某、卢某、汤某某、过某某的银行卡中曾发生高达亿元的往来,资金的来源包括三个公司的款项,对外支付的依据仅为王某礼的签字;在川交工贸公司向其客户开具的收据中,有的加盖其财务专用章,有的则加盖瑞路公司财务专用章;在与徐工机械公司均签订合同、均有业务往来的情况下,三个公司于 2005 年 8 月共同向徐工机械公司出具说明,称因川交机械公司业务扩张而注册了另两个公司,要求所有债权债务、销售量均计算在川交工贸公司名下,并表示今后尽量以川交工贸公司名义进行业务往来;2006 年 12 月,川交工贸公司、瑞路公司共同向徐工机械公司出具申请,以统一核算为由要求将 2006 年度的业绩、账务均计算至川交工贸公司名下。

另查明:2009 年 5 月 26 日,卢某在徐州市公安局经侦支队对其进行询问时陈述:川交工贸公司目前已经垮了,但未注销。又查明徐工机械公司未得到清偿的货款实为 10,511,710.71 元。

徐工机械公司诉称:川交工贸公司拖欠其货款未付,而川交机械公司、瑞路公司与川交工贸公司人格混同,三个公司实际控制人王某礼以及川交工贸公司股东等人的个人资产与公司资产混同,均应承担连带清偿责任,遂提起本案诉讼,请求判令:(1)川交工贸公司支付所欠货款 10,916,405.71 元及利息;(2)川交机械公司、瑞路公司及王某礼等个人对上述债务承担连带清偿责任。

江苏省徐州市中级人民法院一审认为:川交工贸公司、川交机械公司、瑞路公司构成资产混同,川交机械公司、瑞路公司应当对川交工贸公司的债务承担连带责任。(1)川交工贸公司、川交机械公司、瑞路公司的人员相同。根据庭审调查,川交工贸公司、瑞路公司、川交机械公司的经营范围重合,经理均是王某礼,财务负责人均是凌某,与徐工科技公司(徐工机械公司原名称)或徐工重庆公司(徐工机械公司的子公司,后将其享有的涉案债权转让于徐工机械公司)签订买卖合同的经办人均是杜某某,即公司重要部门任职人员相同。同时,川交工贸公司的股东在瑞路公司及川交机械公司存在任职或兼职情况。(2)川交工贸公司、川交机械公司、瑞路公司企业资料宣传信息相同。通过互联网查询川交工贸公司的相关信息时,瑞路公司的企业资料信息会一并出现,并且在招聘员工等信息资料上两公司对外预留的电话号码、传真号码等均为相同。川交机械公司2008年的《川交机械时讯报》上,刊登了川交工贸公司的人事任免情况,披露的地址是川交工贸公司的工商登记住所地。川交工贸公司与瑞路公司共用同一份《销售部业务手册》,该手册财务部出纳个人结算卡号登记的是卢某的四个银行卡号。(3)川交工贸公司、川交机械公司、瑞路公司财务混同。首先,三公司于2005年8月15日共同向徐工科技公司出具的说明,即川交机械公司成立于1999年,由于公司业务的不断扩张,于2004年、2005年先后注册了瑞路公司、川交工贸公司,这三个单位分别与徐工科技公司签订了销售合同,所产生的债权债务以及销售量都算川交工贸公司的,以后尽量规范以川交工贸公司进行业务往来,以及川交工贸公司、瑞路公司于2006年12月7日共同向徐工科技公司出具的申请,即为了统一核算,现郑重申请将川交工贸公司、瑞路公司在2006年度所有业绩、账务都计算到川交工贸公司名下,表明川交机械公司、瑞路公司从徐工科技公司购买设备对外销售却将债务转由川交工贸公司承担。其次,川交工贸公司、川交机械公司、瑞路公司均与徐工机械公司存在业务往来,徐工科技公司对三公司的返利长期放置在川交工贸公司账户未分配,三公司对返利的分配未做约定。再次,2006年川交工贸公司售出的车辆曾由瑞路公司向客户出具收据。最后,川交工贸公司、川交机械公司、瑞路公司的财务管理人员都是卢某、凌某。对外开展销售业务时,绝大多数的货款回收都是通过凌某、卢某等人的银行卡来进行交易结算。根据卢某向公安机关所做的陈述,其银行卡中资金来源涉及三公司,支出时仅依据总经理王某礼的签字向外支付。卢某作为三公司共同的出纳和会计,如何做到将其银行卡中收到的8800余万元款项一一对应支出给三公司,三公司均未提供证据证实,亦未对法院提出的财务审计建议作出回应。

上述事实表明,川交工贸公司、川交机械公司、瑞路公司表面上是彼此独立的有限责任公司,但三公司无证据证明公司之间资产、财务的独立性,已实际构成资产混同,该行为损害了债权人的利益。三公司关于其相互之间不存在资产混同的抗辩理由无证据支持,不予采纳。因此,在川交工贸公司不能清偿拖欠货款的情况下,川交机械公司、瑞路公司应对川交工贸公司的上述债务承担连带清偿责任。徐工机械公司的此项诉讼请求,应予支持。

瑞路公司不服江苏省徐州市中级人民法院(2009)徐民二初字第0065号民事判决,向江苏省高级人民法院提起上诉,请求:撤销原审判决第2项,改判瑞路公司对川交工贸公司所负债务不承担连带责任。事实和理由:(1)原审判决认定瑞路公司与川交机械公司、川交工贸公司人员混同、资产混同、财务混同属于事实认定不清,且证据存在重大瑕疵。首先,原审判决认定瑞路公司与川交机械公司、川交工贸公司人员混同所依据的是徐工机械公司提供的三公司的工商登记对照表,而其所做的对比存在大量断章取义的现象,与事实存在较大出入。事实上,瑞路公司与川交工贸公司、川交机械公司的股东结构、法定代表人、注册地址、总经理等均不同,根本不存在组织机构、人员混同的情况。原审法院没有对该对照表所反映的内容进行仔细查证,对该证据采信,属于认定事实错误。其次,原审判决认定瑞路公司与川交机械公司、川交工贸公司财务混同的依据是瑞路公司与川交机械公司、川交工贸公司共同出具的说明,该说明形成的时间是2005年,内容是三公司对2005年之前徐工科技公司返利政策所作的说明,其目的在于获得较高的返利,不能据此就认定资产混同、财务混同。原审判决忽略了该说明中最重要的部分,即以后尽量规范以川交工贸公司进行业务往来,这恰恰能够说明在2005年后由川交工贸公司进行业务往来。事实上,在此之后瑞路公司也没有和徐工科技公司发生过任何业务上的往来和合作,而本案所涉债权债务产生的时间是在2008年。(2)原审判决适用法律错误。原审判决认定瑞路公司承担连带责任所引用的法条,并不能说明瑞路公司应当对川交工贸公司所负徐工机械公司的债务承担连带责任。

川交机械公司不服江苏省徐州市中级人民法院(2009)徐民二初字第0065号民事判决,向江苏省高级人民法院提起上诉,请求:撤销原审判决第2项,改判川交机械公司对川交工贸公司所负债务不承担连带责任。事实与理由:(1)原审判决认定川交机械公司与瑞路公司、川交工贸公司人员混同、资产混同、财务混同属于事实认定不清。上述三公司的股东结构、法定代表人、注册地址、总经理等均不完全相同,不存在原审判决所称的组织机构、人员混同的情况,且川交机械公司与徐工科技公司的业务早已了结,不应将川交工贸公司的债权债务强加到川交机械公司身上。(2)原审判决适用法律错误。原审判决所引用的法条不能说明川交机械公司应对川交工贸公司所负债务承担连带责任。

【案件争点】

瑞路公司、川交机械公司与川交工贸公司是否人格混同,应否对川交工贸公司的债务承担连带清偿责任。

【裁判要旨】

江苏省高级人民法院审理认为,川交工贸公司与瑞路公司、川交机械公司人格混同，瑞路公司、川交机械公司应对川交工贸公司的债务承担连带清偿责任。

1. 川交工贸公司、川交机械公司、瑞路公司人员混同

(1)川交机械公司与瑞路公司的股东相同，均为王某礼等人。川交工贸公司虽股东与之不同，但拥有90%股份的控股股东张某某系王某礼之妻。此外，川交工贸公司的其他股东均为川交机械公司的高级管理人员。

(2)川交机械公司从1994年4月成立至2007年10月期间，法定代表人为王某礼。瑞路公司从2004年9月成立至今，法定代表人亦为王某礼。川交工贸公司的法定代表人吴某是川交机械公司的综合部行政经理。

(3)三公司的财务负责人均为凌某，出纳和会计均为卢某，工商手续经办人均为张某。

(4)根据公司章程，三公司行使主持生产经营管理工作等职权的均为经理，且三公司聘任的经理均为王某礼。

(5)根据2008年9月1日《川交机械时讯报》简讯内容，免去过某某川交工贸公司副总经理职务的决定系由川交机械公司作出，且原因是川交机械公司业务板块建设等工作需要。同时，过某某仍有另一身份，即川交机械公司的销售部销售经理。

综上所述，三公司的股东、法定代表人或相同或具有密切关联，三公司主持生产经营管理的经理均为王某礼，在人事任免上存在统一调配使用的情形，其他高级管理人员存在交叉任职，且重要部门任职人员相同，构成人员混同。

2. 川交工贸公司、川交机械公司、瑞路公司业务混同

(1)川交工贸公司、川交机械公司、瑞路公司的经营范围基本重合。

在案涉交易发生期间，三公司在工商行政管理部门登记的经营范围均涉及工程机械且基本重合，其中，川交工贸公司的经营范围被川交机械公司的经营范围完全覆盖。此外，在实际经营中，三公司均经营工程机械相关业务，且在仅有瑞路公司的经营范围曾包括公路及市政工程施工等情况下，川交机械公司实际经营着市政工程施工等业务，并将之确定为三大业务板块之一。

(2)川交工贸公司、瑞路公司、川交机械公司在对外进行宣传时信息混同，未作区分。

根据重庆市公证处(2008)渝证字第26233号公证书，川交工贸公司、瑞路公司在网上共同招聘员工且所留联系方法等招聘信息一致；在网上对企业进行宣传时未进行区分，如以川交工贸公司、瑞路公司名义作出的招聘信息中包括了大量川交

机械公司的介绍,在以川交工贸公司名义作出的招聘信息中列明的是瑞路公司的介绍以及川交机械公司的成立时间、企业精神等。

川交机械公司登记的地址为四川省成都市武侯区簇桥镇××村×组,川交工贸公司登记的住所地为四川省成都市金牛区蓉都大道天回路×××号。但是,《川交机械时讯报》所载的地址并非川交机械公司的地址,而是川交工贸公司的地址。

《川交机械时讯报》将川交工贸公司的人事任免情况作为简讯进行刊登。

(3)川交工贸公司、川交机械公司、瑞路公司在工程机械销售等业务中不分彼此。

根据三公司于2005年8月15日共同出具的说明以及川交工贸公司、瑞路公司于2006年12月7日共同出具的申请,在三公司均与徐工科技公司存在业务往来的前提下,三公司不仅要求将相关业务统计于川交工贸公司名下,还表示今后的业务尽量以川交工贸公司的名义操作。因此,川交工贸公司是三公司相关交易的名义相对人,记载于川交工贸公司名下的交易还包括了川交机械公司与瑞路公司的业务。可见,在案涉交易模式中,三公司将自身视为一体,刻意要求不进行明确区分。

川交工贸公司与瑞路公司共用统一格式的《销售部业务手册》,且封面载有上述两公司的名称,手册中载明两公司的结算开票资料,其中结算账户为两公司共同的财务人员卢某的个人银行账户,而手册中的徐工样机发货申请单表明该手册用于徐工工程机械的销售。该事实表明,川交工贸公司、瑞路公司在销售徐工工程机械时对以谁的名义进行销售是不加区分或者视为等同的。

川交机械公司以徐工科技公司四川地区(攀枝花除外)唯一经销商的身份对外宣传并开展相关业务,在《川交机械2007年徐工科技产品二级经销协议》中明确要扩大川交机械公司所销售产品的市场占有率,要求二级经销商在制作广告牌时应突出“川交机械”的品牌,但在该协议上作为合同签约人盖章的是川交工贸公司。以上事实表明,以唯一经销商身份经营相关业务时,川交机械公司与川交工贸公司未区分彼此。

在川交工贸公司向其客户开具的收据中,有的盖有川交工贸公司的财务专用章,有的盖有瑞路公司的财务专用章,而一个公司签订的合同由另一个公司履行是业务混同在实践中的重要表现情形之一。

3. 川交工贸公司、川交机械公司、瑞路公司财务混同

(1)川交工贸公司、川交机械公司、瑞路公司使用共同的账户。根据川交工贸

公司与瑞路公司共用的《销售部业务手册》、三公司共同的财务管理人员卢某、凌某个人银行账户的往来情况以及卢某、凌某在公安部门向其调查时所作的陈述,三公司均使用卢某、凌某的个人银行账户,往来资金额巨大,其中凌某的个人账户资金往来达1300余万元,卢某的个人账户资金往来高达8800余万元。

(2)川交工贸公司、川交机械公司、瑞路公司未提供证据证明对共同使用的银行账户中相关资金的支配进行了区分。根据卢某向公安部门进行的陈述,川交工贸公司、川交机械公司、瑞路公司高达8800余万元的款项在进入其个人银行账户后,具体用款的依据仅是三公司经理王某礼的签字,资金走向中包括瑞路公司,亦包括对外支付工程保证金、施工材料款等。在原审法院明确要求瑞路公司、川交工贸公司、川交机械公司进一步举证的情况下,三公司并未提供充分证据证明三公司共同的财务人员对三公司共同使用的账户中的资金进行了必要的区分并有相应的记载。

(3)根据2005年8月15日的说明及2006年12月7日的申请,三公司与徐工科技公司之间的债权债务、业绩、账务均计算至川交工贸公司名下。

(4)三公司与徐工科技公司之间业务往来的返利均统计在川交工贸公司账户内尚未分配,且对返利的分配未做约定,即对相关业务的收益未加区分。

综上,川交工贸公司、川交机械公司、瑞路公司在经营中无视各自的独立人格,随意混淆业务、财务、资金,相互之间界限模糊,无法严格区分,使得交易相对人难以区分准确的交易对象。在均与徐工科技公司有业务往来的情况下,三公司还刻意安排将业务统计于川交工贸公司的名下,客观上削弱了川交工贸公司的偿债能力,有滥用公司独立人格以逃废债务之嫌。三公司虽在工商登记部门登记为彼此独立的企业法人,但实际上人员混同、业务混同、财务混同,已构成人格混同,损害了债权人的利益,违背了法人制度设立的宗旨,其危害性与《公司法》第20条规定的股东滥用公司法人独立地位和股东有限责任的情形相当。为保护债权人的合法利益,规范公司行为,参照《公司法》第20条的规定,川交机械公司、瑞路公司应当对川交工贸公司的债务承担连带清偿责任。上诉人川交机械公司、瑞路公司关于川交工贸公司、川交机械公司、瑞路公司为各自独立的法人,应各自承担责任的理由不能成立。原审判决认定的基本事实清楚,处理结果公正,应予维持。

例案二 吉林庆达新能源电力股份有限公司与江西赛维 LDK 太阳能高科技有限公司买卖合同纠纷案

【法院】

最高人民法院

【案号】

(2019)最高法民申 3521 号

【当事人】

申请再审人(一审被告、二审上诉人):吉林庆达新能源电力股份有限公司

被申请人(一审原告、二审上诉人):江西赛维 LDK 太阳能高科技有限公司

【基本案情】

江西赛维 LDK 太阳能高科技有限公司(以下简称赛维公司)与吉林庆达新能源电力股份有限公司(以下简称庆达公司)自 2010 年 9 月开始开展硅片销售业务,庆达公司作为买方与作为卖方的赛维公司签订了多份《硅片销售合同》。2013 年 7 月 22 日,双方通过询证函确认:截至 2013 年 6 月 30 日,庆达公司欠赛维公司货款 3,073,992.38 元;2013 年 7 月 1 日至 2014 年 3 月 17 日,庆达公司欠赛维公司货款 2,752,727.92 元。两项货款合计 5,826,720.3 元。双方在《硅片销售合同》中约定:逾期付款的,自逾期之日起加收未付货款的 3‰/日的违约金。2013 年 4 月至 2014 年 2 月,庆达公司与赛维 LDK 太阳能高科技(南昌)有限公司(以下简称南昌赛维)签订 10 余份《电池片采购合同》,合同约定南昌赛维向庆达公司采购电池片。三方交易习惯为:南昌赛维先付款给庆达公司,再由庆达公司扣去加工费后付款给赛维公司。

2014 年 12 月 2 日,双方通过电子邮件确认:南昌赛维欠庆达公司电池片款 6,265,015.98元,庆达公司欠赛维公司硅片款 5,838,399.41 元,相减后还有加工费 426,616.57 元,南昌赛维下午会支付承兑汇票 438,295.68 元,扣掉加工费 426,616.57元,庆达公司将余下的 11,679.11 元硅片款于今明两日电汇回赛维公司。2014 年 12 月 9 日,庆达公司通过银行转账方式将 11,679.11 元付给了赛维公司。2015 年 12 月 15 日,双方通过电子邮件确认:庆达公司欠赛维公司硅片款 5,826,720.3元,南昌赛维欠庆达公司电池片款 5,826,720.3 元;同时,庆达公司需补货给南昌赛维电池片 49,552.09 瓦。2016 年 1 月 7 日,庆达公司按赛维公司要求,通过银行转账方式向南昌赛维补退电池片款 125,881.68 元。

2015年11月17日,江西省新余市中级人民法院作出(2015)余破字第4-1号裁定,裁定对赛维公司进行破产重整。同日,江西省高级人民法院依法指定新余市高新技术产业开发区组织成立的清算组作为赛维公司在破产重整一案的管理人,并向各债权人发出债权申报通知。2016年5月4日,江西省新余市中级人民法院作出(2016)赣05民破2-1号民事裁定,裁定对南昌赛维进行破产重整。2016年8月3日,庆达公司向南昌赛维申报债权,债权数额为5,826,720.3元,债权申报表记载的债权人名称为庆达公司(实际债权人:赛维公司)。赛维公司管理人制作的2017年11月30日赛维两公司留存资产清单显示,赛维公司对庆达公司享有5,826,720.3元债权。2018年1月10日,江西省新余市中级人民法院作出(2015)余破字第4-21号民事裁定,裁定中止赛维公司破产重整程序。

另查明,赛维公司成立于2005年7月,法定代表人为甘某某,股东为LDKSOLARCO,Ltd.公司(以下简称LDK公司),刘某某为董事长,佟某某为总经理,管某某为监事,敖某某、万某某,熊某、付某某、李某为董事。赛维公司经营范围为:硅提纯;单晶及多晶硅棒以及多晶硅片、太阳能电池、太阳能电池组件及太阳能光伏应用产品、太阳能热管、太阳能热水器、热水系统以及太阳能光热应用产品生产和销售、仓储;蓝宝石衬底材料、发光二极管的研发、生产、销售(以上项目涉及前置许可、国家限制和禁止的项目除外)。南昌赛维成立于2008年9月,法定代表人为刘某某,股东为赛维公司与LDK公司,刘某某为董事长,佟某某为总经理,李某为监事,敖某某、万某某,熊某、黄某某为董事。南昌赛维经营范围为:硅提纯;单晶及多晶硅棒以及多晶硅片、太阳能电池、太阳能电池组件及太阳能光伏应用产品、太阳能热管、太阳能热水器、热水系统以及太阳能光热应用产品生产和销售(以上项目依法需经批准的项目,需经相关部门批准后方可开展经营活动)。

赛维公司向江西省新余市中级人民法院起诉请求:(1)判令庆达公司立即向赛维公司支付货款5,826,720.3元及违约金6,261,782元,合计12,088,502.3元;(2)本案诉讼费由庆达公司承担。

江西省新余市中级人民法院审理认为:综合赛维公司、庆达公司诉辩意见,本案争议焦点之一为:赛维公司是否存在人格混同,涉案货款是否应当与南昌赛维债权相抵。法院认为,人格混同应同时具备三个条件:人员混同、业务混同和财务混同。赛维公司与南昌赛维均系独立的法人,虽两公司在股东及主要人员、经营范围方面,存在一定程度的重合,但庆达公司并未提供证据证明两公司存在财务混同的情形。故对庆达公司提出的赛维公司与南昌赛维存在人格混同的抗辩意见,不予采纳。虽庆达公司对南昌赛维享有的债权与赛维公司对庆达公司享有的债权数额等同,但庆达公司与南昌赛维签订的合同与赛维公司与庆达公司签订的合同为各自独立的买卖合同,三方仅有货款冲抵抹账意向但未达成正式协议。故庆达公司提出的涉案货款应与南昌赛维债权相抵的抗辩意见,不予支持。

双方均不服江西省新余市中级人民法院(2018)赣05民初93号民事判决,向江西省高级人民法院提起上诉。其中庆达公司以赛维公司与南昌赛维存在人格混同,涉案货款应当与南昌赛维债权相抵作为理由之一提起上诉,请求:撤销江西省新余市中级人民法院(2018)赣05民初93号民事判决,改判驳回被上诉人赛维公司的诉讼请求。

二审法院审理认为:庆达公司的这一主张缺乏事实与法律依据,不予支持。理由在于:(1)法人人格独立是《公司法》的基本原则,判断公司与其他公司是否构成人格混同,应当从公司之间是否存在组织机构混同、财产混同以及业务混同等方面进行综合分析。从本案现有证据来看,虽然赛维公司与南昌赛维在部分人员上存在混同,但现有证据不足以证明两公司之间存在财务混同和业务混同,因此庆达公司关于赛维公司与南昌赛维人格混同的主张缺乏依据。(2)虽然赛维公司、庆达公司、南昌赛维的付款习惯为南昌赛维先付款给庆达公司,再由庆达公司付款给赛维公司。但如前所述,上述交易习惯只是双方就付款方式所作的变更和安排,并非《硅片销售合同》性质的变更,也并非强制性的要求,在南昌赛维未付款给庆达公司的情形下,庆达公司已就南昌赛维欠付的货款5,826,720.3元向南昌赛维破产清算组申报了债权,因此庆达公司不能以南昌赛维未付款给庆达公司作为自己拒付赛维公司货款的理由和依据。(3)庆达公司与赛维公司就赛维公司、庆达公司、南昌赛维三方之间拖欠货款的事情多次通过电子邮件的方式进行协商,虽然三方有货款冲抵抹账的意向,但最终未达成协议,加之庆达公司已于2016年8月3日就南昌赛维所欠货款5,826,720.3元向南昌赛维破产清算组申报了债权。因此,庆达公司主张其与赛维公司已就货款结算达成一致及互相冲抵缺乏事实和法律依据。

庆达公司申请再审称:原审判决未认定赛维公司与南昌赛维人格混同,既与事实不符,更是错误分配举证责任。(1)赛维公司之所以能够以双经销的模式进行电池片代加工业务,并对价款结算作出上述安排,是因为其与南昌赛维人格混同。该两个公司的实际控制人都是彭某,高管人员亦高度混同,南昌赛维的五位监事、董事之中,有四位与赛维公司的相同。两个公司的业务混同,经营范围都包括硅提纯、单晶及多晶硅棒以及多晶硅片、太阳能电池等产品的生产和销售。两个公司的财务混同,庆达公司与赛维公司合作期间,电池片的数量、加工费金额、南昌赛维公司付款金额及付款时间都由赛维公司决定,南昌赛维公司完全按赛维公司的指令执行。(2)原审法院错误分配举证责任。由彭某创办的赛维集团,是亚洲最大的太阳能多硅晶片生产企业,赛维集团旗下的所有子公司与赛维公司都是一家,这是业内众所周知的。本案庆达公司已就赛维公司与南昌赛维存在人格混同的事实提供了证据证明,至少足以令人产生合理怀疑,在此情况下,应将没有滥用公司独立人格和股东有限责任的举证责任分配给赛维公司。(3)赛维公司明知案涉业务关系是电池片代加工业务,明知案涉硅片款应由南昌赛维支付,却故意歪曲事实提起诉讼,违反法人制度的宗旨及诚实信用原则。(4)庆达公司在二审判决作出后取得的新证据,包括庆达公司工作人员与赛维公司负责硅片业务的负责人胡某的电话通话录音以及与赛维公司原销售总监程某的电话通话录音,证明赛维公司与南昌赛维人格混同、赛维公司与庆达公司之间是代加工合同关系、庆达公司不负有支付案涉硅片款的义务。

【案件争点】

赛维公司与南昌赛维是否存在人格混同,涉案货款是否应当与南昌赛维债权相抵。

【裁判要旨】

最高人民法院经再审认为,公司人格混同是指关联公司之间表征人格的因素(主要是人员、业务、财务)高度混同,导致各自财产无法区分,关联公司丧失独立人格。从本案证据看,赛维公司与南昌赛维的董事、监事、总经理等人虽基本相同,经营范围也大体一致,但这仅能证明两家公司之间存在人员混同,而不能证明两家公司之间存在业务混同和财务混同。本案中,两家公司系分别以独立法人的身份与庆达公司签订《硅片销售合同》和《电池片采购合同》,在货款的收付方面也是南昌赛维先付电池片款给庆达公司,再由庆达公司付硅片款给赛维公司,两家公司的业务和财务相互独立,并未显示混同。从举证证明责任分配的角度看,依照《民事诉讼法》规定的"谁主张,谁举证"原则,庆达公司主张两家公司人格混同,应承担举证证明责任,否则应承担不利后果。由于庆达公司举证不能,原审判决认定赛维公司与南昌赛维不存在人格混同并无不当。庆达公司申请再审提供的两份新证据,即庆达公司工作人员与赛维公司有关人员的电话通话录音,因其真实性无法确认,且无其他证据佐证,不属于法律规定的足以推翻原判决的新证据,法院不予采信。综上所述,裁定驳回再审申请。

例案三 上海立成石油化学贸易有限公司与杭州万利合成有机化工有限公司、浙江杭宝集团有限公司买卖合同纠纷案

【法院】

上海市浦东新区人民法院

【案号】

(2017)沪0115民初20431号

【当事人】

原告:上海立成石油化学贸易有限公司

被告:杭州万利合成有机化工有限公司

被告:浙江杭宝集团有限公司

【基本案情】

2016年6月、7月,上海立成石油化学贸易有限公司(以下简称上海立成石油公司)和杭州万利合成有机化工有限公司(以下简称万利公司)共签订四份《化工原料供销合同》,约定万利公司合计向上海立成石油公司采购丙烯酸丁酯人民币1,215,000元,结算方式及期限为货到后根据数量1个月内邮寄6个月内银行承兑汇票,违约赔偿合同货值10%的违约金。合同签订后,原告向合同约定交货地点杭州市钱江经济开发区龙船坞路×××号即浙江杭宝集团有限公司(以下简称杭宝公司)注册地和经营地实际交付1,208,180元货物,其中一批货物的收货人徐某某由杭宝公司缴纳社会保险。审理中,杭宝公司确认,上述四份合同需方单位落款处被告万利公司公章均由被告杭宝公司委托诉讼代理人员工朱某某经被告杭宝公司总裁章某一同意而加盖,被告万利公司、杭宝公司的公章均由被告杭宝公司办公室统一集中保管,被告万利公司公章由被告杭宝公司控制,使用被告万利公司、杭宝公司公章均需要章某一批准;涉案四份合同的磋商、签订过程以及收发货联系、货款催讨沟通都由被告杭宝公司法定代表人章某虎及总裁章某一接洽、落实、决定,并由被告杭宝公司员工盛某某出面沟通并承诺付款。

另查明,1996年4月至2005年4月,被告万利公司法定代表人为章某一。章某一系被告杭宝公司总裁。两被告工商登记手续经办人均为被告万利公司董事赵某某。被告万利公司经营范围包括生产加工化工产品,被告杭宝公司经营范围则包括批发、零售化工产品。被告万利公司经查未为任何人缴纳社保,但其法定代表人陈某虎、股东章某二、董事赵某某的社保均由被告杭宝公司缴纳。2008年12月

至2012年5月,被告万利公司曾为一人有限责任公司,股东为被告杭宝公司。被告杭宝公司在2017年对外招聘公司简介中亦表示被告万利公司为全资子公司。

上海立成石油公司向上海市浦东新区人民法院提起诉讼,请求:(1)被告万利公司向原告支付货款人民币1,208,180元;(2)被告万利公司向原告支付违约金120,818元;(3)被告杭宝公司对被告万利公司上述第1、2项付款义务承担连带清偿责任。事实与理由:2016年6月16日、21日,原告与被告万利公司先后签订两份《化工原料供销合同》。主要约定:被告万利公司向原告购买丙烯酸丁酯各60吨,合计120吨,单价6800元/吨。2016年7月7日、8日,原告与被告万利公司先后签订两份《化工原料供销合同》。主要约定:被告万利公司向原告购买丙烯酸丁酯各30吨,合计60吨,单价6650元/吨。上述四份合同均约定,被告万利公司工厂内交货,结算方式及期限为货到后根据数量1个月内邮寄6个月内银行承兑汇票,违约赔偿合同货值10%的违约金。合同签订后,原告按约于2016年6月17日分别供货29.81吨、29.84吨,于2016年6月22日供货29.83吨,于2016年6月23日供货29.83吨,于2016年7月8日供货29.81吨,于2016年7月11日供货29.87吨,共计供货178.99吨,货款合计1,208,180元。上述货物原告按约送到杭州市龙船坞路×××号,该地址是被告万利公司实际经营地和工厂所在地,也是被告杭宝公司注册地和实际经营地,货物由两被告共同使用。鉴于被告万利公司至今未付款,故应支付原告货款1,208,180元并赔偿违约金120,818元。另外,被告万利公司、杭宝公司经营地相同,人员、经营及财务混同,导致人格混同。具体表现为:一是经营地相同,均在龙船坞路×××号。二是人员、经营及财务混同,两被告的四名股东章某二、陈某虎、章某虎及章某一户籍地址均在弄口村,章某虎是章某一的父亲,存在一定裙带关系;两被告工商变更登记手续经办人均为赵某某,被告万利公司股东章某二、陈某虎及董事赵某某的社保均由被告杭宝公司缴纳,是被告杭宝公司员工;2008年时,被告万利公司为一人有限责任公司,股东为被告杭宝公司,被告杭宝公司在2017年对外宣传中认可被告万利公司是其全资子公司;涉案四份合同的签订、收发货联系、款项催讨沟通及承诺付款等方面均由被告杭宝公司员工负责,被告万利公司公章由被告杭宝公司控制,被告杭宝公司员工是货物签收人之一,被告杭宝公司采取被告万利公司签订合同而由被告杭宝公司收货的方式逃避债务,致使两被告人格混同。综上所述,被告杭宝公司应对被告万利公司的上述付款义务承担连带清偿责任。

【案件争点】

万利公司与杭宝公司是否人格混同,杭宝公司是否应对万利公司的债务承担连带清偿责任。

【裁判要旨】

上海市浦东新区人民法院审理认为:原告和被告万利公司签订的四份《化工原料供销合同》,系当事人真实意思表示,合法有效,双方均应恪守。现原告按约于2016年6月及7月交付价值1,208,180元的货物,被告万利公司理应按约在货到后一个月内付款,违约按合同约定应赔偿原告合同货值10%的违约金。鉴于被告万利公司至今未付款,原告要求被告万利公司支付货款1,208,180元及违约金120,818元的诉讼请求,符合合同约定且违约金金额亦属合理,故法院予以支持。被告万利公司未到庭应诉,应视为其放弃了对原告所主张之事实和证据进行辩驳的权利,对因此而可能产生的不利法律后果,应由其自行承担。

关于被告杭宝公司是否应对被告万利公司的上述债务承担连带清偿责任,法院认为,首先,根据相关法律规定,关联关系是指公司控股股东、实际控制人、董事、监事、高级管理人员与其直接或者间接控制的企业之间的关系,以及可能导致公司利益转移的其他关系。关联企业是指有下列关系之一的公司、企业和其他经济组织:(1)在资金、经营、购销等方面,存在直接或者间接的拥有或者控制关系;(2)直接或者间接地同为第三者所拥有或者控制;(3)在利益上具有相关联的其他关系。本案中,根据查明的事实,被告杭宝公司确认四份《化工原料供销合同》落款处加盖的被告万利公司公章由被告杭宝公司员工实际加盖,被告万利公司的公章由被告杭宝公司保管控制,表明被告杭宝公司对被告万利公司在涉案四份合同相关的经营、购销方面存在控制关系,另被告杭宝公司确认被告万利公司、杭宝公司的公章使用均需被告杭宝公司总裁章某一批准,章某一本人在录音中亦认可两公司为关系企业,故可以认定被告万利公司与被告杭宝公司在本案中具有关联关系,双方为关联公司。

其次,公司滥用关联关系,对其关联公司进行不正当支配和过度控制的,可以认定为公司滥用其关联公司法人独立地位。本案中,被告杭宝公司通过控制被告万利公司的公章签订四份《化工原料供销合同》,被告杭宝公司还参与涉案合同履行的收发货联系、承诺付款等方面,而被告万利公司并未直接参与上述过程,其法人独立地位因被告杭宝公司的上述过度控制行为受到严重影响。因此,可以认定被告杭宝公司滥用了其关联公司被告万利公司的法人独立地位。

再次,关联公司存在人员、业务、场所、财产混同情形,导致交易相对方无法区分关联公司彼此,可以综合认定为关联公司人格高度混同。本案中,被告万利公司与被告杭宝公司存在以下混同情形:一是人员混同。两者工商登记手续经办人均为被告万利公司董事赵某某,且赵某某的社保由被告杭宝公司缴纳。章某一曾担任过被告万利公司法定代表人,本案中还批准其公章使用,同时还是被告杭宝公司总裁。二是业务混同。被告万利公司经营范围包括生产加工化工产品,被告杭宝公司经营范围则包括批发、零售化工产品,经营范围具有关联性。涉案四份合同是被告万利公司与原告签订的,但合同上被告万利公司公章却由被告杭宝公司员工加盖,合同的磋商、签订过程以及收发货联系、货款催讨的沟通、承诺付款均由被告杭宝公司员工出面负责。上述事实中除涉案四份合同加盖有被告万利公司公章外,反映不出被告万利公司独立从事交易活动的意思表示,表明被告万利公司涉案经营业务由被告杭宝公司控制,双方业务存在混同。三是场所混同。涉案货物送到合同约定交货地点被告万利公司工厂杭州市钱江经济开发区龙船坞路×××号,而该地址同时是被告杭宝公司注册地和经营地,两者经营场所存在混同。四是财产混同。根据成品交运单,其中29.83吨货物由徐某某签收,但徐某某的社保却由被告杭宝公司缴纳,表明被告杭宝公司参与涉案交易收货履行。被告万利公司经查未为任何人缴纳社保,但其法定代表人陈某虎、股东章某二、董事赵某某的社保均由被告杭宝公司缴纳,意味着被告杭宝公司要为被告万利公司相关人员支出费用。综上,可以认定两者存在财产混同。同时,2008年12月至2012年5月,被告万利公司曾为一人有限责任公司,股东为被告杭宝公司,被告杭宝公司在2017年对外招聘公司简介中亦表示被告万利公司为全资子公司。综上,被告万利公司、杭宝公司存在人员、经营、场所、财产混同,致使原告无法区分是和被告万利公司交易,还是和其关联公司被告杭宝公司交易,可以认定关联公司被告万利公司、杭宝公司存在人格高度混同。

最后,公司人格独立是其作为法人独立承担责任的前提。当公司对其关联公司进行不正当支配和过度控制,或者关联公司人格高度混同,导致交易相对方无法区分关联公司彼此,关联公司丧失独立人格时,就丧失了独立承担责任的基础。根据法律规定,公司股东滥用公司法人独立地位和股东有限责任,逃避债务,严重损害公司债权人利益的,应当对公司债务承担连带责任。本案中,关联公司被告万利公司、杭宝公司人格高度混同,被告杭宝公司还滥用其关联公司被告万利公司的法人独立地位,对其进行不正当支配和过度控制,致使原告对被告万利公司的债权至今未实现,被告杭宝公司也未提供证据证明被告万利公司具有清偿能力,上述情形严重损害被告万利公司债权人的利益,违背了法人设立的宗旨和诚实信用原则,再考虑到被告杭宝公司员工在录音中曾承诺付款的实际情况,参照上述法律规定,被告杭宝公司应当对其关联公司被告万利公司在本案中的上述债务承担连带清偿责任。被告杭宝公司虽抗辩其和被告万利公司人格未混同,但未提供任何证据加以证明,法院不予采信。

三、裁判规则提要

买卖合同纠纷中处理债务承担主体问题,既要考虑合同相对性,又要考虑民事活动都要遵循的诚实信用原则。买卖合同一方的实际控制人利用关联公司,滥用法人独立地位,逃避债务,损害对方利益,是严重违反诚实信用原则的行为,必须予以规制。在《公司法》第20条第3款确立了法人人格否认制度的基础上,最高人民法院指导案例15号和《全国法院民商事审判工作会议纪要》对《公司法》第20条第3款规定的适用指导都进一步完善了我国法人人格否认制度。

(一)公司人格混同的判定

《全国法院民商事审判工作会议纪要》明确《公司法》第20条第3款的规定只有在股东实施了滥用公司法人独立地位及股东有限责任的行为,且该行为严重损害了公司债权人利益的情况下,才能适用。在强调股东责任的前提下,股东人格和公司人格混同是股东滥用公司法人独立地位的情形之一,滥用情形还包括过度支配与控制、资本显著不足等情形。在非持股关系关联公司人格混同、严重损害债权人利益情形下,如何理解和适用法律判定人格混同应进一步明确。

1. 法律适用

股东人格和公司人格混同的判定可直接适用《公司法》第20条第3款的规定,对其他不具有持股关系的关联公司人格混同问题法律没有规定,最高人民法院指导案例15号即本规则例案一参照适用了《公司法》第20条第3款的规定。故《全国法院民商事审判工作会议纪要》关于人格混同的认定意见在审理全部涉及公司人格混同案件中都具有指导意义。

2. 判定标准

财产混同成为人格混同的唯一标准,其他方面的混同只是人格混同的补强。本规则例案一是从人员、业务、财务等方面综合认定关联公司是否构成人格混同,按照该指导案例的裁判规则,此后多数案例按照上述规则进行了判定。《全国法院民商事审判工作会议纪要》对上述指导意见的裁判规则进行了调整,明确了人格混同最根本的判断标准是公司是否具有独立意思和独立财产,最主要的表现是财产是否混同且无法区分,并列举了财产混同的综合考虑因素。在出现人格混同的情况下,往往同时出现业务、员工和住所的混同,法院在审理案件时,关键要审查是否构成人格混同,而不要求同时具备其他方面的混同,其他方面的混同往往只是人格混同的补强。

3. 举证责任分配原则

在一人公司法人人格否认之诉中,若债权人以一人公司的股东与公司存在财产混同为由起诉要求股东对公司债务承担连带责任,应适用举证责任倒置,由股东对其财产与公司财产之间不存在混同承担举证责任,而其他情形下需遵循关于有限责任公司法人人格否认举证责任分配的一般原则,即折中的举证责任分配原则,应由主张人格混同成立方举出盖然性的证据证明人格混同情况以及由此产生了损害的结果。例案二最高人民法院在该再审裁定中指出:"从举证证明责任分配的角度看,依照民事诉讼法规定的'谁主张,谁举证'原则,吉林庆达公司主张两家公司人格混同,应承担举证证明责任,否则应承担不利后果。"

(二)公司人格混同的责任承担

《公司法》第3条第1款规定:"公司是企业法人,有独立的法人财产,享有法人财产权。公司以其全部财产对公司的债务承担责任。"公司人格独立是我国《公司法》的基本原则,否认公司独立人格,由滥用公司法人独立地位的股东或关联公司对公司债务承担连带责任是例外情形。公司人格混同情形下,并不必然导致关联公司之间对对外债务均承担连带责任。要坚持个案判断,分析在个案中是否因关联公司人格混同,严重损害该案债权人的利益。

在买卖合同纠纷中,买卖合同一方与其关联公司人格混同,并利用混同关系逃避债务,使合同对方债权很难实现的情形下,法院可判定关联公司对债权人主张的债权承担连带清偿责任。但该个案的判断对公司人格的否认不是全面、彻底、永久地否定公司的法人资格,而只是在具体案件中依据特定的法律事实、法律关系,突破股东对公司债务不承担责任的一般规则,例外地判令其承担连带责任。法院在个案中否认公司人格的判决的既判力仅仅约束该诉讼的各方当事人,不当然适用于涉及该公司的其他诉讼,不影响公司独立法人资格的存续。如果其他债权人提起公司人格否认诉讼,已生效判决认定的事实可以作为证据使用。

四、辅助信息

高频词条:

《公司法》

第3条 公司是企业法人,有独立的法人财产,享有法人财产权。公司以其全部财产对公司的债务承担责任。

有限责任公司的股东以其认缴的出资额为限对公司承担责任;股份有限公司的股东以其认购的股份为限对公司承担责任。

第20条 公司股东应当遵守法律、行政法规和公司章程,依法行使股东权利,不得滥用股东权利损害公司或者其他股东的利益;不得滥用公司法人独立地位和股东有限责任损害公司债权人的利益。

公司股东滥用股东权利给公司或者其他股东造成损失的,应当依法承担赔偿责任。

公司股东滥用公司法人独立地位和股东有限责任,逃避债务,严重损害公司债权人利益的,应当对公司债务承担连带责任。

《全国法院民商事审判工作会议纪要》

第10条 认定公司人格与股东人格是否存在混同,最根本的判断标准是公司是否具有独立意思和独立财产,最主要的表现是公司的财产与股东的财产是否混同且无法区分。在认定是否构成人格混同时,应当综合考虑以下因素:

(1)股东无偿使用公司资金或者财产,不作财务记载的;

(2)股东用公司的资金偿还股东的债务,或者将公司的资金供关联公司无偿使用,不作财务记载的;

(3)公司账簿与股东账簿不分,致使公司财产与股东财产无法区分的;

(4)股东自身收益与公司盈利不加区分,致使双方利益不清的;

(5)公司的财产记载于股东名下,由股东占有、使用的;

(6)人格混同的其他情形。

在出现人格混同的情况下,往往同时出现以下混同:公司业务和股东业务混同;公司员工与股东员工混同,特别是财务人员混同;公司住所与股东住所混同。人民法院在审理案件时,关键要审查是否构成人格混同,而不要求同时具备其他方面的混同,其他方面的混同往往只是人格混同的补强。

第13条 人民法院在审理公司人格否认纠纷案件时，应当根据不同情形确定当事人的诉讼地位：

（1）债权人对债务人公司享有的债权已经由生效裁判确认，其另行提起公司人格否认诉讼，请求股东对公司债务承担连带责任的，列股东为被告，公司为第三人；

（2）债权人对债务人公司享有的债权提起诉讼的同时，一并提起公司人格否认诉讼，请求股东对公司债务承担连带责任的，列公司和股东为共同被告；

（3）债权人对债务人公司享有的债权尚未经生效裁判确认，直接提起公司人格否认诉讼，请求公司股东对公司债务承担连带责任的，人民法院应当向债权人释明，告知其追加公司为共同被告。债权人拒绝追加的，人民法院应当裁定驳回起诉。

买卖合同纠纷案件裁判规则(一)第9条:

电子交易合同的成立及效力判定除了依据《民法典》关于合同的规定外,还应当适用《电子签名法》的相关规定。电子签名,是指数据电文中以电子形式所含、所附用于识别签名人身份并表明签名人认可其中内容的数据,可靠的电子签名与手写签名或者盖章具有同等的法律效力

〔**规则描述**〕:在买卖合同的订立和履行过程中,多可使用电子签名,《民法典》第469条也明确规定,数据电文(包括电报、电传、传真、电子数据交换和电子邮件)是合同可采用的书面形式之一。《电子签名法》第14条明确规定,可靠的电子签名与手写签名或者盖章具有同等的法律效力。判断电子交易合同成立和生效的案件中,除了依据《民法典》关于合同成立和生效的一般规定外,还要根据《电子签名法》关于发送和接收的规定确认双方订立合同的合意。

一、类案检索大数据报告

时间:2020年3月30日之前,案例来源:Alpha案例库,案件数量:28件,数据采集时间:2020年3月30日。本次检索到相关案件共28件,整体情况如图9-1所示。其中,判定无效案件19件,占比为67.86%;判定有效案件7件,占比为25.00%;不相关案件2件,占比为7.14%。

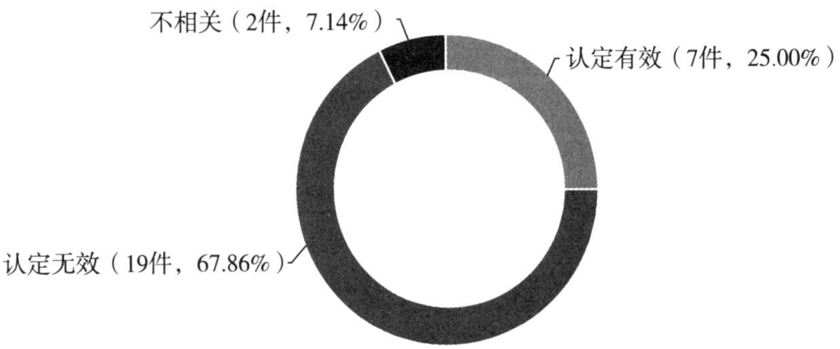

图9-1 电子交易合同是否有效

如图9-2所示,从案件的年份分布情况可以看出当前条件下买卖合同纠纷案

件数量的变化趋势。

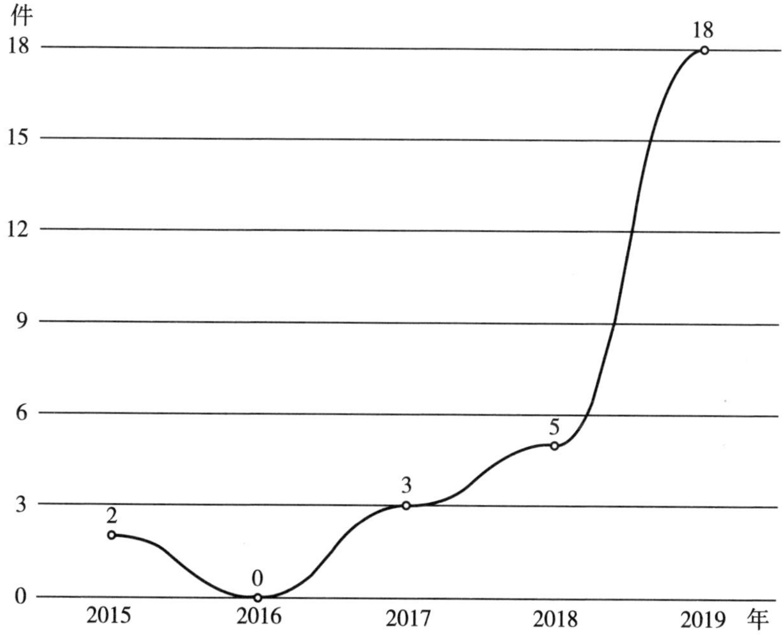

图9-2 案件年份分布情况

如图9-3所示,从案件主要地域分布情况来看,当前买卖合同纠纷案件主要集中在湖南省、广东省、北京市、安徽省、江苏省。其中,湖南省的案件数量最多,达到13件。

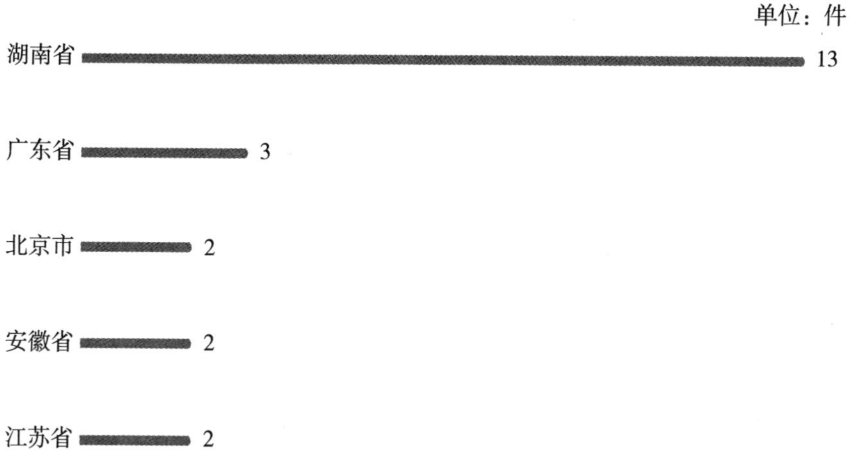

图9-3 案件主要地域分布情况

如图 9－4 所示,通过对标的额的可视化分析可以看出,标的额为 50 万元以下的案件数量最多,有 24 件,100 万～500 万元的案件有 3 件,1 亿元以上的案件有 1 件。

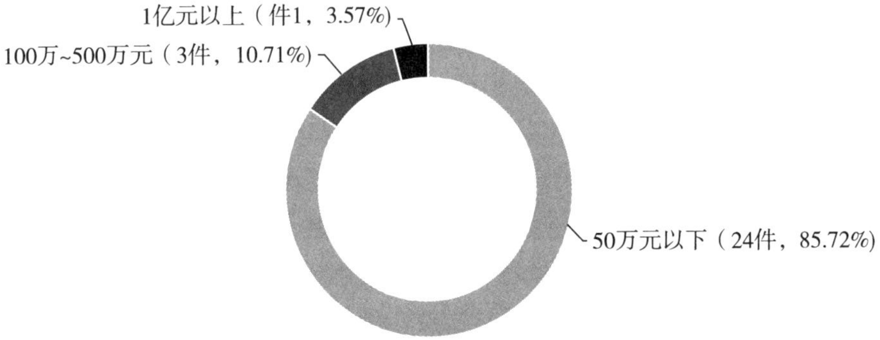

图 9－4　案件标的额情况

如图 9－5 所示,从行业分类情况可以看出,买卖合同纠纷当前的行业分布主要集中在批发和零售业,科学研究和技术服务业,信息传输、软件和信息技术服务业,农、林、牧、渔业,制造业。

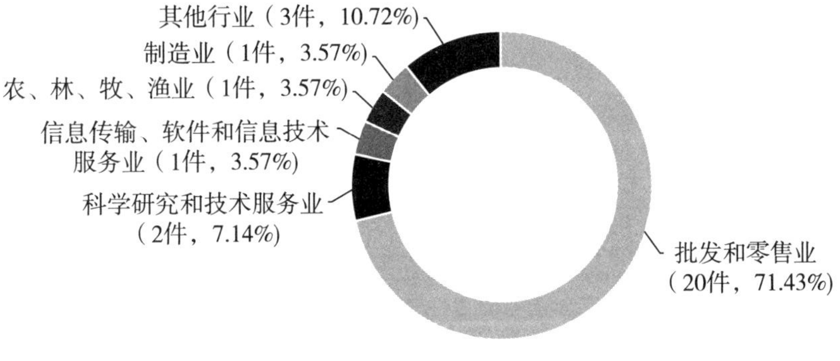

图 9－5　案件行业分类情况

二、可供参考的例案

例案一　中邮通信设备有限公司与北京天联华建通信科技发展有限公司买卖合同纠纷案

【法院】

北京市高级人民法院

【案号】

(2018)京民终594号

【当事人】

上诉人(原审被告):中邮通信设备有限公司

被上诉人(原审原告):北京天联华建通信科技发展有限公司

【基本案情】

2016年4月至11月,北京天联华建通信科技发展有限公司(以下简称天联华建公司)向中邮通信设备有限公司(以下简称中邮设备公司)实际支付货款总计538,693,290元用于购买华为手机。在此期间,天联华建公司共通过中邮普泰通信服务有限公司(以下简称中邮普泰公司)的电子交易平台下有效订单55笔,实际支付金额538,682,244元,剩余金额11,046元,中邮设备公司同意退还剩余金额款项。

一审庭审中,中邮设备公司提交了74张物流运单。天联华建公司对其中的34张无异议,也认可收到了对应的货物,但对于其余的40张物流运单,双方确认其对应的货物均被人以自提方式取走。物流运单对于收货明确记载了签收要求:请收货人签名、收货时间(精确到小时)、实际收货数量、公章。经查,40张采取自提方式提货的物流运单上均没有加盖收货人公章。通过一审庭审询问和中邮设备公司提交的订单截屏、物流运单记载的信息显示,正常情况下鸿讯物流运单上记载的货主SO号与订单中907订单号存在一一对应关系并且对应的数字信息相一致。通过一审庭审核对和双方当事人自认,该40张物流运单可以与33笔订单形成一一对应关系。双方确认40张自提方式的物流运单记载的货物价值总计268,537,828元,扣除使用的折让1,085,000元后,天联华建公司实际支付货款267,452,828元,该金额即是天联华建公司最终确认的未到货金额。

天联华建公司提交了7张物流运单,一审法院认定该7张物流运单上记载的货物均应视为中邮设备公司已交付。

中邮设备公司主张之所以存在40笔物流运单采用自提的方式交付货物是由于天联华建公司全权授权河南久宏电子科技有限公司(以下简称久宏公司)的法定代表人刘某建控制整个交易过程,刘某建授权相关人员包括"河南久宏郑某""河南久宏张某""天联华建张某"等人与中邮设备公司的工作人员洽谈自提事宜,刘某建授权的人向中邮设备公司发送了授权委托书,故才同意采用自提的方式交付货物。同时,也与天联华建公司的人员何某核实过"河南久宏郑某""河南久宏张某”“天联华建张某”等人的身份和授权问题,但没有证据。

天联华建公司认为,久宏公司及其法定代表人刘某建确实可以使用天联华建公司在中邮普泰公司电子交易平台上开设的账户和密码,但权限只是下订单。根据平台交易规则刘某建无权更改送货地址和交货方式,更无权以自提方式进行提货,天联华建公司没有全权授权给刘某建,中邮设备公司受刘某建操控。

天联华建公司认可“河南久宏郑某”“河南久宏张某”“天联华建张某”相对应的QQ号是一致的。中邮设备公司认可三个账户名称对应的是同一个人。根据QQ聊天记录显示,中邮设备公司的工作人员曾给“河南久宏张某”发送过自提授权委托书的模板,并在2016年9月前后的聊天中催要过授权委托书。

根据通话录音记载,天联华建公司的工作人员与中邮设备公司的工作人员进行了反复沟通,对未交付货物的金额进行了多次对账。此外,2017年8月8日中邮设备公司收到了天联华建公司发出的解除合同通知书。

天联华建公司向北京市第二中级人民法院起诉请求:(1)请求判令确认天联华建公司与中邮设备公司之间未履行的买卖合同部分于2017年8月9日解除;(2)请求判令中邮设备公司返还货款275,489,274元;(3)中邮设备公司承担本案诉讼费用。

北京市第二中级人民法院一审认为:关于中邮设备公司是否履行了全部供货义务。通过一审庭审对账以及当事人双方的举证,天联华建公司与中邮设备公司共同确认对交货问题存在争议的货物涉及中邮设备公司提交的40张物流运单以及天联华建公司提交的7张物流运单。中邮设备公司提交的存在争议的40张物流运单均是采取自提的方式,由案外人提走;对应的货物价值268,537,828元,扣除使用的折让1,085,000元后,天联华建公司实际支付货款267,452,828元,该金额也是天联华建公司最终确认的未到货金额。在此情况下,本争议焦点可分为以下次要的争议点,分述如下:

(1)40张物流运单记载的货物能否采用自提的方式,相关行为人有无权利变更交易方式,对应的货物能否视为中邮设备公司的交付。

首先,天联华建公司是中邮普泰公司电子交易平台的注册用户,中邮设备公司是中邮普泰公司电子交易平台的注册商户,基于电子商务的特殊性,双方均应遵守中邮普泰公司电子交易平台制订的《网上产品购销协议》以及《中邮普泰电子交易平台服务协议》的相关规定,该平台规则应是双方履行各自权利义务的基础。《网上产品购销协议》第5条第2款规定,本协议依法签订,即具有法律效力,双方须全面履行,不得擅自变更或解除。该条第3款规定,本协议未尽事宜,经双方共同协商可另行签订补充协议,补充协议与原协议具有同等法律效力。第3条第1款规定,销售方将会把商品(货物)送到您指定的收货地址,所有在本站上列出的送货时间为参考时间,参考时间是在库存状况、正常的处理过程和送货时间、送货地点的基础上估计得出的。根据55笔订单显示,每笔订单均约定了送货地址和收货人,中邮设备公司应当按照订单约定的地址发送货物并严格审查收货人身份。根据现有证据,双方对交货方式变更为货物自提没有另行签订书面补充协议。

其次,中邮设备公司主张天联华建公司全权委托久宏公司刘某建处理整个交易,刘某建实际控制交易过程,久宏公司刘某建授权的行为人就有权代表天联华建公司,但并没有提供任何天联华建公司授权久宏公司刘某建全权代理涉案交易的文件。根据现有证据显示天联华建公司只是把中邮普泰公司电子交易平台的账户和密码交由久宏公司刘某建及其授权的人下订单,并没有全权授权久宏公司刘某建全权代理整个交易流程并有权变更交货方式、送货地址。故久宏公司刘某建授权的人更无权代表天联华建公司。

最后,根据中邮设备公司提交的经公证的聊天记录显示,中邮设备公司的工作人员在与QQ用户名"河南久宏郑某""河南久宏张某""天联华建张某"商务沟通中,该用户有时既代表久宏公司有时又声称代表天联华建公司。根据现有聊天记录的记载,中邮设备公司没有核实QQ聊天中对应的行为人真实身份,是否有权或者在什么情况下代表天联华建公司。中邮设备公司声称曾与天联华建公司的工作人员何某核实过,但未提供相应的证据。此外,中邮设备公司的工作人员在没有核实QQ聊天中对应的行为人真实身份和合法授权的情况下,接受了电子版的自提授权委托书。现有证据显示所谓的40张自提授权委托书至少有11张没法证明是从QQ聊天中直接下载。更为重要的是,中邮设备公司的工作人员在接收电子版自提授权委托书后,并没有对委托书上盖章的真实性进行核实,也没有进一步索要纸质版的授权委托书。同时,根据现有证据显示,在所谓的自提人员提取货物的时候,中邮设备公司工作人员并没有再次查看或者索要天联华建公司出具的授权委托书,也没有留存相关提货人员的身份证明文件。

综上所述,中邮设备公司在没有与天联华建公司签订书面补充协议变更交货方式、在没有充足的证据证明久宏公司及刘某建得到天联华建公司充分授权的情况下,轻信QQ聊天中对应的行为人发送的自提授权委托书,在没有核实提货人身份的情况下将货物交付给案外人,存在重大过失,其交付给案外人的货物不应视为向天联华建公司的交付。

(2)天联华建公司应否对货物损失承担责任问题。

根据查明的事实,在整个交易过程中,天联华建公司将中邮普泰公司电子交易平台的账户和密码交由久宏公司刘某建使用,由久宏公司刘某建及其授权的人下订单,现有证据显示天联华建公司并没有授权刘某建可以变更收货方式自提货物。退一步讲,中邮设备公司如果按照订单记载的送货地址进行交付,不允许案外人自提货物或者认真审查提货人授权手续,也不会发生货物丢失的问题。现有证据显示,天联华建公司将中邮普泰公司电子交易平台的账户和密码交由久宏公司刘某建使用与货物没有交付没有直接、必然的因果关系。中邮设备公司在允许案外人自提货物及相关事项审核上问题上存在重大过失,应对货物损失承担全部责任。

关于中邮设备公司和天联华建公司之间合同解除问题。根据现有证据显示,天联华建公司与中邮设备公司之间不存在书面的购销协议。但天联华建公司通过中邮普泰公司的电子交易平台下了55笔订单,双方均无异议;且在实际履行中,天联华建公司认可收到部分中邮设备公司交付的货物。因此,法院确认天联华建公司与中邮设备公司之间存在买卖合同关系。如前所述,法院认定中邮设备公司存在208,458,130元的货物没有直接向天联华建公司交付而且拒绝另行交货,故天联华建公司有权解除合同。根据一审法院查明的事实,天联华建公司发出的解除合同通知书于2017年8月8日到达中邮设备公司。根据本案合同标的物的性质,双方已经履行的部分不再返还或者恢复原状,尚未交付货物的部分亦不再履行,中邮设备公司应将收取的对应货款返还。

中邮设备公司不服北京市第二中级人民法院(2017)京02民初249号民事判决,向北京市高级人民法院提起上诉,请求:(1)撤销北京市第二中级人民法院(2017)京02民初249号民事判决;(2)判令驳回天联华建公司的全部诉讼请求,天联华建公司承担本案两审诉讼费用。部分事实和理由:(1)一审法院忽略了本案交易的性质。本案是一个大宗电子商务交易。大宗电子商务的第一个特点是应当适用本人行为原则。掌握电子账户登录名和密码的主体以及使用它的主体的行为就当然地应该被推定为账户开立人的行为。凡是账户密码的使用者,他所做的操作都推定为账户开立者本人行为。电子商务交易第二个特点就是很多的交易是要依赖于线下或者说是其他沟通工具沟通的。(2)一审法院错误地划分了双方的权利。基于电子商务的特点,供货方主要的义务为按照约定向需货方供货以及核对线下沟通工具与线上平台账户之间的代表关系。只要供货方做到了这两个义务,供货方就不存在违约。购货方应该承担义务包括:其一,按照协议约定妥善保管自身的交易账户和交易密码,并且对使用账户人的行为承担责任。其二,如果需货方把这个账户和密码委托给他人使用,并且对他人使用的权限存在限制的,他应当及时告知供货方,如果没有沟通,由此产生的责任由需货方承担。其三,需货方应及时的关注和核查相关货物及付款。事实上,中邮设备公司已经妥善履行了自身的所有的义务,不存在违约。天联公司存在严重的违约。天联公司是久宏公司介绍给中邮公司,并且在中邮公司开户的。天联华建公司与久宏公司向中邮公司说明,在整体的交易中,久宏公司是需货方和真正交易货物的掌控者。天联华建公司是久宏公司的资金平台。此外,根据天联华建公司自认的事实,从交易的最开始,天联华建公司就已经将案涉交易平台的账户及密码全部交由久宏公司控制并且使用。天联华建公司没有操作过任何一单的电子交易,所有的下单交易全部是由久宏公司完成。在长达7个月的交易的时间里,天联华建公司从未提出没有收到货。

【案件争点】

中邮设备公司和天联华建公司之间电子商务合同的订立、变更、履行和解除在适用《合同法》一般规定的同时,是否应当适用电子商务交易的特殊原则来认定。

【裁判要旨】

北京市高级人民法院审理认为,本案所涉交易为天联华建公司在中邮普泰电子交易平台注册交易账户,向中邮设备公司批量订购手机的电子商务交易。电子商务交易在合同的订立及履行方面与传统的货物买卖合同具有明显的不同,其最主要的区别在于交易双方不再以签字、盖章的方式订立书面买卖合同,而是通过登录私人交易账户,在电子交易平台上完成相关交易。

对于天联华建公司在中邮普泰电子交易平台注册交易账户的背景及使用情况,天联华建公司与中邮设备公司的陈述基本一致,即天联华建公司是久宏公司介绍给中邮设备公司,并且在中邮设备公司开户的。天联华建公司将中邮普泰公司电子交易平台的账户和密码交由久宏公司的刘某建使用,除首单交易外,案涉交易均系久宏公司下单,天联华建公司仅是久宏公司的资金平台。而中邮设备公司对于久宏公司才是涉案账户及密码的实际使用者这一情况亦是清楚的。

在电子商务交易中有一个基本原则,即本人行为原则。所谓本人行为原则,是指只要客观上在电子交易中使用了私人密码,如无免责事由,则视为交易者本人使用私人密码从事了交易行为,本人对此交易应承担相应的责任,即基于账户密码的私密性,在正常情况下,密码为账户设定人掌握,他人(包括电子交易平台)并不知晓,据此,无论是账户开立人还是其授意的他人使用了密码进行交易,账户操作者的行为都应视为账户开立者的行为。既然是本人所为,当然无要求对方为此承担责任之理,应当由账户开立者自行承担全部法律后果。基于此原则,在天联华建公司将账户及密码交予久宏公司刘某建使用后,只要是使用账户设立的交易,中邮设备公司均没有义务审查实际使用人久宏公司是否有天联华建公司的授权,其当然可以将久宏公司的行为视为天联华建公司的行为,产生的法律后果亦应由天联华建公司承担。

天联华建公司强调,其只是授权久宏公司刘某建使用账户,但没有授权久宏公司改变交货方式,同时未经天联华建公司书面同意,不能更改交货方式。对此法院认为,中邮设备公司作为电子商务交易的供货方,接受久宏公司通过 QQ 通信软件提出的变更交货方式的要求,符合行业常规且不违反《网上产品购销协议》以及《中邮普泰电子交易平台服务协议》的相关约定,在交易过程中并不存在过错。具体理由如下。

1.《网上产品购销协议》并未禁止更改送货方式

《网上产品购销协议》中关于配送的约定是:销售方将会把商品(货物)送到您所指定的收货地址。但同时也约定:本协议未尽事宜,经双方共同协商可另行签订补充协议,补充协议与原协议具有同等法律效力。因此,虽然中邮普泰公司电子交易平台上无法对交货方式进行修改,但协议中并没有禁止买方对提货的方式,送货的地点在下单后通过其他方式与卖方协商一致进行变更。

2. 通过 QQ 等通信软件对交易内容进行协商,是电子商务交易中的惯常做法

对于一般合同的订立,合同未尽事宜可以通过补充协议的签订来完善。对于电子交易平台,通常的做法是对于平台订单中约定的事项,交易双方可以通过平台自带的联络方式或线下沟通工具对订单进行沟通、修改或撤销。本案的中邮普泰公司电子交易平台并未开通平台自带的联络功能,但对于商品交易而言,允许买方下单后、发货前对订单内容进行修改,亦是对买方权利的保护。本案中邮普泰公司电子交易平台采用的正是买家与卖家通过 QQ 通信软件进行协商,对订单内容进行沟通与修改的方式。该方式并不违反《网上产品购销协议》的约定,买家与卖家通过 QQ 通信软件对订单内容的修改,应当视为双方签订的补充协议。

3. 经法院核实天联华建公司与中邮设备公司在一审提交的 40 笔自提订单与对应的 QQ 聊天记录统计表以及相关的 QQ 聊天记录,中邮设备公司将送货改为自提的 40 笔订单,均在 QQ 通信软件中与久宏公司 QQ 账户进行过沟通

如前所述,基于电子商务交易本人行为原则,在使用了账户密码的情况下,相对方没有核对账户使用人身份及授权的义务,可以当然地认为账户使用人为账户的合法使用人。同样,对于与账户相关联的用于线下沟通的QQ账户,相对方也仅需确认是账户使用人的QQ账户即可。本案中,双方当事人均认可,将涉案订单的送货方式更改为自提的QQ账户的使用人为久宏公司,天联华建公司亦认可平台交易账户及密码的使用者是久宏公司,而参考中邮设备公司提交的QQ账户的沟通内容,也可以确认QQ账户的使用者就是天联华建公司账户的使用者久宏公司。在QQ账户使用者与平台账户使用者为同一人即久宏公司时,久宏公司作为平台账户的使用者,当然可以通过QQ账户对订单内容进行修改,中邮设备公司在明知天联华建公司将账户密码交由久宏公司使用、久宏公司就是天联华建公司平台账户的实际使用人的情况下,没有义务审查久宏公司是否取得天联华建公司授权,其按照QQ账户要求并更改送货方式,并不存在任何过错。

天联华建公司将账户及密码告知久宏公司,将平台账户交予久宏公司使用,导致久宏公司使用账户密码下单并更改提货方式的行为,应视为天联华建公司的行为。在天联华建公司没有向中邮设备公司提出久宏公司无权变更协议,且没有证据证明货物是被久宏公司以外的人员提走的前提下,久宏公司通过QQ通信软件变更协议内容所产生的后果,理应由天联华建公司自行承担。故中邮设备公司将40张物流运单记载的货物改为自提,向久宏公司指定人员交付的行为,应视为向天联华建公司的交付。

例案二 | 郑某诉上海泽居网络科技有限公司、江苏苏宁易购电子商务有限公司网络购物合同纠纷案

【法院】

浙江省兰溪市人民法院

【案号】

(2016)浙0781民初3109号

【当事人】

原告:郑某

被告:上海泽居网络科技有限公司

被告:江苏苏宁易购电子商务有限公司

【基本案情】

2016年5月27日18时18分,郑某通过江苏苏宁易购电子商务有限公司(以下简称苏宁易购)向上海泽居网络科技有限公司(以下简称泽居网络)以4680元的价格下单订格力系列家用中央空调一套,订单号为6026823064,规格型号为GMV-H112WLASTAR系列4.5匹一拖四,并于19时47分将价款支付完毕。按照苏宁易购承诺规定:卖家在72小时内发货,发货后2~3天送交买家。20时15分,泽居网络法定代表人崔某华与郑某进行电话联系。后泽居网络对该空调在网络上的价格显示为人民币46,800元并限于上海地区销售。2016年5月30日,郑某分别向苏宁易购及上海市宝山区消费者权益保护协会、江苏省南京市消费者权益保护协会、浙江省金华市消费者权益保护协会发出投诉函和申诉函,要求泽居网络按照原下单的价格交付空调,无果。

另查明,郑某所购买的同规格型号的格力系列家用中央空调在同时间段内,天猫商城的价格为人民币20,900元。

郑某向浙江省兰溪市人民法院起诉,请求:(1)判决泽居网络履行家用中央空调买卖订单合同,立即按合同约定及时交付;(2)依法判决泽居网络未按合同约定及时交货的逾期费用(根据网站信息,订单金额4680元的30%);(3)依法判决因泽居网络不履行合同而造成的郑某误工、交通、通信等费用500元整。

【案件争点】

1. 郑某与泽居网络的网络购物合同是否成立,何时成立。

2. 泽居网络能否以意思表示错误撤销合同。

【裁判要旨】

浙江省兰溪市人民法院经审理认为,郑某通过苏宁易购的电子商务平台的公开信息、按照交易平台设定的程序下单向泽居网络购买格力系列家用中央空调并成功支付了4680元价款,法院确认郑某与泽居网络之间的买卖关系成立并生效,泽居网络应按约向郑某交付上述空调,对郑某的该项请求,法院予以支持;对郑某要求泽居网络未按合同约定及时交货的逾期费用(根据网站信息,订单金额4680元的30%)及因泽居网络不履行合同而由此造成的郑某误工、交通、通信等费用500元整的诉请,因缺乏依据,法院不予支持;泽居网络对郑某所支付价格的解释为系统和员工失误等原因造成,法院认为,电子交易具有迅速、竞价、非面对面、群体不特定、信息不对称等特点,网络销售中也不缺乏超低价、1元秒杀等促销手段,这也是网购有别于传统的交易模式、更吸引消费者的原因之一,不能仅以价格差距来判断合同成立的合法性,且郑某仅向泽居网络购买了一台空调而非批量空调,不存在恶意购买,因此,法律应保护电子交易的效率和安全,泽居网络即使标价错误,由此产生的下单错误也应由泽居网络自行承担责任;苏宁易购系提供电商平台的服务方,不是本案买卖关系的权利义务方,诉讼期间,郑某也明确表示其诉请中的责任承担人为泽居网络,故苏宁易购在本案中无须承担责任。

例案三 | 东方视信(北京)数字技术有限公司与银江股份有限公司买卖合同纠纷案

【法院】

北京市第一中级人民法院

【案号】

(2013)一中民终字第1032号

【当事人】

上诉人(原审原告):东方视信(北京)数字技术有限公司

被上诉人(原审被告):银江股份有限公司

【基本案情】

东方视信(北京)数字技术有限公司(以下简称东方视信公司)在一审中起诉称,2009年4月30日,东方视信公司与银江股份有限公司(以下简称银江公司)下属合肥分公司签订订货合同,约定由东方视信公司向银江公司供应数字光端机等产品,合同约定了价款、数量和结算方式等内容。合同签订后,东方视信公司依约履行了供货义务,但银江公司至今尚欠货款22,050元。东方视信公司多次催要未果,故诉至法院,请求法院判令银江公司立即给付货款22,050元、滞纳金20,000元(按每日1‰计算滞纳金,自2009年6月2日起至2012年3月2日,以尚欠货款22,050元为基数。截至2012年3月2日的滞纳金为21,829.05元,东方视信公司仅要求银江公司支付滞纳金20,000元)并承担本案的诉讼费。

银江公司在一审中答辩称:第一,银江公司下属的合肥分公司与东方视信公司之间不存在买卖合同关系,东方视信公司所陈述签订合同的人员郭某曾在银江公司合肥分公司工作过,但银江公司不清楚合同上是否是郭某本人签字;第二,退一步讲,即便合同成立,该合同亦未履行完毕,银江公司合肥分公司并未收到该批货物;第三,银江公司认为该笔货款已过诉讼时效;第四,东方视信公司主张的滞纳金违反法律规定,且比例过高。综上所述,银江公司请求驳回东方视信公司的诉讼请求。

一审法院经审理查明:郭某为安徽高峰电子科技有限公司法定代表人。合肥分公司为银江公司分支机构,郭某2010年3月18日前是银江公司合肥分公司负责人。

一审法院认为:东方视信公司提交的证据不能形成一条完整的证据链条,不能证明东方视信公司与银江公司合肥分公司之间依法设立了买卖合同关系以及银江公司合肥分公司收货和付款的事实。法院对银江公司与东方视信公司不存在买卖合同关系的辩称予以采信。故东方视信公司要求银江公司给付货款缺乏事实和法律依据,不予支持。东方视信公司的起诉证据不充分,应予驳回。

东方视信公司不服北京市海淀区人民法院(2012)海民初字第9451号民事裁定,向北京市第一中级人民法院提起上诉,请求撤销一审法院裁定,指令一审法院继续进行审理。理由是,东方视信公司通过传真的方式与银江公司签订了买卖合同,双方之间存在买卖合同关系。同时,银江公司在合肥分公司的负责人郭某签字确认了对账单,银江公司既未提供郭某的签字作对比,亦未提供其他证据否认该签字的真实性,应当承担举证不能的法律后果。同时,东方视信公司在一审时要求追加郭某为本案的第三人参加诉讼,但一审法院对此未予准许,现二审审理时亦要求予以追加。

【案件争点】

东方视信公司与银江公司之间是否订立了买卖合同,所适用的法律依据是什么。

【裁判要旨】

北京市第一中级人民法院经审理认为:东方视信公司虽然提交了其与银江公司通过传真方式签订的买卖合同,但是,依据《买卖合同解释》第4条的规定,人民法院在按照合同法的规定认定电子交易合同的成立及效力时,还应当适用《电子签名法》的相关规定。而依据《电子签名法》的相关规定,数据电文必须符合法律、法规要求的书面形式,必须是能够识别数据电文的发件人、收件人及发送、接收时间的,才能满足法律、法规规定的文件保存要求。现东方视信公司提交的传真件因不能确认系由银江公司发送,故法院对其真实性无法判定。同时,东方视信公司提交的对账说明上的签字因过于潦草,无法确定即为郭某。至于东方视信公司提交的其他证据,法院经充分认证后依然认为,东方视信公司提交的上述证据无法形成完整的证据链条,使法院确认东方视信公司与银江公司之间存在买卖合同关系。故此,在东方视信公司的证据不充分的情况下,一审法院裁定驳回其起诉并无不当,法院对此亦予以确认,东方视信公司的该上诉理由法院不予采信。

三、裁判规则提要

随着大数据时代的到来,电子交易合同将成为买卖双方订约的主要方式,电子交易合同的成立和生效问题应予以关注。《民法典》第469条规定:"以电子数据交换、电子邮件等方式能够有形地表现所载内容,并可以随时调取查用的数据电文,视为书面形式。"根据该条规定,电子交易合同可以定义为以数据电文形式订立的买卖合同。

(一)判断电子交易合同的成立生效首先要依据《电子签名法》确认双方的电子签名效力

非电子交易的书面合同在审查成立生效问题时,一般要求当事人提交经过签章的原件书面合同,即提交的原件书面合同要满足"签章"要求,其实质是在核实双方的身份和真实意思表示。电子交易合同只有解决"签章"问题,才能发挥其买卖合同的功能。按《电子签名法》的规定,电子签名,是指数据电文中以电子形式所含、所附用于识别签名人身份并表明签名人认可其中内容的数据。分析电子签名的效力要结合电子签名的方式进行分析,实践中按照出卖人是否通过电子交易平台提供货品,电子交易合同可分为电子平台交易和非平台电子交易,两类形式电子签名的效力分析就是要确认买卖双方的真实意思表示。

1. 电子平台交易的电子签名

电子平台交易是卖方提供电子交易或在第三方提供的电子交易平台上出售货品,买方通过设立交易账户通过密匙登录平台购买货品的交易形式。该类交易中,遵循电子签名的判断规则,出卖人将出售信息在平台上予以发布即为出卖人完成身份确认和内容确认,买受人通过密码登录平台选定购买货品的数量和品类并付款即为买受人完成身份确认和内容确认。该种交易方式,出卖人的出卖行为一般对应多个不特定的买受人,考虑到电子交易具有迅速、竞价、非面对面、信息不对称等特点,对出卖人的电子签名行为比传统的签章确认提出了更高的要求,故本规则例案二中法院没有采纳出卖人标价错误的主张,仍要求出卖人履行合同。对买受人来说,只要客观上在电子交易中使用了私人密码,如无免责事由,则视为交易者本人使用私人密码从事了交易行为,对此交易应承担相应的责任。如例案一中,北京市高级人民法院认定基于账户密码的私密性,在正常情况下,密码为账户设定人掌握,他人(包括电子交易平台)并不知晓,无论是账户开立人还是其授意的他人使用了密码进行交易,账户操作者的行为都应视为账户开立者的行为。故如将密码告知他人登录系统进行交易操作,视为其已经进行了授权,与其他交易方式情况不同,对方无须再行审核授权情况。

2. 非平台电子交易的电子签名

非平台电子交易,是指买卖合同双方传真、电子邮件等数据电文的交互传输完成合同订立的交易方式,与电子平台交易不同,非平台电子交易因交易双方主体的特定性,会更多地体现双方磋商的过程。该类交易中,电子签名的确认认定更加复杂,根据交互方式的不同需要对数据电文的发送、接收情况进行详细的分析。如例案三中,原告主张通过传真方式签订的买卖合同,提交了对方发送的传真件,在对方不认可该传真件的情况下,法院认为数据电文必须是能够识别数据电文的发件人、收件人及发送、接收时间的,才能满足法律、法规规定的文件保存要求,因原告提交的传真件不能确认系由被告发送的,故法院对传真件真实性无法判定。可见,传真形式的数据电文更难确认发送人的电子签名,随着电子技术的发展,传真等容易产生交易双方争议的数据电文形式将慢慢被其他更便捷和安全的交易方式取代。

(二)判断电子交易合同的成立生效要依据《民法典》的要约、承诺规则和合同无效情形的规定

如前所述,电子交易合同应属于以书面形式订立的买卖合同,电子交易合同仅为合同采用的形式不同,仍要按照《民法典》规定的要约、承诺的方式订立合同,在确认双方电子签名的情况下,判断双方确认的内容是否符合要约、承诺的要求。在电子交易双方非面对面的情况下,关于出卖人发出的出卖信息是属于要约或要约邀请更易在实践中产生争议,需要根据《民法典》的规定进行判定。另根据大数据检索情况,电子交易合同的效力问题主要是在未获得国家特殊监管行业交易资质的主体利用平台交易,违反国家强制性的管理规定,导致合同无效。

四、辅助信息

高频词条:

《民法典》

第137条 以对话方式作出的意思表示,相对人知道其内容时生效。

以非对话方式作出的意思表示,到达相对人时生效。以非对话方式作出的采用数据电文形式的意思表示,相对人指定特定系统接收数据电文的,该数据电文进入该特定系统时生效;未指定特定系统的,相对人知道或者应当知道该数据电文进入其系统时生效。当事人对采用数据电文形式的意思表示的生效时间另有约定的,按照其约定。

第469条 当事人订立合同,可以采用书面形式、口头形式或者其他形式。

书面形式是合同书、信件、电报、电传、传真等可以有形地表现所载内容的形式。

以电子数据交换、电子邮件等方式能够有形地表现所载内容,并可以随时调取查用的数据电文,视为书面形式。

《电子签名法》

第2条 本法所称电子签名,是指数据电文中以电子形式所含、所附用于识别签名人身份并表明签名人认可其中内容的数据。

本法所称数据电文,是指以电子、光学、磁或者类似手段生成、发送、接收或者储存的信息。

第3条 民事活动中的合同或者其他文件、单证等文书,当事人可以约定使用或者不使用电子签名、数据电文。

当事人约定使用电子签名、数据电文的文书,不得仅因为其采用电子签名、数据电文的形式而否定其法律效力。

前款规定不适用下列文书:

(一)涉及婚姻、收养、继承等人身关系的;

(二)涉及停止供水、供热、供气等公用事业服务的;

(三)法律、行政法规规定的不适用电子文书的其他情形。

第4条 能够有形地表现所载内容,并可以随时调取查用的数据电文,视为符合法律、法规要求的书面形式。

第9条 数据电文有下列情形之一的,视为发件人发送:

(一)经发件人授权发送的;

(二)发件人的信息系统自动发送的;

(三)收件人按照发件人认可的方法对数据电文进行验证后结果相符的。

当事人对前款规定的事项另有约定的,从其约定。

第10条 法律、行政法规规定或者当事人约定数据电文需要确认收讫的,应当确认收讫。发件人收到收件人的收讫确认时,数据电文视为已经收到。

第 11 条 数据电文进入发件人控制之外的某个信息系统的时间,视为该数据电文的发送时间。

收件人指定特定系统接收数据电文的,数据电文进入该特定系统的时间,视为该数据电文的接收时间;未指定特定系统的,数据电文进入收件人的任何系统的首次时间,视为该数据电文的接收时间。

当事人对数据电文的发送时间、接收时间另有约定的,从其约定。

第 14 条 可靠的电子签名与手写签名或者盖章具有同等的法律效力。

买卖合同纠纷案件裁判规则（一）第10条：

买卖合同双方当事人达成标的物买卖合意的两种判断标准：一是买卖合同当事人外在的客观意愿，二是站在一般理性人的视角判断双方存在买卖的缔约意愿

〔**规则描述**〕：应始终围绕对意思自治与信赖利益保护的价值考量对买卖合同双方进行判断。在当事人对达成合意的理解不相同时，应同时依据当事人表达的外在客观意愿，以及一般理性人的视角进行判断。

一、类案检索大数据报告

时间：2020年3月21日，案例来源：Alpha案例库，案件数量：736件，数据采集时间：2020年3月21日。由于买卖合同纠纷案件数量庞大，本次检索截取相关案件数量最多的五个地区，得到相关案件共736件，整体情况如图10－1所示。按照买卖合同当事人外在的、客观意愿来判断合意的有386件，占比为52.45%，其中，340件为集团案件；按照一般理性人视角判断合意的有51件，占比为6.93%，其中，3件为集团案件；不相关案件299件，占比为40.62%。

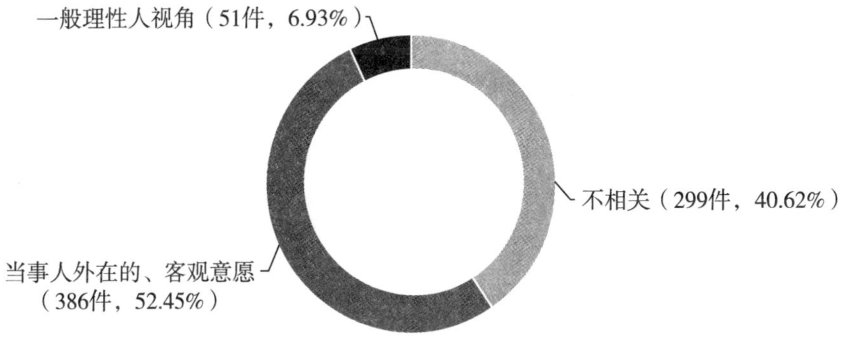

图10－1　法院按照当事人外在的、客观意愿还是一般人理性视角判断

如图10－2[①]所示，从案件主要年份分布情况可以看出当前条件下案件数量变

① 图10－2、图10－3、图10－4体现的均是剔除不相关案件后的有效案件的分布情况。

化趋势。

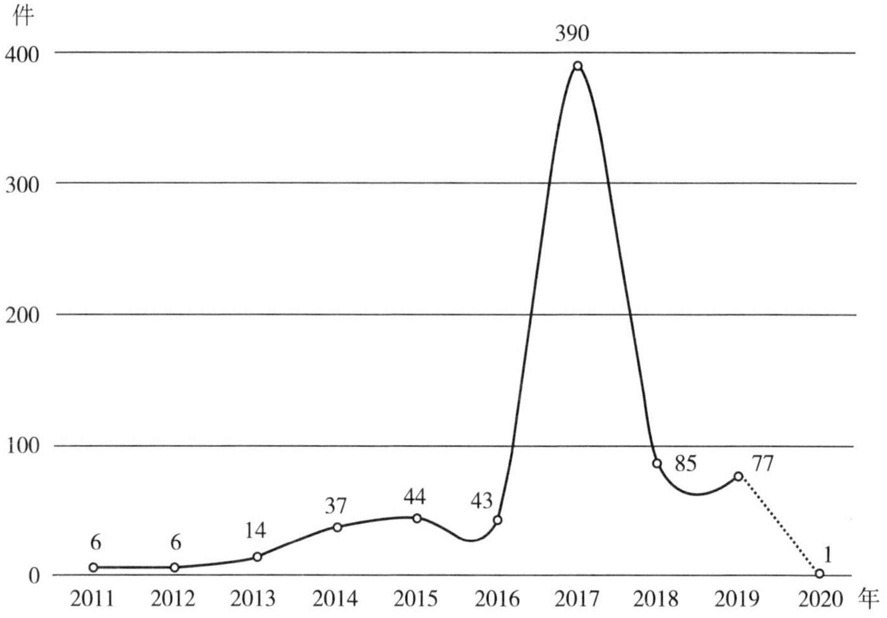

图 10-2　案件主要年份分布情况

如图 10-3 所示,从案件主要地域分布情况来看,当前条件下案件分布主要集中在北京市、江苏省、广东省、上海市、浙江省,其中,北京市的案件数量最多,达到 383 件。

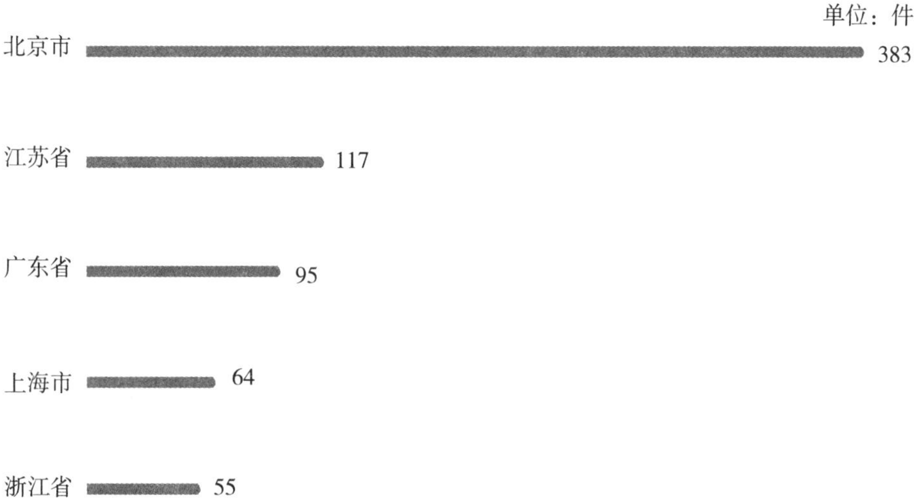

图 10-3　案件主要地域分布情况

如图 10－4 所示,从案件行业分布情况可以看出,当前的行业分布主要集中在科学研究和技术服务业、批发和零售业、制造业、建筑业、租赁和商务服务业。

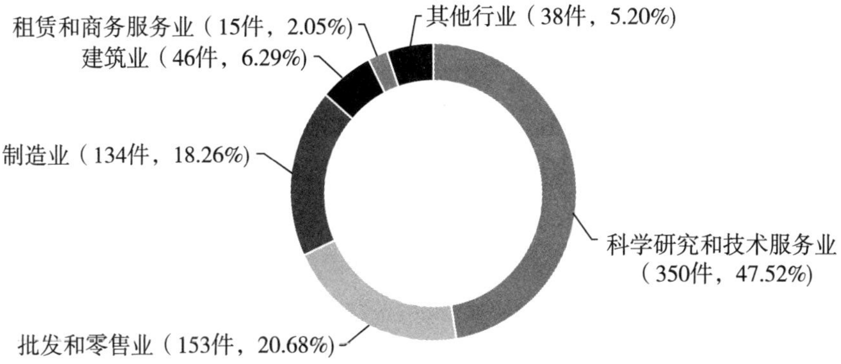

图 10－4　案件行业分布情况

如图 10－5 所示,从案由分布情况可以看出,当前的案由分布主要集中在网络购物合同纠纷、国际货物买卖合同纠纷、分期付款买卖合同纠纷、凭样品买卖合同纠纷。

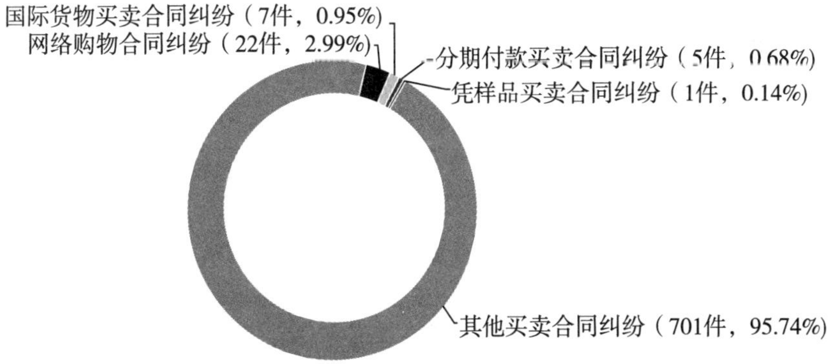

图 10－5　案由分布情况

二、可供参考的例案

例案一｜北京世纪卓越信息技术有限公司与宁某某买卖合同纠纷案

【法院】

北京市第三中级人民法院

【案号】

(2014)三中民终字第09381号

【当事人】

上诉人(原审被告):北京世纪卓越信息技术有限公司

被上诉人(原审原告):宁某某

【基本案情】

2013年11月26日,宁某某通过北京世纪卓越信息技术有限公司(以下简称世纪卓越公司)经营的亚马逊网站下单购买长虹LED32538、32英寸电视机1台,进行确认订单操作并完成了支付,其电子邮箱收到亚马逊网站发来的电子邮件1封,载明订单情况,注明此邮件仅表示确认收到订单,但不代表接受订单,只有当发出发货确认的电子邮件,通知商品发出时,才构成对订单的接受,订购合同才成立;并且仍有可能由于商品缺货等原因无法发货。2013年11月28日,亚马逊网站再次发送电子邮件写明商品缺货,将无法满足订购意向;如果已付款,将退款。

世纪卓越公司认为系后台系统故障将错误的商品信息上传,且已有注册用户时链接“使用条件”进行提示。目前国内主流电商如当当网、1号店、京东商城等无一例外地采用了与亚马逊网站相同的交易规则,网络商品销售者和消费者之间就网络商品交易业已形成的惯例。此外,涉案商品的展示页面上已明确表明涉案商品状态为“暂时缺货”,故宁某某在购买商品时完全可以预见也应当预见世纪卓越公司有权取消订单,且可能无法实际交付商品。

一审北京市朝阳区人民法院经审理查明:不点击该“使用条件”链接不妨碍注册程序的进行。消费者将选中商品放入购物车,填写送货地址、付款方式等信息后继续进入检查订单页面,“检查订单”以加粗加大字体出现在页面最上端,下面普通字体载明:“当您选择了我们的商品和服务,即表示您已经接受了亚马逊的隐私声明、使用条件和商品的退换货政策。您点击提交订单按钮后,我们将向您发送电子邮件或短信确认我们已收到您的订单,只有我们向您发出发货确认的电子邮件或短信,方构成我们对您的订单的确认,我们和您之间的订购合同才成立。”该页面对产品型号、订购数量、送货地址、付款方式等内容进行了字体加粗加黑处理。随后消费者点击提交订单按钮,购买成功。在整个购买过程,“使用条件”和“隐私声明”均以普通字体的链接按钮形式出现在页面最下端。

亚马逊网站中公布的“使用条件”载明:“如果您在本网站访问或购物,使用我们的产品或服务,使用移动应用或软件,您便接受了以下使用条件;使用本网站服务即表明您同意使用条件,请自行阅读这些使用条件。”“使用条件”中关于合同缔结条款中约定:“如果您通过本网站订购商品,本网站上展示的商品和价格等信息仅仅是要约邀请,您的订单将成为购买商品的申请或要约。收到您的订单后,我们将向您发送一封电子邮件或短信确认我们已经收到您的订单,其中载明订单的细节,但该确认不代表我们接受您的订单。只有当我们向您发出送货确认的电子邮件或短信,通知您我们将您订购的商品发出时,才构成我们对您的订单的接受,我们和您之间的订购合同才成立。”“价格”部分约定:“对于由亚马逊销售的商品,直到您发出订单并经我们确认发货,我们才能确认该商品的销售价格;尽管我们尽最大的努力确保本网站上商品价格的准确性,我们的商品目录里的一小部分商品可能偶尔会有定价错误;如果某一商品的正确定价应高于我们的网站定价,我们有权根据具体情况决定在发货前联系您或咨询您的意见,或者取消您的订单并通知您。”

北京市朝阳区人民法院一审认为:认定合同是否成立,应当遵循《合同法》关于合同成立的一般规则进行判断,即对双方是否完成了要约和承诺的交易行为予以认定。要约是向对方作出的希望与其订立合同的意思表示,承诺是受要约人同意要约的意思表示。通常情况下,要约应当内容具体确定,并且表明经受要约人的承诺,要约人即受意思表示的约束。受要约人一旦承诺,双方即完成合意。世纪卓越公司将其待售商品的名称、型号、价款等详细信息陈列于其网站之上,内容明确具体,与商品标价陈列出售具有同一意义,根据法律规定和一般交易观念判断,当符合要约的特性。消费者通过网站在其允许的状态下自由选购点击加入购物车,并在确定其他送货、付款信息之后确认订单,应当视为进行了承诺。世纪卓越公司在消费者提交订单之后向消费者发出的订单确认邮件中的提示系双方达成合意后的通知,不发生排除合意的法律效力。故世纪卓越公司与宁某某之间的合同已经成立。

因宁某某订购的电视机属种类物,且世纪卓越公司未能提交其不能继续采购到货的证据,故世纪卓越公司应当向宁某某交付其订购的电视机,宁某某亦应在收货同时向世纪卓越公司支付剩余货款。

世纪卓越公司在其公司经营的网站中公布的“使用条件”系世纪卓越公司未与相对人协商的、预先设定的、不允许相对人对其内容作出变更的格式条款。格式条款虽有避免重复订立、提高效率的优势,但提供商品或服务的一方在拟定格式条款时,往往会利用自己的优势地位,将一些有利于自己的免责条款或限责条款订入合同,影响到合同当事人之间的利益平衡。因此,法律对于此类格式条款订入合同有明确的要求,进行了严格的规制,规定提供格式条款的一方应当采取合理的方式提请对方注意免除或者限制其责任的条款,按照对方的要求对该条款予以说明。

亚马逊网站的“使用条件”约定,仅在亚马逊网站向消费者发出送货确认的电子邮件通知已将该商品发出时,双方之间的合同才成立,排除了其商品陈列系要约以及消费者基于要约进行承诺的权利,其实质和后果是赋予了世纪卓越公司单方决定是否发货的权利并免除了世纪卓越公司不予发货的违约责任,但这是对消费者基于一般的消费习惯所认知的交易模式的重大改变,因而对消费者的合同利益会产生实质的影响,亚马逊网站对此应当作出合理的、充分的提示,提醒消费者注意该项特别约定,并判断选择是否从事此项交易。但从查明的事实看,亚马逊网站并未尽到提请注意的义务。从注册环节看,世纪卓越公司并未要求注册用户必须阅读并同意其“使用条件”;从页面展示看,“使用条件”的相关链接位于网站最下端,且需点击链接方能查看,不易被消费者辨识;从检查订单环节看,世纪卓越公司以加粗的字体显示产品型号、订购数量、送货地址、付款方式等,却仅以普通字体提示“使用条件”,并且页面下方以色度较暗的字体显示,不易被消费者注意,故消费者在亚马逊网站无须阅读“使用条件”即可完成选择商品并购买的全过程。

由此,一审法院认为,因世纪卓越公司未就“使用条件”的格式条款以合理的方式提请消费者注意,特别是没有在消费者提交订单之前予以明确提示,故世纪卓越公司关于“使用条件”的相关条款应视为没有订入合同,当然也不应对消费者发生效力。

世纪卓越公司不服,遂向北京市第三中级人民法院提起上诉。

【案件争点】

世纪卓越公司公布的“使用条件”作为对一般交易模式的重大改变,是否可予认可。

【裁判要旨】

北京市第三中级人民法院认为:亚马逊网站的“使用条件”系世纪卓越公司为

了重复使用而预先拟定的,未与合同相对方进行协商的条款。该“使用条款”约定,仅在亚马逊网站向消费者发出送货确认的电子邮件通知已将该商品发出时,双方之间的合同才成立,赋予了世纪卓越公司单方决定是否发货的权利并免除了世纪卓越公司不予发货的违约责任,属于格式条款。对于该格式条款,亚马逊网站对此应当以显著的方式提请消费者注意。但从亚马逊网站注册环节看,世纪卓越公司并未要求注册用户必须阅读并同意其“使用条件”;从页面展示看,“使用条件”的相关链接位于网站最下端,且需点击链接始能查看,不易被消费者辨识;从检查订单环节看,世纪卓越公司以加粗的字体显示产品型号、订购数量、送货地址、付款方式等,却仅以普通字体提示“使用条件”,并在页面下方以色度较暗的字体显示,不易被消费者注意。因此,世纪卓越公司未尽到对格式条款的提示和说明的义务。

世纪卓越公司将其待售商品的名称、型号、价款等详细信息陈列于其网站之上,且消费者可以直接点击购买并支付价款,其内容明确具体,符合要约的特征。宁某某作为消费者通过网站在其允许的状态下自由选购点击加入购物车,并在确定其他送货、付款信息之后确认订单,支付了货款,应当视为进行了承诺。自此,亚马逊网站的“使用条款”对宁某某并无约束力,且双方无其他特殊约定的情况下,世纪卓越公司与宁某某之间的合同已经成立。鉴于双方买卖合同关系成立,世纪卓越公司单方取消订单属于违约,应向宁某某承担相应的违约责任。

例案二 | 北京世纪卓越信息技术有限公司与赵某买卖合同纠纷案

【法院】

北京市第三中级人民法院

【案号】

(2017)京03民终字第1194号

【当事人】

上诉人(原审被告):北京世纪卓越信息技术有限公司

被上诉人(原审原告):赵某

【基本案情】

2014年10月29日,赵某在北京世纪卓越信息技术有限公司(以下简称世纪卓越公司)经营的亚马逊网站下单购买了2台“ECOVACS科沃斯智能家用扫地机战斧CEN360”,单价94元,货款188元。世纪卓越公司回复邮件称已经收到订单,确定了预计送达商品的时间,但有可能由于商品缺货等原因无法发货。同时也说明邮件仅确认收到订单,并不代表接受订单,只有发出发货确认的邮件双方之间的合同才成立。2014 年 11 月 3 日,亚马逊网站发送邮件称:缺货,付款退回。

诉讼中,世纪卓越公司称将扫地机的价格标注为 94 元系操作错误,此价格并非扫地机的真实售价。双方认可 ECOVACS 科沃斯智能家用扫地机战斧 CEN360 在本次价格变动之前的售价为 949 元。

北京市朝阳区人民法院一审查明:消费者在亚马逊网站购物时,进入登录页面,“使用条件”以链接按钮形式出现在登录按钮下方,消费者将选中商品放入购物车,填写送货地址、付款方式等信息后继续进入检查订单页面,“检查订单”以加粗加大字体出现在页面最上端,下面普通字体载明“当您选择了我们的商品和服务,即表示您已经接受了亚马逊的隐私声明和使用条件”,“您点击订单确认按钮后,我们将向您发送电子邮件或短信,以确认我们已收到您的订单。只有我们向您发出电子邮件或短信,通知您商品已发货之后,我们和您之间的订购合同才成立”。该页面对产品型号、订购数量、送货地址、付款方式等内容进行了字体加粗加黑处理。随后消费者点击提交订单按钮,购买成功。在整个购买过程,“使用条件”和“隐私声明”均以普通字体的链接按钮形式出现在页面最下端。

亚马逊网站中公布的“使用条件”载明:“如果您在本网站访问或购物,使用我们的产品或服务,使用移动应用或软件,您便接受了以下使用条件;使用本网站服务即表明您同意使用条件,请仔细阅读这些使用条件。”“使用条件”中关于合同缔结条款中约定:“如果您通过本网站订购商品,本网站上展示的商品和价格等信息仅仅是要约邀请,您的订单将成为订购商品的要约。收到您的订单后,我们将向您发送一电子邮件或短信确认我们已收到您的订单,其中载明订单的细节,但该确认不代表我们接受您的订单。只有当我们向您发出发货确认的电子邮件或短信,通知您我们已将您订购的商品发出时,才构成我们对您的订单的接受,我们和您之间的订购合同才成立。”“价格”部分约定:“对于由亚马逊销售的商品,直到您发出订单并经我们确认发货,我们才能确认该商品的销售价格;尽管我们尽最大的努力确保本网站上商品价格的准确性,我们的商品目录里的一小部分商品可能偶尔会有定价错误;如果某一商品的正确定价应高于我们的网站定价,我们有权根据具体情况决定在发货前联系您或咨询您的意见,或者取消您的订单并通知您。”

北京市朝阳区人民法院一审认为:我国《合同法》规定,当事人订立合同,采取要约、承诺方式。承诺生效时合同成立。网站展示商品对商品的描述非常具体和明确，对此种展示属于要约，还是要约邀请历来存在争议。如果确定展示属于要约，则消费者下单为承诺，则自消费者下单时合同成立；如果确定展示属于要约邀请，则消费者下单为要约，网站确认构成承诺，双方的合同自网站确认时合同成立。商事交易应遵循双方当事人的意思自治，当事人在对展示属于要约或者要约邀请存在合意或者网站已经事先声明的情况下，应尊重交易主体在交易时的合意。亚马逊网站在“使用条件”部分明确约定商品展示的性质为要约邀请，消费者下单为要约，只有网站发出送货确认才构成承诺。消费者同意该使用条件，视为双方就此达成了合意。所以，消费者下单付款后，在网站确认发货前合同并未成立。世纪卓越公司并未确认可以向赵某发货，故双方之间的买卖合同关系未成立。

世纪卓越公司在无法交付涉案商品的情况下仍接受消费者的下单，且并未告知消费者商品标价错误一事，其行为存在过错，应承担缔约过失责任。

世纪卓越公司不服，遂向北京市第三中级人民法院提起上诉。

【案件争点】

世纪卓越公司单方公布的“使用条件”作为对一般交易模式的重大改变，是否可予认可。

【裁判要旨】

北京市第三中级人民法院认为：亚马逊网站在“使用条件”中约定消费者下单为要约，网站发出送货确认才构成承诺，现消费者购买商品，阅读使用条件并同意，视为双方就此达成合意。在赵某下单之后，亚马逊网站并未向其发出送货确认信息，故双方之间买卖合同未成立。

在网络购物中，网购平台在某些时段以明显低于原价的价格，开展特价优惠、折扣、秒杀等促销活动较为常见，该行为亦是网购平台吸引消费者、提高知名度的常见营销手段。另外，囿于个人经验、年龄等条件，且消费者与网购平台对网购商品的信息掌握并不对等，消费者对经营信息难以辨识，无从知悉网站是否存在库存短缺、系统出错等情况。故在网站未有明显标示和提醒的情况下，作为消费者，赵某在看到网站中标价为94元的扫地机时无法判断是该网站标价错误，还是网购平台开展的促销活动，基于对网购的一般认知，其认为该价格为网站的实际销售价格亦具有合理性。从另外一个角度看，某一低价商品出现在网购平台，实难判断该情形系经营者标价错误还是经营者开展的促销活动甚至是恶意促销，在交易未能顺利进行情形下，若网购平台不承担赔偿责任或仅需承担货款占有期间的利息损失，尤其是在未提示库存量的情形下，将不利于虚假促销、恶意单方砍单行为的规制。

故在不能判断所标价格系属错误标价还是促销标价情形下,赵某基于对世纪卓越公司的合理信赖而下单购买商品,而世纪卓越公司未能对网购平台管理尽到自身责任,因自身原因取消订单,一审判决由世纪卓越公司承担赔偿商品差价责任,并无不当。

世纪卓越公司作为拥有较高社会知名度的大型网络销售平台,对所售商品和提供服务应尽到自身的审查及管理规范责任,对网站上商品的发布、标价、订单、发货等均有经营管理的义务。网络购物中,网站通常采用提示剩余库存量、在超过库存量之后无法下单、限制单笔订单购买数量等系统设置保证交易顺利进行。世纪卓越公司有且应有能力掌握所售商品的动态库存信息,但其未采取基本的技术措施对所售商品库存量进行提示并阻止消费者在缺货的情况下下单,导致订单量远超过库存量,产生大量诉讼并造成损失扩大,应当承担由此带来的不利法律后果。

网购是便捷消费的一种方式,各种优惠活动本身不仅能提高网购平台的知名度、认可度,从而使商家获取可观的经济利益,亦可使消费者花更少的钱享受更好的商品。法律不会不当干涉市场主体的经营管理及具体销售行为,亦不会对网站的销售行为轻率作出否定评价,但亦需引导、规范市场行为,防止以低价为噱头,通过虚假促销、单方砍单等方式,赚取流量、吸引消费者、促进二次消费等,损害消费者权益。网购平台应遵守诚实信用的原则,承担起保障市场交易实现的责任。世纪卓越公司作为网购平台的经营管理者,其在经营过程中,亦应注意对消费者权益的维护。世纪卓越公司此前亦因标价错误,单方取消订单引起纠纷,故世纪卓越公司应对网站系统可能存在的标价问题予以重视并及时修复,避免同类问题再次发生,以维护自身经济利益及市场经济秩序。

例案三 | 桃源县林海木业经营部与湖南茂源林业有限责任公司买卖合同纠纷案

【法院】

最高人民法院

【案号】

(2015)民提字第155号

【当事人】

再审申请人(一审原告、反诉被告,二审上诉人):桃源县林海木业经营部

被申请人(一审被告、反诉原告,二审上诉人):湖南茂源林业有限责任公司

【基本案情】

一审法院查明:2012年6月13日,桃源县林海木业经营部(以下简称林海木业)与湖南茂源林业有限责任公司(以下简称茂源公司)签订了《活立木采伐整体销售合同》。合同约定:乙方林海木业向甲方茂源公司收购茂源公司合法拥有的3345.7亩桉树活立木(其中成林2686.4亩,幼林659.3亩)的采伐权,位于广西贵港市平南县思旺镇镇东村;所收购的活立木的树种、规格、蓄积状况、面积、资产状况及采伐要求详见双方认可的伐区调查设计书,但伐区调查设计书只作为购买方对此片林木购买的参考数据。林海木业有权对购买后的活立木按照伐区调查设计书进行采伐经营;林海木业负责确认采伐林地四至范围和面积,严格按照伐区调查设计书的界限进行采伐,超限采伐所造成的后果由林海木业负责。在合同签订之前,林海木业到现场进行了多次勘查,知晓双方签订合同所约定的林地在2011年底过火,但不清楚过火的严重程度。

一审法院认为:林海木业和茂源公司在签订合同之前,林海木业进行了实地考察,双方又在合同中约定合同中的数据只是作为购买方对此片林木购买的参考数据,采伐林地四至范围和面积由林海木业确认,且从林海木业所提交的证据来看,林地争议仅为23亩,故林海木业认为茂源公司隐瞒事实,欺诈林海木业的理由不能成立,一审法院不予支持。但由于林地在2011年年底已经过火,为火烧林,并非活立木,林海木业以480万元的价格与茂源公司签订合同,而整片林木经岳阳市物价局价格认证中心鉴定价值仅440余万元,显然,林海木业对标的物的品种、质量、规格、数量和价值等存在错误认识,在行为后果与自己的真实意思相悖的情况下与茂源公司签订了合同,其行为构成重大误解,林海木业请求撤销该合同,符合法律规定,一审法院予以支持。

林海木业提起上诉称:林海木业没有多次实地勘察,不知晓林地过火情况;茂源公司实际出售的林木面积为2504.2亩,比合同约定面积少了841亩,茂源公司隐瞒了重要事实;本案是因茂源公司隐瞒事实进行欺诈造成的,并非林海木业自身误解原因。

茂源公司上诉称:整片林木的鉴定价为5,455,927元,而不是一审判决认定的440余万元;合同标的物为过火后的林木的相关信息是公开的,合同当事人双方都是知晓的。合同标的物砍伐前必须办理采伐许可证,办理采伐许可证前必须出具当地林业局认可的伐区设计说明书。2012年7月,贵港市森源林业设计公司(以下简称森源公司)出具的说明书明确说明了该林地已经过火,而该片林地的采伐申请手续是林海木业经办的。同时,2013年7月,一审案件承办人和岳阳市物价局价格认证中心都专门派人到现场勘察,在时隔两年之后,该林地的过火情况都是非常明显的,因此,合同标的物为过火后的林木林海木业是知晓的。合同价格是当事人双方自愿约定的,在没有胁迫、欺诈因素的情况下,价格不能成为撤销合同的依据。

二审法院认为:关于茂源公司在与林海木业签订《活立木采伐整体销售合同》过程中对案涉林地的真实情况,包括林地面积和林地过火情况,是否存在欺诈的问题。所谓欺诈是指订立合同的一方当事人故意隐瞒与订立合同有关的重要事实,导致合同对方在陷于错误认识的情况下与之缔结合同的行为。判断一项行为是否构成欺诈应当包括两个方面:一是合同对方是否故意隐瞒事实真相;二是行为人是否因对方的故意隐瞒行为陷于错误认识而实施法律行为,两者须同时满足方构成欺诈。林海木业在本案中据以主张茂源公司构成欺诈的主要事实是案涉林地存在过火情况,而从本案所查明的事实看,案涉林地存在过火情况是公开的事实,属于标的物明显的瑕疵,茂源公司并没有故意隐瞒该事实,其也不可能隐瞒,林海木业也承认在订立合同前对林地过火事实即已知晓,只是提出对过火程度不清楚,因此不能认定茂源公司在订立合同过程中故意隐瞒案涉林地过火事实从而有欺诈的故意。对于林海木业是否因对林地过火事实的错误认识而陷于错误行为的问题,从双方签订合同的过程看,在合同签订前,林海木业就到现场进行了多次勘查,知晓案涉林地在2011年年底过火,合同标的物的瑕疵在订立合同当时就是公开的,因此,不存在林海木业因林地过火情况而陷于错误认识的问题。虽然林海木业辩称其无法直观判断过火情况的严重程度,但其作为标的物的买受人,在发现所购买的标的物存在明显瑕疵时,应当在充分了解瑕疵对标的物价值影响程度的情况下再与卖方签订合同。而按照林海木业所辩称理由,其是在知道标的物存在瑕疵,但不清楚瑕疵对标的物价值影响程度的情况下接受茂源公司的价格,有违常理。而根据本案所查明的事实,林海木业在订立合同时自行承担费用,委托森源公司对案涉林地的情况做了详尽的调查,森源公司根据调查结果做出说明书一份,在该份说明书中对案涉林地的采伐面积、林地过火情况、林地的蓄积量和出材量,甚至包括林地上的可以采伐树木的株数及大小情况均做了详尽说明。依据该说明书,可以对案涉林地的采伐面积、出材量、林地过火情况及严重程度有一个充分全面的了解,因此,不存在林海木业因对案涉林地的采伐面积和过火情况及严重程度的错误认识而与茂源公司缔结合同的情况。林海木业辩称虽然是其委托森源公司对案涉林地进行调查,但其并未收到过该说明书,因此并不知晓林地的真实情况。且不论该辩称完全违背常理,从林海木业向平南县有关部门申请办理采伐许可证的过程看,该说明书中的内容是记载于申请表中的,林海木业也是按照该说明书的要求实际进行采伐,并完成了对案涉林地的一大半采伐的。如果其在采伐过程中发现案涉林地的实际状况与其订立合同时所认为的情况不符,应当当即提出异议,而不是在已经采伐了大部分林地后再提出异议。因此,林海木业辩称其不知晓该说明书的内容与客观事实不符,二审法院不予采信。综合以上事实可以认定,茂源公司在订立案涉合同过程中并未故意隐瞒林地过火事实,林海木业是在充分知晓林地采伐面积、林地过火情况及严重程度的情况下订立案涉合同。林海木业认为茂源公司存在欺诈进而要求撤销案涉合同的请求没有事实和法律依据,二审法院不予支持。

关于案涉合同是否基于林海木业重大误解订立的问题。根据《民通意见》第71条的规定,所谓重大误解是指行为人因对行为的性质、对方当事人、标的物的品种、质量、规格和数量等的错误认识,使行为的后果与自己的意思相悖,并造成较大损失的情形。这里所指的重大误解也应符合以下三项条件:一是行为人系因自身原因造成对合同标的物的错误认识;二是行为人因自身错误认识而做出与自己内心真实意思相悖的意思表示;三是行为人因自己的错误意思表示而承担较大损失。根据本案所查明的事实,林海木业在订立合同时对合同标的物的真实状况已经有了充分全面的了解,并没有错误的认识,订立合同的意思表示是其真实意思,因此本案并不符合有关重大误解的认定条件。一审判决仅仅根据合同部分履行后林海木业已砍伐和未砍伐林木的价值总和与合同约定的价款存在差异,就认定林海木业系对合同标的物存在重大误解,显然是将合同履行所产生的经营风险与当事人在订立合同当时对标的物质量的错误认识混为一谈,前者是应由当事人自行承担的市场风险,而不能作为可以撤销合同的重大误解理由。再者,根据所查明的事实,林海木业已砍伐的林木价值为2,938,829元,未砍伐林木现有残值鉴定价格为1,461,709元,但未砍伐林木的现有残值是根据贬损价值计算的,而贬损的原因是未砍伐林地因未砍伐更新,未砍伐桉树大多已经死亡或停止生长,木材比重下降,树木利用价值进一步降低,对外销售困难且严重影响成交价格,因此要按照正常材市场价格贬损40%计算。可见造成未砍伐林木价值贬损的原因是林海木业未按照合同约定时间履行砍伐义务而造成未砍伐林木死亡或停止生长,其贬损原因在于林海木业的违约行为。如果林海木业按照约定期限履行砍伐义务,则不会发生这种价值贬损。也就是说,合同正常履行时该未砍伐林地的正常市场价值应是2,436,181元(1,461,709元÷0.6),与林海木业已砍伐林木价值2,938,829元相加的总和为5,375,010元,这实际上已经超过了双方约定的合同价款480万元。因此,即使依据现有事实也不能认定林海木业依据合同所取得的林木价值与其支付的合同价款严重不符,从而对其造成较大损失。一审判决以因林海木业的原因造成未砍伐林木价值贬损后的价值为依据,认定案涉林地的价值为440余万元,与合同约定的价款480万元存在差异,从而构成重大误解,属于认定事实错误,应予纠正。

一审判决在不认可茂源公司在订立合同时存在欺诈,林海木业系因重大误解而订立合同的情况下,又将造成重大误解的主要原因归于茂源公司,这是错误地适用了重大误解的构成条件。重大误解系行为人自身原因造成的,如果行为人的错误认识系因交易对方隐瞒真实情况造成的,则构成欺诈。就本案情况而言,一审判决既不认可茂源公司存在欺诈,又将重大误解的主要原因归于茂源公司隐瞒标的物真实情况,显然是矛盾的。一审判决认定林海木业系重大误解而订立合同,判令茂源公司承担林海木业履行合同过程中所支出的费用,没有法律依据,应予纠正。

关于双方签订的《活立木采伐整体销售合同》是否应继续履行及双方各自应承担何种合同责任的问题。根据所查明的事实,本案中的《活立木采伐整体销售合同》系双方真实意思表示,其内容也不违反法律、行政法规的强制性规定,为合法有效的合同,双方均应依照该合同的约定行使权利和履行相应的义务。现林海木业已经明确拒绝履行合同,而请求撤销该合同。虽然其撤销权并不成立,但其已经以自己的行为表明不愿再继续履行该合同。考虑到本案中合同的特殊性,该合同事实上已经无法履行,因此,二审法院依法判令案涉合同终止履行。

林海木业不服二审判决,向最高人民法院申请再审称:(1)关于案件事实。其一,合同约定的林地面积、蓄积量、出材量与实际相差甚远。合同约定:林海木业向茂源公司收购3345.7亩桉树活立木采伐权,其中成林2686.4亩,幼林659.3亩。采伐过程中,林海木业委托森源公司进行调查,结果显示林地的实际面积仅为2662亩,比合同约定少683.7亩。一审法院委托岳阳市物价局价格认证中心作出的价格认证结论书载明的面积与约定面积相比,缩水达841.5亩。成林的蓄积量缩水高达39.49%和42.72%,其中合同约定成林的蓄积量为17,553立方米,材积量为14,042立方米,而鉴定结论分别为10,621立方米和8043立方米。上述面积、成林的蓄积量、材积量远远超过国家规定的上下浮动5%的规定。其二,双方约定案涉林地为“活立木”,但其实属“过火林”。经一审、二审法院查明,案涉林木于2011年年底全部过火。其三,合同约定的林地中有130.8亩在签订合同前已被砍伐,林海木业对此不知情。其四,因案涉林地的遗留问题、林地权属争议及天气等事由,严重耽误林海木业砍伐工期。其五,案涉林地采伐证由赵良以周启东名义办理,所需签名均为赵良冒签,林海木业并不清楚办理所需材料,包括申请表和森源公司说明书等资料的内容。(2)林海木业收集到的新证据能进一步证明茂源公司虚构林地面积、蓄积量、出材量和提交虚假证据。其一,茂源公司、泰格集团盛泰公司的企业注册登记资料与湖南省物价局、财政厅湘价服(2011)18号《关于规范林业技术服务收费有关问题的通知》证明,伐区调查设计书中的数据是茂源公司虚构的。二审判决后,林海木业查询得知,伐区调查设计书的出具单位泰格集团盛泰公司与茂源公司为关联公司。茂源公司提供的伐区调查设计书与鉴定结论数据误差近半,是茂源公司虚构数据的结果。其二,2014年7月13日森源公司出具的证明证实,采伐编号为20120737的说明书并未对外出具,茂源公司在一审、二审提交的该文件是伪造的,且作出该文件的委托人是赵良,并未交付给林海木业。其三,新提交视频资料证明,凭肉眼无法判断林木过火的事实,且证明茂源公司带领林海木业实地勘察的是有选择性的区域。(3)二审法院以林海木业经过实地踏勘、委托专业机构调查及未及时向茂源公司提出异议,认定其在签订合同时主观明知案涉林地为过火林及林地的采伐实际面积,存在重大错误。其一,因林地面积大,过火时间已久,从自然状态无法看出过火,判断是否属于过火林具有专业性以及受到客观条件局限,单凭一次有选择性的地点勘查,林海木业无法确认是否过火。此外,过火的事实虽然是公开的,但绝非法律上所说的众所周知的事实。林海木业作为专业的林木经营公司,如果签订合同之前踏勘时知晓是过火林,绝对不会签订"活立木"合同。其二,森源公司两次对案涉林地的调查均发生在双方当事人签订合同之后,林海木业在合同签订时不存在明知。其三,说明书及申请表均发生在签订合同之后,且该表中没有载明火烧林的情况;又因林海木业无法办理采伐许可证,而是由配合林海木业办理采伐许可证并帮助林海木业协调当地关系的平南县思旺镇企业办主任、林地的原实际所有人赵良冒充林海木业投资人周启东签名办理的,赵良收到说明书后,未将办理采伐许可证的相关申请材料交给林海木业查看。此外,因采伐许可证具有时限性、规避税费的原因,常存在"阴阳数据",即使林海木业发现申请表和说明书的内容与约定不符也不会有异议。其四,林海木业知晓林地过火后,积极地向茂源公司反映情况,因当时考虑双方长期合作的关系,没有刻意保存反映过火林事实的相关证据,但后期林海木业多次以电话、手机短信、书面信函和律师函的形式,就林地过火问题与茂源公司进行过沟通,茂源公司也曾表示在日后的合作中补偿,但未作出具体方案。退一步讲,即使林海木业未及时联系,也不能否认过火林的事实,且行使撤销权的法定时间是一年,林海木业在订立合同的一年内行使撤销权,于法有据,不能以没有及时提出异议为由剥夺撤销权。(4)本案适用法律错误。茂源公司故意隐瞒影响合同订立的重大事实,如过火林、合同订立前已有130.8亩被砍伐等情况,使林海木业不明合同标的真实情况。此外,茂源公司以故意虚构数据的方法,取得有利的价格,诱使林海木业在无其他专业数据参考而又不知情的情况下作出错误的意思表示与其达成协议,依法应认定为欺诈,二审未认定欺诈存在错误。

【案件争点】

茂源公司在与林海木业签订《活立木采伐整体销售合同》过程中对涉案林地的真实情况,包括林地过火情况和林地面积,是否存在欺诈。

【裁判要旨】

1. 关于林地过火问题

最高人民法院认为:瑕疵担保责任是出卖方应当承担的最基本的责任,也是诚信交易的基础。本案双方签订的《活立木采伐整体销售合同》未写明交易标的物系过火林,茂源公司所提交的证据不能充分证明其在合同签订前告知林海木业所交易林木曾经过火,其在本案再审庭审时亦认可没有书面证据证明茂源公司在签订合同时或者在合同文本中已经告知林海木业涉案林地过火的事实。过火系林木价值贬损的主要原因之一,是本案交易标的物的重大瑕疵。与林海木业相比,茂源公司作为出卖方应当更加清楚买卖合同标的物的真实情况,其不能提供充分证据证明曾告知林海木业所交易林木系过火林,属于故意隐瞒买卖合同标的物重大瑕疵,应当认定构成欺诈。茂源公司称其从上家买入涉案林木价款比本案合同高出很多、之前的拍卖价款520万元也因太低而流拍、签订合同之前林海木业实地踏勘曾发现过火痕迹等,均不足以证明作为卖方的茂源公司曾在合同签订前明确告知林海木业买卖标的物过火这一重大瑕疵,违反了民事交易的诚实信用原则。

关于林海木业在签订合同前是否知道或者应当知道标的物过火的问题。本案林海木业委托森源公司所做的说明书系在双方签订买卖合同之后制作,合同签订前林海木业虽曾实地踏勘,但鉴于涉案林地面积有3000余亩,即使林海木业实地踏勘发现有过火痕迹客观上也难以确定过火范围和程度,且过火林的认定涉及专业判断问题,不足以推定林海木业知道或者应当知道涉案林地全部过火的事实。本案证据不足以证明林海木业在签订合同时知道或者应当知道林地过火情况,不能构成茂源公司免责事由。二审法院对于该事实认定错误，本院予以纠正。

因茂源公司未能提供充分证据证明其在与林海木业签订本案合同时已告知交易林木系过火林，属于故意隐瞒买卖合同标的物的重大瑕疵，构成欺诈，林海木业诉请撤销双方签订的《活立木采伐整体销售合同》，理据充分，本院予以支持。

2. 关于林地面积问题

本案双方签订合同时未实地勘察林地面积。依据双方合同约定，林海木业所收购的活立木的树种、规格、蓄积状况、面积、资产状况及采伐要求详见双方认可的伐区调查设计书，但伐区调查设计书只作为购买方对此片林木购买的参考数据，林海木业负责确认采伐林地四至范围和面积。结合茂源公司从曾海处购买涉案林木的合同所约定的林地面积亦与本案合同约定面积基本相同，本案尚无充分证据证明茂源公司在林地面积问题上存在欺诈的故意。关于林海木业举示的工商登记资料等证据，亦不足以证明茂源公司对于林地面积存在欺诈故意。对于林海木业提出的茂源公司在林地面积上存在欺诈的主张，本院不予采纳。

三、裁判规则提要

合同基于双方当事人意思表示达成一致，赋予当事人所希望的法律效果。当事人的真实意思对合同订立至关重要，但在实践中真意只能通过外在、客观的表现来探知，法律上对合意的判断其实是法官运用证据规则进行的事实和价值判断，当事人的意思只能是展示出来的、能够被理解到的意思。

按照《民法典》第142条的规定，在有相对人的情况下，应当按照所使用的词句，结合相关条款、行为的性质和目的、习惯以及诚信原则，确定意思表示的含义。法官依据外在表示进行认定，加入“习惯及诚信原则”等考量，不可避免会让当事人承受本不属于他的缔约意愿。但由于促进交易的达成是买卖合同双方作为商事交易主体的最大心愿，为成全意思自治而牺牲交易安全与快捷并不利于买卖合同目的的实现，因此，在法官对具有此类争议的合意进行考察时，按照所使用的词句，结合相关条款、行为的性质和目的，去发现当事人的交易意愿、判断合意的过程，事实上就是法官在考察当事人表现出的外在客观意愿形成的证据，努力由外在表示查知当事人真意，并保护当事人意思自由。

实践中，外在客观表示并不常常明确指出真意所在，法官只能依据证据证明力的强弱，引入一般理性人视角进行考察，以一段时期内某一群体所积累的知识、经验和能力为基础，去判断当事人可预见的范围，判断表意人与受意人是否尽到缔结合同中应尽的义务,进而保护可信赖利益。

一般理性人的标准并不是独立于表意人和相对人之外的第三种解释,也不是为了寻找公权对私权进行干预的借口,而是通过一种可归责性判断来分配风险。当事人要承担与自己意思不符的相对方的意思,其正当性在于这是其自身表意不当的责任。法官用一般理性人的标准去对标表意人或者受意人,找出信赖利益保护的介入点。作为一般理性人的表意人预见到相对人无法理解或产生误解时应进一步明示,否则造成误解的责任在于表意人,误解的不利后果由其承担,即按照相对人的意思来理解。同时,相对人也应尽量以一般理性人的理解,考察表意人真意;原本可以正确理解而理解有误的,则以表意人的意思作解释。

四、辅助信息

高频词条:

《民法典》

第142条 有相对人的意思表示的解释,应当按照所使用的词句,结合相关条款、行为的性质和目的、习惯以及诚信原则,确定意思表示的含义。

无相对人的意思表示的解释,不能完全拘泥于所使用的词句、而应当结合相关条款、行为的性质和目的、习惯以及诚信原则、确定行为人的真实意思。

买卖合同纠纷案件裁判规则(一)第11条:

出卖人就同一标的物订立多重买卖合同,若均不具有《民法典》规定的无效情形,各买卖合同均有效

〔**规则描述**〕:本条裁判规则是对多重买卖合同效力的明确。我国采取债权形式主义的物权变动模式,即物权变动法律效果发生时,除当事人之间必须存在债权合意即债权行为外,尚须履行登记或者交付的法定方式,才发生物权变动的效力,出卖人与先买受人订立买卖合同后、向先买受人交付或转移登记标的物之前,出卖人对其订立的买卖合同标的物仍享有处分权。此时出卖人与先后买受人签订的买卖合同只要不存在《民法典》第144条、第146条、第153条、第154条所规定的无效情形,各买卖合同均为有效。

一、类案检索大数据报告

时间:2020年5月27日之前,案例来源:Alpha案例库,案件数量:311件,数据采集时间:2020年5月27日。本次检索到多重买卖合同效力争议相关案件共311件,整体情况如图11-1所示。法院认为在后合同有效案件174件,占比为55.95%;认为在后合同无效案件6件,占比为1.93%;不相关案件131件,占比为42.12%。

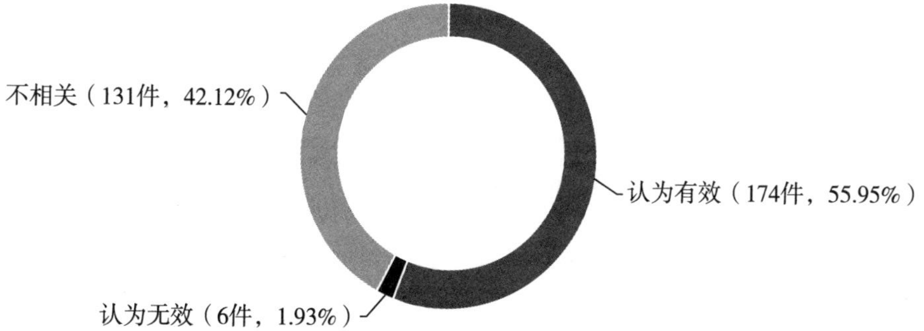

图11-1 法院认为在后合同有效还是无效

如图11-2所示,从案件主要年份分布情况可以看出当前条件下买卖合同纠纷案件数量的变化趋势。

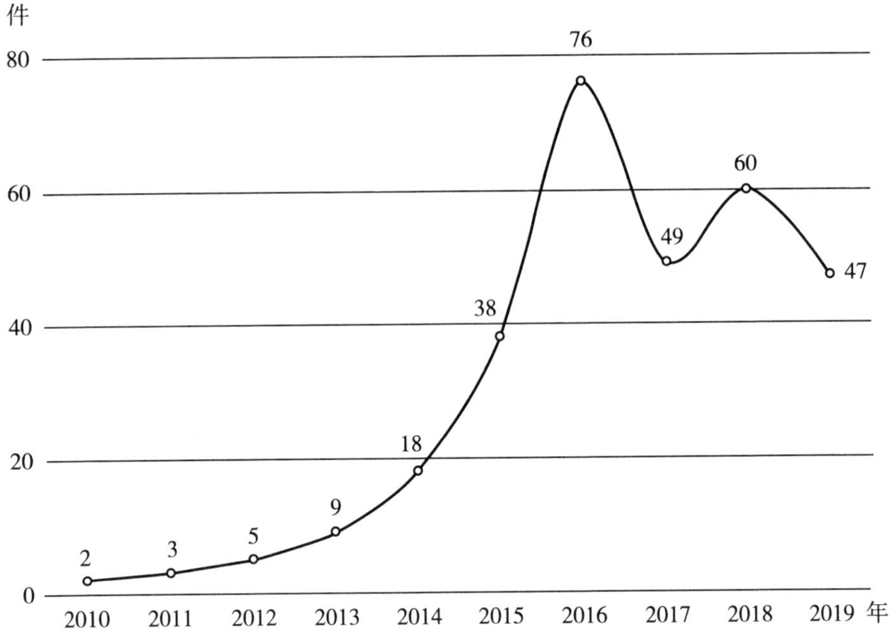

图 11－2 案件主要年份分布情况

如图 11－3 所示,从案件主要地域分布情况来看,当前多重买卖合同纠纷案件主要集中在山东省、广东省、四川省、湖南省。其中,山东省的案件数量最多,达到 40 件。

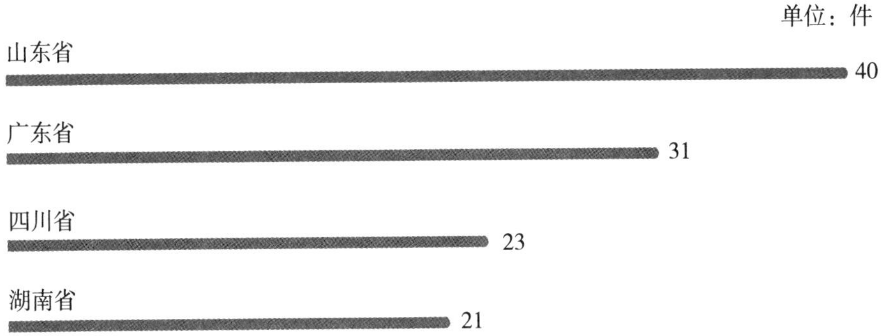

图 11－3 案件主要地域分布情况

如图 11－4 所示,通过对标的额的可视化分析可以看到,标的额为 50 万元以下的案件数量最多,有 240 件,50 万～100 万元的案件有 26 件,100 万～500 万元的案件有 29 件,500 万～1000 万元的案件有 2 件,1000 万～2000 万元的案件有 2 件,2000 万～5000 万元的案件有 7 件,1 亿元以上的案件有 5 件。

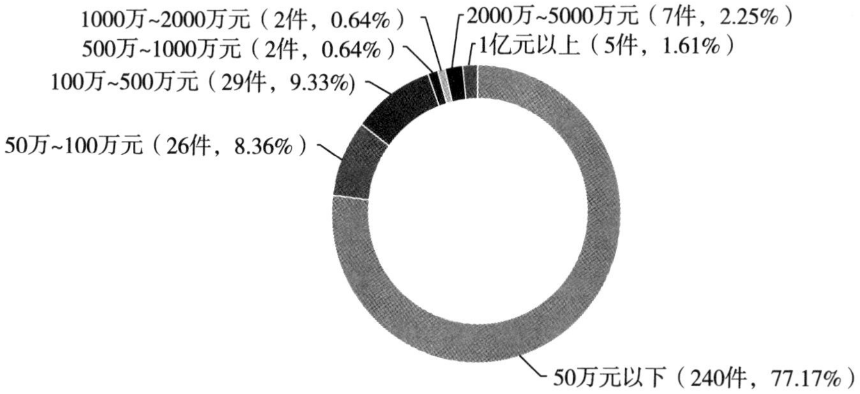

图 11 -4　案件标的额情况

如图 11 -5 所示,从行业分类情况可以看出,多重买卖合同纠纷当前的行业分布主要集中在房地产业、金融业、批发和零售业、制造业、科学研究和技术服务业。

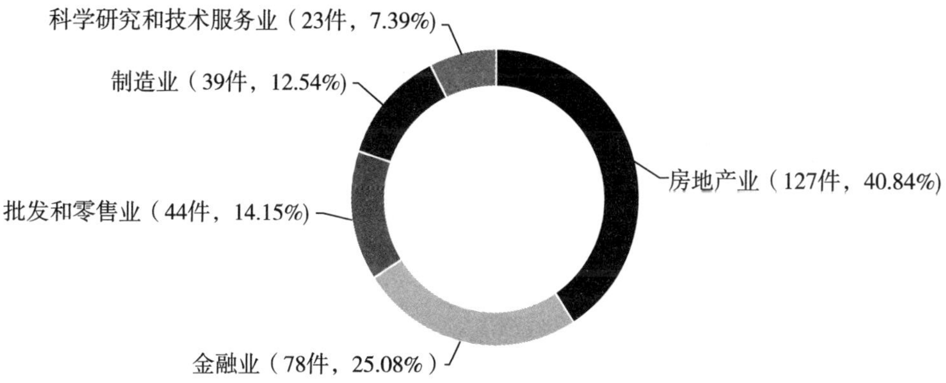

图 11 -5　案件行业分类情况

二、可供参考的例案

例案一 | 胡某甲与李某某房屋买卖合同纠纷案

【法院】

上海市长宁区人民法院

【案号】

(2013)长民三(民)再重字第2号

【当事人】

原告:胡某甲

被告:李某某

第三人:黄某某

第三人:张甲

第三人:张乙

【基本案情】

案外人胡某乙与胡某甲系姐妹关系。李某某与案外人陈某某原系夫妻,1994年7月19日两人通过诉讼经法院调解离婚,并约定:双方婚后所建上海市长宁区虹桥路南龚家宅×××号房屋1幢及平房一间,其中楼上房屋及前半间平房的产权归李某某所有;楼下房屋及后半间平房的产权归陈某某所有。黄某某与张甲系夫妻关系,张乙系其子。

2003年3月3日,拆迁人上海东湖(集团)联营公司(代理人:房屋拆迁实施单位北新泾房屋动拆迁有限公司)(以下简称拆迁人)为甲方与被拆迁人李某某为乙方签订《房屋拆迁补偿安置协议》,约定:乙方原居住南龚家宅×××号系私有房屋,房屋产权人为李某某,核定建筑面积为105.10平方米;安置人口1人;乙方房屋被拆除后,分得虹康2-1地块32号房东单元401室(涉讼房屋),建筑面积100.44平方米;甲方应于2005年3月2日交付房屋。

2003年7月5日,在中间人郁乙、郁甲(曾与李某某、陈某某为同村居民)的撮合下,陈某某以李某某的名义与胡某某以胡某甲名义签订《房屋买卖合同》一份,约定:出卖人李某某(甲方)将涉讼房屋(建筑面积为100.44平方米)卖给胡某甲(乙方),价款为48.2万元,本合同中涉及的交房期即合同有效期应按房产开发公司(拆迁实施单位)的通知、交付钥匙日为准;并约定相关违约责任等。该合同落款处,陈某某在“甲方”处签了李某某的名字,胡某某在“乙方”处签了胡某甲的名字;郁乙、郁甲在“公证人”处签名。

签约当日,胡某甲即付清了全部的购房款,陈某某出具了收条,在收条的上部并列复印有李某某、陈某某的身份证。

2007年4月20日,涉讼房屋具备了交付条件,拆迁人将涉讼房屋交付李某某,但房屋产权尚未办理登记手续;胡某甲要求李某某交房未果。

2006年5月31日,黄某某通过案外人许乙以及上海大联房地产经纪事务所(以下简称大联经纪事务所)的介绍,与上海明择房地产经纪有限公司(以下简称明择经纪公司)签订委托代理协议,约定:黄某某同意将涉讼房屋,委托明择经纪公司出售,黄某某签约成交支付明择经纪公司中介代理费5000元。

同日,陈某某代李某某与黄某某、张乙签订《房地产转让协议书》,约定:李某某以95.5万元价格将涉讼房屋(期房)转让给黄某某、张乙;签订协议时支付定金5万元,二期房款于2006年7月31日前(转让成功)支付60.5万元,三期房款于2006年8月31日前支付20万元,四期房款于交房时支付10万元;并约定了相应违约责任等。明择经纪公司和大联经纪事务所在该房地产转让协议书落款处“见证人”栏目上盖章。当日,黄某某支付定金5万元,由陈某某收取后代李某某出具收条。

2006年7月31日,李某某与黄某某、张甲、张乙签订《补充协议》,约定:李某某保证其出售给黄某某方的房屋不得再有第三者参与,产权清楚;黄某某方买受后该房屋产权有纠葛致影响其权利的行使,概由李某某负责清理并赔偿黄某某方损失;动迁公司交房时,李某某无条件在15日内协助黄某某方办理进户手续,并交房给黄某某方;双方确定买卖成立永远不更改,该房屋买卖的当时情况双方清楚明白,签署本协议时双方具有完全民事行为能力,对各自的权利义务清楚明白并愿意自觉按照本协议之约定执行,双方永不反悔等。明择经纪公司和大联经纪事务所在该补充协议落款处“见证人”栏目上盖章。当日,黄某某向李某某支付房款60.5万元,李某某出具收条。黄某某还向明择经纪公司支付中介服务费5000元,该公司向黄某某出具收据。

2007年4月,李某某向胡某甲交付个产临时证,并将涉讼房屋交付黄某某等3人,黄某某等3人装修入住至今。

2007年8月22日,黄某某向李某某支付房款20万元,李某某出具收条。当日,李某某与黄某某签署备忘录,言明:黄某某方已向李某某累计支付85.5万元,尚余10万元在李某某为黄某某方办妥上述房地产产权证后由黄某某方当场交付李某某。明择经纪公司在该备忘录落款处盖章。

目前,涉讼房屋产权人登记在拆迁人名下。

【案件争点】

涉讼房屋存在多个买卖合同,如何判断各个合同效力。

【裁判要旨】

《合同法解释二》第15条规定,出卖人就同一标的物订立多重买卖合同,合同均不具有《合同法》第52条规定的无效情形,买受人因不能按照合同约定取得标的物所有权,请求追究出卖人违约责任的,人民法院应予支持。根据上述法条,评判本案就同一涉讼房屋标的订立两重买卖合同效力,主要审查有无《合同法》第52条规定的无效情形以及其他影响效力的情形。

1. 胡某某以胡某甲名义与陈某某以李某某名义就涉讼房屋标的签订《房屋买卖合同》的效力

(1)该合同有无《合同法》第52条规定的无效情形。

就本案而言,李某某和黄某某等3人虽主张胡某某以胡某甲名义与陈某某以李某某名义就涉讼房屋标的签订《房屋买卖合同》无效,但既未主张法定无效情形的存在,也未提供相应证据证明上述无效情形的存在。根据在案事实及证据审查,也未发现上述情形的事实存在。因此,该合同不存在上述法定无效的情形。

(2)是否存在其他影响合同效力的情形。

虽然该合同实际签订者胡某某、陈某某非涉讼房屋的受让者及所有者,也未持有受让者、所有者的书面授权委托书,但胡某甲现始终对胡某某以其名义签订《房屋买卖合同》予以认可。因此,胡某某以胡某甲名义签订的《房屋买卖合同》对胡某甲发生法律效力。关于陈某某的行为效力分析如下:陈某某构成表见代理。李某某主张,陈某某非涉讼房屋所有人,无权处分该房,且其不知晓也未授权其代为签订《房屋买卖合同》,现也不予追认,因此陈某某以李某某名义签订《房屋买卖合同》无效。根据《合同法》第49条的规定,行为人没有代理权、超越代理权或代理权终止后以被代理人名义订立合同,相对人有理由相信行为人有代理权的,该代理行为有效。表见代理构成要件:一是在订立合同行为与过程中存在表见行为;二是相对人有理由相信行为人有代理权,主观上属于善意。就本案而言,陈某某表现出其享有代理权的外观:其一,陈某某与李某某确于1994年离婚,但离婚时住房系同址分割,且双方身份证仍记载同一地址信息,因此双方离婚之信息难以被同村居住的介绍人、胡某甲所获悉;其二,动迁时动拆迁单位仍将李某某、陈某某作为一户人员安置;其三,陈某某收取房款时,向胡某甲出具的收条上,有李某某的身份证复印件。因此,从外观上看,胡某甲有理由相信陈某某有代理权签订《房屋买卖合同》。同时,基于上述理由,胡某甲并不存在恶意。另外,也没有证据证明胡某甲存在明知或应当知道但因过失而不知代理人没有代理权仍与其实施法律行为的情形。因此,根据《合同法》第49条的规定,陈某某虽是无权代理人,但构成表见代理,由李某某承担代理行为所产生的法律后果,且不得以表见代理人的行为违背其真实意思为由而拒绝承担责任。

基于上述理由，胡某某以胡某甲名义与陈某某以李某某名义于2003年7月5日签订的《房屋买卖合同》有效。

2. 陈某某代李某某与黄某某等签订《房地产转让协议书》以及李某某与黄某某等签订《补充协议》、备忘录的效力

(1)上述《房地产转让协议书》、《补充协议》、备忘录是否存在《合同法》第52条规定的无效情形。

归纳胡某甲主张上述《房地产转让协议书》、《补充协议》、备忘录无效的主要事由为“李某某与黄某某等事先进行了恶意串通来损害第三人利益，并以中介的见证签订合同形式来达到非法目的”等，即《合同法》第52条第1款第2项、第3项的情形。

所谓恶意串通，是指当事人为实现某种目的，串通一气，共同实施订立合同的民事行为，造成国家、集体或者第三人的利益损害的违法行为。恶意串通而订立的合同，其构成要件：一是当事人在主观上具有恶意性；二是当事人之间具有串通性；三是双方当事人串通实施的行为损害国家、集体或者第三人的利益。就本案而言，首先，胡某甲以下列理由主张黄某某等3人明知涉讼房屋已出售的情况下再签订《房地产转让协议书》，具有主观恶意。具体表现：黄某某等3人庭审中对获得涉讼房屋信息方式前后陈述不一；在(2007)长民三(民)初字第290号胡某甲诉李某某房屋买卖合同案件中，法院于2007年4月30日作出查封涉讼房屋的民事裁定，裁定书张贴于涉讼房屋门上及小区公告栏上；《补充协议》第2条约定“双方确定买卖成立永远不更改，该房屋买卖的当时情况双方清楚明白”；等等。可见黄某某等是明知涉讼房屋已出售。胡某甲无相关证据印证上述主张，其所得结论尚有主观推断之意，且涉讼房屋信息获取方式陈述不一原因多样，也不能由此推定黄某某等事先知晓涉讼房屋已出售的事实。法院查封裁定发出时，《房地产转让协议书》《补充协议》早已签订，且从该补充协议约定的第2条内容文意并不必然推出黄某某等知晓涉讼房屋已出售。因此，黄某某等3人购房不具有主观恶意。其次，胡某甲以下列理由主张李某某与黄某某等3人串通一气：黄某某等看房当日在较短时间内签订《房地产转让协议书》，证明事先已拟好协议，黄某某的证人许乙从事教育工作，而李某某证人陈某某在律师会见笔录中曾陈述在办理儿子读书时认识许乙再进而认识黄某某。然，胡某甲就上述主张未提供证据证明。在交易中，有些协议当事人需要较长时间磋商，但也不排除当事人一拍即合签订协议，因此看房当场签订协议也不违背交易习惯。胡某甲主张陈某某、许乙、黄某某事先认识，即使存在

事先认识的情节,该情节亦非得出李某某与黄某某串通一气的结论之充分条件。最后,黄某某按与市场价格相仿的价格而非低价购买,因此并未获利也未损害国家、集体和第三人利益。综上,黄某某等与李某某不构成恶意串通。

以合法形式掩盖非法目的,是指当事人通过实施合法行为达到掩盖其非法目的。就本案而言,胡某甲主张黄某某、李某某以中介见证签订合同形式来达到非法目的,表现为:黄某某等3人和李某某事先已拟好《房地产转让协议书》,为掩盖黄某某等3人事先知晓涉讼房屋已出售之目的,由没有权利的黄某某到中介公司挂牌并以出售人身份签名,在看房当日迅速签订协议而合法获得该房。胡某甲未提供证据证明上述主张,前文已论述当场签约并不违反交易习惯。虽然,黄某某在委托代理协议"出售人"栏目上签名,但从胡某甲提供的公安机关向李某某询问笔录中,李某某陈述系其挂牌出售,可见并非黄某某所为,从以后实际交易中也可看出黄某某是受让人而非出售人,况且有无中介的见证均不影响房屋买卖的效力。

综上所述,上述协议均不存在法律规定的无效情形。

(2)是否存在其他影响合同效力的情形。

《房地产转让协议书》确系陈某某代李某某签署,虽然没有书面授权委托书,陈某某出庭也陈述系李某某让其取钱并未签约,但其对该协议上签名无异议,且李某某在公安机关陈述笔录中也认可系其让陈某某去签的,李某某在随后签订《补充协议》、备忘录时也未对《房地产转让协议书》提出异议并收取房款,可以认定李某某即使事先未书面授权,事后也予以追认。

基于上述理由,《房地产转让协议书》、《补充协议》、备忘录不具有《合同法》第52条规定的无效情形,陈某某代签行为得到李某某的事后追认,故上述协议、备忘录合法有效。

例案二 | 威海仙姑顶旅游开发有限公司、王某某房屋买卖合同纠纷案

【法院】

山东省威海市中级人民法院

【案号】

(2019)鲁10民终1842号

【当事人】

上诉人(原审被告):威海仙姑顶旅游开发有限公司

上诉人(原审被告):王某某

被上诉人(原审原告):孟某某

【基本案情】

2009年7月8日,威海仙姑顶旅游开发有限公司(以下简称仙姑顶开发公司)与案外人威海环翠区总工会签订威海市仙姑顶旅游开发公司商品房销售委托书一份,约定仙姑顶开发公司委托威海市环翠区总工会向环翠区区直机关工作人员集中销售商品房及房屋价款等内容。后孟某某遂经威海市环翠区总工会组织参与望岛名郡小区房屋团购,仙姑顶开发公司为该小区开发建设单位。2010年3月24日,孟某某与仙姑顶开发公司签订认购协议书一份,约定孟某某认购仙姑顶开发公司在建望岛名郡B29号楼604室。"违约责任"中约定协议订立后到双方正式订立《商品房预售(销售)合同》前,仙姑顶开发公司保证不将孟某某认购房屋出售于第三人,否则仙姑顶开发公司应双倍返还定金;协议订立后,孟某某在接到仙姑顶开发公司通知后,在规定的时间内不与仙姑顶开发公司签订《商品房预售(销售)合同》,孟某某已交定金不予退还等内容。孟某某认购房屋后陆续支付房屋价款,仙姑顶开发公司于2011年3月21日向孟某某出具收款收据。2014年4月4日,孟某某接收了望岛名郡B29号604室房屋,但双方一直未办理网签商品房买卖合同的手续。

2016年4月7日,孟某某以仙姑顶开发公司违约为由提起诉讼,要求仙姑顶开发公司立即为孟某某办理房屋产权登记手续,并支付延期交房及逾期办证违约金。法院一审于2016年7月1日作出(2016)鲁1002民初2155号民事判决,判令仙姑顶开发公司向孟某某支付逾期办证违约金(以623,817.6元为基数,自2014年7月5日起至办理房屋产权登记之日止,按照日万分之一计算),同时以案涉房屋所在小区尚未综合验收合格、不具备办理产权登记条件为由,驳回了孟某某要求仙姑顶开发公司协助办理房屋产权登记手续的诉讼请求。后孟某某及仙姑顶开发公司均不服,提起上诉。二审法院于2017年12月27日作出(2016)鲁10民终2073号民事判决,驳回了双方的上诉,维持原判。仙姑顶开发公司对二审判决不服,向山东省高级人民法院申请再审,主张其通过中国邮政特快专递送达及报纸公告的方式通知孟某某签订合同并告知不签订合同的后果,但孟某某并未与其签订预售合同,双方间未形成商品房买卖合同关系,仙姑顶开发公司解除案涉房屋的认购协议书,将房屋销售于被告王某某,并与王某某签订《商品房现售合同》,办理备案登记。故仙姑顶开发公司不应支付孟某某逾期办证违约金。2018年9月27日,山东省高级人民法院作出(2018)鲁民申5829号民事裁定,驳回仙姑顶开发公司的再审申请。在该案二审审理过程中,仙姑顶开发公司于2016年9月30日起诉孟某某,要求确认孟某某与其签订的认购协议书已解除,后仙姑顶开发公司于2017年10月24日撤回起诉,一审法院裁定予以准许。案涉房屋所在小区已经综合验收合格,具备办理房屋产权登记条件。2019年1月30日,孟某某以要求协助办理产权登记为由诉至一审法院,要求处理。2019年3月14日,涉案房屋办理不动产权证书,登记的权利人为王某某。

【案件争点】

如何认定在后买受人的主观恶意进而确认在后合同效力。

【裁判要旨】

从查明相关事实看,仙姑顶开发公司在已将房屋出售于孟某某,并将房屋交付孟某某居住使用,且双方房屋买卖合同未解除的情况下,又与王某某签订房屋买卖合同,并在已收到本案开庭传票等相关诉讼材料的情况下,协助王某某办理房屋产权登记手续,明显具有主观恶意,并非善良交易。王某某虽称其房屋系自辰宇建设公司处购买,但并未提供其与辰宇建设公司所签订的房屋买卖合同,亦未提交支付房款的证明;且王某某未对案涉房屋进行实际查看,且未对居住人情况、房屋是否已出卖于他人等情况进行考察,签订房屋买卖合同多年后未对房屋进行管理或主张权利,亦明显与正常房产交易不同,不宜认定为善良交易,且该交易行为明显侵害了孟某某合法权益。综上所述,仙姑顶公司与王某某双方均非善意,其相应合同效力应属无效。

例案三 | 周某某与李某某房屋买卖合同纠纷案

【法院】

上海市闵行区人民法院

【案号】

(2016)沪0112民初28494号

【当事人】

原告(反诉被告):周某某

被告(反诉原告):李某某

第三人:毛某某

【基本案情】

2014 年 6 月 9 日被告李某某与案外人 A 公司签订《上海市房屋拆迁补偿协议》一份,补偿方式约定了由 A 公司提供给被告李某某产权调换房屋六套,其中涉案房屋即为六套之一。嗣后,被告李某某于 2015 年 3 月 16 日取得了涉案房屋的配套商品房供应单,并于 2015 年 4 月 10 日与案外人 B 公司签订《上海市商品房出售合同》一份,由被告李某某向案外人 B 公司购买涉案房屋,房屋总价为 737,111.22元,涉案房屋的大产权证取得日期是 2014 年 9 月 3 日。

2015 年 8 月 7 日由被告李某某作为甲方(出卖方),原告周某某作为乙方(购买方)签订《上海市房地产买卖转让合同》一份,合同约定:(1)甲方于 2015 年依法取得了涉案房屋,面积约 81.5 平方米(以产证为准),该房屋暂尚未办理以甲方为权利人的上海市房地产权证,甲方持有该房屋的动迁协议或者是订房单。(2)因甲方出售的该房屋是拆迁安置配套商品房受国家政策限制,限制期内无法进行该房屋的产权交易,同时国家政策限制期内无法办理该房屋以乙方为产权人的上海市房地产权证和签订上海市房屋土地资源管理局制定,上海市工商行政管理局监制的网络版《上海市房地产买卖合同》,乙方于 2015 年 8 月 7 日实地看房,看房后对以上情况已知道并且无异议。(3)经甲、乙双方协商后,甲方同意出售上述房屋,乙方决定购买该房屋;房屋转让价款甲、乙双方协商一致,同意上述房屋转让价款为 880,000 元,该价格系甲方净到手价格。乙方无异议。

同日,原告周某某转账支付给被告李某某 600,000 元,被告李某某出具收款收据载明收到原告周某某支付的房款 600,000 元。庭审中,被告李某某确认共计从原告周某某处收取房款合计为 620,000 元(包括定金 20,000 元)。

2015 年 10 月 10 日被告李某某取得了涉案房屋的房地产权证,产权证所载房屋的建筑面积为 81.24 平方米。同时被告李某某还获得了涉案房屋的新建住宅质量保证书、新建住宅使用说明书等一系列材料。

2016 年 6 月 25 日,被告李某某作为卖售人(甲方),第三人毛某某作为买受人(乙方)签订《上海市房地产买卖合同》一份,合同约定:甲乙双方通过上海上缘房地产经纪事务所居间介绍,由乙方受让甲方自有房屋及该房屋占用范围内的土地使用权,甲方依法取得涉案房屋,房屋建筑面积 81.24 平方米。甲乙双方经协商一致,同意上述房地产转让价款共计 1,250,000 元。庭审中,被告李某某明确其在出售房屋给第三人毛某某之时,并未将之前其与原告周某某之间存在房屋买卖的事实予以披露。

第三人毛某某的母亲李某某于2016年5月31日转账给被告李某某500,000元,被告李某某于2016年5月31日出具房款收据载明收到李某某代毛某某支付的购房款500,000元。第三人毛某某的母亲李某某于2016年6月25日转账给被告李某某630,000元,被告李某某于2016年6月25日出具房款收据载明收到李某某代毛某某支付的购房款630,000元。被告李某某在收到第二笔房款后,即将涉案房屋交付给第三人毛某某。同时,被告李某某将涉案房屋的新建住宅质量保证书、出售合同、房地产权证、装修告知书、维修基金单、税单、不动产销售发票、配套商品房供应单原件一组交予第三人毛某某。第三人毛某某交接涉案房屋之后,结清了水电费以及物业费,并且开通了水、电、煤气。之后即对房屋进行了装修,装修历时一个月,在装修完毕后的半个月之后于2016年8月1日正式入住。

庭审中,原告周某某对于为何没有实际入住涉案房屋的解释为:签订合同后,被告李某某已经将房屋钥匙交付给周某某,由于房屋是毛坯的,周某某无钱进行装修,而且该房屋离原告周某某工作的地方也比较远,故没有入住。被告李某某则认为并未将涉案房屋的钥匙交付给原告周某某。

诉讼中,原告周某某于2017年9月7日向本院的代管款账户内汇入剩余房款260,000元。

【案件争点】

二重买卖合同的效力认定。

【裁判要旨】

法院经审理认为:针对合同效力问题,被告李某某与原告周某某签订买卖合同之后,又与第三人毛某某签订房地产买卖合同系重复出售房屋,故"一房二卖"的责任在被告李某某。由于原告周某某并未提供合法有效的证据证明被告李某某与第三人毛某某所签订的房地产买卖合同存在恶意串通的情形,而且结合第三人毛某某与被告李某某签约的过程,以及合同履行的过程可以得知,第三人毛某某与被告李某某之间所签订的房地产买卖合同系双方当事人真实意思表示,并未违反法律、行政法规中的效力性的强制性规定,合同当属有效,对双方当事人均具有合同约束力。而原告周某某与被告李某某所签订的买卖协议也系双方当事人真实意思表示,买卖协议依法成立有效,对双方当事人亦具有合同约束力。故法院认定两份买卖合同均为有效的买卖合同,只是原告周某某系第一买受人,第三人毛某某系第二买受人。但在二重买卖的情形下,无论是第一买受人还是第二买受人,基于买卖合同取得的权利都是债权,即要求出卖人的被告李某某将标的物所有权移转于自己的请求权。与物权不同，债权之间既无排他性也无优先性，而是互相平等的权利。基于债权的无排他性，在同一标的物上可以同时成立两个乃至更多的债权，基于债权的无优先性，买受人不得已其债权成立在先为由否定出卖人与后买受人合同的效力。因此，在二重买卖的情形下，出卖人与第一买受人成立买卖合同但尚未移转标的物所有权的，又将同一标的物出卖给第二买受人，两个买卖合同均有效。

三、裁判规则提要

多重买卖，亦称一物数卖，是出卖人就同一标的物订立数个买卖合同，分别出售给数个买受人的行为。具体表现为：出卖人就某一标的物与先买受人签订买卖合同后，在实际履行合同前，就同一标的物又与后买受人签订买卖合同，导致只有一个合同能够实际履行。

（一）多重买卖合同的效力认定

在现行债权形式主义的物权变动模式下，买卖合同仅在双方之间产生债权债务关系，债权原则上并无对抗第三人的效力。除非存在《民法典》第144条、第146条、第153条、第154条规定的无效情形，买卖合同不因多重买卖而无效。根据《民法典》第598条的规定，出卖人负有交付标的物及移转所有权的义务，若因出卖人就同一标的物订立多重买卖合同导致其无法履行买卖合同主给付义务的，买后人可追究出卖人的违约责任。多重买卖合同的效力在多个司法解释中进行了确认。关于土地使用权的多重转让问题，2005年6月18日最高人民法院在《涉及国有土地使用权合同纠纷案件适用法律问题的解释》中认可了就同一出让土地使用权订立的数个转让合同的效力并无差别，其中第10条第1款第4项规定："合同均未履行，依法成立在先的合同受让方请求履行合同的，应予支持。"当事人因履行其中一个协议而对另一个协议中的对方当事人构成违约的，应承担违约责任。

（二）多重买卖的履行顺序

《买卖合同解释》第6条、第7条对普通动产与特殊动产多重买卖合同标的物的转移作出了规定。

1. 普通动产多重买卖的履行顺序

出卖人将同一普通动产与多人订立买卖合同的，在买受人均要求履行合同的情况下，事实上只能履行一份买卖合同，则如何确定履行顺序至为关键。已受领交付的买受人即已占有买卖合同标的物,为维护社会秩序、促进交易安全、符合经济原则,民法理论认为对动产的占有具有权利推定的效力,通常称为占有推定所有。因此在履行顺序上,以已受领交付的买受人优先;基于公平原则,未受领交付但已支付价款的买受人次之。买受人均未依法受领交付又未支付价款的,依法成立在先(通常即订立在先)的合同买受人优先。

2. 特殊动产多重买卖的履行顺序

特殊动产物权变动以交付为生效要件,以登记为对抗第三人的要件。出卖人就同一船舶、航空器、机动车等特殊动产订立多重买卖合同发生交付与登记冲突时,交付优先于登记,即在履行顺序上,先行受领交付的买受人优先;未受领交付但已办理所有权转移登记的买受人次之。依法成立在先(通常即订立在先)的合同买受人优先。

四、辅助信息

高频词条:

《民法典》

第 146 条 行为人与相对人以虚假的意思表示实施的民事法律行为无效。

以虚假的意思表示隐藏的民事法律行为的效力,依照有关法律规定处理。

第 153 条 违反法律、行政法规的强制性规定的民事法律行为无效。但是,该强制性规定不导致该民事法律行为无效的除外。

违背公序良俗的民事法律行为无效。

第 154 条 行为人与相对人恶意串通,损害他人合法权益的民事法律行为无效。

第 598 条 出卖人应当履行向买受人交付标的物或者交付提取标的物的单证,并转移标的物所有权的义务。

《买卖合同解释》

第 6 条 出卖人就同一普通动产订立多重买卖合同,在买卖合同均有效的情况下,买受人均要求实际履行合同的,应当按照以下情形分别处理:

(一)先行受领交付的买受人请求确认所有权已经转移的,人民法院应予支持;

(二)均未受领交付,先行支付价款的买受人请求出卖人履行交付标的物等合同义务的,人民法院应予支持;

(三)均未受领交付,也未支付价款,依法成立在先合同的买受人请求出卖人履行交付标的物等合同义务的,人民法院应予支持。

第7条 出卖人就同一船舶、航空器、机动车等特殊动产订立多重买卖合同,在买卖合同均有效的情况下,买受人均要求实际履行合同的,应当按照以下情形分别处理:

(一)先行受领交付的买受人请求出卖人履行办理所有权转移登记手续等合同义务的,人民法院应予支持;

(二)均未受领交付,先行办理所有权转移登记手续的买受人请求出卖人履行交付标的物等合同义务的,人民法院应予支持;

(三)均未受领交付,也未办理所有权转移登记手续,依法成立在先合同的买受人请求出卖人履行交付标的物和办理所有权转移登记手续等合同义务的,人民法院应予支持;

(四)出卖人将标的物交付给买受人之一,又为其他买受人办理所有权转移登记,已受领交付的买受人请求将标的物所有权登记在自己名下的,人民法院应予支持。

买卖合同纠纷案件裁判规则(一)第12条:

不能使不诚信的当事人因合同不成立、无效或者被撤销而获益

〔**规则描述**〕:不能使其因合同不成立、无效或者被撤销而获利,应根据诚实信用原则及双方过错程度,在当事人之间对利益合理分配。

一、类案检索大数据报告

时间:2020年4月20日之前,案例来源:Alpha案例库,案件数量:1654件,数据采集时间:2020年4月20日。本次检索到相关案件共1654件,整体情况如图12－1所示。不诚信的当事人因合同不成立、无效或者被撤销而获益的案件9件,占比为0.54%;不诚信的当事人因合同不成立、无效或者被撤销未获益的案件17件,占比为1.03%;不相关案件1628件,占比为98.43%。

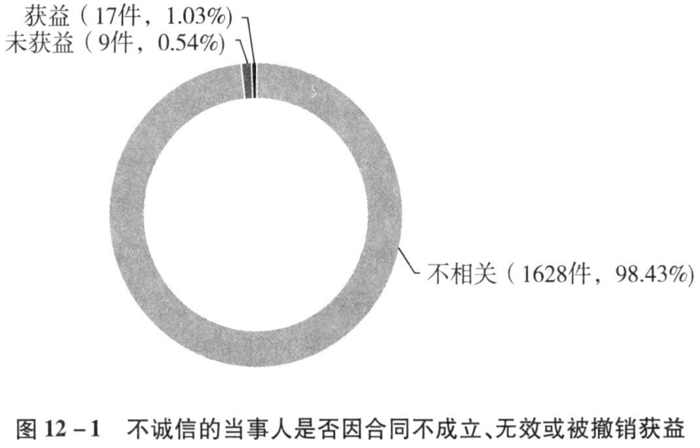

图12－1　不诚信的当事人是否因合同不成立、无效或被撤销获益

如图12－2① 所示,从案件主要年份分布情况可以看出当前条件下合同纠纷案件数量的变化趋势。

---

① 图12－2、图12－3、图12－4体现的均是对剔除不相关案件后的有效案件的分布情况。

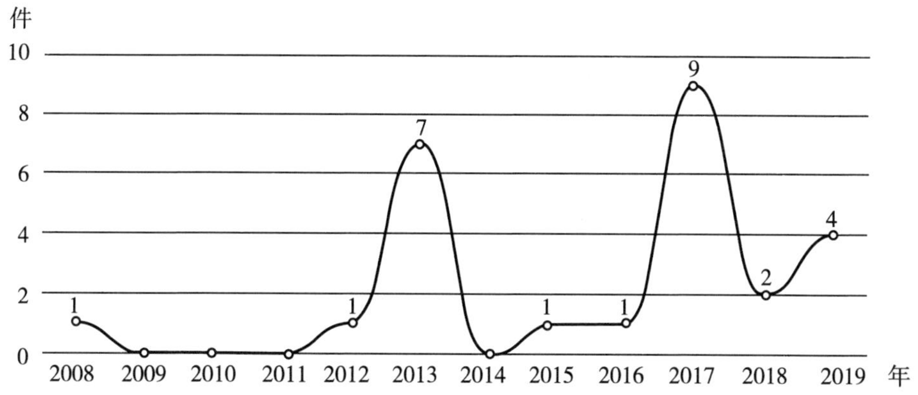

图12-2 相关案件主要年份分布情况

如图12-3所示,从案件主要地域分布情况来看,当前案例主要集中在陕西省、辽宁省、北京市、浙江省、贵州省。其中,陕西省的案件数量最多,达到7件。

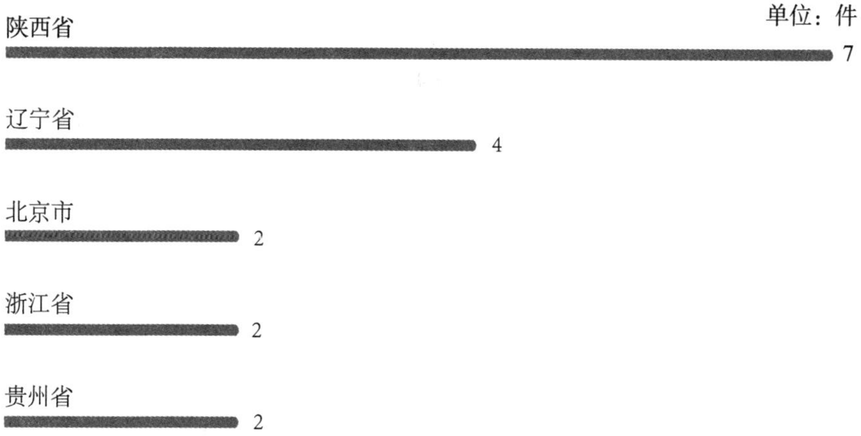

图12-3 案件主要地域分布情况

如图12-4所示,从案件主要行业分类情况可以看出,当前的行业分布主要集中在批发和零售业,制造业,农、林、牧、渔业,科学研究和技术服务业。

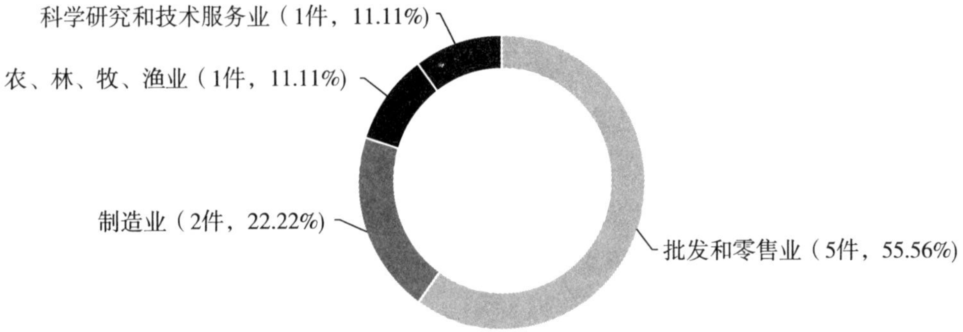

图 12－4　符合规则的案件主要行业分类情况

二、可供参考的例案

例案一 | 桃源县林海木业经营部与湖南茂源林业有限责任公司买卖合同纠纷案

【法院】

最高人民法院

【案号】

(2015)民提字第 155 号

【当事人】

再审申请人(一审原告、反诉被告,二审上诉人):桃源县林海木业经营部

被申请人(一审被告、反诉原告,二审上诉人):湖南茂源林业有限责任公司

【基本案情】

2012 年 6 月 13 日,桃源县林海木业经营部(以下简称林海木业)与湖南茂源林业有限责任公司(以下简称茂源公司)签订了《活立木采伐整体销售合同》,合同约定:乙方林海木业向甲方茂源公司收购茂源公司合法拥有的 3345.7 亩桉树活立木(其中成林 2686.4 亩,幼林 659.3 亩)的采伐权,所收购的活立木的树种、规格、蓄积状况、面积、资产状况及采伐要求详见双方认可的伐区调查设计书,但伐区调查设计书只作为购买方对此片林木购买的参考数据。合同总价为 480 万元。

在合同签订之前,林海木业到现场进行了多次勘察,知晓双方签订合同所约定的林地在 2011 年年底过火,但不清楚过火的严重程度。合同签订后,林海木业办理采伐许可证,进场进行砍伐。在砍伐过程中,由于天气原因,林海木业修路出现水土流失,影响当地村民农田,加之工地出现工伤事故,林地存在权属争议等因素,当地村民以此为由与林海木业多次发生矛盾并出现阻工现象。由于上述原因导致林海木业未按合同约定完成砍伐。

林海木业向湖南省岳阳市中级人民法院起诉称茂源公司向林海木业隐瞒重大事实,构成欺诈,出售给林海木业的林木为“火烧林”,而非是合同约定的“活立木”,林木实际面积为2662亩,比合同约定面积少683.7亩;且存在较多的权属纠纷,导致林海木业长时间停工。请求撤销林海木业与茂源公司签订的《活立木采伐整体销售合同》,由茂源公司返还林海木业合同价款并赔偿林海木业损失。茂源公司反诉称《活立木采伐整体销售合同》成立并生效,林海木业未向茂源公司支付合同余款192万元,已逾期9个月,林海木业的行为已构成严重违约应承担合同约定的违约责任。请求林海木业继续履行合同,支付合同余款192万元及逾期利息86,400元,林海木业承担林木损失1,609,275元,支付违约赔偿金。

湖南省岳阳市中级人民法院一审认为:林海木业和茂源公司在签订合同之前,林海木业进行了实地考察,双方又在合同中约定合同中的数据只是作为购买方对此片林木购买的参考数据,采伐林地四至范围和面积由林海木业确认,且从林海木业所提交的证据来看,林地争议仅为23亩,故林海木业认为茂源公司隐瞒事实,欺诈林海木业的理由不能成立。但由于林地在2011年年底已经过火,为火烧林,并非活立木,林海木业以480万元的价格与茂源公司签订合同,而整片林木经岳阳市物价局价格认证中心鉴定价值仅440余万元,显然,林海木业对标的物的品种、质量、规格、数量和价值等存在错误认识,在行为后果与自己的真实意思相悖的情况下与茂源公司签订了合同,其行为构成重大误解,林海木业请求撤销该合同,符合法律规定。茂源公司要求林海木业继续履行合同,支付余款及利息并承担损失的反诉请求,不予支持。

林海木业不服一审判决,向湖南省高级人民法院提起上诉称:林海木业没有多次实地勘察,不知晓林地过火情况;一审认定已砍伐和销售林木价值错误;茂源公司实际出售的林木面积为2504.2亩,比合同约定面积少了841亩,茂源公司隐瞒了重要事实。道路补偿、工伤赔偿以及租车损失都是林海木业在采伐过程中和因茂源公司原因造成的权属纠纷产生的合理费用,不是修路导致水土流失造成,应当予以赔偿,借款利息也应当予以赔偿。

茂源公司上诉称:合同标的物为过火后的林木的相关信息是公开的,合同当事人双方都是知晓的。合同标的物砍伐前必须办理采伐许可证,办理采伐许可证前必须出具当地林业局认可的伐区设计说明书。2012年7月,贵港市森源林业设计公司(以下简称森源公司)出具的说明书明确说明了该林地已经过火,而该片林地的采伐申请手续是林海木业自己办的。同时,2013年7月,一审案件承办人和岳阳市物价局价格认证中心都专门派人到现场勘察,在时隔两年之后,该林地的过火情况都是非常明显的,因此,合同标的物为过火后林木的信息林海木业是知晓的。

二审湖南省高级人民法院补充查明,2011年11月7日,湖南盛泰营林有限公司(以下简称盛泰公司)林业调查设计规划队作出伐区调查设计书,该设计书中载明案涉伐区面积为2686.4亩,该设计书还载明案涉伐区的四至范围、预计木材蓄积量和出材量。

2012年7月,林海木业委托森源公司作出说明书一份,其中采伐编号为20120737、20120733的说明书均载明此伐区为火烧后林地,林木已经烧枯,个别特别严重。

2013年10月23日,一审法院委托岳阳市物价局价格认证中心对案涉标的的未砍伐林木价值和第二茬林木生长量损失进行了价格认证,该价格认证中心出具的《关于广西贵港市平南县思旺镇镇东村未砍伐林木残值和第二茬林木生长量损失的价格认证结论书》中认为:由于林木在过火后长达1年半的时间未砍伐更新(林海木业的砍伐销售时间为2012年6月至2013年3月,未砍伐林木继续保留在山上7个月),现有未砍伐桉树大多已经死亡或停止生长,木材比重下降,树木利用价值进一步降低,对外销售困难且严重影响成交价格。

二审法院认为:所谓欺诈是指订立合同的一方当事人故意隐瞒与订立合同有关的重要事实,导致合同对方在陷入错误认识的情况下与之缔结合同的行为。判断一项行为是否构成欺诈应当包括两个方面:一是合同对方是否故意隐瞒事实真相,二是行为人是否因对方的故意隐瞒行为陷入错误认识而实施法律行为,两者须同时满足方构成欺诈。林海木业在本案中据以主张茂源公司构成欺诈的主要事实是案涉林地存在过火情况,而从本案所查明的事实看,案涉林地存在过火情况是公开的事实,属于标的物明显的瑕疵,茂源公司并没有故意隐瞒该事实,其也不可能隐瞒,林海木业也承认在订立合同前对林地过火事实即已知晓,只是提出对过火程度不清楚,因此不能认定茂源公司在订立合同过程中故意隐瞒案涉林地过火事实从而有欺诈的故意。对于林海木业是否因对林地过火事实的错误认识而陷入错误行为的问题,从双方签订合同的过程看,在合同签订前,林海木业就到现场进行了多次勘察,知晓案涉林地在2011年年底过火,合同标的物的瑕疵在订立合同当时就是公开的,因此,不存在林海木业因林地过火情况而陷入错误认识的问题。虽然林海木业辩称其无法直观判断过火情况的严重程度,但其作为标的物的买受人,在发现所购买的标的物存在明显瑕疵时,应当在充分了解瑕疵对标的物价值影响程度的情况下再与卖方签订合同。而按照林海木业所辩称理由,其是在知道标的物存在瑕疵,但不清楚瑕疵对标的物价值影响程度的情况下接受茂源公司的价格,有违常理。而根据本案所查明的事实,林海木业在订立合同时自行承担费用,委托森源公司对案涉林地的情况作了详尽的调查,森源公司根据调查结果作出说明书一份,在该份说明书中对案涉林地的采伐面积、林地过火情况,林地的蓄积量和出材量,甚至包括林地上的可以采伐树木的株数及大小情况均作了详尽说明。依据该说明书,可以对案涉林地的采伐面积、出材量、林地过火情况及严重程度有一个充分全面的了解,因此,不存在林海木业因对案涉林地的采伐面积和过火情况及严重程度的错误认识而与茂源公司缔结合同的情况。林海木业辩称虽然是其委托森源公司对案涉林地进行调查,但其并未收到过该说明书,因此并不知晓林地的真实情况。且不论该辩称完全违背常理,仅从林海木业向平南县有关部门申请办理采伐许可证的过程看,该说明书中的内容是记载于申请表中的,林海木业也是按照该说明书的要求实际进行采伐,并完成了对案涉林地的一大半采伐的。如果其在采伐过程中发现案涉林地的实际状况与其订立合同时所认为的情况不符,应当当即提出异议,而不是在已经采伐了大部分林地后再提出异议。因此,林海木业辩称其不知晓该说明书的内容与客观事实不符,二审法院不予采信。综合以上事实可以认定,茂源公司在订立案涉合同过程中并未故意隐瞒林地过火事实,林海木业是在充分知晓林地采伐面积、林地过火情况及严重程度的情况下订立案涉合同。林海木业认为茂源公司存在欺诈进而要求撤销案涉合同的请求没有事实和法律依据,二审法院不予支持。

关于案涉合同是否基于林海木业重大误解订立的问题。根据《民通意见》第71条规定,所谓重大误解是指行为人因对行为的性质、对方当事人、标的物的品种、质量、规格和数量等的错误认识,使行为的后果与自己的意思相悖,并造成较大损失的情形。这里所指的重大误解也应符合以下三项条件:一是行为人系因自身原因造成对合同标的物的错误认识;二是行为人因自身错误认识而作出与自己内心真实意思相悖的意思表示;三是行为人因自己的错误意思表示而承担较大损失。根据本案所查明的事实,林海木业在订立合同时对合同标的物的真实状况已经有了充分全面的了解,并没有错误的认识,订立合同的意思表示是其真实意思,因此本案并不符合有关重大误解的认定条件。一审判决仅仅根据合同部分履行后林海木业已砍伐和未砍伐林木的价值总和与合同约定的价款存在差异,就认定林海木业系对合同标的物存在重大误解,显然是将合同履行所产生的经营风险与当事人在订立合同当时对标的物质量的错误认识混为一谈,前者是应由当事人自行承担的市场风险,而不能作为可以撤销合同的重大误解理由。再者,根据所查明的事实,林海木业已砍伐的林木价值为2,938,829元,未砍伐林木现有残值鉴定价格为1,461,709元,但未砍伐林木的现有残值是根据贬损价值计算的,而贬损的原因是未砍伐林地因未砍伐更新,未砍伐桉树大多已经死亡或停止生长,木材比重下降,树木利用价值进一步降低,对外销售困难且严重影响成交价格,因此要按照正常材市场价格贬损40%计算。可见造成未砍伐林木价值贬损的原因是林海木业未按照合同约定时间履行砍伐义务而造成未砍伐林木死亡或停止生长,其贬损原因在于林海木业的违约行为。如果林海木业按照约定期限履行砍伐义务,则不会发生这种价值贬损。因此,即使依据现有事实也不能认定林海木业依据合同所取得的林木价值与其支付的合同价款严重不符,从而对其造成较大损失。一审判决以因林海木业的原因造成未砍伐林木价值贬损后的价值为依据,认定案涉林地的价值为440余万元,与合同约定的价款480万元存在差异,从而构成重大误解,属于认定事实错误,应予纠正。

一审判决在不认可茂源公司在订立合同时存在欺诈,林海木业系因重大误解而订立合同的情况下,又将造成重大误解的主要原因归于茂源公司,这是错误地适用了重大误解的构成条件。重大误解是行为人自身原因造成的,如果行为人的错误认识系因交易对方隐瞒真实情况造成的,则构成欺诈。就本案情况而言,一审判决既不认可茂源公司存在欺诈,又将重大误解的主要原因归于茂源公司隐瞒标的物真实情况,显然是矛盾的。一审判决认定林海木业系重大误解而订立合同,判令茂源公司承担林海木业履行合同过程中所支出的费用,没有法律依据,应予纠正。

关于双方签订的《活立木采伐整体销售合同》是否应继续履行及双方各自应承担何种合同责任的问题。根据所查明的事实,本案中的《活立木采伐整体销售合同》系双方真实意思表示,其内容也不违反法律、行政法规的强制性规定,为合法有效的合同,双方均应依照该合同的约定行使权利和履行相应的义务。现林海木业已经明确拒绝履行合同,而请求撤销该合同。虽然其撤销权并不成立,但其已经以自己的行为表明不愿再继续履行该合同。考虑到本案中合同的特殊性,该合同事实上已经无法履行,因此,二审法院依法判令案涉合同终止履行。对茂源公司要求继续履行合同的请求,二审法院不予支持。但因该合同的终止履行系因林海木业的违约造成,因此,合同的终止履行不影响林海木业应承担的违约责任。

林海木业不服二审判决,向最高人民法院申请再审称:合同约定的林地面积、蓄积量、出材量与实际相差甚远,双方约定案涉林地为"活立木",但其实属"过火林",案涉林地采伐证由赵良以周启东名义办理,所需签名均为赵良冒签,林海木业并不清楚办理所需材料,包括申请表和森源公司说明书等资料的内容。新提交视频资料证明,凭肉眼无法判断林木过火的事实,且证明茂源公司带领林海木业实地勘察的是有选择性的区域。因林地面积大,过火时间已久,从自然状态无法看出过火,判断是否属于过火林具有专业性以及受到客观条件局限,单凭一次有选择性的地点勘查,林海木业无法确认是否过火。林海木业作为专业的林木经营公司,如果签订合同之前踏勘时知晓是过火林,绝对不会签订"活立木"合同。说明书及申请表均发生在签订合同之后,且该表中没有载明火烧林的情况,林海木业知晓林地过火后,积极地向茂源公司反映情况,因当时考虑双方长期合作的关系,没有刻意保存反映过火林事实的相关证据,但后期林海木业多次以电话、手机短信、书面信函和律师函的形式,就林地过火问题与茂源公司进行过沟通,茂源公司也曾表示在日后的合作中补偿,但未作出具体方案。因此,不能以没有及时提出异议为由剥夺林海木业的撤销权。茂源公司故意隐瞒影响合同订立的重大事实,依法应认定为欺诈。

茂源公司答辩称:茂源公司不存在欺诈行为,虽然《活立木采伐整体销售合同》中并没有林木"过火"的具体字眼,但并不能据此认为事实上没有披露。该片林地的买入价为9,048,300元,但本案卖出价为480万元,显属高价买进、低价卖出,说明合同签订时已经考虑了林木过火情况。在与本案合同相近时间签订的其他交易林地面积较少的合同价格远远高于本案价格,也可以说明双方对于林木过火是清楚的。林海木业认可在签约前曾经实地踏勘涉案林地,且该林地处于开放的自然环境,完全可以推断林海木业知晓林地过火事实。其声称没有发现林木过火情况不合常理。依据林海木业自行委托的森源公司出具的说明书,即使林海木业在签约时确不知晓林木过火情况,其在合同签订后即应当知悉该情况,后仍然实施了积极的履约行为,继续砍伐了半年,足以说明双方在此问题上达成了新的谅解和合意。关于损失计算问题,本案纠纷系林海木业发现利润率不高而有意违约拒不支付合同尾款造成的,其应自行承担损失,并赔偿茂源公司损失。

【案件争点】

1. 茂源公司在与林海木业签订合同过程中是否存在欺诈。

2. 本案双方应当承担何种责任。

【裁判要旨】

1. 关于林地过火问题

瑕疵担保责任是出卖方应当承担的最基本的责任,也是诚信交易的基础。本案双方签订的《活立木采伐整体销售合同》未写明交易标的物系过火林,茂源公司所提交的证据不能充分证明其在合同签订前告知林海木业所交易林木曾经过火,其在本案再审庭审时亦认可没有书面证据证明茂源公司在签订合同时或者在合同文本中已经告知林海木业涉案林地过火的事实。过火系林木价值贬损的主要原因之一,是本案交易标的物的重大瑕疵。与林海木业相比,茂源公司作为出卖方应当更加清楚买卖合同标的物的真实情况,其不能提供充分证据证明曾告知林海木业所交易林木系过火林,属于故意隐瞒买卖合同标的物重大瑕疵,应当认定构成欺诈。茂源公司称其从上家买入涉案林木价款比本案合同高出很多、之前的拍卖价款520万元也因太低而流拍、签订合同之前林海木业实地踏勘曾发现过火痕迹等,均不足以证明作为卖方的茂源公司曾在合同签订前明确告知林海木业买卖标的物过火这一重大瑕疵,违反了民事交易的诚实信用原则。

关于林海木业在签订合同前是否知道或者应当知道标的物过火的问题。本案林海木业委托森源公司所做的说明书系在双方签订买卖合同之后制作,合同签订前林海木业虽曾实地踏勘,但鉴于涉案林地面积有3000余亩,即使林海木业实地踏勘发现有过火痕迹客观上也难以确定过火范围和程度,且过火林的认定涉及专业判断问题,不足以推定林海木业知道或者应当知道涉案林地全部过火的事实。本案证据不足以证明林海木业在签订合同时知道或者应当知道林地过火情况,不能构成茂源公司免责事由。二审法院对于该事实认定错误,本院予以纠正。

因茂源公司未能提供充分证据证明其在与林海木业签订本案合同时已告知交易林木系过火林,属于故意隐瞒买卖合同标的物的重大瑕疵,构成欺诈,林海木业诉请撤销双方签订的《活立木采伐整体销售合同》,理据充分,本院予以支持。

2. 关于林地面积问题

本案双方签订合同时未实地勘察林地面积。依据双方合同约定,林海木业所收购的活立木的树种、规格、蓄积状况、面积、资产状况及采伐要求详见双方认可的伐区调查设计书,但伐区调查设计书只作为购买方对此片林木购买的参考数据,林海木业负责确认采伐林地四至范围和面积。结合茂源公司从曾海处购买涉案林木的合同所约定的林地面积亦与本案合同约定面积基本相同,本案尚无充分证据证明茂源公司在林地面积问题上存在欺诈的故意。关于林海木业举示的工商登记资料等证据,亦不足以证明茂源公司对于林地面积存在欺诈故意。对于林海木业提出的茂源公司在林地面积上存在欺诈的主张,本院不予采纳。

3. 关于本案双方的责任承担

本案合同签订于2012年6月13日,之后2012年7月森源公司即受林海木业委托出具说明书,而该说明书载明涉案林木全部过火。林海木业称采伐许可证系案外人赵良以林海木业名义代办,林海木业不知晓森源公司说明书内容。因赵良办理采伐许可证系受林海木业委托,其是否将说明书内容告知林海木业系代理人和被代理人内部事宜,不足以证明林海木业不知晓说明书内容。据此,林海木业于2012年7月尚未开始采伐林木,其大部分损失尚未实际发生时,即应当知晓林木过火情况,应积极协商或者及时采取措施防止损失的发生和扩大。即便如林海木业在再审庭审中所称,其系在2012年10月左右知晓过火情况,但其亦继续履行合同直至约定履行期届满后数月,其间虽曾与茂源公司协商,但仍未及时主张撤销权,对于损失的扩大有重大过错,应当自行承担部分损失。综合考虑双方当事人过错程度,法院酌情按照5:5比例由林海木业和茂源公司分担林海木业损失,茂源公司损失由其自行承担。

例案二 | 蔡某某诉王某某其他买卖合同案

【法院】

上海市崇明区人民法院

【案号】

(2008)崇民一(民)初字第1131号

【当事人】

原告:蔡某某

被告:王某某

【基本案情】

原告蔡某某原系上海市崇明县××村××组村民,后因其在上海市宝山区××镇购置了商品房,按小城镇户口政策于2000年3月24日办理了农转非手续。被告王某某系上海市杨浦区城镇居民。原告原有平房2间(以下简称系争房屋),坐落于上海市崇明县××村××组。2001年9月19日,经商谈,原告将该平房2

间出卖给被告王某某,房款为3000元,2002年4月6日,被告付清了房款,原告委托其兄与被告签订了房屋买卖协议书,但未经有关组织或部门批准,系争房屋的宅基地使用证至今未依法变更登记至被告名下。原告将系争房屋交付被告后,被告于2002年9月对系争房屋进行了装修。

另查明,根据有关文件规定,崇明县长兴乡集体所有土地房屋拆迁土地使用权基价(含价格补贴)标准为1230元/平方米建筑面积,系争房屋建筑面积计66平方米,土地使用权基价为81,180元。

审理中,根据原告申请,本院委托上海某建设工程咨询事务所对系争房屋及装修价款进行评估。结论为房屋工程造价计40,586元、装修工程造价计23,057元,合计63,643元。

【案件争点】

双方签订的买卖协议是否无效及利益分配。

【裁判要旨】

上海市崇明区人民法院认为:本案系争房屋为农村宅基地房屋,由于农村宅基地使用权的主体是特定的农村居民,是农村集体经济组织成员享有的权利,与享有者特定的身份相联系,非本集体经济组织成员不能申请或变相取得农村宅基地使用权。根据房地合一的原则,原、被告之间签订的房屋买卖协议书的买卖标的物不仅是房屋,还包括相应的宅基地。被告作为上海市杨浦区城镇居民,并非上海市崇明县××村××组村民,其未经有关组织或部门批准,不能取得农村宅基地使用权,且系争房屋的宅基地使用证至今未依法变更登记至被告名下,因此根据国家有关法律、行政法规的规定,被告不得购买农村宅基地房屋。现原告要求确认原、被告之间的房屋买卖合同无效,依法有据,应予支持。合同被确认无效后,双方当事人应当相互返还房屋及购房款。根据评估结论,现系争房屋的价值(含造价及土地使用权基价)与原购房款已经不能对等,两者之间相比所产生的差价应当可以认定为原告(出卖人)的受益之处,也可以认定为被告(买受人)的信赖利益损失,对该损失,由于双方在房屋买卖中均有过错,应当按照各自的过错承担相应的民事责任。至于系争房屋的装修部分,因系被告投资,应归被告所有。考虑到装修部分不易拆除等原因,故由原告支付被告相应折价款为妥,装修部分则归原告所有,具体金额应根据评估结论并结合被告装修、居住、使用房屋的年限等因素,由法院酌情确定。判决原告蔡某某与被告王某某于2002年4月6日所签订的房屋买卖协议书无效;被告王某某自本判决生效后10日内将位于上海市崇明县××村××组平房2间(包括房屋装修、周围树木等)退还给原告蔡某某,原告蔡某某退还被告王某某购房款人民币3000元;原告蔡某某自本判决生效后10日内支付被告王某某房款差价损失人民币18,793元;原告蔡某某自本判决生效后10日内支付被告王某某土地使用权基价人民币40,590元;原告蔡某某自本判决生效后10日内支付被告王某某装修款人民币16,450元。

例案三 | 北京博航一统装饰材料有限公司与林某某等买卖合同纠纷案

【法院】

北京市第二中级人民法院

【案号】

(2015)二中民(商)终字第06536号

【当事人】

上诉人(原审被告):北京博航一统装饰材料有限公司

被上诉人(原审原告):林某某

原审被告:张某甲

原审被告:北京居然之家玉泉营家居建材市场有限公司

【基本案情】

北京博航一统装饰材料有限公司(以下简称博航一统公司)与北京居然之家玉泉营家居建材市场有限公司(以下简称居然之家公司)签有租赁合同,博航一统公司租赁场地进行经营,经营品牌为"一统木门"。博航一统公司授权张某甲以北京一统木门厂的名义在居然之家公司对外经营木门楼梯。张某甲以个人名义办理个体营业执照,字号为"北京经典一统木门经营部",经营场所为北京市丰台区居然之家家居建材市场2-087号。2012年4月24日,林某某与为其装修的施工队长陈某某到居然之家公司选购木门及楼梯,由陈某某与张某甲(一统木门)签订两份《居然之家家具建材销售合同》,订制木门及楼梯。其中一份合同编号为87,737,437(以下简称合同1)的合同甲方为陈某某,商品名称为木门,材质为红胡桃,金额为305,102元,合同加盖居然之家玉泉营店售后服务专用章;另一份编号为87,737,440(以下简称合同2)的合同甲方处书写"林先生",商品内容为木门及楼梯,主要材质为花梨、红胡桃,木门价款为196,000元,楼梯价款为108,000元,合计304,000元,未加盖居然之家玉泉营店售后服务专用章。同日,陈某某还签署一统楼梯确认单,确认楼梯材质为花梨实木。当日,林某某在居然之家公司刷卡支付货款共计299,000元,支付现金5000元,共计304,000元。

在安装楼梯过程中,林某某怀疑楼梯材质不是花梨木,遂与博航一统公司协商,委托国家家具及室内环境质量监督检验中心先后对楼梯踏板及楼梯扶手进行检验,检验依据为GB/T 18107—2000《红木国家标准》及GB/T 18513—2001《中国主要进口木材名称》,检验结论均为该材种不能称为花梨木。林某某起诉至法院,认为博航一统公司存在欺诈行为,故主张解除关于楼梯的买卖合同,退还楼梯货款108,000元,赔偿货款2倍的损失及其他经济损失共计335,350元,并要求三被告承担连带责任。

双方所签合同系居然之家公司提供的格式合同,合同首页"消费者须知"第7条"统一收银"载明:居然之家实行统一收银。在签订完销售合同后应填写统一的"居然之家交款凭证",到居然之家收银台交款。如果私下同商户直接结算,则居然之家不承担"先行赔付"等售后服务责任。第9条关于"先行赔付"载明:先行赔付是指居然之家对市场内商户的经营活动承担连带责任。当商户销售商品出现质量或服务商的问题时,消费者可以携带本合同和交款凭证到居然之家投诉,并要求居然之家先行赔付,居然之家会竭尽所能让问题得到满意的解决。合同第11条载明:本合同加盖居然之家家居市场售后服务专用章才能生效。

博航一统公司表示张某甲系其公司员工,公司对签订合同予以认可,测量及安装均为公司行为。对于检验一事,博航一统公司认可与林某某协商后委托国家家具及室内环境质量监督检验中心对楼梯扶手及踏板进行检验,但表示其公司销售的楼梯材质为"巴西花梨木",而非"红木花梨木",申请重新鉴定。居然之家公司对合同1表示认可,因合同2未加盖居然之家售后服务专用章,故不予认可,认为林某某与博航一统公司签订阴阳合同,未得到居然之家公司确认,不同意承担连带责任。庭审中,林某某的证人陈某某出庭作证,证明其为林某某装修施工,并与林某某一同选购楼梯及木门,合同由陈某某签字,林某某刷卡交费。同时证明有四个垭口未能安装,应退款7000元。

一审法院判决认定:关于原告主体问题,林某某虽然未在两份合同上签字,但其与证人陈某某一同选购楼梯,由陈某某在合同上签字,林某某实际交付货款并实际使用购买的商品,故可以认定林某某为本案买卖合同的一方当事人。关于被告的主体问题,博航一统公司租赁居然之家公司摊位并授权张某甲在该摊位销售博航一统公司生产的木门及楼梯,且实际由博航一统公司向林某某供货,博航一统公司在庭审中认可签订合同、供货及鉴定等事宜,故博航一统公司为买卖合同的另一方当事人。林某某与博航一统公司签订买卖合同,其中合同2中明确载明商品名称为木门、楼梯,主要材质为花梨、红胡桃,在一统楼梯确认单中进一步明确楼梯的材质为花梨实木,故可以认定博航一统公司向林某某销售时承诺楼梯材质为花梨木。林某某对楼梯材质产生怀疑后与博航一统公司协商确定鉴定机构,并由博航一统公司委托进行鉴定,故该鉴定结论法院予以采信。经过鉴定,博航一统公司销售给林某某的楼梯材种不能称为花梨木。根据法律规定,一方当事人故意告知对方虚假情况,或者故意隐瞒真实情况,诱使对方当事人作出错误意思表示的民事行为,可以认定为欺诈行为。博航一统公司对其销售的楼梯材质应当明知,其向林某某承诺楼梯材质为花梨木,已经构成欺诈,故博航一统公司应当向林某某承担责任。林某某要求退还货款,符合法律规定,一审法院予以支持。根据法律规定,经营者提供商品或者服务有欺诈行为的,应当按照消费者的要求增加赔偿其受到的损失,增加赔偿的金额为消费者购买商品的价款或者接受服务的费用的3倍。林某某要求赔偿2倍楼梯价款的损失,未超过法律规定的赔偿金额,一审法院予以支持。林某某主张的公证费,系其合理损失,一审法院予以支持。林某某应当将所购楼梯返还给博航一统公司。林某某主张的鉴定费及交通费,未向法庭提供证据,一审法院不予支持。林某某主张退还未安装垭口的费用,证据不足,一审法院不予支持。因欺诈订立的合同系可撤销的合同,林某某主张解除,与法律规定不符,一审法院不予支持。合同2系林某某与博航一统公司在合同1外另行签订,就购买木门、楼梯的材质、单价、数量等进行明确的约定,并未加盖居然之家售后服务专用章,居然之家公司对上述约定并不知情。盖有居然之家售后服务专用章的合同1没有关于购买楼梯的内容,故一审法院认为,居然之家公司不应承担连带责任,对林某某该项诉讼请求,一审法院不予支持。

博航一统公司不服一审法院上述民事判决,提起上诉,其主要上诉理由:一是博航一统公司在与陈某某订立合同时并无欺诈行为,博航一统公司提交的公证书已明确注明花梨木是一类木材的统称。紫檀属的木材分为三大类:紫檀木类、花梨木类、亚花梨木类。紫檀木类、花梨木类都属于红木国标的范畴,而亚花梨不是。亚花梨木类有20多种。经百度百科查询“巴花”又统称为亚花梨。博航一统公司提交的证据证明涉案木材为巴花,并非所有的花梨木都是红木,同时证明巴花为巴西花梨木或者非洲花梨,林某某依据红木标准进行鉴定作出的结论应当是不属于国标红木类的花梨木,并不能证明涉案木材不属于非红木类的花梨木,故不能作为认定欺诈行为的证据。况且,一统木门店销售时从没有承诺给林某某的是红木类的花梨木,其承诺的只是花梨木实木,这与巴花的说法一致。如果博航一统公司明知巴花不属于花梨木,也就不会去主动鉴定。况且,林某某支付价款就是巴花的价款,林某某根据生活常识就会知道108,000元不可能购买到红木的楼梯,而且其木门等家具产品都没有购买红木的,可推断其已明确知道购买的产品不可能是红木但确定购买,故其恶意购买行为不能认定是消费行为,不能以《消费者权益保护法》来认定其损失赔偿。二是一审判决认定为可撤销的合同却判决双倍赔偿是错误的。可撤销的合同的法律后果是退货退款。

林某某答辩称:(1)双方签订的销售合同商品列表中明确标注"主要材质"木材必须使用国标名称,因此,检测机构认定博航一统公司销售的楼梯材质不属于国标花梨木,足以证明其未能诚信经营,存在欺诈消费者事实。(2)关于材质鉴定的过程。双方协商于2012年7月6日将楼梯扶手送检,结论认为"该材种不能称为花梨木"。当时博航一统公司向林某某解释,是工人送货有误,楼梯其他组件必然都是花梨木,基于此,双方2012年7月31日再次将楼梯踏板送检,但结论仍然为"该材种不能称为花梨木"。前后两次检验的标准都是国标。(3)博航一统公司认为10万元不足以购买红木家具,林某某并非善意消费。然而,林某某只是一名普通消费者,不具备专业木材知识和鉴别能力,对木材市场价格也并不了解,而博航一统公司以及所在的卖场居然之家公司具有良好的商业信誉,基于此林某某才选择在博航一统公司处购买家居产品。如果博航一统公司在交易之初就明知这样的售价不足以弥补国标花梨木的成本,或者说博航一统公司在交易之初就没打算向林某某出售国标花梨木产品,却还在合同、图纸等一系列文件上向林某某反复提示、承诺出售的产品是国标花梨木材质,更能证明博航一统公司存在欺诈消费者的故意。花梨木的市场价格不是生活常识,博航一统公司也没有理由认为林某某对此专业信息应当知悉,更不能对此抵赖自身的法律义务。(4)林某某主张2倍赔偿并非仅依据《消费者权益保护法》的规定,更主要的是依据博航一统公司自己的宣传和承诺。根据公证书可知,博航一统公司始终在其网站上承诺"产品真材实料,否则假一赔二",居然之家公司也在网站上宣传"红木全保真,否则假一赔二",而现在已经查明博航一统公司销售的产品材质和承诺不符,其应当按照自身的承诺履行赔偿义务。林某某请求二审法院驳回上诉,维持原判。

【案件争点】

博航一统公司是否存在欺诈,如何确定赔偿责任。

【裁判要旨】

二审法院认为：林某某与博航一统公司签订的买卖合同中明确载明商品名称为木门、楼梯，主要材质为花梨、红胡桃，在《一统楼梯确认单》中进一步明确楼梯的材质为花梨实木，故可以认定博航一统公司向林某某销售时承诺楼梯材质为花梨木。林某某对楼梯材质产生怀疑后与博航一统公司协商确定鉴定机构，并由博航一统公司委托进行鉴定，检验报告载明检验依据为GB/T 18107—2000《红木国家标准》及GB/T 18513—2001《中国主要进口木材名称》，故该鉴定结论应予采信。经过鉴定，博航一统公司销售给林某某的检验结论均为该材种不能称为花梨木。博航一统公司关于花梨木是一类木材的统称，涉案木材为巴花，并非所有的花梨木都是红木的上诉主张，缺乏证据予以佐证，本院不予采信。博航一统公司上诉主张的林某某依据红木标准进行鉴定作出的结论应当不属于国标红木类的花梨木，并不能证明涉案木材不属于非红木类的花梨木，故不能作为认定欺诈行为的证据，与本案查明的事实不符，本院不予采信。

根据法律规定，一方当事人故意告知对方虚假情况，或者故意隐瞒真实情况，诱使对方当事人作出错误意思表示的民事行为，可以认定为欺诈行为。博航一统公司对其销售的楼梯材质应当明知，其向林某某承诺楼梯材质为花梨木，已经构成欺诈，故博航一统公司应当向林某某承担责任。林某某要求退还货款，符合法律规定，一审法院予以支持并无不当。因欺诈订立的合同系可撤销的合同，合同被撤销后，因该合同取得的财产应当予以返还；有过错的一方应当赔偿对方因此所受到的损失。根据法律规定，经营者提供商品或者服务有欺诈行为的，应当按照消费者的要求增加赔偿其受到的损失，增加赔偿的金额为消费者购买商品的价款或者接受服务的费用的3倍。林某某要求赔偿2倍楼梯价款的损失，未超过法律规定的赔偿金额，一审法院予以支持亦无不当。博航一统公司关于一审判决认定为可撤销的合同却判决双倍赔偿是错误的；可撤销的合同的法律后果是退货退款，故一审判决错误的认定赔偿双倍损失的上诉理由，于法无据，本院亦不予采信。

三、裁判规则提要

（一）适用诚信原则调整合同不成立、无效或被撤销的法律效果

诚信原则是债法中的“帝王条款”，其适用贯穿于民法的始终。人民法院在认定合同不成立、无效或被撤销时应根据诚实信用原则，合理确定当事人的权利义务关系，强化对守法守约者诚信行为的保护，加大对违法违约行为的制裁与惩罚。

《全国法院民商事审判工作会议纪要》第32条第2款明确指出:"在确定合同不成立、无效或者被撤销后财产返还或者折价补偿范围时,要根据诚实信用原则的要求,在当事人之间合理分配,不能使不诚信的当事人因合同不成立、无效或者被撤销而获益……"援引诚信原则可对合同不成立、无效或被撤销的法律结果进行修正,其根源在于每位当事人应对自身所存在的过错负责,且在一定情况下,严格执行合同不成立、无效或被撤销的法律效果会对不诚信行为的相对方产生难以忍受的不利后果。比如,在小产权房因被征收而能获得巨额补偿的情况下,房产出卖人提起诉讼,请求确认该小产权房的买卖无效,其目的就在于试图通过确认合同无效获得巨额利益,并使相对方可期待的利益落空。

需要注意的是,存在具体法律规则规范的情况下,诚信原则的介入,在实际上使本应不成立、无效或被撤销的法律行为一定程度上获得了法律效力,在这种情况下,要考虑合同不成立、无效或被撤销的法律依据的规范目的,根据个案具体情况、双方的过错程度进行审慎的利益衡量。比如,预售房因开发商无预售许可而无效,但由于房屋已售卖交付,该法律规范保护买房者的目的已实现。在这种情况下,以诚信原则矫正合同无效的法律效果,有利于打破法律行为无效带来的负向后果,更好地实现个案正义。

(二)合同不成立、无效或者被撤销情况下,当事人所承担的缔约过失责任不应超过合同履行利益

当事人具有违反诚信原则的恶意,主要依据是当事人对订立合同时的客观情况是明知的,其动机或目的或是通过损害合同相对方的利益来牟取自身利益,或是为逃避履行合同义务。对此,实践中,相对方如已经依约充分履行义务,则应认定为值得保护,或者说是没有理由让相对方承受合同不成立、无效或被撤销的全部不利后果;如双方均有过错,则根据诚实信用原则的要求,在当事人之间合理分配责任。但无论如何,在合同不成立、无效或者被撤销的情况下,当事人所承担损害赔偿责任的性质为缔约过失责任,(侵权赔偿除外)不应超过合同履行利益。一方请求赔偿应举证证明遭受实际损失,且限于直接的财产损失,以免漫无边际地加重当事人的责任。

四、辅助信息

高频词条:

《民法典》

第7条 民事主体从事民事活动,应当遵循诚信原则,秉持诚实,恪守承诺。

第157条 民事法律行为无效、被撤销或者确定不发生效力后,行为人因该行为取得的财产,应当予以返还;不能返还或者没有必要返还的,应当折价补偿。有过错的一方应当赔偿对方由此所受到的损失;各方都有过错的,应当各自承担相应的责任。法律另有规定的,依照其规定。

买卖合同纠纷案件裁判规则(一)第13条:
一方以送货单、收货单来主张买卖关系,另一方对买卖关系予以否认的,应结合标的物内容、双方经营范围、交易历史、履行情况、签收人情况等认定双方是否存在买卖合同关系

〔**规则描述**〕:实践中,存在一方仅提交送货单、收货单主张买卖合同关系成立时,另一方对买卖关系予以否认的情况。需注意在市场经济实践中,收发货物的行为可能存在多种法律原因,不能仅以收货、发货行为就直接认定双方存在买卖合同关系,而应结合标的物内容、双方经营范围、交易历史、履行情况、签收人情况以及行业习惯等认定双方是否存在买卖合同关系。

一、类案检索大数据报告

时间:2020年2月23日之前,案例来源:Alpha案例库,案件数量:880件,数据采集时间:2020年2月23日。本次检索到相关案件共880件,整体情况如图13-1所示。以送货单、收货单等来主张买卖关系,法院认为买卖合同关系成立的案件515件,占比为58.53%;不认为的案件144件,占比为16.36%;不相关案件221件,占比为25.11%。

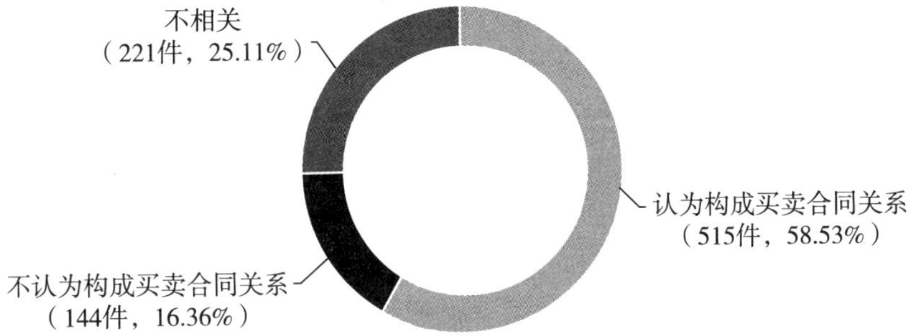

图13-1 法院是否认为构成买卖合同关系

如图13-2所示,从案件的年份分布情况可以看出当前条件下买卖合同纠纷案件数量的变化趋势。

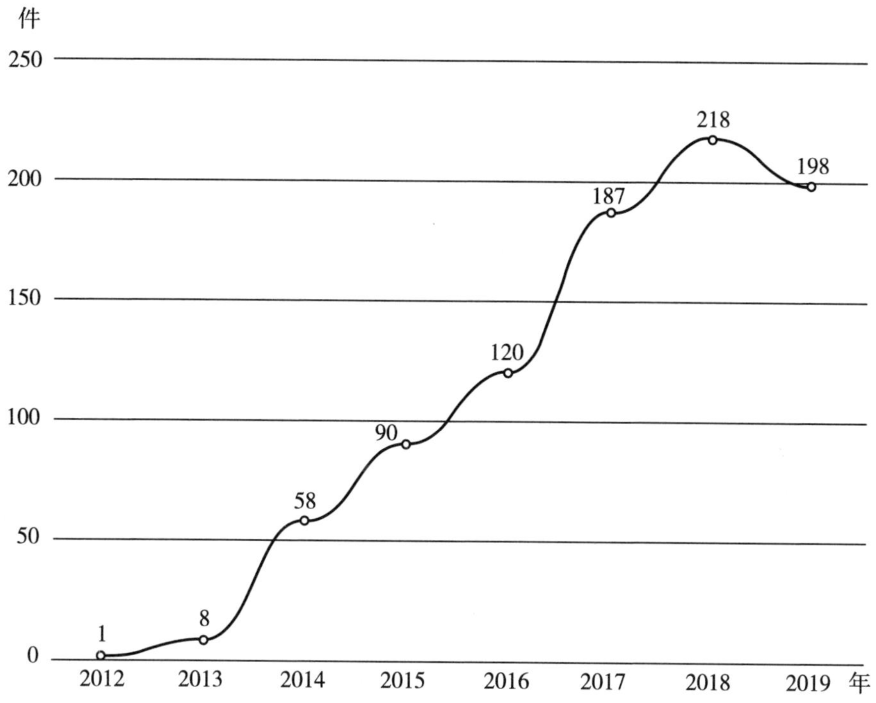

图 13－2　案件年份分布情况

如图 13－3 所示,从案件主要地域分布情况来看,当前案例主要集中在广东省、四川省、广西壮族自治区、云南省、山东省。其中,广东省的案件数量最多,达到 189 件。

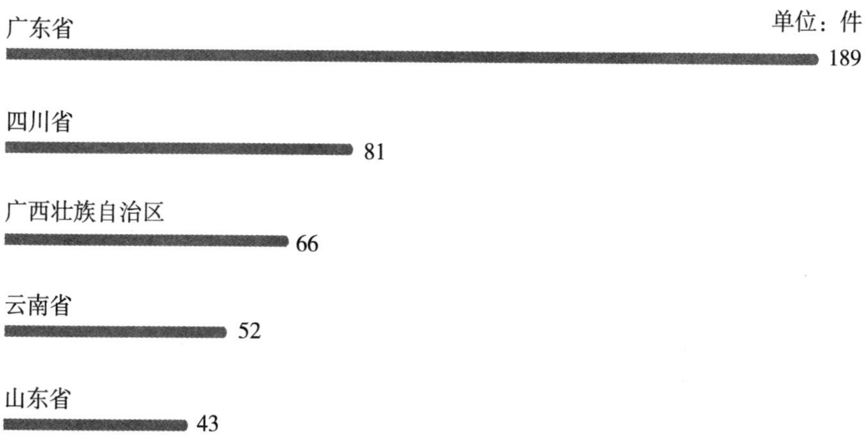

图 13－3　案件主要地域分布情况

如图 13 –4 所示,当前的行业分布主要集中在批发和零售业,制造业,建筑业,科学研究和技术服务业,房地产业。

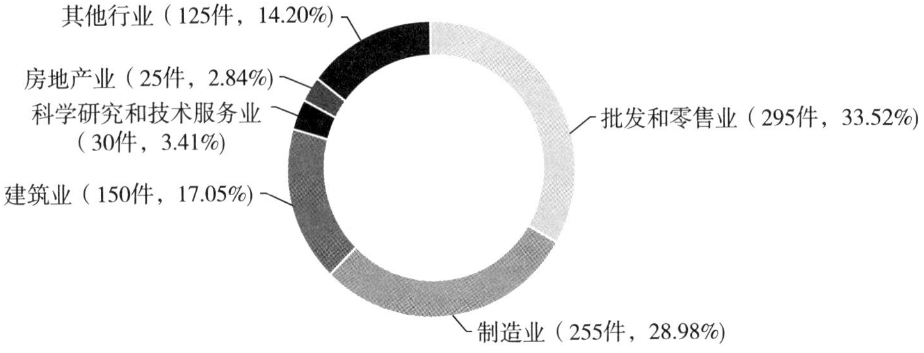

图 13 –4　案件行业分类情况

二、可供参考的例案

例案一 | 海宁市万信达薄板有限公司、朱某某买卖合同纠纷案

【法院】

浙江省嘉兴市中级人民法院

【案号】

(2015)浙嘉商终字第 647 号

【当事人】

上诉人(原审被告):朱某某

被上诉人(原审原告):海宁市万信达薄板有限公司

被上诉人(原审第三人):屠某某

【基本案情】

朱某某与海宁市万信达薄板有限公司(以下简称万信达公司)、屠某某买卖合同纠纷一案,原审法院审理认定:经第三人屠某某联系,万信达公司于 2014 年 6 月 15 日将各种型号的彩钢卷 39.9 吨计价值 204,288 元送至朱某某处,由朱某某签收。上述货款,朱某某至今未付。

原审法院审理认为:本案朱某某收取了万信达公司 39.9 吨彩钢卷的事实由万信达公司提供的证据予以证实,且与朱某某庭审中的陈述也能相互印证。本案争议焦点是涉案货款的付款义务人是谁。朱某某称其收取涉案货物是因第三人屠某某欠其债务,故第三人屠某某以涉案货物抵偿欠其的债务,对此因第三人屠某某未到庭陈述,而朱某某也未能提供相应证据证实,故朱某某的主张难以采信。朱某某作为实际收货人在没有其他证据的情况下,原审法院认定其有付款的义务,故万信达公司的诉讼请求予以支持。据此,依照《合同法》第107条、第159条、第161条,《民事诉讼法》第144条之规定,原审法院判决:朱某某于判决生效后10日内支付万信达公司货款204,288元并支付逾期付款利息损失(从2014年10月17日起至判决生效日止按银行同期贷款利率计算)。如果未按判决指定的期间履行给付金钱义务,应当依照《民事诉讼法》第253条之规定,加倍支付迟延履行期间的债务利息。案件受理费4364元,财产保全费1570元,合计5934元,由朱某某负担。

宣判后,朱某某不服原审判决,提出上诉称:(1)原审判决认定事实有误。首先,关于送货凭证,其系由四部分组成:一则是屠某某手写并传真至万信达公司的内容,包括了货物型号、送货地址及联系人方式等;二则是万信达公司工作人员手写的货品规格和数量内容;三则是涉案货物送到时朱某某作为"联系人"对货品及数量的确认签收;四则是屠某某手写的关于业务系为朱某某介绍的内容,但该内容明显系事后未经朱某某同意所添加,且屠某某与本案有重大利害关系,该段内容不能作为本案的定案证据。其次,关于送货单,其左上角明确载明"本送货单代销货合同……收货单位……签字后生效",右下角则明确要求"购买人"签字,但在万信达公司送货到朱某某时,并未出示该份送货单,更未谈及要求在其上签字。以上表明,万信达公司从未与朱某某商议过,朱某某也从未确认过送货单上所载的单价,且万信达公司送货到朱某某处时,仅把朱某某作为"联系人"而非"购买人"看待。最后,关于朱某某收货的性质问题,本案货物确系因第三人屠某某积欠朱某某款项,由屠某某交付彩钢卷给朱某某以抵偿债务。由于当时抵债货物价值高于屠某某所欠债务,故双方在清算后,朱某某将屠某某签字确认的结算单交还给了屠某某,并以银行转账和现金交付方式向屠某某退还了差价。综上所述,原审判决径直将作为"联系人"的朱某某认定为"收货人",进而认定为买卖合同的买受人,判决朱某某付款实在欠妥。请求二审法院依法撤销原审判决,将本案发回重审或是查清事实后改判驳回万信达公司的诉讼请求。

针对上诉,万信达公司二审中答辩称:一审判决认定事实清楚,适用法律正确,请求二审驳回上诉,维持原判。

针对上诉,屠某某未发表答辩意见。

二审中,朱某某向本院提交了以下证据:《防火涂料工程协议书》5份及工程款结算清单1份,用以证明朱某某与屠某某有工程合作关系,且屠某某欠朱某某款项;银行转账凭证及陶某某(朱某某之妻)账号资料,证明朱某某在涉案货物抵债金额高出屠某某所欠款项金额后,通过银行转账及现金方式向屠某某支付了差价。

万信达公司对上述证据发表质证意见认为:对证据中银行转账凭证的真实性予以确认,但与本案没有关联性,不能证明待证目的;对其他证据的真实性无法确认,且与本案没有关联,不予认可。

屠某某未发表质证意见。

法院对上述证据审查认证为:关于《防火涂料工程协议书》,其具有形式上的真实性,且屠某某未发表质证意见予以否认,本院予以认定;关于结算清单系朱某某单方制作,真实性不能确认,不予认定;关于银行转账凭证及相关账号资料,系朱某某与其妻陶某某之间的资金往来,仅以此不能证明系朱某某支付屠某某款项并按其指示汇款,法院不予认定。

二审中万信达公司、屠某某未提供新的证据。

二审法院经审理认定:2014年6月9日,屠某某向万信达公司发送了一份传真,传真首部为“沈经理”,主体内容为“0.35白灰15,000m送到平湖昌盛路与兴平二路路口联系人:158××××2801朱某某”,落款处为“屠某某2014年6月9日”。2014年6月15日,万信达公司按上述传真要求及联系地址、方式通过驾驶员将39.9吨共10件彩钢卷送至朱某某处,由朱某某签收。现万信达公司主张该笔业务系由屠某某介绍,由万信达公司直接销售给朱某某,货款应由朱某某直接支付。朱某某则辩称因屠某某欠其工程款,故运来该批彩钢卷偿债。另查明,万信达公司一审、二审中均确认其此前与朱某某并不相识,且涉案交易的相关事宜均系与屠某某商谈。

【案件争点】

上诉人与被上诉人是否构成买卖合同关系。

【裁判要旨】

法院认为:送货凭证是买卖合同成立的间接证据,仅能证明货物交付的事实,并不能独立证明买卖合同的成立,在市场经济实践中,收取货物的行为可能存在多种原因,不能仅以收货行为就当然认定双方存在买卖合同关系,应当结合当事人之间的交易方式、交易习惯以及其他相关证据,对买卖合同是否成立作出认定。在万信达公司不能证明其主张而朱某某也能就收货进行较为合理说明的情况下,本案不能仅以朱某某的收货行为就当然认定双方存在买卖合同关系。

例案二 | 崔某某、胡某某买卖合同纠纷案

【法院】

山西省阳泉市中级人民法院

【案号】

(2016)晋03民终557号

【当事人】

上诉人(一审被告):胡某某

被上诉人(一审原告):崔某某

【基本案情】

上诉人胡某某因与被上诉人崔某某买卖合同纠纷一案,不服山西省阳泉市城区人民法院(2015)城民初字第621号民事判决,提起上诉。

上诉人胡某某主要请求:在查明案情的基础上改判驳回被上诉人的诉讼请求。主要事实与理由:与被上诉人崔某某发生买卖合同的一方当事人应当是阳泉市泉东路鱼头泡饼饭店,上诉人只是该饭店的工作人员;本案被上诉人提供的证据不能证明买卖合同的履行过程及货款数额,且上诉人拒绝接听电话、未回复短信并非对该买卖合同单价、数量及欠款的认可。故一审法院认定事实不清、证据不足、适用法律不当。

被上诉人崔某某辩称:一审法院认定事实清楚,适用法律正确,上诉人的请求无事实与法律依据,请求驳回上诉,维持原判。

一审原告崔某某诉讼请求为:判令被告支付所欠货款,并赔偿利息。

一审法院经审理查明:2013年年底被告胡某某因经营饭店所需,与其妻前往石家庄海鲜市场考察时与原告相识。后被告提出要原告为其提供花鲢鱼鱼头,原告同意,为此双方口头约定:被告需要时电话通知原告后便供货,通过物流方式直接供给被告;运费由被告承担;鱼头每市斤12元整。双方未签书面合同。随即原告便按被告要求供货。2014年1月25日之前双方供货付款还算正常,随后被告就不能按约付款,但双方买卖仍在进行中,截至2014年9月23日原告停止供货,原告供被告鱼头及其他鱼产品共计总金额121,929.50元,被告共实际付款84,000元,尚欠37,929.50元。此账是原告自己单方记载流水账,未曾让被告核对。原告提供其他间接证据佐证,还有原告向被告催讨欠款的手机短信中,被告除推脱不接电话外,从未否认原告提出的欠款金额。尤其在一审法院受理本案后,被告到庭后

提出其饭店早已不开,原来饭店管账的人在外地,待核对一下自己的账后再处理此事,但再无音讯。且拒不到庭参加诉讼,故本案无法调解。

一审法院据已认定以上事实的证据为:原告提供的证据供货及收款流水账单一份、货物行包及快递托运单三张、银行卡银行转账单五张、田某某、马某某身份证及证明材料各一份、手机短信下载影印件一份。

一审法院认为,原、被告之间的买卖合同关系合法有效。双方虽未签订书面合同,但在相互信任的基础上所达成的口头协议就履行方式、价款、货品及付款方式基本详尽,在合同履行过程中,双方应遵守诚实信用原则。原告按被告要求履行了自己的供货义务,被告则未按约定付款,属违约方,应继续履行付款义务。对于原告提出赔偿利息的请求因双方没有约定,故不能支持。案件受理费应由被告承担。根据《合同法》第107条、第109条、第159条之规定,判决:(1)限被告在本判决生效之日起15日内一次性给付所欠原告货款人民币37,929.50元;(2)驳回原告其他诉讼请求。案件受理费748元由被告承担,限在判决生效15日内一次性向一审法院交纳。

二审审理中,上诉人胡某某提供阳泉市城区千岛湖鱼头泡饼店的工商执照(复印件),拟证明工商业主不是胡某某,而是张甲,胡某某只是该饭店的工作人员;被上诉人质证认为,该证明材料是复印件,且与本案无关。

【案件争点】

上诉人与被上诉人是否构成买卖合同关系。

【裁判要旨】

关于与被上诉人崔某某发生买卖合同的相对方是否是上诉人胡某某的问题。本案属于一种特别的交易方式,即在异地之间,一方以电话订购的方式求购货物,另一方以快递送货或大巴送货的方式交给电话订购者,电话订购者收到货物后,在很短时期内,将货款以汇款等方式支付给送货者,进而完成一笔交易。该种交易方式,双方在诚实信用原则下,在较长一段时期内(几个月或几年),持续发生诸多笔交易,在双方当事人之间,遂形成一种特殊的交易习惯。根据《买卖合同解释》第1条第1款的规定"当事人之间没有书面合同,一方以送货单、收货单、结算单、发票等主张存在买卖合同关系的,人民法院应当结合当事人之间的交易方式、交易习惯以及其他相关证据,对买卖合同是否成立作出认定",《合同法解释二》第7条规定"下列情形,不违反法律、行政法规强制性规定的,人民法院可以认定为合同法所称的'交易习惯':(一)在交易行为当地或者某一领域、某一行业通常采用并为交易对方订立合同时所知道或者应当知道的做法;(二)当事人双方经常使用的习惯做法。对于交易习惯,由提出主张的一方当事人承担举证责任",在本案中,被上诉人崔某某提供货物行包及快递托运单等送货凭证,证明其给上诉人胡某某发送本案货物;提供两证人,证明两人曾就胡某某订购货物帮助被上诉人崔某某发货或宰杀,且知道胡某某欠崔某某3万多元货款;被上诉人崔某某提供上诉人胡某某的妻子张乙曾给其汇货款的银行转账流水明细,对此,上诉人认可该转账流水确为胡某某的妻子张乙所为;被上诉人崔某某主张双方交易时间为2013年12月9日至2014年9月23日,上诉人诉讼委托代理人质证认为,本方当事人未讲交易的开始时间,但交易至2014年7月或8月底。上述事实,能够证明在河北石家庄的崔某某与山西阳泉的胡某某之间,胡某某以电话订购的方式求购饭店食材(鱼头等),崔某某以快递送货或大巴送货的方式,将鱼头等交给胡某某,胡某某收到货物后,在很短时期内,将货款以汇款等方式支付给崔某某,在几个月内,双方按该种交易方式,诚实地持续发生诸多笔交易,双方事实上形成一种交易习惯。因此,能够认定被上诉人崔某某与上诉人胡某某之间买卖合同成立且生效,与被上诉人崔某某发生买卖合同的相对方是上诉人胡某某。

例案三 | 铁岭市清河区维多利亚大酒店有限公司、铁岭市清河区华鑫酒业有限公司买卖合同纠纷案

【法院】

辽宁省铁岭市中级人民法院

【案号】

(2018)辽12民终2477号

【当事人】

上诉人(原审被告):铁岭市清河维多利亚大酒店有限公司

被上诉人(原审原告):铁岭市清河区华鑫酒业有限公司

【基本案情】

从2012年10月起,铁岭市清河区华鑫酒业有限公司(以下简称华鑫公司)向铁岭市清河维多利亚大酒店有限公司(以下简称维多利亚公司)出售雪花系列啤酒,至2013年1月14日,共欠酒款10万元,为此,维多利亚公司出具欠据一张,并加盖了其公司的财务专用章。此后,华鑫公司多次派员工催要此款,未予给付。从

2013年1月24日起至2013年11月30日止,华鑫公司继续为维多利亚公司送雪花系列啤酒,拖欠酒款38,910元,并出具了12张入库单,入库单名称均为“维多利亚国际大酒店物品入库单”,仓库员一栏分别有范某、张某某的签名,上述欠款总计金额为138,910元,经催要一直未予给付。2013年11月22日,维多利亚公司的股东许某某与王某某签订《股权转让协议书》,将公司51%的股份转让给王某某。

另查明,2015年1月16日,华鑫公司的二级代理商王某甲诉至法院,要求维多利亚公司偿还此款,后王某甲撤回起诉。2017年9月6日,华鑫公司诉至法院要求维多利亚公司给付此款。

一审法院认为,买卖合同是出卖人转移标的物的所有权于买受人,买受人支付价款的合同,双方虽未签订书面买卖合同,但华鑫公司多次向被告维多利亚公司供应雪花系列啤酒,维多利亚公司接收后便应及时支付货款。

1. 根据《买卖合同解释》第1条第1款“当事人之间没有书面合同,一方以送货单、收货单、结算单、发票等主张存在买卖合同关系的,人民法院应当结合当事人之间的交易方式、交易习惯以及其他相关证据,对买卖合同是否成立作出认定”的规定,应结合当事人之间的交易方式及习惯才能予以认定。在本案审理过程中,维多利亚公司并未提交证据证明此前在购买啤酒过程中需要签订书面买卖合同,而且维多利亚公司的经营范围为宾馆、洗浴、酒店、健身、旅游接待、会议接待及中餐类制售,作为餐饮类服务企业,酒类商品为其经营的日常消耗品,维多利亚公司出具的结算酒款的10万元欠据,可以证明双方此前便存在着供销关系的事实。从华鑫公司提交的12张入库单来看,数额在1000元至8500元不等,表明所供酒水数量不等、交易时间不固定,因此不签订书面合同而以载明酒类名称、数量及金额的入库单作为双方交易结算的凭证,此交易特征与当地酒类商品销售商与作为餐饮服务类企业的特定买受人之间的交易习惯相符。而维多利亚公司未对12张入库单所载明的酒款出具欠据,并不影响双方买卖合同法律关系的成立。维多利亚公司对于仓库员的身份存有疑问,但入库单的具体名称为“维多利亚国际大酒店物品入库单”且仓库员后有签名,华鑫公司亦有理由认为系维多利亚公司员工代表公司收取了货品。至于维多利亚公司称需主管、会计签字,系其公司内部的管理方式,与华鑫公司无关。综上所述,双方存在买卖合同法律关系。

2. 诉争的债权债务是否超过诉讼时效。维多利亚公司出具欠据及出货单后,华鑫公司即多次派其员工催要此款,此后,华鑫公司的代理商王某甲起诉被告维多利亚公司,根据相关法律规定,本案的诉讼时效因此发生中断。维多利亚公司对此辩称并非本案华鑫公司起诉,诉讼时效不应中断。法院认为,王某甲系华鑫公司的代理商,双方存在法律上的利害关系,所主张的债权系同一笔债权,债务人又同为维多利亚公司,因此,该笔债权的相关权利人并未漠视其权利而怠于向被告维多利亚公司主张,故对维多利亚公司的辩解意见不予采纳,该笔债务并未超过诉讼时效。

至于维多利亚公司的法定代表人发生变更,根据《公司法》第 3 条之规定,并不影响公司对其债务的承担。综上所述,双方存在买卖合同法律关系且该笔债务并未超过诉讼时效,一审法院依据《合同法》第 130 条、《买卖合同解释》第 1 条第 1 款、《民事诉讼法》第 64 条之规定,判决维多利亚公司于判决生效之日起 10 日内给付拖欠华鑫公司的酒款 138,910 元。

在二审期间,双方当事人没有提交新证据。维多利亚公司提出一张入库单没有工作人员签字,经过双方核对,该入库单(编号:0000744)确属没有维多利亚公司人员签字确认。该笔入库单上涉及款项 3750 元。法院对一审认定的其他事实予以确认。

【案件争点】

华鑫公司与维多利亚公司之间的买卖合同关系是否成立。

【裁判要旨】

法院认为:本案中,华鑫公司主张的货款由两部分构成:一部分是 10 万元欠据,另一部分由 12 张入库单组成的欠款 38,910 元。维多利亚公司虽主张欠据上的公司财务章不是本单位真实公章,但未向一审法院提出鉴定申请,属于放弃自身权利,对此应承担举证不能的后果。在入库单上仓管员位置处签字的范某、张某某,维多利亚公司主张不是其单位员工,但通过华鑫公司提交的有关范某、张某某等人与劳动部门主张维多利亚公司欠工资的有关证据材料,可以证明二人系维多利亚公司的员工。维多利亚公司提出双方没有买卖合同的理由,经审查,在入库单已经标明,“一联仓库、二联客户、三联财会”等字样,足以证明双方在交易过程中以入库单作为进行结算对账的凭证,对此上诉理由不予采纳。但华鑫公司提交的编号为 0000744 的入库单因无维多利亚公司工作人员签字或盖章,因此对该笔入库单涉及的款项 3750 元不予认定。

三、裁判规则提要

一方以送货单、收货单来主张买卖关系,另一方对买卖关系予以否认的,应结合标的物内容、双方经营范围、交易历史、履行情况、签收人情况等认定双方是否存在买卖合同关系。

(1)送货凭证是买卖合同成立的间接证据,仅能证明货物交付的事实,不能独立证明买卖合同的成立。

在市场经济实践中,收取货物的行为可能存在多种原因,不能仅以收货行为就当然认定双方存在买卖合同关系,应当结合当事人之间的交易方式、交易习惯以及其他相关证据,对买卖合同是否成立作出认定。《买卖合同解释》即体现了这一原则。

(2)实践中,一方仅提供送货单的,需结合当事人之间的交易方式、交易习惯以及相关证据,对买卖合同是否成立作出认定。

实际经济活动中,如在建筑材料配送、超市物流配送及饭店食源材料配送等送货上门的领域,因无书面合同,一方往往只能提供对方工作人员签字的送货单、收货单、结算单、领款单、欠条、清账协议等单据证明买卖关系的存在及自身合同义务的履行情况,而此时对方较为常见的主张系否认签字的真实性、否认与作出签字的人员之间存在雇佣关系或者人员的签字超出其职权范围。在这种情况下,法院应当结合当事人之间的交易方式、交易习惯以及相关证据,对买卖合同是否成立作出认定。

另外,当事人还可以依据《民事证据规定》有关条文,申请法院对签字笔迹组织鉴定,申请法院到税务、劳动保障等部门调查取证,以及申请法院调查对方当事人的工作人员花名册、工资表等文件。

四、辅助信息

高频词条:

《民法典》

第 510 条 合同生效后,当事人就质量、价款或者报酬、履行地点等内容没有约定或者约定不明确的,可以协议补充;不能达成补充协议的,按照合同相关条款或者交易习惯确定。

第 511 条 当事人就有关合同内容约定不明确,依据前条规定仍不能确定的,适用下列规定:

(一)质量要求不明确的,按照强制性国家标准履行;没有强制性国家标准的,按照推荐性国家标准履行;没有推荐性国家标准的,按照行业标准履行;没有国家标准、行业标准的，按照通常标准或者符合合同目的的特定标准履行。

（二）价款或者报酬不明确的，按照订立合同时履行地的市场价格履行；依法应当执行政府定价或者政府指导价的，依照规定履行。

（三）履行地点不明确，给付货币的，在接受货币一方所在地履行；交付不动产的，在不动产所在地履行；其他标的，在履行义务一方所在地履行。

（四）履行期限不明确的，债务人可以随时履行，债权人也可以随时请求履行，但是应当给对方必要的准备时间。

（五）履行方式不明确的，按照有利于实现合同目的的方式履行。

（六）履行费用的负担不明确的，由履行义务一方负担；因债权人原因增加的履行费用，由债权人负担。

第577条 当事人一方不履行合同义务或者履行合同义务不符合约定的，应当承担继续履行、采取补救措施或者赔偿损失等违约责任。

第628条 买受人应当按照约定的时间支付价款。对支付时间没有约定或者约定不明确，依据本法第五百一十条的规定仍不能确定的，买受人应当在收到标的物或者提取标的物单证的同时支付。

《买卖合同解释》

第1条 当事人之间没有书面合同，一方以送货单、收货单、结算单、发票等主张存在买卖合同关系的，人民法院应当结合当事人之间的交易方式、交易习惯以及其他相关证据，对买卖合同是否成立作出认定。

对账确认函、债权确认书等函件、凭证没有记载债权人名称，买卖合同当事人一方以此证明存在买卖合同关系的，人民法院应予支持，但有相反证据足以推翻的除外。

第18条 买卖合同对付款期限作出的变更，不影响当事人关于逾期付款违约金的约定，但该违约金的起算点应当随之变更。

买卖合同约定逾期付款违约金，买受人以出卖人接受价款时未主张逾期付款违约金为由拒绝支付该违约金的，人民法院不予支持。

买卖合同约定逾期付款违约金，但对账单、还款协议等未涉及逾期付款责任，出卖人根据对账单、还款协议等主张欠款时请求买受人依约支付逾期付款违约金的，人民法院应予支持，但对账单、还款协议等明确载有本金及逾期付款利息数额或者已经变更买卖合同中关于本金、利息等约定内容的除外。

买卖合同没有约定逾期付款违约金或者该违约金的计算方法，出卖人以买受人违约为由主张赔偿逾期付款损失,违约行为发生在2019年8月19日之前的,人民法院可以中国人民银行同期同类人民币贷款基准利率为基础,参照逾期罚息利率标准计算;违约行为发生在2019年8月20日之后的,人民法院可以违约行为发生时中国人民银行授权全国银行间同业拆借中心公布的一年期贷款市场报价利率(LPR)标准为基础,加计30—50%计算逾期付款损失。

《民事诉讼法解释》

第90条 当事人对自己提出的诉讼请求所依据的事实或者反驳对方诉讼请求所依据的事实,应当提供证据加以证明,但法律另有规定的除外。

在作出判决前,当事人未能提供证据或者证据不足以证明其事实主张的,由负有举证证明责任的当事人承担不利的后果。

第91条 人民法院应当依照下列原则确定举证证明责任的承担,但法律另有规定的除外:

(一)主张法律关系存在的当事人,应当对产生该法律关系的基本事实承担举证证明责任;

(二)主张法律关系变更、消灭或者权利受到妨害的当事人,应当对该法律关系变更、消灭或者权利受到妨害的基本事实承担举证证明责任。

买卖合同纠纷案件裁判规则(一)第14条:
对账确认函、债权确认书等函件、凭证没有记载债权人名称,当事人一方以此证明存在买卖合同关系而主张权利的,除非对方有证据证明不存在买卖合同关系或者债权债务已经履行完毕,否则该函件、凭证可以证明买卖合同成立

〔**规则描述**〕:在当事人一方提供的对账确认函、债权确认书中未载明债权人名称时,另一方往往以函件、凭证未载明债权人名称为由否认买卖合同关系的存在。在此种情况下,后者须举证证明不存在买卖合同关系。

一、类案检索大数据报告

时间:2020年3月9日之前,案例来源:Alpha案例库,案件数量:620件,数据采集时间:2020年3月9日。本次检索到相关案件共620件,整体情况如图14-1所示。其中在对账单、债权确认书等文件中未载明债权人名称的情况下,法院认为的买卖合同成立的案件561件,占比为90.48%;认为买卖合同不成立的案件12件,占比为1.94%;不相关案件47件,占比为7.58%。

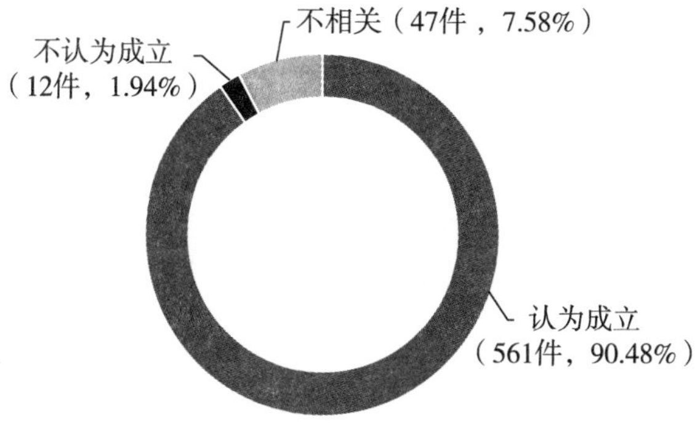

图14-1 法院是否认为买卖合同成立

如图14-2所示,从案件的年份分布情况可以看出当前条件下案件数量变化趋势。

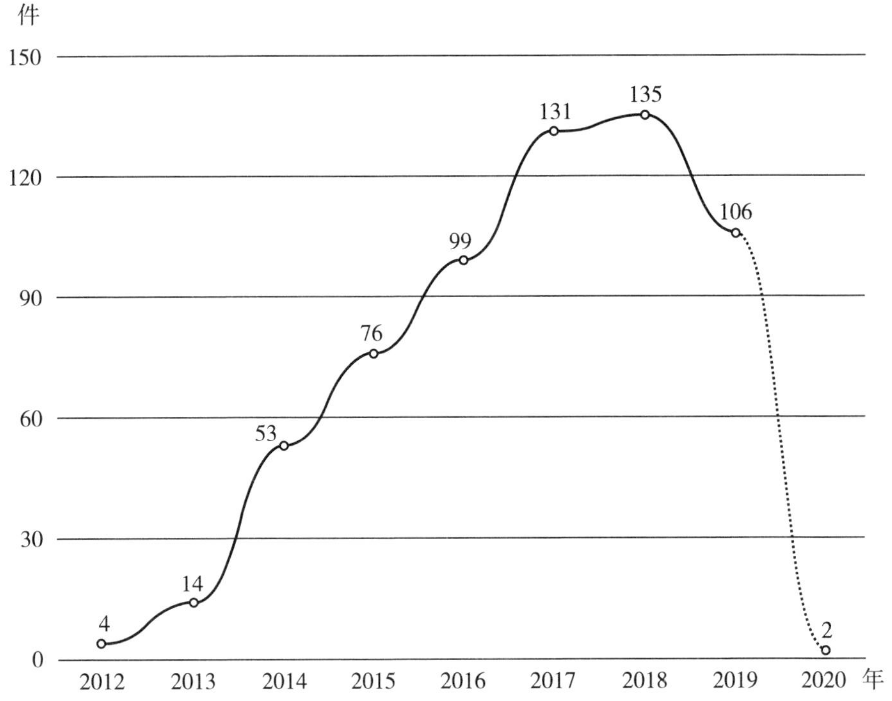

图 14－2　案件年份分布情况

如图 14－3 所示,从案件主要地域分布情况来看,当前条件下案件主要集中在山东省、广东省、云南省、四川省、贵州省。其中,山东省的案件数量最多,达到 94 件。

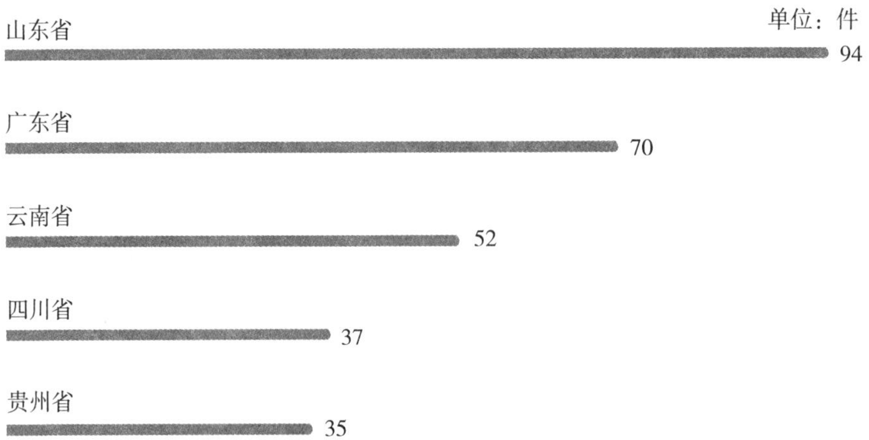

图 14－3　案件主要地域分布情况

如图14-4所示,从案件行业分布情况可以看出,当前的行业分布主要集中在批发和零售业,制造业,建筑业,租赁和商务服务业,农、林、牧、渔业。

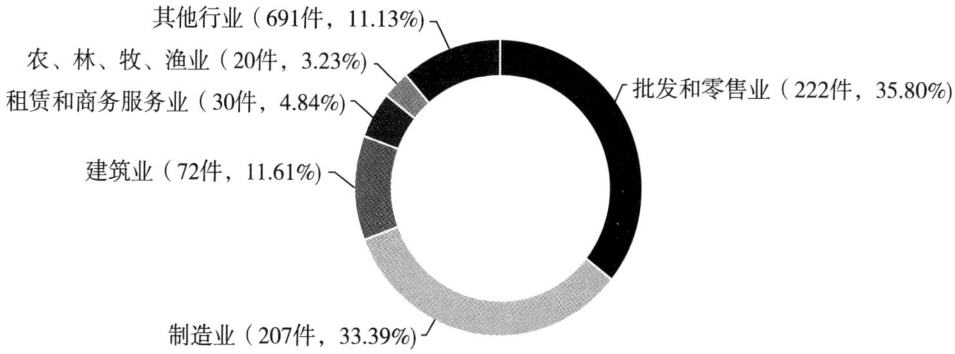

图14-4 案件行业分类情况

二、可供参考的例案

例案一 | 蔡某某、王某某买卖合同纠纷案

【法院】

福建省泉州市中级人民法院

【案号】

(2017)闽05民终4554号

【当事人】

上诉人(原审被告):蔡某某

被上诉人(原审原告):王某某

【基本案情】

王某某于2003年至今在石狮市琼林北路以"兴泰辅料商行""兴泰线带有限公司""兴泰电脑绣花辅料商行"(未办理工商登记)名义对外经营绣花辅料。王某某和蔡某某有辅料生意往来。蔡某某于2016年10月20日在王某某出具的欠条和收款收据上签字确认尚欠王某某辅料款16,380元和2810元,双方未约定付款期限。对账后,经王某某向蔡某某催讨未果,王某某于2017年3月15日诉至一审法院。

一审法院认为:王某某和蔡某某之间的买卖关系有欠条和收款收据为凭,是双方当事人的真实意思表示,依法应认定合法有效。双方当事人均应各自履行相应的义务,王某某已经依法履行相应的供货义务,蔡某某尚欠王某某货款19,190元,经王某某起诉催讨后未支付,现王某某要求蔡某某支付货款19,190元及利息的诉请,一审法院依法予以支持。蔡某某经一审法院传票传唤,无正当理由拒不到庭,一审法院予以缺席判决。判决蔡某某于本判决生效后10日内支付王某某货款19,190元及利息(自2017年3月15日起至判决确定的还款之日止,按中国人民银行公布的同期同类贷款基准利率计付)。如果未按本判决指定的期间履行给付金钱义务,应当依照《民事诉讼法》第253条之规定,加倍支付迟延履行期间的债务利息。案件受理费280元,减半收取140元,由蔡某某负担。

二审期间,当事人均未提交新的证据。对于原审查明的事实,蔡某某对欠款对象提出异议,认为其没有欠王某某的钱。对于当事人没有异议的事实,法院依法予以确认。

法院另查明,王某某与王某乙是亲兄弟关系。二审中,蔡某某对案涉欠条是其亲笔所写且"蔡某某"也是他的名字予以确认,同时确认收款收据是王某乙开给他的,对于收据上载明的货款他也认可。

【案件争点】

上诉人与被上诉人是否构成买卖合同关系。

【裁判要旨】

法院认为:虽然本案双方当事人没有签订书面的买卖合同,但王某某已提交了蔡某某签名确认和认可的债权凭证,在没有相反证据证明的情况下,王某某持有该债权凭证,即可推定王某某为合法的债权人,其与蔡某某之间存在明确的债权债务关系。虽然欠条里只写"兴泰辅料",收款收据上印着"兴泰电脑绣花辅料商行",没有清楚写明具体的债权人,但这并不影响债务人承担债务的事实。王某某持有该债权凭证,即已完成证明其享有买卖合同中的合法债权的举证责任。

例案二 | 蚁某、马某买卖合同纠纷案

【法院】

广东省广州市中级人民法院。

【案号】

(2018)粤01民终10510号

【当事人】

上诉人(原审被告):蚁某

被上诉人(原审原告):马某

【基本案情】

蚁某持“欠条”一张诉至一审法院，该“欠条”内容记载为：“总共欠蚁健先生邮品款200万元，(2013年4月24日)，另余某某10万元正。”欠条的落款签名为“麦某某”，落款时间为“2013年10月2日”。蚁某表示因其在2013年4月24日向麦某某出售了自己多年收藏的邮品，双方口头约定半年后支付货款。其在2013年10月2日向麦某某追讨欠款时，麦某某以款项没有回收为由，向其出具了上述欠条作为索要款项的凭证。

麦某某表示由于目前身体状况不佳，无法核实“欠条”是何时制作或是否在2013年制作的，也无法确认是否其本人所书写和签名，但对欠条上“麦某某”的签名和书写内容不申请真伪鉴定。同时，麦某某认为210万元的欠款根本不存在，其与蚁某从未发生过210万元的邮品交易。

蚁某为证实其与麦某某在2013年4月23日存在上述欠条中的邮品买卖交易，麦某某尚欠其邮品款210万元的事实，提供了证人蔡某在2016年12月8日作出的证明书。在该证明书中，证人蔡某证实其与蚁某和麦某某均是相识10多年的集邮朋友，早在2013年的一次集邮活动时，其听麦某某说向蚁某购买了一大批邮品，欠了蚁某不少邮品款。2014年4月蚁某曾向其出示过麦某某作出的欠条，并要求其帮忙向麦某某催讨欠款。2014年12月8日，蔡某和蚁某在广州的“东方宾馆”向麦某某追讨欠款，麦某某当面确认欠蚁某货款并表示过年后再还，如果不还就找其妻子要。但蚁某称之后麦某某、马某仍未付款，亦找不到麦某某。

麦某某与马某是夫妻关系。2015年1月30日，蚁某给马某邮寄过一封信，要求马某代丈夫麦某某支付欠款210万元。在该信函中，蚁某自认与麦某某因集邮相交10多年，常为麦某某寻找邮品和把关联络。由于麦某某几年前有搞邮品拍卖的准备，故需要购进大量的邮品，所以多年来蚁某一直为麦某某联络购买邮品。由于麦某某有许多投资，资金一时难以回收，而蚁某经手的邮品款总数达210万元迟迟未能到位还给出品人。麦某某也很着急，就让蚁某设法找资金先还，待过后付还蚁某给人家。故蚁某让其父亲在乡里的“老人组”向一些老人家集资，月息2分，总共集得200万元，每月利息4万元。信函同时写到，蚁某在偿还了几个月的利息后也已经没有钱，故向证人蔡某说了此事寻求解决办法。蔡某亦是麦某某在汕头非常深交的邮友,听后也很关心,就让蚁某每月从其处取4万元用以支付利息。当时估计资金不会拖太久,但在蔡某处的资金也已被其取光付息的情况下,麦某某的资金仍未到位。而从蚁某借贷200万元的2013年4月24日至今,利息就还了近百万元,其和麦某某之前也没料到会拖这么久。在2014年12月其和蔡某到广州东方宾馆参加省邮协的年度表彰大会时,因一年多不见,才知道麦某某身体状况变化很大,现其已走投无路,故要求马某看在其这么多年跟随麦某某的情分上,替麦某某将这笔钱还上等。另外蚁某在信函的最后注明:其中2013年4月24日的200万元为借贷款!另10万元是其用自己的积蓄先替麦某某付还,麦某某知道!此单系麦某某在华景广场16楼2013年10月2日上午写给蚁某,为以后结款之用!同时信函之后附有涉案"欠条"。马某收到该信后,没有理会蚁某。

同时,为证实麦某某2013年10月2日不在汕头而在广州,麦某某、马某亦提交了马某、证人马某1、马某2的证人证言,其中马某证明麦某某2013年10月1日至8日均在广州度过,不在汕头。证人马某2则证明2013年10月2日晚他和麦某某等人为庆祝马某、马某1的生日在滨江西路惠食佳饭店聚餐。

根据麦某某2014年5月13日的病历记载,麦某某在2~3年前出现记忆力下降,表现为和人约好的事情易忘记,有时忘记回家的路,近期情绪不稳定,易受小事感动而哭泣或笑,甚至过度大方资助他人等。2015年2月9日被诊断为皮层下动脉硬化性脑病和认知功能障碍;2015年8月7日被诊断为血管性痴呆等。根据2017年3月23日广州市惠爱医院(广州市脑科医院)疾病诊疗证明书记载:麦某某7年前开始出现记忆力下降,不记得早饭吃什么,不会使用手机,性格改变,变得冷漠,情绪不协调,在家发脾气,不讲理。诊断:(1)血管性痴呆;(2)皮层下动脉硬化。

2015年3月30日,蚁某曾向麦某某邮寄挂号信催收欠款中的210万元,但麦某某没有回应。2015年5月23日,蚁某曾持涉案欠条向广东省民营企业投诉中心提交了以麦某某为被申请人的调解申请,该中心受理后,向被申请人发出了调解征询函。2015年6月19日,广东省民营企业投诉中心作出关于被申请人不同意调解的告知函,告知蚁某因被申请人未在规定的期限内向其中心确认接受调解,根据《广东省工商业联合会调解仲裁中心调解规则》第3条的规定,视为被申请人拒绝调解。因此,本案调解程序无法进行等。

另查明,2017年8月7日,汕头市公安局东里边防派出所出具证明:兹有我辖区居民蚁某,男,曾用名蚁健,蚁某与蚁健为同一人。

再查明，蚁某在提起本案诉讼时一并提起财产保全，并由中国平安财产保险股份有限公司广东分公司就财产保险提供担保，支出担保费8100元。

一审法院认为，本案争议的焦点主要有两点：一是蚁某是否为本案适格的原告；二是蚁某与麦某某之间是否存在邮品的买卖合同关系。

关于蚁某是否为本案适格的原告。本案中，蚁某所持“欠条”中的债权人的名称虽然书写为“蚁健”，但汕头市公安局东里边防派出所已出具证明，证明蚁某曾用名蚁健，蚁某与蚁健为同一人；且涉案的欠条为蚁某所持有，故蚁某持涉案欠条作为原告提起本案诉讼并无不当。

关于蚁某与麦某某之间是否存在邮品的买卖合同关系。根据《民事诉讼法解释》第91条第1项规定，主张法律关系存在的当事人，应当对产生该法律关系的基本事实承担举证证明责任。《买卖合同解释》第1条第2款规定，对账确认函、债权确认书等函件、凭证没有记载债权人名称，买卖合同当事人一方以此证明存在买卖合同关系的，人民法院应予支持，但有相反证据足以推翻的除外。本案中，蚁某主张其与麦某某之间存在着邮品买卖合同关系，麦某某至今拖欠其货款210万元。对此，蚁某负有举证的义务。蚁某虽然提供了有麦某某签名的欠条以及证人蔡某的证言。但根据蚁某2015年1月30日写给马某的信函内容的反映，足以证实涉案欠条中的210万元并非系蚁某向麦某某出售其收藏的邮品产生的欠款；同时，蚁某亦有将此事告知证人蔡某，可见证人蔡某亦清楚欠条中载明的款项并非蚁某向麦某某出售邮品产生的，因此，证人蔡某的证言，一审法院不予采信。至于蚁某称2015年1月30日信函的内容很多是借口说辞，目的是让马某觉得蚁某状况很惨，尽快偿还邮品款，但对此没有提交证据证实，一审法院不予采信。综上所述，虽然蚁某持有麦某某签名的欠条，但根据蚁某自己2015年1月30日写给马某的信函，足以推翻蚁某认为该欠条中的欠款是基于其向麦某某出售邮品而产生的欠款；同时，除此之外，蚁某提交的其他证据亦未能证明其与麦某某之间存在购买邮品的买卖合同关系。据此，蚁某主张其与麦某某之间存在邮品买卖合同关系，麦某某欠付其210万元的邮品款，马某是麦某某的妻子，故要求麦某某和马某支付欠款210万元和利息以及承担担保费8100元的诉讼请求的依据不足，一审法院不予支持。另外，麦某某、马某称2013年10月2日麦某某不在汕头而在广州的问题，马某是麦某某妻子，存在利害关系，其证言不足以采信。而麦某某、马某其他证人证言仅是证明晚上与麦某某吃饭，而上午在汕头，晚上赶回广州并不矛盾。

综上所述，一审法院依照《民事诉讼法》第64条第1款，《民事诉讼法解释》第

90条、第91条第1项,《买卖合同解释》第1条第2款的规定,判决驳回蚁某的全部诉讼请求。一审案件受理费28,680元、保全费5000元,由蚁某负担。

二审中,当事人均未提交新证据。经审查,法院对一审认定的事实予以确认。

另外,在二审中,原被上诉人麦某某死亡,其继承人为配偶马某及女儿麦某乙。麦某乙出具声明称放弃继承权,蚁某对此亦予以确认。因此,法院依法变更本案的被上诉人仅为马某。蚁某亦明确其仅要求马某担责。

再查明,一审中,余某某出具两份证言认可出卖邮品给蚁某以及确认蚁某已经付清10万元其不会向蚁某再行追讨。

【案件争点】

上诉人蚁某根据其持有的欠条向马某提出要求支付邮品款的主张能否成立。

【裁判要旨】

1. 蚁某与麦某某之间是否有邮品的买卖合同关系

经查,蚁某持有的由麦某某签名的欠条上明确了欠款人是麦某某,并记载了欠款的性质是邮品款。分析该份证据:首先,就欠条而言,对于欠条上的签名,麦某某并未申请鉴定,则该签名是麦某某所签的事实,法院予以认定。其次,关于欠条内容的认定问题。欠条记载,欠蚁某邮品款200万元和余某10万元,括号中写明欠款时间是2013年4月24日,落款时间是2013年10月2日。而麦某某提交的因身体状况不良而前往医院诊断的证据均发生在欠条出具之后,且并无法定有效机构否定麦某某的民事行为能力。因此,涉案欠条应认定为麦某某的真实意思表示。最后,有关欠条所涉基础事实的问题。第一,欠条所写的是邮品款。根据蚁某提交的蔡某的证言,2014年12月8日,蔡某、蚁某、麦某某在广州东方宾馆见面会谈,席间,麦某某认可拖欠蚁某邮品款210万元。蚁某同时提交了背景有"2014"字样的当日的合影照片予以佐证。徐某的证言中也称麦某某带其参观邮品并称是蚁某专柜。欠条上出现名字的余某也出具两份证言认可称出卖邮品给蚁某以及确认蚁某已经付清10万元其不会向蚁某再行追讨10万元。该些证人证言能够相互印证,可以作为认定事实的旁证。第二,从蚁某向广东省工商业联合会调解仲裁中心发出的调解申请书来看,蚁某对外也是主张麦某某欠蚁某邮品款210万元。第三,从蚁某写给马某的信件来看,信件中,蚁某称一直为麦总联络购买邮品,蚁某经手的邮品款总数达210万元迟迟没有到位还给出品人。蚁某遂让父亲在乡里集资,共集得200万元。从蚁某借贷200万元的时间2013年4月24日至当时,利息还了近百万元。从以上内容的字面理解均是蚁某为麦某某联络购买邮品,并向他人借贷为麦某某支付该些邮品的款项,从而在蚁某和麦某某之间形成债权债务关系。该些源于借贷的款项亦为邮品买卖而产生,与蚁某本案中诉请的邮品款并无矛盾。法院认为,该欠条具有债权确认书的性质,对于该等明确记载债权人名称的债权确认书,债权人据此主张买卖合同关系存在,并要求买受人承担支付价款的义务,当无异议。相对而言,麦某某提出抗辩,但并无充分有效证据推翻蚁某的举证,因此,法院对于麦某某的抗辩不予采纳。

基于以上分析,蚁某有权要求麦某某履行欠条项下的义务,由麦某某向蚁某支付邮品款210万元。

2. 关于利息的计算问题

麦某某应当支付款项未予支付,占用了蚁某的资金,应承担支付利息的义务。由于双方并未约定还款日期,则法院酌定麦某某自蚁某提起本案诉讼之日即2017年1月9日起,按照中国人民银行同期同类贷款利率计算利息至款项清偿之日止。

3. 关于担保费的问题

蚁某要求麦某某支付涉案财产保全的担保费8100元,该笔费用并非诉讼中必需产生的费用,属于诉讼之成本。蚁某要求麦某某承担缺乏事实和法律依据,法院不予支持。

4. 关于马某的责任问题

本案中,马某从未表示愿意加入蚁某与麦某某的债权债务关系中。此外,涉案款项明确是邮品款,非用于家庭生活开支,而蚁某也没有提交证据证明事实上用于了生活开支,则其要求马某基于夫妻共同债务承责于法无据,不应予以支持。但本案中,鉴于麦某某死亡,马某作为麦某某的继承人,应当在继承的麦某某的遗产范围内承担本案债务。

例案三 | 平某、中国石油化工股份有限公司山东临沂石油分公司买卖合同纠纷案

【法院】

山东省临沂市中级人民法院

【案号】

(2014)临商终字第670号

【当事人】

上诉人(原审被告):中国石油化工股份有限公司山东临沂石油分公司

被上诉人(原审原告):平某

【基本案情】

2010年起,原告平某由曾任被告中国石油化工股份有限公司山东临沂石油分公司(以下简称临沂石油分公司)69加油站站长的陈某介绍,购买被告的油料。被告销售油料的程序是客户到银行交款,凭交款单据到被告处开具出库单,客户持出库单到油库提出油料。

2010年至2011年,原告平某在陈某的引导下,分四次向被告临沂石油分公司在建设银行37×××23账号交款,其中2010年9月14日为102,450元,10月19日两次均为114,450元,2011年4月11日为169,600元,以上共计500,950元,交款单据上的交款人栏未填写原告姓名,而是填写的“平邑片区”“临沭片区”。后原告持该四张单据到被告处提油,被告予以拒绝。

被告认可收到上述款项,但主张交款人并非原告,且该部分油料均已被他人在未提供相应银行交款单据的情况下提取。

原审法院认为,原告平某持有四张向被告临沂石油分公司账户的交款单据、被告也认可收到该部分款项共计500,950元,虽然交款人栏未注明原告姓名,但单据是根据被告方工作人员陈某的指示填写,现原告持有该四张单据,可以证实被告收到的款项即为原告的购油款,对被告辩称该款并非原告购油款的意见不予采信。被告在收到原告的油款后,在工作流程中未尽审查义务,致使原告持该四张交款单据应提取的油料,被他人在未持有单据的情况下提取,故应当对收到原告的款项承担返还责任,并自原告诉讼之日起按同期人民银行贷款利率向原告支付利息以赔偿损失。原告所诉,理由正当,予以支持。据此根据《民法通则》第84条,第108条,第134条第1款第4项、第7项规定判决:被告临沂石油分公司于判决生效后5日内返还原告平某油款500,950元,并自2011年12月6日至生效判决确定的履行之日止按同期人民银行贷款利率向原告支付利息。如果未按判决指定的期间履行给付金钱义务,应当依照《民事诉讼法》第253条之规定,加倍支付迟延履行期间的债务利息。案件受理费8810元由被告临沂石油分公司负担。

上诉人临沂石油分公司不服原审判决上诉称:原审判决认定事实错误,请求二审法院依法撤销原审判决,驳回被上诉人平某的诉讼请求;一审、二审诉讼费均由被上诉人承担。理由如下:(1)临沂市河东区人民法院于2012年11月13日作出(2012)临河刑初字第284号刑事判决认定,陈某诈骗被上诉人现金100万元。涉案款项已被认定是陈某的诈骗款项,被上诉人应向陈某主张,上诉人不应成为本案的被告。(2)一审判决以被上诉人持有交款单,即做出上诉人收到的款项为被上诉人的购油款的认定完全错误。①在刑事判决书及被上诉人在陈某刑事案件询问笔录中,被上诉人陈述:是陈某借被上诉人100万元,涉案款项是被上诉人交给陈某,陈某借钱的目的是存油挣钱,陈某把油卖了之后跟被上诉人说挣了多少钱,被上诉人与陈某平均分配利润。因此,上诉人与被上诉人之间根本不存在买卖关系。②被上诉人仅凭持有的交款单不能证明其是权利人。涉案款项是陈某存入上诉人处,后陈某指派他人将油品提走,上诉人已完成了交付义务。

被上诉人平某答辩称:一审认定事实清楚,证据确实、充分,适用法律正确,请求二审法院依法判决驳回上诉人的上诉请求,维持原判。理由如下:(1)上诉人承认交款凭证的真实性,也承认确实收到了该笔款项,被上诉人平某持有交款单据,在上诉人无相反证据证明的情况下即应推定凭证持有人为合法的债权人,双方之间存在明确的债权债务关系。(2)上诉人承认收到购油款,并称油料已被他人提走。至于他人利用上诉人监管方面的漏洞,在无交款单据和出库单的情况下将油料提走,是上诉人自身管理的缺失,与被上诉人无关,亦不应由被上诉人对此承担责任。因此,上诉人应依法给被上诉人相应价值的油料或返还相应的购油款。

经审理查明:原审法院于2012年11月13日作出(2012)临河刑初字第284号刑事判决书,该判决书认定:"诈骗罪:2008年底以来,陈某为偿还个人所欠债务或获取周转资金,骗取他人财物,至案发时不能偿还的有:平某现金100万元。认定上述事实的证据有:(1)陈某的供述:2010年2月,分两次借平某80万元,利息每月36,000元,付了3个月的利息,又用平某的名字在信用社贷款20万元,共欠他100万元,本金没还。(2)被害人平某的陈述:陈某说存油挣钱,2010年4月他以我的名义在银行贷款20万元,利息是他付的,2011年2月他说油要涨钱,向我借了60万元,他把钱存到中国石化公司的账户了,3月中旬又借我20万元,我通过信用社转给陈某,当时说挣钱给我分红,没提利息的事。(3)书证:平某提供的借条,证明陈某于2010年5月1日向平某借款20万元。"该刑事判决书对陈某另犯的职务侵占罪,并没有涉及平某分四次向临沂石油分公司在建设银行37×××23账号交款的款项。

【案件争点】

被上诉人平某是否为本案的债权人,本案涉及的款项是否已由陈某指派他人将相应的油品提取。

【裁判要旨】

被上诉人平某持有债权凭证,即已完成证明其享有买卖合同中的合法债权的举证责任,且上诉人也认可该证据的真实性及收到对应的款项。上诉人欲以否认债权凭证持有人系买卖合同相对方的途径来否定买卖合同关系的存在,则举证责任转移至上诉人一方,上诉人须另行举证证明债权凭证持有人并非该债权的合法债权人,仅以该债权凭证未记载债权人名称来否认买卖关系的存在,法院不予支持。

三、裁判规则提要

(1)对账确认函、债权确认书是一种债权凭证,具有较强的证明力,合法持有债权凭证的一方应推定为债权人。

债权凭证中没有抬头即未记载债权人名称,或者没有正确记载债权人的名称时,并不影响记载内容的真实性即出具人负有债务的事实。除非有确凿的相反证据足以推翻债权凭证所记载的内容,否则不宜轻易否定债权凭证的证明力,应推定持有债权凭证的当事人为债权人。

(2)债权人合法持有相应的债权凭证时,其已完成证明其享有买卖合同中的合法债权的举证责任,债务人欲否定买卖合同关系存在的,则举证责任转移至债务人一方。债务人需举证证明不存在买卖合同关系或者债权债务已经履行完毕,否则该函件、凭证可以证明买卖合同成立。

四、辅助信息

高频词条:

《民法典》

第 510 条 合同生效后,当事人就质量、价款或者报酬、履行地点等内容没有约定或者约定不明确的,可以协议补充;不能达成补充协议的,按照合同相关条款或者交易习惯确定。

第 511 条 当事人就有关合同内容约定不明确,依据前条规定仍不能确定的,适用下列规定:

(一)质量要求不明确的,按照强制性国家标准履行;没有强制性国家标准的,按照推荐性国家标准履行;没有推荐性国家标准的,按照行业标准履行;没有国家标准、行业标准的,按照通常标准或者符合合同目的的特定标准履行。

(二)价款或者报酬不明确的,按照订立合同时履行地的市场价格履行;依法应当执行政府定价或者政府指导价的,依照规定履行。

(三)履行地点不明确,给付货币的,在接受货币一方所在地履行;交付不动产的,在不动产所在地履行;其他标的,在履行义务一方所在地履行。

(四)履行期限不明确的,债务人可以随时履行,债权人也可以随时请求履行,但是应当给对方必要的准备时间。

(五)履行方式不明确的,按照有利于实现合同目的的方式履行。

(六)履行费用的负担不明确的,由履行义务一方负担;因债权人原因增加的履行费用,由债权人负担。

第577条 当事人一方不履行合同义务或者履行合同义务不符合约定的,应当承担继续履行、采取补救措施或者赔偿损失等违约责任。

第579条 当事人一方未支付价款、报酬、租金、利息,或者不履行其他金钱债务的,对方可以请求其支付。

第585条 当事人可以约定一方违约时应当根据违约情况向对方支付一定数额的违约金,也可以约定因违约产生的损失赔偿额的计算方法。

约定的违约金低于造成的损失的,人民法院或者仲裁机构可以根据当事人的请求予以增加;约定的违约金过分高于造成的损失的,人民法院或者仲裁机构可以根据当事人的请求予以适当减少。

当事人就迟延履行约定违约金的,违约方支付违约金后,还应当履行债务。

第595条 买卖合同是出卖人转移标的物的所有权于买受人,买受人支付价款的合同。

第626条 买受人应当按照约定的数额和支付方式支付价款。对价款的数额和支付方式没有约定或者约定不明确的,适用本法第五百一十条、第五百一十一条第二项和第五项的规定。

第628条 买受人应当按照约定的时间支付价款。对支付时间没有约定或者约定不明确,依据本法第五百一十条的规定仍不能确定的,买受人应当在收到标的物或者提取标的物单证的同时支付。

《民事诉讼法》

第64条 当事人对自己提出的主张,有责任提供证据。

当事人及其诉讼代理人因客观原因不能自行收集的证据,或者人民法院认为审理案件需要的证据,人民法院应当调查收集。

人民法院应当按照法定程序,全面地、客观地审查核实证据。

第142条 法庭辩论终结,应当依法作出判决。判决前能够调解的,还可以进行调解,调解不成的,应当及时判决。

第144条 被告经传票传唤,无正当理由拒不到庭的,或者未经法庭许可中途退庭的,可以缺席判决。

第162条 基层人民法院和它派出的法庭审理符合本法第一百五十七条第一款规定的简单的民事案件,标的额为各省、自治区、直辖市上年度就业人员年平均工资百分之三十以下的,实行一审终审。

第170条 第二审人民法院对上诉案件,经过审理,按照下列情形,分别处理:

(一)原判决、裁定认定事实清楚,适用法律正确的,以判决、裁定方式驳回上诉,维持原判决、裁定;

(二)原判决、裁定认定事实错误或者适用法律错误的,以判决、裁定方式依法改判、撤销或者变更;

(三)原判决认定基本事实不清的,裁定撤销原判决,发回原审人民法院重审,或者查清事实后改判;

(四)原判决遗漏当事人或者违法缺席判决等严重违反法定程序的,裁定撤销原判决,发回原审人民法院重审。

原审人民法院对发回重审的案件作出判决后,当事人提起上诉的,第二审人民法院不得再次发回重审。

第253条 被执行人未按判决、裁定和其他法律文书指定的期间履行给付金钱义务的,应当加倍支付迟延履行期间的债务利息。被执行人未按判决、裁定和其他法律文书指定的期间履行其他义务的,应当支付迟延履行金。

《买卖合同解释》

第1条 当事人之间没有书面合同,一方以送货单、收货单、结算单、发票等主张存在买卖合同关系的,人民法院应当结合当事人之间的交易方式、交易习惯以及其他相关证据,对买卖合同是否成立作出认定。

对账确认函、债权确认书等函件、凭证没有记载债权人名称,买卖合同当事人一方以此证明存在买卖合同关系的,人民法院应予支持,但有相反证据足以推翻的除外。

第18条 买卖合同对付款期限作出的变更,不影响当事人关于逾期付款违约金的约定,但该违约金的起算点应当随之变更。

买卖合同约定逾期付款违约金,买受人以出卖人接受价款时未主张逾期付款违约金为由拒绝支付该违约金的,人民法院不予支持。

买卖合同约定逾期付款违约金,但对账单、还款协议等未涉及逾期付款责任,出卖人根据对账单、还款协议等主张欠款时请求买受人依约支付逾期付款违约金的,人民法院应予支持,但对账单、还款协议等明确载有本金及逾期付款利息数额或者已经变更买卖合同中关于本金、利息等约定内容的除外。

买卖合同没有约定逾期付款违约金或者该违约金的计算方法,出卖人以买受人违约为由主张赔偿逾期付款损失,违约行为发生在2019年8月19日之前的,人民法院可以中国人民银行同期同类人民币贷款基准利率为基础,参照逾期罚息利率标准计算;违约行为发生在2019年8月20日之后的,人民法院可以违约行为发生时中国人民银行授权全国银行间同业拆借中心公布的一年期贷款市场报价利率(LPR)标准为基础,加计30—50%计算逾期付款损失。

《民事诉讼法解释》

第90条 当事人对自己提出的诉讼请求所依据的事实或者反驳对方诉讼请求所依据的事实,应当提供证据加以证明,但法律另有规定的除外。

在作出判决前,当事人未能提供证据或者证据不足以证明其事实主张的,由负有举证证明责任的当事人承担不利的后果。

第91条 人民法院应当依照下列原则确定举证证明责任的承担,但法律另有规定的除外:

(一)主张法律关系存在的当事人,应当对产生该法律关系的基本事实承担举证证明责任;

(二)主张法律关系变更、消灭或者权利受到妨害的当事人,应当对该法律关系变更、消灭或者权利受到妨害的基本事实承担举证证明责任。

买卖合同纠纷案件裁判规则(一)第15条:
同时存在分期付款合同与以物抵债协议时,若签订以物抵债协议是双方的真实意思表示,且对合同成立没有特别约定,应当认定以物抵债协议系诺成合同,不应以所有权转移认定协议是否生效

〔**规则描述**〕:买卖合同业务往来过程中,极少数情况下合同款项能及时结清,大多数情况下是滚动结算,如双方业务往来中止或企业经营不善,付款方到期没有金钱履行能力,提出以物抵债或以其他方式抵债,双方可重新达成协议。对于同时存在分期付款协议与以物抵债协议时的效力认定,法律并未进行明确规定。但若以物抵债协议是双方真实意思表示,且合同成立无特殊约定条件、无法律规定的不能生效的情况的,应认定以物抵债协议为诺成合同。

一、类案检索大数据报告

时间:2020年3月4日之前,案例来源:Alpha案例库,案件数量:1297件,数据采集时间:2020年3月4日。本次检索到相关案件共1297件,整体情况如图15-1所示。法院认为以物抵债协议为实践性合同的657件,占比为50.66%;认为以物抵债协议为诺成性合同的223件,占比为17.19%;不相关案件417件,占比为32.15%。

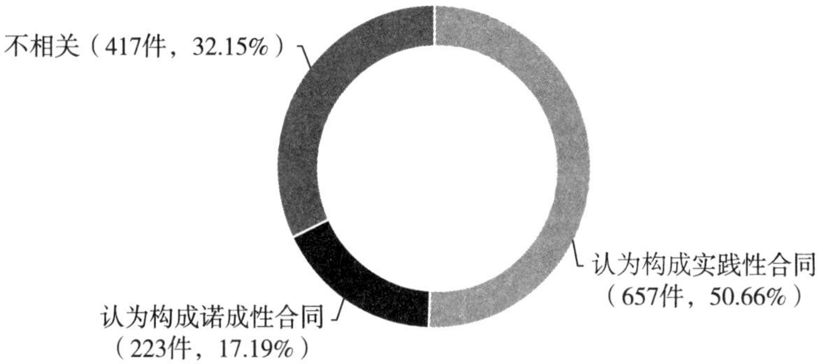

图15-1 法院认为以物抵债合同属于实践性合同还是诺成性合同

如图15-2所示,从案件主要年份分布情况可以看出当前条件下案件数量变化趋势。

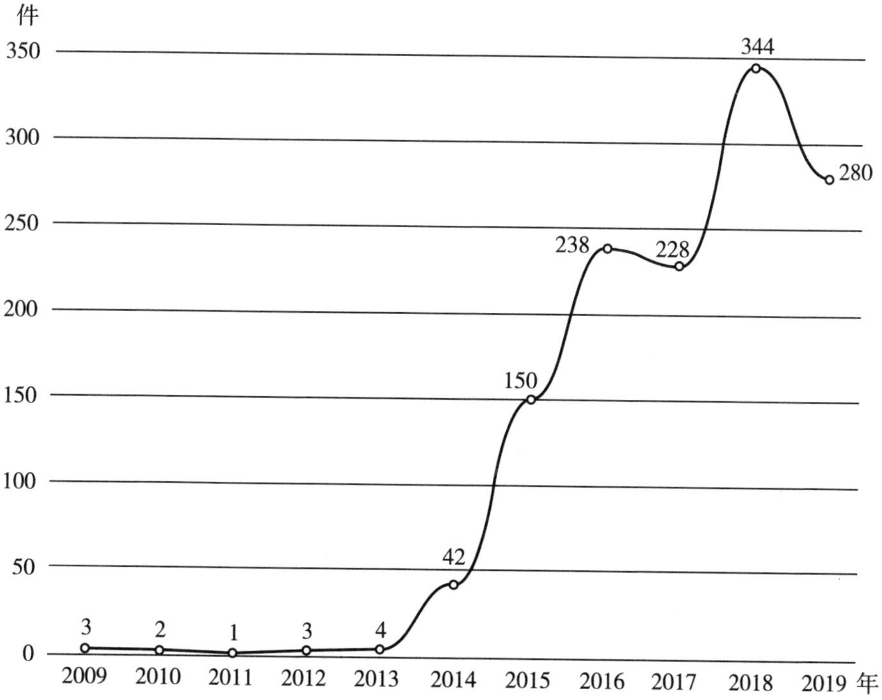

图 15－2　案件主要年份分布情况

如图 15－3 所示，从案件主要地域分布情况来看，当前条件下案件主要集中在江苏省、四川省、山东省、辽宁省、广东省。其中，江苏省的案件数量最多，达到 154 件。

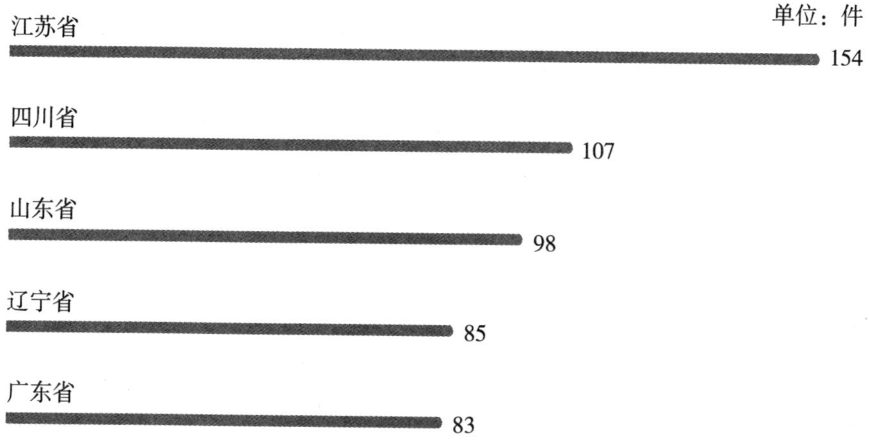

图 15－3　案件主要地域分布情况

如图 15－4 所示,从案件行业分布情况可以看出,当前的行业分布主要集中房地产业,建筑业,制造业,批发和零售业,金融业。

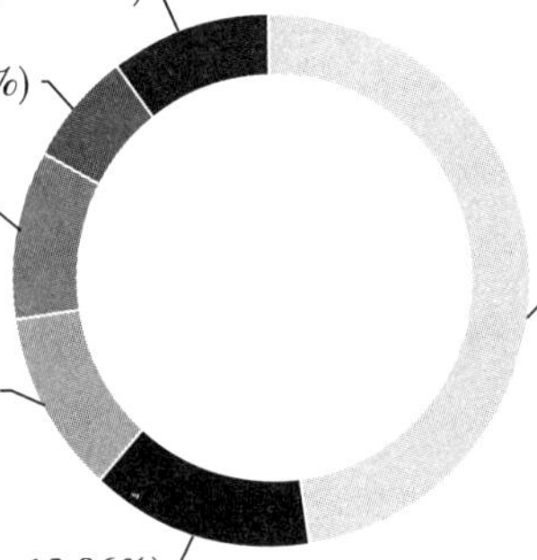

图 15－4　案件行业分布情况

二、可供参考的例案

例案一 ｜ 张某某与常德堂皇置业有限公司房屋买卖合同纠纷案

【法院】

最高人民法院

【案号】

(2017)最高法民申 128 号

【当事人】

再审申请人(一审原告、二审上诉人): 张某某

被申请人(一审被告、二审被上诉人): 常德堂皇置业有限公司

被申请人(一审被告、二审被上诉人): 黄某某

【基本案情】

再审申请人张某某因与被申请人常德堂皇置业有限公司(以下简称堂皇公司)、黄某某房屋买卖合同纠纷一案,不服湖南省高级人民法院(2016)湘民终 360 号民事判决,申请再审。

张某某申请再审称:(1)案涉承诺书合法有效,堂皇公司、黄某某应当履行。首先,本案纠纷的主法律关系是民间借贷,以物抵债是从法律关系,故本案案由应当定为民间借贷纠纷,不是房屋买卖合同纠纷。其次,承诺书作为债权凭证,人民法院应当认可其效力,堂皇公司、黄某某应当按约偿还债务。截至双方签订承诺书,堂皇公司尚欠张某某本金1250万元。堂皇公司因无力按约偿还债务,主动与张某某协商并出具承诺书。为此,张某某已按堂皇公司要求将自己手上的欠条等债权凭证归还堂皇公司。张某某现手中只有一份承诺书作为债权凭证。该承诺书是双方真实意思表示,依法成立并受法律保护。堂皇公司、黄某某应当按照承诺书的约定履行其义务。(2)原判决适用法律错误。原审法院在维持一审错误判决,驳回张某某上诉的同时,却又告知“张某某可依据承诺书等另行提起民间借贷之诉”,显然自相矛盾。(3)原审法院程序存在问题。受案通知书上告知的审判长是曾志红,并由其主持了二审审理活动,但在(2016)湘民终字360号民事判决书上署名的审判长却成了唐雨松。综上所述,张某某依据《民事诉讼法》第200条第6项、第7项规定申请再审。

【案件争点】

张某某与堂皇公司的以物抵债协议承诺书是诺成合同还是实践合同,对当事人是否有约束力。

【裁判要旨】

法院认为:承诺书系各方当事人真实一致的意思表示,且不违反法律、行政法规的强制性规定,对当事人具有约束力。原审法院关于“从抵债的目的来看,以物抵债具有实践性。若仅有合意,未转移物权,则债务未消灭,抵债的目的未达成,债务人仍可另行选择偿债方式,即‘以物抵债’协议并不产生强制履行的效力”的认定,缺乏法律依据。

例案二 湖北江山重工有限责任公司与襄阳市慧江混凝土有限公司等房屋买卖合同纠纷案

【法院】

最高人民法院

【案号】

(2018)最高法民再50号

【当事人】

再审申请人(一审原告、反诉被告,二审上诉人):湖北江山重工有限责任公司

被申请人(一审被告、反诉原告,二审被上诉人):襄阳华康投资有限公司

一审第三人、二审上诉人:襄阳市慧江混凝土有限公司

原审第三人:湖北江山专用汽车有限公司

【基本案情】

2010年11月9日,襄阳市慧江混凝土有限公司(以下简称慧江公司)与襄樊市宏华建筑有限公司(以下简称宏华公司)签订《商品混凝土供销合作合同》一份,合同约定,慧江公司为宏华公司建设施工的华康·瑞城培训中心项目供应混凝土,双方对混凝土的种类、价格、数量及质量标准、供需双方的权利义务和违约责任进行了约定。同日,慧江公司与宏华公司又签订《商品混凝土供销合作补充协议》一份,协议主要内容为,双方就《商品混凝土供销合作合同》中谈定的各种预拌混凝土的价格做出调整,并依此补充协议约定的价格作为结算的基础依据;原合同中混凝土的价目表同时废除;原合同中的其他条款均有效;备注:"2. P6(膨胀剂)每立方米加10元,细石每立方米加10元;3. 泵送费为:汽车泵20元/立方米,地泵12元/立方米;5. 如果市场因素变化双方可另行协商解决。两份合同相对比,该补充协议中约定的各种型号混凝土的价格均较原合同价格下调了10元/立方米。"

2010年12月12日,宏华公司华康·瑞城项目部向慧江公司出具工作联系函一份,内容为"贵公司提出砼原材料中的水泥近期价格出现波动,我项目部考虑当前水泥市场价格确实上浮的实际情况,经研究决定,同意从2012年12月12日起,对我们项目部所使用的砼品种,在原合同单价的基础上,给予一定幅度上调,上调单价经双方进一步协商后确定,望贵公司及时反馈信息并确保我方的生产需要。12月12日以前的砼单价另行商定"。

2012年12月25日,襄阳华康投资有限公司(以下简称华康公司)(甲方)与宏华公司(乙方)共同向慧江公司出具了关于商砼采购结算事宜补充说明一份,内容为"因考虑施工方垫资有一定困难,为进一步保证华康·瑞城项目的工程质量和工期任务,经甲乙双方友好协商,慧江公司供应华康·瑞城商砼的采购和结算按宏华公司瑞城项目部与慧江公司签订的合同内容全部转由华康公司直接对慧江公司进行结算"。

2012年12月1日,湖北江山专用汽车有限公司(以下简称江山专用车公司)与慧江公司签订《汽车专卖合同》一份,主要内容为,江山专用车公司向慧江公司出售19台混凝土搅拌运输车,单价345,000元,总价款为6,555,000元。合同签订后,江山专用车公司依约履行了交付义务,慧江公司未支付混凝土运输车款。

江山专用车公司系湖北江山重工有限责任公司(以下简称江山重工公司)全资

子公司,2012年12月5日,江山重工公司委托兵工财务有限责任公司向江山专用车公司发放委托贷款20,000,000元。

2012年12月27日,江山重工公司(甲方)、江山专用车公司(乙方)、慧江公司(丙方)、华康公司(丁方)签订四方协议一份,内容为"丁方在汉江北路、××路路段投资建设,房屋已基本建成。丙方为丁方公司的投资建设项目供应混凝土,丁方至今尚欠丙方货款约6,443,122元(具体数额由丙、丁双方最后确定,双方多退少补)。丙方于2012年12月1日购买乙方混凝土搅拌运输车19台,至今尚欠乙方货款6,555,000元。乙方系甲方的债务人。现甲、乙、丙、丁四方当事人就债权债务的抵偿问题达成如下协议:一、丁方以其建设的房产七套(具体位置面积等详细内容见商品房合同),作价6,443,122元抵偿所欠丙方混凝土款;丙方以该七套房产作价6,443,122元抵偿所欠乙方搅拌车货款;乙方以该七套房产作价6,443,122元抵偿所欠甲方债务;甲方相应扣减乙方所欠的债务6,443,122元,丁方最后以作价6,443,122元的七套房产抵卖给甲方。二、丙方向乙方补齐购车款的差额部分111,878元。除此之外,丙方不再向乙方支付其他款项,双方的债权债务结清。三、因甲方向丁方认抵买了6,443,122元的房产,丙方相应冲减丁方的预估债务6,443,122元(此数额的确定,最终以丙、丁双方结算时确定,双方多退少补)。四、丁方必须向甲方出具购房发票,并与甲方签订商品房买卖合同,严格履行商品房合同所约定的义务。五、乙、丙方之间的权利义务关系同时受到双方签订的汽车买卖合同的约束。六、本协议的有效期至各方义务全部履行完毕之日止。七、本协议自四方当事人签章后与商品房合同同时生效"。2012年12月29日,江山重工公司与华康公司签订商品房合同七份,合同约定,华康公司将其开发的位于湖北省襄阳市樊城区汉江北路、××路瑞城国际第2#一单元2-1-24-1、2-1-24-2、2—1-24-3、2-1-17A-1,第2#二单元2-2-24-1、2-2-24-2、2-2-24-3共计七套房屋出售给江山重工公司。同时,双方对付款方式、期限和房产交付的期限、逾期交房的违约责任及房屋产权登记事项进行了约定。2013年1月13日,华康公司向江山重工公司出具了收据七份,内容为"今收到湖北江山重工有限责任公司款(此联不做财务做账依据)",七份收据金额共计6,443,122元。

另查明,2011年4月25日至2012年4月24日,宏华公司分十笔向慧江公司预付混凝土款合计3,800,000元。2015年3月24日,慧江公司与华康公司对瑞城国际项目部综合楼、住宅楼、地下室所用混凝土规格、型号及数量进行了核对,双方确认所用混凝土总量为31,982.7立方米,但未对价款进行结算。同时,双方对泵送混凝土数量也进行了确认,其中,通过气泵方式传送混凝土为10,050.5立方米,地泵方式传送混凝土为10,586立方米,总量合计为20,636.5立方米。

同时查明,2010年4月26日、27日,因慧江公司不能及时疏通堵塞和供应混凝土导致停工,宏华公司向慧江公司出具工作联系函二份,通知慧江公司从其所供混凝土款中扣除8000元。2015年3月25日,慧江公司与华康公司共同确认,华康公司自购的混凝土膨胀剂数量为237.92吨,金额为2,971,62.08元;慧江公司应负担2011年3月17日至11月21日期间的施工管理费用(领用供料、水电费、误工费用)合计62,418.16元。

还查明,慧江公司与华康公司并未签订瑞城国际二期工程混凝土供销合同。

一审法院判决:(1)华康公司于判决生效后10日内向江山重工公司交付位于汉江北路·××路瑞城国际第2#一单元2-1-17A-1,第2#一单元2-1-24-3,第2#二单元2-2-24-1,第2#二单元2-2-24-3四套房屋,并协助江山重工公司办理房屋产权和土地使用权相关证件;(2)华康公司于判决生效后10日内向江山重工公司支付23,134.26元款项;(3)驳回江山重工公司其他本诉请求;(4)驳回华康公司反诉请求。

江山重工公司不服一审判决,上诉请求:(1)撤销一审判决,改判依法支持江山重工公司的全部诉讼请求。(2)一审、二审的诉讼费用由华康公司承担。慧江公司不服一审判决,上诉请求:(1)撤销一审判决,改判确认慧江公司与华康公司债权债务关系未消灭。(2)二审诉讼费用由华康公司承担。

二审审理查明:一审法院认定的事实属实,二审法院予以确认。

二审法院认为,本案二审的争议焦点为:(1)华康公司欠慧江公司混凝土款的具体数额。(2)华康公司应否按照商品房合同的约定向江山重工公司交付房屋及应否承担违约责任。(3)一审法院就华康公司欠慧江公司混凝土价款的具体数额进行审理是否违反法律规定。

关于华康公司欠慧江公司混凝土款的具体数额问题。在本案中华康公司、慧江公司双方对混凝土型号、数量并不持异议,仅对混凝土的结算单价存在争议。华康公司认为混凝土的结算单价应依宏华公司与慧江公司签订的《商品混凝土供销合作补充协议》来确定,而慧江公司认为混凝土单价于2010年12月12日后进行了两次调整,每次均在原单价基础向上调整50元,对混凝土的结算单价应以调整后的单价来确定。但从本案查明事实来看,2010年11月9日,宏华公司与慧江公司分别签订《商品混凝土供销合作合同》和《商品混凝土供销合作补充协议》。《商品混凝土供销合作补充协议》对《商品混凝土供销合作合同》中约定的各类型混凝土的单价作出变更,即每种类型混凝土在原价基础向下调整10元,以《商品混凝土供销合作补充协议》约定的价格作为结案的基础依据。慧江公司上诉主张应以约定向上调整后的价格计算混凝土单价,但其提供的宏华公司工作联系函仅能证明宏华公司同意上调混凝土单价,具体上调幅度与价格需双方进一步协商。因华康公司否认宏华公司与慧江公司就上调混凝土具体价格达成一致意见,而慧江公司又未能举证证明其与宏华公司就二次上调价格形成新的书面或口头约定,在此情况下,慧江公司关于其与宏华公司就上调混凝土价格达成口头协议的上诉主张缺乏事实依据,二审法院不予采信。对于购买混凝土膨胀剂费用297,162.08元及电费、管理费70,418.16元,华康公司向一审法院提交了由双方当事人签字确认的混凝土膨胀剂确认表、地泵电费等各项费用确认表等证据证明应由慧江公司承担上述费用,且《商品混凝土供销合作合同》《商品混凝土供销合作补充协议》中均未约定混凝土单价不含混凝土膨胀剂费用,故慧江公司在未提交证据证明的情况下上诉主张混凝土价款不包含混凝土膨胀剂费用及电费、管理费,缺乏事实依据,二审法院不予采信。因此,一审法院根据《商品混凝土供销合作补充协议》中确定的混凝土单价结合混凝土总量计算出慧江公司所供混凝土总金额为7,982,112.5元,扣除华康公司预付款3,800,000元和购买膨胀剂款费用297,162.08元及电费、管理费70,418.16元后,确定华康公司欠付慧江公司混凝土款为3,814,532.26元,依据充分,二审法院予以确认。

关于华康公司应否按照商品房合同的约定向江山重工公司交付房屋及应否承担违约责任问题。2012年12月29日,江山重工公司与华康公司签订商品房合同七份,约定华康公司将瑞城国际2#2－1－24－1、2－1－24－2、2－1－24－3、2－1－17A－1和2－2－24－1、2－2－24－2、2－2－24－3共计七套房屋出售给江山重工公司。但根据本案查明的事实,上述合同并非双方当事人基于独立的房屋买卖关系而签订的购房合同,该七份合同的签订是系江山重工公司与华康公司为履行基于2012年12月27日江山重工公司、江山专用车公司、慧江公司与华康公司签订的四方协议而实施的行为,是履行四方协议的结果,商品房合同相对于四方协议而言,二者是主合同与从合同的关系,商品房合同应受四方协议的限制与约束。从四方协议的内容来看,华康公司、慧江公司、江山专用车公司、江山重工公司意欲通过华康公司提供的价值6,443,122元的七套房屋进行循环抵偿,以达到抵销四方当事人彼此之间存在的6,443,122元债权债务的目的,该协议为以物抵债协议。

当事人在债务已届清偿期后约定以物抵偿,其本质为代物清偿。代物清偿是指债权人受领他种给付以代原定给付而使合同关系消灭的法律行为。根据债法原理,清偿是消灭债的最主要方式。而清偿除了要有债务人的给付行为之外,还须有债权人的受领并取得所有权和占有权时,才发生给付的效果,代物清偿只是给付标的的改变,作为清偿之目的,仍应实际履行才发生清偿的效果。所以,代物清偿的要物性与清偿一样是顺理成章的。以物抵债同样如此,目的在于用他物抵原债,抵偿行为并未改变原债的同一性,所以,只有物权转移给债权人,债务方消灭。因此仅有合意,而未实际履行物权转移的,债务并未消灭,抵偿的目的也未实现,故从抵偿的目的来看,应坚持以物抵债的实践性特点,实践性合同的目的之一就是给予当事人一个在达成合意后实际交付前,审慎评估利害关系的机会,即使债务人反悔,不履行现实给付,意味着债务人认为他物给付于己不利,而此时仍按原债的关系履行,并未损害债权人的利益。反而,如果按以物抵债处理,可能会因财产的升值或贬值造成双方利益的失衡。市场经济允许人们在不损害国家、他人利益的前提下追求利益的最大化,虽然债务人言而无信,但利与弊相较,利大于弊,且结果公平。最高人民法院《关于人民法院执行工作若干问题的规定(试行)》第87条明确规定:当事人之间达成的和解协议合法有效并已履行完毕的,人民法院作执行结案处理。从该规定看,只有履行完毕的和解协议,债务才算消灭,基于此也可以推断出抵债协议的实践性。故以物抵债协议除当事人意思表示一致以外,还必须现实交付标的物方能生效。债务人如不为现实给付,以物抵债协议虽成立但并未生效,债权人可以依原债权债务关系主张权利。本案四方协议签订仅能证明各方当事人就涉案房屋达成以物抵偿的协议,但因未完成涉案房屋物权的转移登记,清偿行为尚未完成,四方协议尚未生效。由于作为主合同的四方协议未能生效,其从合同商品房合同亦未能生效,故江山重工公司上诉主张依照商品房合同的约定要求华康公司履行交房义务及承担违约责任缺乏事实和法律依据,由于华康公司在一审中同意按欠付慧江公司混凝土款3,814,532.26元的数额向江山重工公司抵偿相应房产,系华康公司对自己权利的处分,未违反法律、行政法规的强制性规定,一审法院予以照准并无不当,综上所述,江山重工公司上诉就此提出的异议不能成立,二审法院不予支持。

华康公司在一审中同意针对其真实存在的债务用等值房屋予以抵偿,因此,慧江公司与华康公司之间债务的具体数额,属于本案需要查清的重要事实,一审法院在案件审理过程中对相关事实进行审理并无不当。慧江公司的相关上诉主张不能成立，二审法院不予支持。二审法院判决：驳回上诉，维持原判。

再审中，江山重工公司提交三份材料作为新证据：2018年3月15日，襄阳市房屋产权与市场管理处档案室出具的房屋产权产籍查询结果；襄阳市不动产登记局档案室出具的华康公司与张某签订的商品房合同；2018年3月28日，襄阳市房屋产权与市场管理处出具的协助查询回执。拟证明：华康公司将襄阳市高新区汉江北路(襄阳·华康·瑞城)2－1－24－1转让给张某并办理了不动产权证书，房屋价款为1,066,830元；华康公司将华康·瑞城2－1－24－2、2－2－24－2网签至郭某名下，房屋价款分别为919,353元、919,353元；三套房屋总价款为2,905,536元。华康公司对江山重工公司提交的证据的真实性、关联性、合法性以及证明目的均予认可，但认为房屋的价值需查实。法院对三份证据均予确认。法院向江山重工公司释明，上述在原二审判决结束后新发生的事实可能致使其诉讼请求事项无法履行，江山重工公司是否变更诉讼请求。江山重工公司称不变更诉讼请求，并明确该项诉讼请求为：在不能交付房屋的情况下，按实际的销售价格进行补偿。

再审法院查明，2012年12月19日华康公司与江山重工公司签订的商品房合同第8条约定，华康公司应在2013年12月13日前将房屋交付江山重工公司；该合同第9条约定，如华康公司逾期交房，继续履行合同的，自合同第8条约定的交付期限的第二天起至实际交付之日止，华康公司按日向江山重工公司支付已交付房价款万分之五的违约金。已经支付的价款为：2#一单元2－1－17A－1价款为918,346元，第2#一单元2－1－24－3价款为946,648元，第2#二单元2－2－24－1价款为958,930元，第2#二单元2－2－24－3价款为967,474元。

【案件争点】

以物抵债的四方协议是否成立生效。

【裁判要旨】

法院认为：以物抵债的四方协议涉及多方当事人间多个债权债务关系清偿安排，是各方当事人的真实意思表示，并未违反法律法规的强制性规定，并不以协议约定的房屋物权转移登记为生效要件。原判决认定四方协议虽成立但并未生效的观点欠妥，应认定四方协议已生效。

例案三 青岛荣昌达工贸有限公司与青岛阳光东辉建设集团有限公司、赵某某买卖合同纠纷案

【法院】

山东省胶州市人民法院

【案号】

(2018)鲁0281民初2120号

【当事人】

原告:青岛荣昌达工贸有限公司

被告:青岛阳光东辉建设集团有限公司

被告:赵某某

被告:青岛胶城建设集团有限公司

被告:高密市晟龙地产开发有限公司

【基本案情】

2013年7月6日,原告青岛荣昌达工贸有限公司(以下简称荣昌达公司)(供方)与被告青岛阳光东辉建设集团有限公司(以下简称阳光公司)(需方)签订《钢筋购销合同》一份,双方就高密市南湖壹号住宅小区项目的钢筋购销事宜达成协议,原告按照被告要求的产品型号、规格、数量、交货时间和交货地点交货,交货地点为高密市南湖壹号住宅小区项目;被告负责对钢筋的取样化验,产品化验合格后方可使用;钢筋的价格根据送货当日"山东钢铁网"潍坊市场建筑钢材工地采购参考价所标示的价格为依据(其中线材、盘螺每吨加价100元,定尺6-10按原材价),若个别品种不出价格,采用济钢、莱钢价格为依据,如价格栏内有浮动的执行上限价格,周六、周日若不出价执行本周五价格;钢筋款的支付,自被告收到原告第一批钢筋起3个月内收到的所有钢筋为一个批次,届时被告应同原告结清该批次全部货款,3个月后采用月结形式于每个月底被告同原告结清该月内的全部货款;被告如不能按时结清货款,每超期一天承担所欠货款千分之三的违约金,诉讼费、律师费等费用均由败诉方承担,合同落款处加盖有"青岛阳光东辉建设集团有限公司公章"和"青岛荣昌达工贸有限公司合同专用章",赵某某在阳光公司代表人处签字。

2014年4月4日,被告阳光公司向原告出具承诺书一份,载明,截至2014年1月原告向被告南湖一号工地供钢筋约1000万元,至今未支付货款,已经构成违约,

承诺:(1)立即派员与原告结算2014年1月以前账目,并同时协商承担相应利息;(2)不管建设方是否能够按时支付工程款,承诺在2014年5月31日前向原告支付高密南湖一号工地使用钢筋所欠货款;(3)承诺以现金形式向原告支付货款;(4)如未按以上承诺执行,愿承担《钢筋购销合同》中的违约责任。

2014年6月5日,原告荣昌达公司(乙方、供方)与被告阳光公司(甲方、需方)达成延期付款协议书一份,载明:甲乙双方于2013年7月6日签订了《钢筋购销合同》,经甲乙双方对账确认,截至2014年6月5日,甲方尚欠乙方钢材款16,717,000元,根据合同甲方同意补偿乙方1,800,000元,合计18,517,000元,为保证该款项的顺利支付,经甲乙双方友好协商达成如下协议:(1)上述款项甲方承诺分两笔于2014年9月5日前支付9,258,500元,2014年10月5日前支付9,258,500元;(2)自2014年6月5日起甲方按每月550,000元给予乙方延期付款经济补偿,该补偿费在支付上述款项时一并支付;(3)若甲方每笔逾期付款,每超期一天承担所欠款项千分之三的违约金。在协议落款处加盖有双方公章,赵某某在代表人处签字。

2016年8月3日,被告高密市晟龙地产开发有限公司(以下简称晟龙公司)(甲方)与青岛胶城建设集团有限公司(以下简称胶城公司)(乙方)签订协议书,载明:甲方开发建设的高密市南湖1号住宅小区由乙方总承包施工,至2016年7月27日止,甲方仍欠部分工程款,经甲、乙方友好协商,达成以下协议:(1)甲方以甲方开发建设的“南湖1号”住宅小区的房款抵顶乙方已完工程款;(2)抵顶房屋的房源由乙方在小区建设的住宅中自有选择,抵顶房源房价以甲方售楼部公示的房价为准,房源及房价具体详见附表一《抵顶房屋明细表》,本次抵顶总价款为14,132,637.16元……(4)抵顶房源确定后,乙方可在适当时间内与甲方办理正式网签手续,甲方积极配合乙方抵账房的转售第三方、按揭、登记、办理相关证件等,相关税费仍由乙方或受让第三方交纳……(7)本协议中抵顶房屋在办理网签手续时,甲乙双方互开收据,以双方互开的收据作为抵顶工程款的已付款凭证。附表一载明了抵顶房屋具体的楼号、面积、单价、总价等,共计20套房屋,总价为14,132,637.16元。

2016年8月5日,原告荣昌达公司(乙方)与被告阳光公司(甲方)签订材料款抵房款协议书,载明:(1)甲方所欠乙方的钢材款由甲方承包施工的“南湖1号”住宅小区的房款抵顶;(2)抵顶房屋的房源及房价详见附表一抵顶房屋明细表……(6)甲方保证在2017年5月31日前竣工验收并达到竣工交房条件,在保证以上条件下,工程款抵顶的房屋及配套的储藏室、车库(车位)在任何情况下乙方或第三方不得以任何理由退房,甲方不再支付该部分的钢材款,甲方如在2017年7月31日前未竣工验收且未达到竣工交房条件,乙方有权退房且有权要求甲方继续履行钢材款的支付义务。在该协议后面附有抵顶房屋明细表和被告胶城公司、晟龙公司之间签订的协议书,所抵顶房屋具体单价、总价、数量均相同。

2016年8月5日,被告晟龙公司、胶城公司、阳光公司在阳光公司会议室召开会议,参会人员为晟龙公司法定代表人于某、孙某某,胶城公司李某某,阳光公司刘某某、甘某某、赵某某,形成书面会议纪要,载明:(1)晟龙公司与胶城公司于2016年8月4日签订:……关于晟龙公司以南湖壹号住宅小区房款(共计房屋24套,合计价款16,910,259元)抵顶胶城公司工程款的协议书……(3)晟龙公司于2016年8月4日支付给胶城公司工程款10万元,胶城公司于2016年8月15日前将工地的剩余材料、机具、临时设施全部撤离,如有逾期,晟龙公司有权拒签胶城公司办理的抵顶房屋的网签手续。

2016年10月17日,被告胶城公司向晟龙公司出具证明载明:双方于2016年8月3日签订的协议书约定由晟龙公司抵顶给胶城公司的"南湖壹号"住宅小区的住宅共计20套,详见协议书和抵顶房屋明细表,总价款14,132,637.16元,胶城公司将该住宅转抵顶给原告。2016年10月14日,胶城公司向原告出具收款收据20份,载明交款单位为晟龙公司,事由为工程款顶房,所载明的房号、价款均与抵顶房屋明细表中载明的一致,20套房屋总价款为14,132,637.16元。

2016年11月3日,被告晟龙公司向原告荣昌达公司出具20份收据,载明交款单位为荣昌达公司,收款方式为胶城工程款抵房款,收款事由南湖壹号房款,该20份收据载明的20套房屋房号、价款与抵顶房屋明细表中载明的一致,总价款为14,132,637.16元。

2017年11月14日,被告胶城公司向原告出具了"南湖壹号"项目荣昌达钢筋款事宜的意见一份,载明荣昌达公司与阳光公司之间形成买卖合同关系,虽然胶城公司与荣昌达公司之间没有买卖合同关系,但为保障项目的顺利交工,胶城公司愿意协助荣昌达公司实现债权,配合荣昌达公司与阳光公司办理业主的以房抵款等事项。

在潍坊市中级人民法院审理的(2018)鲁07民初197号胶城公司起诉晟龙公司建设工程施工合同纠纷一案中,胶城公司在诉讼请求中扣除了本案涉案的已经折抵给荣昌达公司的20套房屋的工程款即14,132,637.16元,荣昌达公司在本案诉讼请求中没有主张。在晟龙公司提交法庭的证据清单本诉证据13中,晟龙公司自认总付款及受让债务额为70,883,753.9元,其中双方已确认数额中3-4为顶账房16,910,259元,用以证明该事项的证据为本案荣昌达公司提交的证据4协议书和证据6会议纪要,其中包括了本案抵顶给荣昌达公司的20套房屋价款14,132,637.16元。

【案件争点】

以物抵债协议的效力。

【裁判要旨】

以物抵债协议,亦称为代物清偿协议,我国法律尚未有明确规定,应属于无名合同,关于该类合同效力问题,根据《合同法》第124条之规定,无名合同适用《合同法》总则的规定,并可以参照《合同法》分则最相类似的规定,根据《合同法》第25条有关"承诺生效时合同成立"的规定,在合同成立问题上,以诺成合同为原则,以实践合同为例外,即只要没有法律的明确规定或者当事人的明确约定,合同原则上为诺成合同,考虑到与以物抵债性质最相类似的买卖合同亦属于诺成合同,因此,只要当事人没有约定将物的交付作为以物抵债协议的成立要件,就应当认定以物抵债协议为诺成合同,自双方达成合意时成立并生效。

三、裁判规则提要

同时存在分期付款协议与以物抵债协议时,法律并未对二者效力的认定进行明确规定,但判断以物抵债协议属于诺成合同还是实践合同,需要首先厘清以物抵债的概念和类型,然后分析现行法律的规定以及司法实践中的认识,最后根据现行法律的规定对以物抵债协议的性质作出正确的判断。

(一)以物抵债的概念和类型

1. 以物抵债本身并非严格的法律术语,虽然在民商事交易活动中十分常见,但法律、行政法规中并未明确该概念。1999年中国银行公布的《中国银行以物抵债管理办法(试行)》的第2条第1款首次使用该概念,明确:"本办法所称以物抵债,是指债务人将事先抵押、质押给债权银行的财产或者其他非货币财产折价归银行(指中国银行,下同)所有,用以偿还银行债务。"但实践中的以物抵债远不止于此,已衍生出多种形态,根据学者以及司法实践的认知,可将其界定为:以物抵债,就是双方达成协议,以交付特定物替代原定给付而消灭债务。

2. 按照债务是否已届履行期,可将以物抵债协议分为债务未届履行期的以物抵债和债务已届履行期的以物抵债(见图15-5)。未届履行期的以物抵债协议,债权人已经实际受领抵债物的,构成让与担保;债权人未实际受领的,构成新债担保。债务已届履行期的以物抵债包括代物清偿和折价清偿。约定以本合同标的物折价清偿的,构成折价清偿;以本合同之外的他种给付来清偿债务的,构成代物清偿。而代物清偿又可分为2种:一是仅具有以他种给付替代原定给付的合意,尚无债权人受领债务人的特定给付的代物清偿;二是双方当事人不但达成了以他种给付替代原定给付的合意,而且债权人受领了债务人的他种给付。实践中发生争议的主要集中在前一种,即债权人与债务人仅具有以他种给付替代原定给付的合意,尚无债权人受领债务人的特定给付的事实,对于此类以物抵债协议的成立时间存在较大争议。①

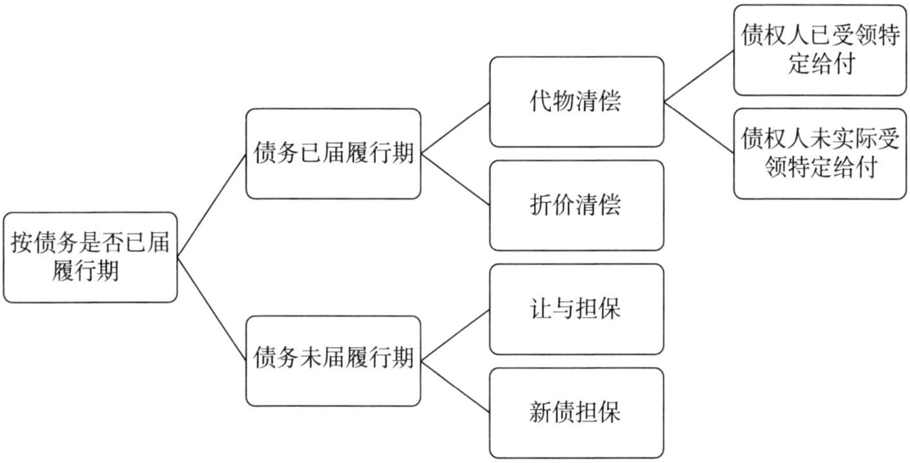

图15-5 以物抵债协议的分类

(二)现行法律规定以及司法实践中关于以物抵债协议的认识

1. 我国《民法典》第483条规定"承诺生效时合同成立",即确定了以诺成为原则,以实践为例外的合同成立规则。以物抵债协议并无法律依据,但根据合同法尊重当事人意思自治的基本原则,除了合同双方特别约定外,应当认定以物抵债协议自协议双方达成一致意思时成立。《民法典》第502条规定:"依法成立的合同,自成立时生效。但是法律另有规定或当事人另有约定的除外。"

① 参见贺荣主编:《最高人民法院民事审判第二庭法官会议纪要——追寻裁判背后的法理》,人民法院出版社2018年版,第1页。

2. 最高人民法院研究室于2012年2月在《司法研究与指导》(总第2辑)指出,“《物权法》第28条规定的‘人民法院的法律文书’应当包括判决书、裁定书和调解书。但以物抵债调解书只是对当事人之间以物抵债协议的确认,其实质内容是债务人用以物抵债的方式来履行债务,并非对物权权属的变动。因此,不宜认定以物抵债调解书能够直接引起物权变动”,由此确定在履行期限届满之后达成的以物抵债协议本质上属于诺成性合同这一总基调,即在履行期限届满之后达成的以物抵债协议不以物的交付或转移登记为生效要件。2015年12月最高人民法院《关于当前商事审判工作中的若干具体问题》以及2016年11月的《第八次全国法院民事商事审判工作会议(民事部分)纪要》也都对以物抵债协议的相关问题进行了全面阐释,其内容也呼应了前述关于以物抵债协议是诺成性合同的这一判断,同时也对债权人与债务人之间达成协议的时间不同而对以物抵债协议效力了作了区分。对在履行期限届满之后达成的以物抵债协议,确定了以尊重当事人意思自治为主的原则。

3. 已届清偿期的以物抵债协议一般是双方在确定抵债物价值与原债数额相当时达成,不会存在利益失衡或损害他人权益问题,因此,在我国,只要当事人没有约定将物的交付作为以物抵债协议的成立要件,就应当认为以物抵债协议为诺成合同,自双方达成合意时成立。

四、辅助信息

高频词条:

《民法典》

第209条 不动产物权的设立、变更、转让和消灭,经依法登记,发生效力;未经登记,不发生效力,但是法律另有规定的除外。

依法属于国家所有的自然资源,所有权可以不登记。

第215条 当事人之间订立有关设立、变更、转让和消灭不动产物权的合同,除法律另有规定或者当事人另有约定外,自合同成立时生效;未办理物权登记的,不影响合同效力。

第502条 依法成立的合同,自成立时生效,但是法律另有规定或者当事人另有约定的除外。

依照法律、行政法规的规定,合同应当办理批准等手续的,依照其规定。未办理批准等手续影响合同生效的,不影响合同中履行报批等义务条款以及相关条款的效力。应当办理申请批准等手续的当事人未履行义务的,对方可以请求其承担违反该义务的责任。

依照法律、行政法规的规定,合同的变更、转让、解除等情形应当办理批准等手续的,适用前款规定。

第505条 当事人超越经营范围订立的合同的效力,应当依照本法第一编第六章第三节和本编的有关规定确定,不得仅以超越经营范围确认合同无效。

第577条 当事人一方不履行合同义务或者履行合同义务不符合约定的,应当承担继续履行、采取补救措施或者赔偿损失等违约责任。

第579条 当事人一方未支付价款、报酬、租金、利息,或者不履行其他金钱债务的,对方可以请求其支付。

《民事诉讼法》

第64条 当事人对自己提出的主张,有责任提供证据。

当事人及其诉讼代理人因客观原因不能自行收集的证据,或者人民法院认为审理案件需要的证据,人民法院应当调查收集。

人民法院应当按照法定程序,全面地、客观地审查核实证据。

第142条 法庭辩论终结,应当依法作出判决。判决前能够调解的,还可以进行调解,调解不成的,应当及时判决。

第144条 被告经传票传唤,无正当理由拒不到庭的,或者未经法庭许可中途退庭的,可以缺席判决。

第170条 第二审人民法院对上诉案件,经过审理,按照下列情形,分别处理:

(一)原判决、裁定认定事实清楚,适用法律正确的,以判决、裁定方式驳回上诉,维持原判决、裁定;

(二)原判决、裁定认定事实错误或者适用法律错误的,以判决、裁定方式依法改判、撤销或者变更;

(三)原判决认定基本事实不清的,裁定撤销原判决,发回原审人民法院重审,或者查清事实后改判;

(四)原判决遗漏当事人或者违法缺席判决等严重违反法定程序的,裁定撤销原判决,发回原审人民法院重审。

原审人民法院对发回重审的案件作出判决后,当事人提起上诉的,第二审人民法院不得再次发回重审。

第227条 执行过程中,案外人对执行标的提出书面异议的,人民法院应当自收到书面异议之日起十五日内审查，理由成立的，裁定中止对该标的的执行；理由不成立的，裁定驳回。案外人、当事人对裁定不服，认为原判决、裁定错误的，依照审判监督程序办理；与原判决、裁定无关的，可以自裁定送达之日起十五日内向人民法院提起诉讼。

第253条 被执行人未按判决、裁定和其他法律文书指定的期间履行给付金钱义务的，应当加倍支付迟延履行期间的债务利息。被执行人未按判决、裁定和其他法律文书指定的期间履行其他义务的，应当支付迟延履行金。

《民事诉讼法解释》

第90条 当事人对自己提出的诉讼请求所依据的事实或者反驳对方诉讼请求所依据的事实，应当提供证据加以证明，但法律另有规定的除外。

在作出判决前，当事人未能提供证据或者证据不足以证明其事实主张的，由负有举证证明责任的当事人承担不利的后果。

第311条 案外人或者申请执行人提起执行异议之诉的，案外人应当就其对执行标的享有足以排除强制执行的民事权益承担举证证明责任。

第312条 对案外人提起的执行异议之诉，人民法院经审理，按照下列情形分别处理：

（一）案外人就执行标的享有足以排除强制执行的民事权益的，判决不得执行该执行标的；

（二）案外人就执行标的不享有足以排除强制执行的民事权益的，判决驳回诉讼请求。

案外人同时提出确认其权利的诉讼请求的，人民法院可以在判决中一并作出裁判。

买卖合同纠纷案件裁判规则(一)第 16 条:

买卖合同一方当事人涉嫌诈骗的,因诈骗行为属于严重欺诈情形,受损害方可以在 1 年除斥期间内行使撤销权;若受损害方明确认可合同效力,则应将合同认定为有效

〔**规则描述**〕:近年来,随着我国市场经济的迅猛发展,商事活动中涉及刑民交叉案件大幅度增加,其中涉嫌犯罪的合同效力的认定成为司法实践中的热点问题,尤其是买卖合同中涉嫌诈骗的,司法实践中有不同的认识。因诈骗行为属于欺诈情形,受损害方可以此为由行使撤销权;但若损害方明确认可合同效力的,合同即认定有效。

一、类案检索大数据报告

时间:2020 年 4 月 13 日之前,案例来源:Alpha 案例库,案件数量:827 件,数据采集时间:2020 年 4 月 13 日。本次检索到相关案件共 827 件,整体情况如图 16 - 1 所示。在买卖合同涉嫌诈骗的情况下,法院认为合同有效的 490 件,占比为 59.25%,认为合同无效的案件 117 件,占比为 14.15%,不相关案件 220 件,占比为 26.60%。

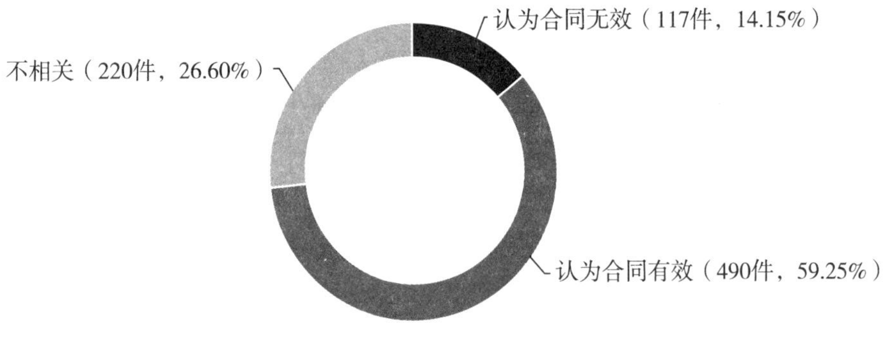

图 16 - 1 法院对涉嫌诈骗的买卖合同的效力认定

如图 16 - 2 所示,从案件主要年份分布情况可以看出当前条件下案件数量变化趋势。

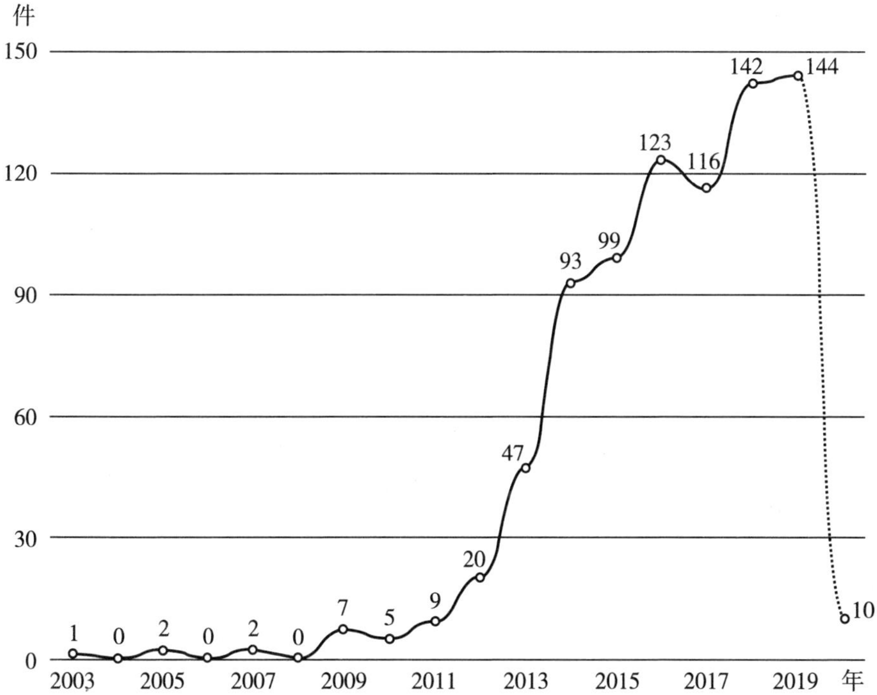

图16-2　案件主要年份分布情况

如图16-3所示,从案件主要地域分布情况来看,当前条件下案件主要集中在广东省、江苏省、山东省、浙江省、北京市。其中,广东省的案件数量最多,达到91件。

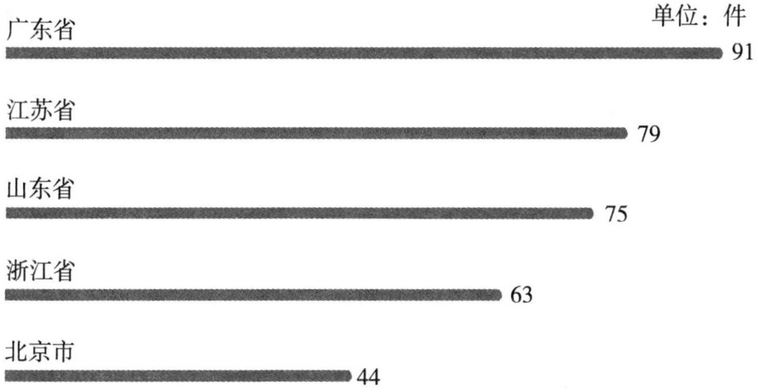

图16-3　案件主要地域分布情况

如图16-4所示,从案件行业分布情况可以看出,当前的行业分布主要集中在批发和零售业、制造业、建筑业、房地产业、租赁和商务服务业。

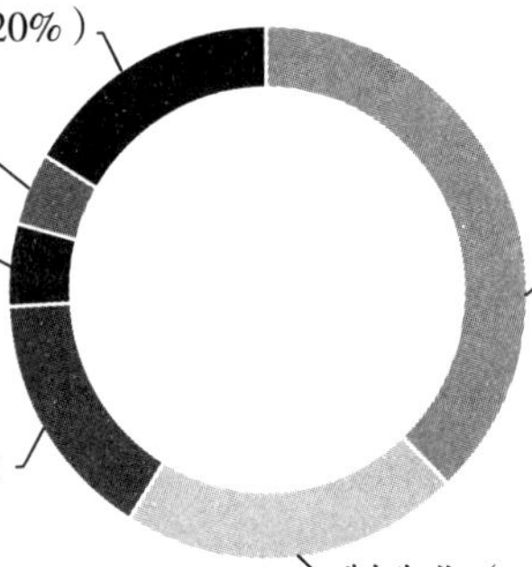

图16-4 案件行业分类情况

二、可供参考的例案

例案一 洛阳智凯集团有限公司与上海证方国际贸易有限公司分期付款买卖合同纠纷案

【法院】

河北省沧州市中级人民法院

【案号】

(2017)冀09民终4825号

【当事人】

上诉人(原审被告):洛阳智凯集团有限公司

被上诉人(原审原告):上海证方国际贸易有限公司

被上诉人(原审被告):中能乾港(北京)实业有限公司

【基本案情】

2016年12月19日,原告上海证方国际贸易有限公司(以下简称证方公司)与被告中能乾港(北京)实业有限公司(以下简称中能公司)签订了《煤炭购销合同》,主要内容为:证方公司向中能公司采购电煤10,000吨。

合同签订后,原告于当日通过宁波银行上海静安支行营业部向被告中能公司汇款100,000元作为定金。被告中能公司于2016年12月29日与被告洛阳智凯集团有限公司(以下简称智凯公司)签订了《煤炭买卖合同》,主要内容为:中能公司向智凯公司购买14,500吨电煤。该合同仅加盖了原、被告的合同专用章,双方代表或者委托代理人未签字。

中能公司与智凯公司签订上述合同后,当日共同向原告证方公司出具了承诺书,内容为:

"上海证方国际能源贸易有限公司:

本公司洛阳智凯集团有限公司(以下简称洛阳智凯)及本公司中能乾港(北京)实业有限公司(以下简称中能乾港),根据中能乾港与贵公司于2016年12月19日签订的煤炭购销合同,由中能乾港销售煤炭给贵公司。由于该煤炭物权由洛阳智凯转移给中能乾港,为保证贵公司顺利装船,本公司洛阳智凯及中能乾港郑重承诺,该煤炭物权明确属于中能乾港且不存在与第三方的物权纠纷,在贵公司支付中能乾港50%的款项后的2天内,我们确保可以将不少于10,800吨的煤炭装运至贵公司指定的船上(船名:凯王星,到港:响水陈家港码头,收货人:上海证方国际贸易有限公司)。否则,本公司洛阳智凯及中能乾港愿意承担贵公司一切的经济损失及法律责任。特此承诺！此文件复印件及扫描件等同于原件的法律效力。

承诺方:洛阳智凯集团有限公司(加盖了编号为4103030109685合同专用章)

承诺方:中能乾港(北京)实业有限公司(加盖了合同专用章)

日期:2016年12月29日。"

同日,智凯公司向中海船务公司出具了货权转移确认书,约定储存于中海船务公司场地编号SHWL16005-66的煤炭自智凯公司收到中能公司80%的货款起,该场地编号下全部货物货权转移给中能公司。但该份货权转移确认书中仅有智凯公司的公章,中能公司未盖章。

同日,中能公司和智凯公司再次向煤炭的存储单位中海船务公司共同出具了货权转移确认书,内容为:

"买方:中能乾港(北京)实业有限公司

卖方:洛阳智凯集团有限公司

我公司煤炭销售给中能乾港(北京)实业有限公司,现我公司证明我司在神华杂货场地编号SHWL16005-66场地货物约14,393.96吨的货权转移给中能乾港(北京)实业有限公司,自本确认书签订之日起,该场地编号下全部货物的货权转移给中能乾港(北京)实业有限公司,货权归买方所有,实际结算以第三方商检结算结果为准。自买卖双方在该货权转移书上签字盖章之日起,即视为卖方已按照约定履行交货义务,买方已接受此批货物。"该货权证明加盖了中能公司和智凯公司的公章。案外人中海船务公司根据智凯公司和中能公司的上述货权转移确认书为原告出具了货权证明内容为:“我司黄骅港中海船务代理有限公司证明由中能乾港(北京)实业有限公司存放于我司货场内的煤炭,我司与该企业之间签有仓储货代合同。场地编号:SHWL16005-66;我司再次出具此货权凭证,至2016年12月29日,中能乾港(北京)实业有限公司在我司SHWL16005-66场地存煤共计14,393.96吨,该煤炭物权属于中能乾港(北京)实业有限公司。本证明真实、有效、无虚假。特此声明。2016年12月29日。”

原告证方公司在见到中能公司及智凯公司出具的承诺函、货权转移确认书及智凯公司出具的放货通知书、中海船务公司出具的货权证明及装船通知单后,于2016年12月30日与中能公司签订了《煤炭购销合同补充协议》,对付款方式进行了变更。该补充协议签订后,证方公司于2016年12月30日上午11:43将100吨煤炭50%的货款2,725,000元汇入中能公司的账户。后中能公司未依照约定将煤炭交付原告证方公司。

另查明,2016年12月28日,证方公司为运输煤炭,向案外人江苏金马运业有限公司租用了“凯王星”号船舶,因中能公司未按期交付煤炭,导致“凯王星”号船发生空载,江苏金马运业有限公司收取的证方公司50,000元定金未退还证方公司。因中能公司未按时交付煤炭,导致证方公司未能向下游公司上海证大能源贸易有限公司(买方)按时交付煤炭,证方公司赔偿证大能源贸易有限公司经济损失350,000元,并于2017年3月20日支付了该350,000元损失赔偿款。

再查,因中能公司始终未向智凯公司支付煤款,中能公司与智凯公司于2017年1月9日共同出具证明,内容为“智凯公司与中能公司在2016年12月29日签订的编号为:LYZK-ZNQG-20161229的贸易合同未履行,此合同涉及的关于SHWL16005-66货物的货权转移的相关证明及说明同时作废,该批货物的货权仍属卖方智凯公司所有。由此产生的纠纷与中海船务公司无关”。将涉案煤炭的货权重新转移至智凯公司。

后原、被告三方协商未果,证方公司向一审法院起诉请求:(1)解除原告与中能公司签订的《煤炭购销合同》及补充协议;(2)判令二被告双倍返还原告定金200,000元、已付货款2,725,000元、赔偿损失655,520元,并支付违约金;(3)诉讼费由二被告承担。

被告中能公司辩称:中能公司未发货是由于原告方一直未足额支付货款造成,且由于配煤需要时间,加上环保检查,才导致发货延迟。中能公司同意:(1)解除与原告签订的《煤炭购销合同》及补充协议;(2)退还原告已支付的定金及预付款合计2,825,000元;(3)适当赔偿船舶滞港费,其他损失不同意赔偿。

被告智凯公司辩称:(1)中能公司涉嫌合同诈骗,高价买,低价卖,伪造合同等凭证将不属于自己的货物出售给原告方,智凯公司已经向公安机关报案,本案应由公安机关立案侦查,不应通过民事诉讼解决;(2)2016年12月29日的承诺书中的"洛阳智凯集团有限公司合同专用章"并非智凯公司的备案公章,不能代表智凯公司;(3)本案原告自身存在严重过错,即使智凯公司存在承诺,但承诺的对象并不是原告,而是"上海证方国际能源贸易有限公司",与原告之间不产生民事法律权利义务;(4)本案所涉及的煤炭所有权从来未发生过转移,一直都属于智凯公司。

一审法院认为:就原告证方公司与中能公司签订合同的效力问题,《合同法》第44条第1款规定:"依法成立的合同,自成立时生效。"证方公司与中能公司签订的《煤炭购销合同》和补充协议是原被告双方经过要约承诺的过程而订立,均加盖了双方的合同专用章,庭审过程中证方公司和中能公司对该事实均无异议,完全符合合同成立的要件,因此《煤炭购销合同》和补充协议自成立时生效。智凯公司辩称中能公司存在欺诈行为,涉嫌合同诈骗,但截至法庭辩论终结前,原、被告三方均未提供证据证实中能公司构成合同诈骗罪的相关证据。即使中能公司或其工作人员的行为经司法机关认定构成相关诈骗犯罪,依照《经济纠纷案件涉及经济犯罪问题规定》第3条之规定,并不必然导致证方公司与中能公司之间的合同无效,中能公司对因签订、履行该经济合同造成的后果,仍应依法应当承担民事责任。根据《合同法》第54条的规定,因欺诈而签订的合同属于可撤销的民事法律行为,撤销权在于受损害方即原告,而在本案中,原告明确表示认可其与中能公司之间的合同为有效合同,因此,证方公司与中能公司之间的买卖合同合法有效,予以确认。合同签订后,原告证方公司依照合同约定支付了定金和50%的货款,但中能公司未按约定交付煤炭,中能公司构成违约,应依法承担相应的违约责任。根据《煤炭购销合同约定》"本合同有效期至双方本合同履行完毕止",中能公司根本违约,原告请求解除合同,中能公司也同意解除合同,予以支持。合同解除后,中能公司应退还证方公司已交纳的定金10万元和煤款2,725,000元。

后一审法院判决:(1)解除原告证方公司与被告中能公司2016年12月19日签订的《煤炭购销合同》和2016年12月30日签订的《煤炭购销合同补充协议》;(2)被告中能公司于本判决生效之日起3日内返还原告证方公司定金100,000元、煤款2,725,000元,并赔偿原告证方公司经济损失400,000元;(3)被告智凯公司对被告中能公司的本判决第2项债务承担连带清偿责任;(4)驳回原告证方公司的其他诉讼请求。

智凯公司不服,上诉至河北省沧州市中级人民法院,二审双方未再提交新的证据。

【案件争点】

1. 智凯公司、中能公司为被上诉人出具的承诺书的效力认定及法律后果。

2. 中能公司是否已经涉嫌经济犯罪及对本案民事审理的影响。

【裁判要旨】

1. 关于承诺书的效力认定及法律后果

首先,承诺书相对方"上海证方国际能源贸易有限公司"的名称问题,因承诺书中"收货人"为本案被上诉人证方公司,其内容亦为2016年12月19日被上诉人与中能公司签订的合同的承诺,且该承诺书在被上诉人处,故对该名称中添加了"能源"二字,法院综合认定为笔误,并不影响对整个承诺书的效力认定。其次,原审中,被上诉人证方公司提交了2016年12月19日《煤炭购销合同》、2016年12月29日承诺书和2016年12月30日《煤炭购销合同补充协议》。承诺书的内容为:"由于该煤炭物权由洛阳智凯公司转移给中能乾港,为保证贵公司顺利装船,本公司洛阳智凯及中能乾港郑重承诺,该煤炭物权明确属于中能乾港且不存在第三方的物权纠纷,在贵公司支付中能乾港50%的款项后的2天内,我们确保可以将不少于10,800吨的煤炭装运至贵公司指定的船上……否则洛阳智凯及中能乾港愿意承担贵公司一切的经济损失及法律责任。"补充协议中能公司备注内容为:"本公司承诺如在本月30日上午收到甲方货款,乙方保证两天内完成装船,如收不到货款,此协议全部作废,一切损失由甲方承担。"综合以上三份合同,三方以《煤炭购销合同》为基础,补充协议和承诺书对付款条件、装货时间作出变更,最终达成合意为:由证方公司于12月30日上午给付货款,智凯公司、中能公司保证货物不存在第三方的物权纠纷,在证方公司支付货款完毕后,智凯公司、中能公司确保将相应煤炭装运至证方公司指定的船上。鉴于以上合意,2016年12月29日,智凯公司为黄骅港中海船务代理有限公司出具放货通知书,黄骅港中海船务代理有限公司出具货权证明及装船通知单,证实该煤炭物权属于中能公司并通知装船。2016年12月30日证方公司将50%货款汇入中能公司账户,并提供银行转账凭证证实。至此,证方公司履行完毕所有合同义务,但证方公司未能收到货物,并由此产生损失,应依承诺书约定由上诉人承担赔偿责任。另外,原审中,上诉人智凯公司提交2017年1月9日与中能公司共同为黄骅港中海船务代理有限公司出具的证明,内容为:

智凯公司与中能公司签订的贸易合同未履行,此合同涉及的货权转移相关证明及说明同时作废,该批货物仍属卖方智凯公司所有。2016年12月29日中能公司为智凯公司出具的证明,内容为:“贵公司与我公司于2016年12月29日签订的货权转移确认书,仅用于我司作为向下游客户出示我方货物的存在,在贵司与我方合同签订后,我方向贵司付80%货款,贵司确认接收80%货款前,贵我双方签订货权转移确认书所指定的货物货权归贵司所有。”对此,上诉人辩称因中能公司未支付80%货款,故货物所有权仍为智凯公司。但上诉人以上辩解与其为被上诉人证方公司出具的承诺书中“郑重承诺”部分相矛盾,即与承诺书所承诺的内容“该煤炭物权明确属于中能乾港公司且不存在与第三方的物权纠纷”相矛盾,因此,上诉人智凯公司对该批货物物权未确定的事实,及其与中能公司合同未履行完毕的情况,未予如实告知证方公司,由此给被上诉人证方公司产生的损失,亦应依承诺书约定承担责任。综上,智凯公司与中能公司出具的承诺书合法有效,法院予以认定,对上诉人的辩解不予支持。另外,通过“承诺书”所表述的内容,法院认定该承诺书为智凯公司对中能公司与证方公司煤炭购销合同的履约保证,并自愿承担经济损失及法律责任。上诉人智凯公司承担的是一种保证责任,并非债务加入,原审认定上诉人承担连带责任结果正确。

2. 关于中能公司是否已经涉嫌经济犯罪及对本案民事审理的影响

根据《经济纠纷案件涉及经济犯罪问题规定》第3条之规定:单位直接负责的主管人员和其他直接责任人员,以该单的名义对外签订经济合同,将取得的财物部分或全部占为己有构成犯罪的,除依法追究行为人的刑事责任外,该单对行为人因签订、履行该经济合同造成的后果,依法应当承担民事责任。因此,上诉人虽提交立案告知书,证明中能公司因涉嫌合同诈骗已被立案,但并不影响本案民事案件的审理。

例案二 | 武汉市武物储运有限公司与武汉振琦盛钢铁工贸有限公司、重庆利诚坤物资有限公司买卖合同纠纷案

【法院】

重庆市第五中级人民法院

【案号】

(2016)渝05民终4084号

【当事人】

上诉人(原审被告):武汉市武物储运有限公司

被上诉人(原审原告):重庆利诚坤物资有限公司

原审被告:武汉振琦盛钢铁工贸有限公司

【基本案情】

2013年7月19日,重庆利诚坤物资有限公司(以下简称利诚坤公司)与武汉振琦盛钢铁工贸有限公司(以下简称振琦盛公司)签订购销合同。合同约定由振琦盛公司供应利诚坤公司5个规格的热轧卷钢材共计392吨,合同约定单价、质量要求、交货日期、运输方式及费用承担、结算方式及期限等。

利诚坤公司于2013年7月19日收到振琦盛公司加盖印章的传真合同后,要求振琦盛公司提供担保。武汉市武物储运有限公司(以下简称武物储运公司)遂出具担保书1份,承诺对上述钢材买卖合同提供担保。利诚坤公司收到担保书后,遂在购销合同上加盖印章后传真给振琦盛公司,并于当日将合同约定订金41万元支付给振琦盛公司。

因振琦盛公司未能按照约定向提供钢材,利诚坤公司于2013年8月9日向公安机关报案。其后,利诚坤公司向一审法院提起诉讼。

一审审理中,武物储运公司提交的证据显示,2013年8月9日,利诚坤公司以振琦盛公司及其负责人吴某涉嫌合同诈骗,向重庆市公安局九龙坡区分局报案。

2013年8月16日,重庆市公安局九龙坡区分局将案件材料转武汉市公安局江岸区分局处理。

2014年4月1日,武汉市公安局江岸区分局作出起诉意见书,查明:犯罪嫌疑人吴某、范某、王某等分别于2007年年中,2009年开始利用虚假出资成立的振琦盛公司、武汉鑫安通源商贸有限公司等公司从事钢材贸易经营,在无经营资本的情况下,上述三人分别以各自公司的名义从重庆武钢西南销售有限公司、上海武钢华东销售有限公司合肥分公司、重庆武钢西南销售有限公司成都分公司等订购钢材,支付10%~30%的定金,然后低价销售给各自公司下游商户,并与下游商户签订钢材购销合同,收取商户全额货款采取滚动付款、滚动发货的经营方式在钢材市场大量套取下游客户购买钢材货款来维持公司正常经营的假象……其间吴某、范某、王某等人还于2013年5月私自利用吴某从武物储运公司骗取的此公司印章和业务印章对深圳银达节能科技有限公司的借款合同,以及利诚坤公司等的钢材购销合同提供担保,骗取上述客户货款。用骗取的借款和货款履行小部分前期客户的合同来维持公司正常经营的假象(目前有武物储运公司和利诚坤公司来公安局报案)。由此认为吴某、范某、王某的行为涉嫌合同诈骗,将此案移送审查起诉。

2014年12月7日,湖北省武汉市人民检察院作出武检公诉(2014)202号起诉书,指控吴某、范某、王某的行为涉嫌合同诈骗,认定的事实与起诉意见书一致。另在武汉市江岸公安局经侦大队委托湖北中信会计师务所有限责任公司作出的审理报告书中,已将利诚坤公司支付款项41万元纳入涉嫌犯罪的审计范围。

2015年8月26日,湖北省武汉市中级人民法院作出(2015)鄂武汉中刑初字00018号民事判决书,对被告吴某、范某、王某合同诈骗作出判决。判决书第6页第二段认定,2013年7月1日,吴某在明知自己不具备担保条件的情况下,擅自使用武物储运公司的印章为上述所谓钢材购销合同进行担保,此外,其还擅自使用武物储运公司印章和业务印章对深圳银达节能科技有限公司的借款合同、武汉远博贸易有限公司、武汉市财贸有限公司、利诚坤公司等的钢材购销合同提供担保,骗取资金以造成公司还在正常运转的假象,以便骗取订购钢材客户的货款。判决书第15页第9证人蔡某(武物储运公司副总经理)证言:公司的法定代表人是高洪旭,蔡某主要是管公司财务和公司公章。蔡某一般将公章放在公司保险柜里。公司人员要使用公章一般应该由蔡某负责审查,蔡某认可后在公章登记本上登记并签名后方可加盖公章。吴某使用公司公章对外担保的事情蔡某不知道,因为吴某是高洪旭的亲外甥,又是武物储运公司负责业务工作的副总经理,他要用公章,他要把公章带到集团公司去,蔡某想吴某不会做危害公司利益的事情,所以没有怀疑他,让他把公章带出公司。吴某不经登记就把公章拿走的事情蔡某没有向高某或集团公司汇报过。判决书第17页最后一行吴某供述:吴某骗取武物储运公司的印章,私自在相关借款协议和担保协议上盖了武物诸运公司的印章,其中包括:振琦盛公司与武汉鑫安通源商贸有限公司签订的虚假购销合同;范某与湖北财茂公司签订的购销合同;德康盛公司与湖北财茂公司签订的购销合同;振琦盛公司与深圳银达节能科技有限公司的借款协议;振琦盛公司分别与重庆和武汉的两家公司签订的合同。吴某没有以武物诸运公司名义对外担保的权限,为了让别人相信公司有履行合同的能力,吴某没有经过任何人同意,私自偷盖了武物储运公司的一号合同专用章,这是吴某个人的行为。

武物储运公司在一审审理中认可担保书印章的真实性,但提出系振琦盛公司实际控制人吴某以欺骗手段骗取武物储运公司的印章对外担保,骗取客户资金。武物储运公司对担保一事并不知情,并已向公安机关报案。该案涉及刑事犯罪,应移送公安机关办理。由于本案不是民事纠纷,担保无效,故武物储运公司不应承担本案民事责任。

利诚坤公司提出因武物储运公司法定代表人高某与吴某系亲属,故由武物储运公司出具提保书,利诚坤公司经核实武物储运公司有能力承担保证责任后方才支付款项。利诚坤公司认为双方签订的合同合法有效,因振琦盛公司不履行合同义务,致使利诚坤公司合同目的落空,故要求解除双方合同。武物储运公司为合同提供担保,即应当承担相应的担保责任。

一审法院认为,《民事诉讼证据规定》规定,复印件不能单独作为定案的依据。本案审理中,武物储运公司提交的证据虽系复印件,但各证据之间及生效刑事判决书可以相互印证,证明振琦盛公司的实际控制人吴某涉嫌合同诈骗的事实。故在利诚坤公司虽未对武物储运公司提供证据真实性作出确认的情况下,一审法院亦认定相关证据的真实性。

对于本案购销合同的效力认定。一审法院认为,在合同法上,以欺诈手段订立合同属于无效合同或者属于可撤销合同,其区别在于合同是否损害了国家利益、集体利益或第三人利益,是否符合《合同法》第52条第3项"以合法形式掩盖非法目的"及第5项"违反法律、行政法规的强制性规定"的合同无效之情形。而本案钢材购销合同非法程度并未达到损害国家、集体或者第三人利益的要求。"以合法形式掩盖非法目的",是以合同双方存在共同规避法律的故意为条件。利诚坤公司起诉振琦盛公司所依据的是双方签订钢材购销合同,利诚坤公司作为合同相对人也是受害人,不存在共同规避的故意,本案没有"以合法形式掩盖非法目的"导致无效之情形。《合同法》第52条第5项中"强制性规定",司法实践中一般认为是指法律法规规定违反禁止性规范将导致合同无效或不成立的效力性规范。本案振琦盛公司假借订立合同实施了诈骗犯罪行为,但作为其与利诚坤公司签订的购销合同本身并不必然因此而无效,故应认定双方签订的购销合同有效。同时,振琦盛公司的负责人吴某代表振琦盛公司与利诚坤公司签订购销合同,其实施了诈骗犯罪行为,同时构成民法上的欺诈,根据《合同法》第54条规定,应认定为可撤销合同,利诚坤公司享有合同撤销权。现利诚坤公司不请求撤销合同,而以振琦盛公司不履行主要合同义务,使利诚坤公司合同目的落空为由,要求解除双方合同,符合《合同法》第94条关于解除合同的规定,一审法院予以支持。同时,根据《合同法》第97条规定,在合同解除后,利诚坤公司有权要求振琦盛公司退还已收取的订金,并赔偿相应的损失。

后武物储运公司提起上诉,并提交湖北省武汉市中级人民法院(2015)鄂武汉中刑初字00018号民事判决书、执行通知书,拟证明吴某、范某、王某合同诈骗罪一案已生效并进入民事执行程序,扣押冻结财产、赃物已进入执行。经质证,利诚坤公司认为上述证据系复印件,对其真实性不予认可。法院认为,虽然武物储运公司提交的证据系复印件,但该证据载明的内容真实,故法院对该证据予以采信。

法院二审新查明,湖北省武汉市中级人民法院于2016年6月6日作出(2016)鄂01执919号执行通知书,载明吴某、范某、王某犯合同诈骗一案,该院于2015年8月26日作出的(2015)鄂武汉中刑初字00018号刑事判决已发生法律效力。该院刑事审判第一庭于2016年4月27日移送执行,该院于2016年5月11日依法立案。

【案件争点】

购销合同的效力认定。

【裁判要旨】

利诚坤公司与振琦盛公司签订购销合同,利诚坤公司向振琦盛公司支付订金的行为,既是吴某等人犯合同诈骗罪的犯罪行为,也是利诚坤公司与振琦盛公司之间签订合同、履行合同的民事行为。该行为引出吴某等人应当承担的刑事责任,以及利诚坤公司和振琦盛公司之间应当承担的民事责任。刑事责任与民事责任由不同的法律所导出,彼此之间并行不悖。一个行为同时引起刑事责任与民事责任的,刑事责任的承担并不影响其所应当承担的民事责任。本案中,犯罪虽与合同交叉,但该合同的性质仍应当依据《合同法》的相关规定确认。涉案合同并未出现法律规定的无效情形,一审法院确认该合同合法有效并无不当。

振琦盛公司与利诚坤公司签订合同,其目的在于骗取利诚坤公司订金,而非真实履行合同。利诚坤公司以振琦盛公司未真实履行合同的违约行为,致使不能实现合同目的,要求解除该合同,符合《合同法》第94条关于解除合同的规定。一审法院确认该合同予以解除并无不当。

《合同法》第97条规定:"合同解除后,尚未履行的,终止履行;已经履行的,根据履行情况和合同性质,当事人可以要求恢复原状、采取其他补救措施、并有权要求赔偿损失。"利诚坤公司有权要求振琦盛公司返还订金并赔偿损失。

武物储运公司向利诚坤公司出具担保书上加盖的武物储运公司公章真实。对善意人利诚坤公司而言,其无法审查武物储运公司加盖公章过程,亦不应当承担因违反武物储运公司内部管理制度而导致的不利后果。该担保书是武物储运公司的真实意思表示,且未违反法律法规的强制性规定,应为合法有效。武物储运公司应当对振琦盛公司的支付义务承担连带责任。武物储运公司抗辩主张其对担保并不知情,亦未作出担保的意思表示,与其出具的担保书载明的内容不符,本院不予支持。

因二审中,武物储运公司举示的证据证明吴某等人犯合同诈骗罪案件已进入民事执行程序,利诚坤公司作为该刑事案件的受害人,在该执行程序中有获得赔偿的权利。故利诚坤公司的损失应当扣减其在刑事案件执行程序中获得的赔偿部分。

例案三 | 边某、王某甲买卖合同纠纷案

【法院】

山东省滨州市中级人民法院

【案号】

(2018)鲁16民终252号

【当事人】

上诉人(原审被告):边某

被上诉人(原审原告):王某甲

【基本案情】

王某甲与案外人王某乙系姐弟关系。邹平县会仙三路南侧开发区高层公寓A号2-1603号房屋由王某甲顶名,王某乙出资购买,房屋登记所有权人为王某甲。2011年3月,王某乙欲出售该房屋。2011年4月3日,该房屋通过介绍人孙某、张某丙,以45万元的价格卖给了邹平县孙镇人张某丁,该房屋完成交接,但未办理房屋过户手续。2011年6月28日,张某丁又将该房屋以60万元出卖给了吕某,亦未办理房屋过户手续,该房屋一直由吕某居住。2012年孙某通知张某丙到房管局办理过户手续,后因故该房产并未过户到买房人名下,而落户到王某乙姐姐王某甲即原告名下。2014年10月15日,张某丙利用自己作为介绍人的身份,通过虚构事实欺骗王某甲,隐瞒该房屋实际第一买受人为张某丁的事实,以边某为房屋买受人,在边某向张某丙支付现金5万元和过户费6万余元的情况下,张某丙带领原、被告双方到邹平县房管局签订了买卖合同,并办理了房屋过户手续,将房屋过户到边某名下。2014年11月,边某找到吕某,让其搬离该涉案房屋,双方发生争执,吕某找

到王某甲解决问题,王某甲遂让王某乙解决该问题。2014年12月9日,吕某、王某乙找到张某丁,让张某丁以自己的名义起诉边某,用以司法救济。2015年3月17日,王某乙到邹平县公安局报案,称张某丙等人诈骗其房产,邹平县公安局经侦查认为,张某丙犯诈骗罪,移送邹平县人民检察院审查。后经邹平县人民检察院审查认为,邹平县公安局认定张某丙诈骗犯罪的主观故意、客观方面事实不清、证据不足,不符合起诉条件,决定对张某丙不起诉。王某甲于2016年11月16日诉至一审法院,请求:(1)依法确认王某甲、边某之间对邹平县会仙三路南侧开发区高层公寓A号2－1603号的房屋买卖合同无效;在诉讼过程中,王某甲变更该诉讼请求为依法撤销王某甲、边某于2014年10月15日签订的邹平县会仙三路南侧开发区高层公寓A号2－1603的房屋买卖合同。(2)诉讼费用由边某承担。

一审法院认为,王某甲通过王某乙将涉案房屋先出卖给张某丁并完成交付,后张某丁又将涉案房屋出卖给吕某也完成交付,涉案房屋的最后购买人、实际控制人、实际权利人为吕某,王某甲作为涉案房屋的初始登记权利人,是想通过办理房屋过户手续,使涉案房屋的登记权利与实际权利由不符变为相符,即想通过签订房屋买卖合同的形式,将涉案房屋过户至实际权利人吕某的名下。因王某甲未实际参与涉案房屋的介绍、买卖、交付等环节,并不认识边某,张某丙是介绍人,王某甲充分信任张某丙能带领实际权利人与其签订房屋买卖合同,王某甲误以为边某就是涉案房屋的实际权利人,而过户后王某甲才得知,与其订买卖合同的并非实际权利人吕某,而是边某,王某甲是在重大误解的情形下与边某签订的房屋买卖合同,基于该重大误解,王某甲要求撤销其与边某之间的房屋买卖合同,于法有据,予以支持。在办理所有权转移登记之前,吕某已经合法占有该房屋,边某办理登记不能做出合理说明,其权利不能优先于已经合法占有该房屋的吕某。边某辩称在房产过户过程中及签订房屋买卖合同过程中,王某甲已经知道买方为边某,不存在重大误解的行为,因此,本案不存在合同可撤销情形的理由,与事实不符,于法相悖,不予采信。边某又辩称具有撤销权的当事人自知道或者应当知道撤销事由之日起一年内没有行使撤销权的,撤销权消灭。本案中,自王某甲与边某签订买卖合同之日及办理房屋过户手续时,撤销权行使期限已经开始计算,截至起诉之日,已经超出一年期限。王某甲在诉讼中称案外人王某乙向公安机关报案时已经知道本案买方为边某,王某乙并非本案合同当事人,其报案行为与本案撤销权的期限无任何法律关系,再退一步讲,即便存在关联,其向公安机关报案并不能中断撤销权行使的期限,因为依据《合同法》第54条的规定,当事人必须是向人民法院起诉或向仲裁机构申请仲裁。案涉房屋买卖合同签订后一年内,案涉房屋原实际权利人王某乙就通过张某丁向人民法院起诉或向公安机关报案,在法定的一年除斥期间内行使了权利,除斥期间消灭,自此开始计算诉讼时效,王某甲的起诉在两年的诉讼时效期间内,符合法律规定,故对王某甲的该项答辩理由,不予采信。依据《合同法》第54条第1款第1项之规定,判决如下:撤销王某甲与边某于2014年10月15日签订的房屋买卖合同。案件受理费100元、财产保全费2020元,共计2120元,由边某承担。

上诉人边某上诉请求:(1)依法撤销邹平县人民法院(2016)鲁1626民初4300号判决,并依法改判或发回重审;(2)一审、二审诉讼费用由被上诉人承担。事实和理由:一审法院认定事实错误,适用法律不当,上诉人与被上诉人的房屋买卖合同合法有效。(1)本案不存在合同撤销的情形。依据《合同法》第54条规定,因重大误解订立的合同,当事人一方有权请求人民法院或者仲裁机构变更或者撤销。本案中,被上诉人与上诉人到房管局当面签订房屋买卖合同及办理过户手续,在签订合同过程中,有上诉人的签字并已经明确购买该房产的系本案上诉人,被上诉人已经知道买方为本案上诉人,不存在重大误解的行为。因此,本案不存在合同可能撤销的情形。并且上诉人购买此房时,价格适中,不存有任何欺诈行为。(2)退一步讲,即便存在合同可撤销情形,原告撤销权已经消灭。《合同法》第55条规定,具有撤销权的当事人自知道或者应当知道撤销事由之日起一年内没有行使撤销权的,撤销权消灭。本案中,自上诉人与被上诉人双方签订买卖合同之日及办理房屋过户手续时,被上诉人已经知道本案买方是上诉人,即便被上诉人称存在重大误解情形,撤销权行使期限已经开始计算。截至起诉之日,已经超出一年期限。被上诉人在诉讼中声称案外人王某乙向公安机关报案时已经知道本案买方为上诉人,首先,王某乙并非本案合同当事人,其报案行为与本案撤销权的期限无任何法律关系,再退一步讲,即便存在关联,其向公安机关报案并不能中断撤销权行使的期限,因为依据《合同法》第54条的规定,必须是向人民法院起诉或向仲裁机构申请仲裁。被上诉人在诉讼中声称王某乙通过张某丁向人民法院起诉,行使了权利,除斥期间消灭不符合法律规定。王某乙与张某丁均系案外人,与该房产无直接利害法律关系,其报案及诉讼行为与本案无任何关系,且张某丁起诉的诉讼请求为确认所有权,并非撤销权,一审法院认定除斥期间消灭不符合法律规定。因此,在本案中,退一步讲,即便存在合同可撤销情形,被上诉人撤销权已经消灭。综上所述,一审判决认定事实错误,适用法律不当,请求二审法院依法查清事实,支持上诉人的诉讼请求。

二审期间,当事人均未提交新证据。

【案件争点】

1. 王某甲与边某就邹平县会仙三路南侧开发区高层公寓A号2－1603号房屋签订的房屋买卖合同是否存在可撤销情形。

2. 若该房屋买卖合同存在可撤销情形，被上诉人王某甲的撤销权是否已经消灭。

【裁判要旨】

1. 关于王某甲与边某就邹平县会仙三路南侧开发区高层公寓A号2－1603号房屋签订的房屋买卖合同是否存在可撤销情形问题。《合同法》第54条规定："下列合同，当事人一方有权请求人民法院或者仲裁机构变更或者撤销：(一)因重大误解订立的；(二)在订立合同时显失公平的。一方以欺诈、胁迫的手段或者乘人之危，使对方在违背真实意思的情况下订立的合同，受损害方有权请求人民法院或者仲裁机构变更或者撤销。当事人请求变更的，人民法院或者仲裁机构不得撤销。"依照上述规定，可撤销合同的范围为因重大误解订立的合同，订立合同时显失公平的合同以及一方以欺诈、胁迫的手段或者乘人之危，使对方在违背真实意思的情况下订立的合同。具体到本案，对于普通民众而言，房屋系价值相对较大的资产，而房屋买卖需要经过磋商、签订合同、交付房款、变更登记等一系列环节，在上述环节中，签订合同、交付房款、变更登记对买卖双方合同权益能否实现影响重大，买卖双方实施上述行为时持审慎态度不仅符合情理，亦符合日常交易习惯。在公安机关对上诉人边某的两次询问笔录中，并未体现出其作为购房人在签订房屋买卖合同前与出卖人进行过电话或当面沟通以及看房，对于房款的支付，边某称在签订买卖合同并办理过户的当天支付房款11万元，其中6万元支付给了孙某，5万元支付给了张某丙，合同中约定的30万元价款是随手填的，支付11万元就过户是买卖双方自愿。对于涉案房屋价值，本案现有证据证实：2011年4月王某乙卖给张某丁时价格为45万元、2011年6月张某丁卖给吕某时价格为60万元，在2011年至2014年房地产价格上行的经济形势下，2014年10月15日签订房屋买卖合同时边某以不足第一次交易价的25%、第二次交易价的19%购买涉案房屋有悖常理。上诉人边某对此的解释是双方自愿，而据在张某丙涉嫌诈骗一案侦查过程中公安机关对孙某、王某乙、边某的询问笔录及对张某丙的讯问笔录、张某丙自行书写的情况说明，可以认定在2014年10月15日办理房屋过户之前，上诉人边某与被上诉人王某甲并不认识，被上诉人王某甲亦未参与涉案房屋的介绍、买卖、交付等环节，因此上诉人边某主张该买卖合同系双方真实意思表示的主张不能成立。被上诉人王某甲主张,2014 年 10 月 15 日其与上诉人边某签订房屋买卖合同并将涉案房屋过户至边某名下的原因在于张某丙称其系该房屋的买受人且又将该房屋出卖给了边某,在张某丙的同意和指示下,被上诉人王某甲方与上诉人边某签订了涉案房屋买卖合同,导致涉案房屋过户至上诉人边某名下。因此,被上诉人王某甲与上诉人边某签订房屋买卖合同并非基于其二人之间达成了买卖合意,而是因为王某甲认为与其达成房屋买卖合意的相对方为张某丙、张某丙又将该房屋出卖给了边某、边某系涉案房屋的最终买受人。后该房屋的实际占有人吕某找被上诉人王某甲解决房屋问题,被上诉人王某甲方得知该房屋的实际买受人存在争议。2015 年 3 月,王某乙向公安机关报案,称张某丙涉嫌诈骗,经公安机关侦查,移送检察机关审查起诉,虽然检察机关最终认定张某丙构成诈骗犯罪的证据达不到确实充分的条件,决定对张某丙不起诉,但根据在侦查过程中形成的材料,可以认定基于张某丙称其系第一手房屋买受人的不实陈述,导致王某甲误认为边某系该房屋的最终买受人且张某丙对该房屋直接过户给边某有处分权,王某甲对房屋最终买受人产生了误解。《民通意见》第 71 条规定:"行为人因为对行为的性质、对方当事人、标的物的品种、质量、规格和数量等的错误认识,使行为的后果与自己的意思相悖,并造成较大损失的,可以认定为重大误解。"该规定表明,重大误解是指一方当事人因自己的过错而对合同内容等发生误解而订立的合同,从而直接影响到该当事人所应享受的权利和承担的义务。在本案中,王某乙出售给张某丁的房屋价款为 45 万元,张某丁出售给吕某的房屋价款为 60 万元,财产价值巨大,基于王某甲的误解导致价值数十万元的房产并未过户给实际买受人,可能导致其承担退还房款等违约责任,因此给王某甲造成的损失巨大,可以认定王某甲构成重大误解。王某甲与边某就邹平县会仙三路南侧开发区高层公寓 A 号 2－1603 号房屋签订的房屋买卖合同存在可撤销情形。

2. 关于被上诉人王某甲的撤销权是否已经消灭问题。《合同法》第 55 条第 1 项规定,具有撤销权的当事人自知道或者应当知道撤销事由之日起一年内没有行使撤销权的,撤销权消灭。本案中,王某甲与边某就邹平县会仙三路南侧开发区高层公寓 A 号 2－1603 号房屋签订房屋买卖合同的时间为 2014 年 10 月 15 日,但合同签订当日被上诉人王某甲并不知道该房屋买卖合同存在撤销事由,上诉人边某主张应自 2014 年 10 月 15 日计算撤销权行使期间有违《合同法》第 55 条第 1 项之规定,法院不予支持。在涉案房产办理过户后,边某找到吕某,让其搬离涉案房屋,后双方发生争执,吕某遂找王某甲解决房产问题。2014 年 12 月 9 日,吕某以张某丁名义起诉边某进行司法救济。2015年3月17日,王某乙到邹平县公安局报案,称张某丙等人诈骗其房产,后邹平县公安局进行侦查,此时因民事纠纷引发的刑事案件处于侦查过程中,对于张某丙在涉案房产买卖过程中处于什么法律地位、其与边某之间存在什么法律关系、张某丙让王某甲将房屋直接过户给边某基于什么原因均处于事实不明状态,此时王某甲无法判断出该房屋买卖合同是否存在可撤销情形。2016年9月2日,邹平县人民检察院作出不起诉决定书,认为邹平县公安局认定张某丙诈骗犯罪的主观故意、客观方面事实不清、证据不足,不符合起诉条件,决定对张某丙不起诉。虽然吕某不服该不起诉决定向滨州市人民检察院提出申诉,但从普通民众的认知来讲,邹平县人民检察院作出的不起诉决定书具有较强的证明力和公信效力,自邹平县人民检察院作出不起诉决定书时,被上诉人王某甲应当能够知道该房屋买卖合同存在撤销事由,且其后滨州市人民检察院经复查对邹平县人民检察院的不起诉决定予以维持,因此本案撤销权的行使期间应自2016年9月2日起算,至王某甲2016年11月16日诉至一审法院,并未超过一年除斥期间。上诉人边某称被上诉人王某甲的撤销权已经消灭依据不足。

三、裁判规则提要

(一)买卖合同中一方涉嫌诈骗的,不能仅因合同当事人一方实施了涉嫌犯罪的行为,而当然认定合同无效

1. 买卖合同中一方涉嫌诈骗的,不属于“违反法律、行政法规的强制性规定”的合同,不能当然认定合同无效

“违反法律、行政法规的强制性规定”,是指合同内容以及合同内容所体现的法律关系违反法律、行政法规的强制性规定。《民法典》第153条规定:“违反法律、行政法规的强制性规定的民事法律行为无效,但是该强制性规定不导致该民事法律行为无效的除外。违背公序良俗的民事法律行为无效。”关于“强制性规定”,《全国法院民商事审判工作会议纪要》第30条规定,“人民法院在审理合同纠纷案件时,要依据《民法总则》第153条第1款和合同法司法解释(二)第14条的规定慎重判断‘强制性规定’的性质,特别是要在考量强制性规定所保护的法益类型、违法行为的法律后果以及交易安全保护等因素的基础上认定其性质,并在裁判文书中充分说明理由。下列强制性规定,应当认定为‘效力性强制性规定’:强制性规定涉及金融安全、市场秩序、国家宏观政策等公序良俗的;交易标的禁止买卖的,如禁止人体器官、毒品、枪支等买卖;违反特许经营规定的,如场外配资合同;交易方式严

重违法的,如违反招投标等竞争性缔约方式订立的合同;交易场所违法的,如在批准的交易场所之外进行期货交易。关于经营范围、交易时间、交易数量等行政管理性质的强制性规定,一般应当认定为'管理性强制性规定'"。

关于违反规章的合同效力,《全国法院民商事审判工作会议纪要》第31条规定:"违反规章一般情况下不影响合同效力,但该规章的内容涉及金融安全、市场秩序、国家宏观政策等公序良俗的,应当认定合同无效。人民法院在认定规章是否涉及公序良俗时,要在考察规范对象基础上,兼顾监管强度、交易安全保护以及社会影响等方面进行慎重考量,并在裁判文书中进行充分说理。"由此可见,违反法律、行政法规强制性规定的合同并不必然是无效的,在买卖合同中一方涉嫌诈骗仅对合同相对人造成损害的情形下,此民事合同并不违反效力性强制规定,因而不能据此认定其无效。

2. 买卖合同中一方涉嫌诈骗的,不属于"以合法形式掩盖非法目的"的合同,不能当然认定合同无效

首先,《民法典》舍弃了《合同法》(已失效)"以合法形式掩盖非法目的"的表述,代之以第146条"行为人与相对人以虚假的意思表示实施的民事法律行为无效",此处的"行为人与相对人"应理解为双方共同虚假意思表示,即合同双方均有非法目的。在仅有合同一方当事人实施了涉嫌犯罪行为的情况下,不宜依据《民法典》第146条的规定,认定合同无效。

(二)承上所述,合同中一方当事人实施的涉嫌犯罪的行为并不影响合同的有效性。此时应根据《民法典》等法律、行政法规的规定对合同的效力进行审查判断,以保护合同中无过错一方当事人的合法权益,维护交易安全和交易秩序

依照《民法典》第148条之规定,涉嫌欺诈的合同系可撤销合同,若受损害方明确认可合同效力,则应将合同认定为有效,若受损害方不认可合同效力,则有权在一年的除斥期间内行使撤销权。

(三)买卖合同中一方涉嫌诈骗的,确认此种情况下的民事合同属于可撤销的合同,更有利于保护受损害方的合法权益

对于买卖合同中受损害一方而言,如认定合同无效,则依据法律规定只能适用返还财产,赔偿缔约损失,此时受损害方的履行利益无法得到保障。如果受损害方认可合同的效力,则受损害方可以要求欺诈方承担继续履行、赔偿损失、支付违约

金等民事责任,从而最大限度保护自己的利益。不难发现,欺诈方在合同无效时承担的责任反而比在合同有效时承担的责任轻。欺诈方在法律上本就应当受到否定评价,不能因此获利,鉴于此,确认合同属于可撤销的合同,更有利于保护受损害方的合法权益。

四、辅助信息

高频词条:

《民法典》

第146条 行为人与相对人以虚假的意思表示实施的民事法律行为无效。

以虚假的意思表示隐藏的民事法律行为的效力,依照有关法律规定处理。

第152条 有下列情形之一的,撤销权消灭:

(一)当事人自知道或者应当知道撤销事由之日起一年内、重大误解的当事人自知道或者应当知道撤销事由之日起九十日内没有行使撤销权;

(二)当事人受胁迫,自胁迫行为终止之日起一年内没有行使撤销权;

(三)当事人知道撤销事由后明确表示或者以自己的行为表明放弃撤销权。

当事人自民事法律行为发生之日起五年内没有行使撤销权的,撤销权消灭。

第153条 违反法律、行政法规的强制性规定的民事法律行为无效。但是,该强制性规定不导致该民事法律行为无效的除外。

违背公序良俗的民事法律行为无效。

第154条 行为人与相对人恶意串通,损害他人合法权益的民事法律行为无效。

第465条 依法成立的合同,受法律保护。

依法成立的合同,仅对当事人具有法律约束力,但是法律另有规定的除外。

第502条 依法成立的合同,自成立时生效,但是法律另有规定或者当事人另有约定的除外。

依照法律、行政法规的规定,合同应当办理批准等手续的,依照其规定。未办理批准等手续影响合同生效的,不影响合同中履行报批等义务条款以及相关条款的效力。应当办理申请批准等手续的当事人未履行义务的,对方可以请求其承担违反该义务的责任。

依照法律、行政法规的规定,合同的变更、转让、解除等情形应当办理批准等手续的,适用前款规定。

第 563 条 有下列情形之一的,当事人可以解除合同:

(一)因不可抗力致使不能实现合同目的;

(二)在履行期限届满前,当事人一方明确表示或者以自己的行为表明不履行主要债务;

(三)当事人一方迟延履行主要债务,经催告后在合理期限内仍未履行;

(四)当事人一方迟延履行债务或者有其他违约行为致使不能实现合同目的;

(五)法律规定的其他情形。

以持续履行的债务为内容的不定期合同,当事人可以随时解除合同,但是应当在合理期限之前通知对方。

第 566 条 合同解除后,尚未履行的,终止履行;已经履行的,根据履行情况和合同性质,当事人可以请求恢复原状或者采取其他补救措施,并有权请求赔偿损失。

合同因违约解除的,解除权人可以请求违约方承担违约责任,但是当事人另有约定的除外。

主合同解除后,担保人对债务人应当承担的民事责任仍应当承担担保责任,但是担保合同另有约定的除外。

《民事诉讼法》

第 64 条 当事人对自己提出的主张,有责任提供证据。

当事人及其诉讼代理人因客观原因不能自行收集的证据,或者人民法院认为审理案件需要的证据,人民法院应当调查收集。

人民法院应当按照法定程序,全面地、客观地审查核实证据。

第 142 条 法庭辩论终结,应当依法作出判决。判决前能够调解的,还可以进行调解,调解不成的,应当及时判决。

第 144 条 被告经传票传唤,无正当理由拒不到庭的,或者未经法庭许可中途退庭的,可以缺席判决。

第 170 条 第二审人民法院对上诉案件,经过审理,按照下列情形,分别处理:

(一)原判决、裁定认定事实清楚,适用法律正确的,以判决、裁定方式驳回上诉,维持原判决、裁定;

(二)原判决、裁定认定事实错误或者适用法律错误的,以判决、裁定方式依法改判、撤销或者变更;

(三)原判决认定基本事实不清的,裁定撤销原判决,发回原审人民法院重审,

或者查清事实后改判;

(四)原判决遗漏当事人或者违法缺席判决等严重违反法定程序的,裁定撤销原判决,发回原审人民法院重审。

原审人民法院对发回重审的案件作出判决后,当事人提起上诉的,第二审人民法院不得再次发回重审。

第253条 被执行人未按判决、裁定和其他法律文书指定的期间履行给付金钱义务的,应当加倍支付迟延履行期间的债务利息。被执行人未按判决、裁定和其他法律文书指定的期间履行其他义务的,应当支付迟延履行金。

《经济纠纷案件涉及经济犯罪问题规定》

第3条 单位直接负责的主管人员和其他直接责任人员,以该单位的名义对外签订经济合同,将取得的财物部分或全部占为己有构成犯罪的,除依法追究行为人的刑事责任外,该单位对行为人因签订、履行该经济合同造成的后果,依法应当承担民事责任。

第11条 人民法院作为经济纠纷受理的案件,经审理认为不属经济纠纷案件而有经济犯罪嫌疑的,应当裁定驳回起诉,将有关材料移送公安机关或检察机关。

《买卖合同解释》

第18条 买卖合同对付款期限作出的变更,不影响当事人关于逾期付款违约金的约定,但该违约金的起算点应当随之变更。

买卖合同约定逾期付款违约金,买受人以出卖人接受价款时未主张逾期付款违约金为由拒绝支付该违约金的,人民法院不予支持。

买卖合同约定逾期付款违约金,但对账单、还款协议等未涉及逾期付款责任,出卖人根据对账单、还款协议等主张欠款时请求买受人依约支付逾期付款违约金的,人民法院应予支持,但对账单、还款协议等明确载有本金及逾期付款利息数额或者已经变更买卖合同中关于本金、利息等约定内容的除外。

买卖合同没有约定逾期付款违约金或者该违约金的计算方法,出卖人以买受人违约为由主张赔偿逾期付款损失,违约行为发生在2019年8月19日之前的,人民法院可以中国人民银行同期同类人民币贷款基准利率为基础,参照逾期罚息利率标准计算;违约行为发生在2019年8月20日之后的,人民法院可以违约行为发生时中国人民银行授权全国银行间同业拆借中心公布的一年期贷款市场报价利率(LPR)标准为基础,加计30—50%计算逾期付款损失。

买卖合同纠纷案件裁判规则(一)第17条:
合同一方签约后没有实际履行,而是由案外人履行的,应当认定已签订的书面合同未实际履行,而是由实际履约双方成立事实上的买卖合同

〔**规则描述**〕:买卖合同是出卖人转移买卖标的物的所有权于买受人,买受人支付价款(价金、金钱)的合同,主体是出卖人和买受人两方当事人。买卖合同一经签订,出卖人和买受人各自相应拥有一定权利以及承担相应义务,在现实交易的过程中,存在一方未按合同约定履行,而由买卖合同关系之外的第三人实际履行的现象。此时应认定已签订合同未实际履行,而由实际履约的双方成立事实上的买卖合同。

一、类案检索大数据报告

时间:2020年2月10日之前,案例来源:Alpha案例库,案件数量:3125件,数据采集时间:2019年2月15日。本次检索到相关案件共3125件,整体情况如图17-1所示。法院不认为成立事实上的买卖合同关系的案件1128件,占比为36.10%,认为成立买卖合同关系的案件1219件,占比为39.00%,不相关案件778件,占比为24.90%。

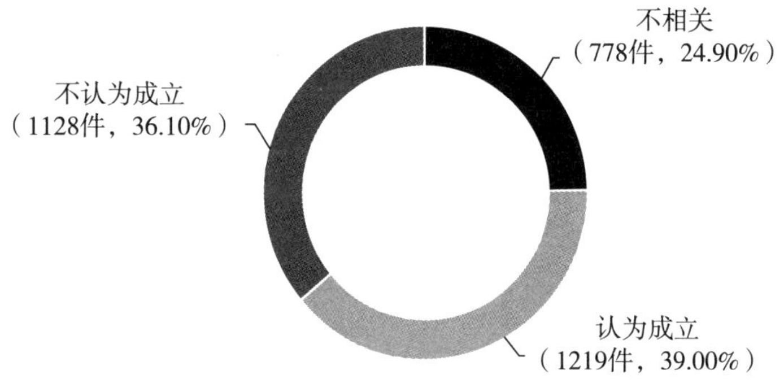

图17-1 法院是否认为成立事实上的买卖合同关系

如图17-2所示,从案件主要年份分布情况可以看出当前条件下合同纠纷案件数量的变化趋势。

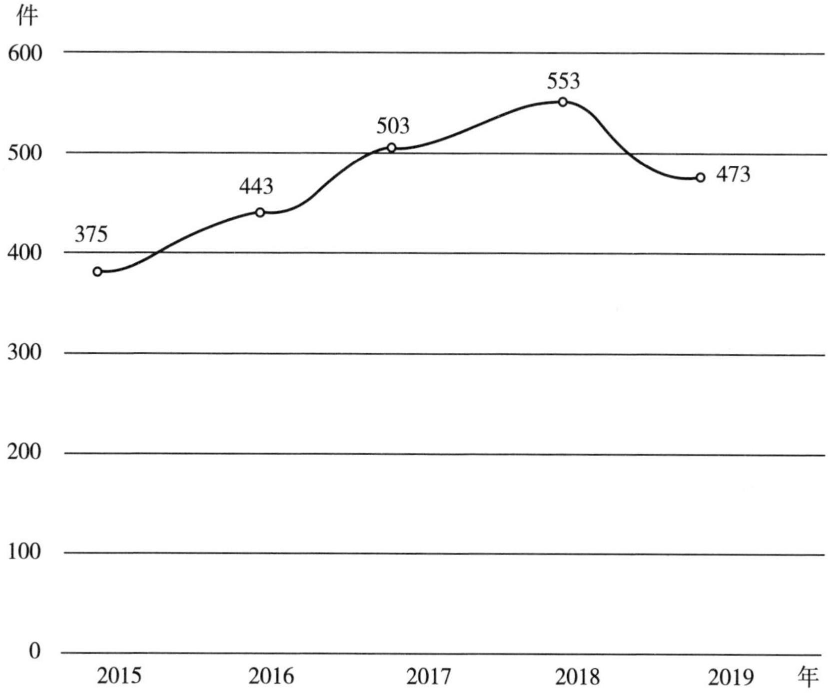

图 17-2 案件主要年份分布情况

如图17-3所示,从案件主要地域分布情况来看,当前买卖合同纠纷案件主要集中在江苏省、上海市、广东省、浙江省、四川省。其中,江苏省的案件数量最多,达到421件。

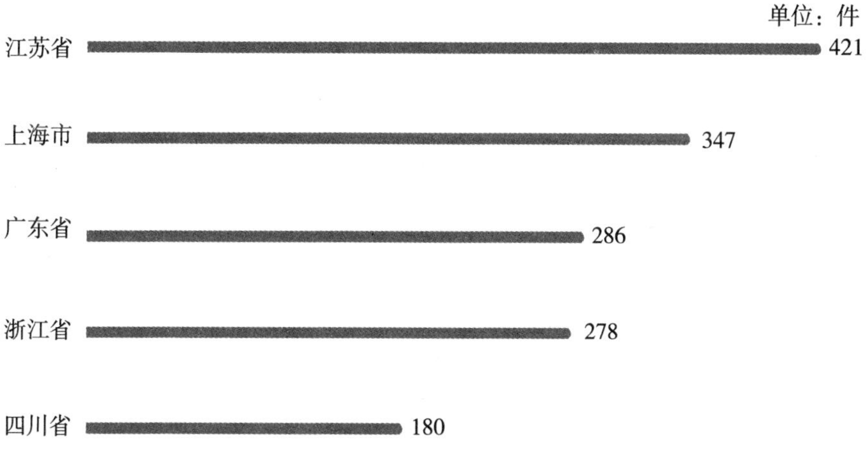

图 17-3 案件主要地域分布情况

如图 17 -5 所示,从案件的行业分类情况可以看出,买卖合同纠纷当前的行业分布主要集中在批发和零售业、制造业、建筑业、科学研究和技术服务业、房地产业。

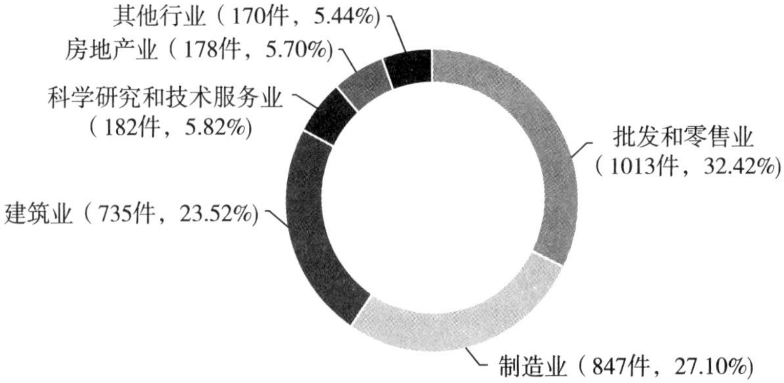

图 17 -4　案件行业分类情况

二、可供参考的例案

例案一　蔡某煌、吴某武等与随州市易信汽车销售服务有限公司、余某飞等买卖合同纠纷案

【法院】

随州市曾都区人民法院

【案号】

(2018)鄂 1303 民初 1987 号

【当事人】

原告:蔡某煌

原告:吴某武

被告:随州市易信汽车销售服务有限公司

被告:余某飞

第三人:悦达融资租赁有限公司

【基本案情】

2018 年 3 月 26 日,吴某武通过随州市易信汽车销售服务有限公司(以下简称易信公司)业务员余某飞订购一辆起重运输车及随车吊一台。双方签订了《车辆买

卖合同》，约定车辆价款523,000元。之后，吴某武通过银行转账方式向余某飞支付了购车定金、首付款、车辆保险费用共计307,215元。同年4月8日，蔡某煌与第三人悦达融资租赁有限公司(以下简称悦达公司)签订了《汽车融资租赁合同》，约定蔡某煌向悦达公司借款366,100元用于购车，租赁期数24期，每期租金17,604元，保证金26,150元。悦达公司收到全部购车款后，至今未向蔡某煌交付车辆，其行为致使原告购买涉案车辆以履行《汽车融资租赁合同》进行运营的目的无法实现，因此给二原告造成的经济损失应由二被告承担。

易信公司辩称：二原告与被告余某飞之间才是真正的涉案汽车买卖合同关系，被告余某飞是涉案车辆真正的经销商。易信公司经营业务就是为了与其他融资租赁有限公司配合，提供发放融资贷款的相关手续。易信公司与二原告之间签订的《车辆买卖合同》应属无效，应当由被告余某飞返还购车款项。

被告余某飞辩称：其与二原告之间属于委托代理关系，并不是买卖关系。根据二原告购车需求委托其联系易信汽车公司，最后二原告与易信汽车公司达成了车辆买卖合同。

经审理查明：二原告因工程施工需要准备定作一台起重运输车。后经朋友介绍，吴某武认识了随州本地的车辆销售人员案外人余某。2018年3月26日，原告吴某武与案外人余某通过手机微信联系，谈好了所需车辆的规格型号为EQ5311JSQZMV随车起重运输车及车辆价格为52.3万元后，吴某武即向案外人余某的手机微信账户支付了定金5万元。余某将吴某武的需求告知余某飞，余某飞确定可以购买到所需的车辆，即同意向原告吴某武提供该车。余某即将吴某武付给其的5万元定金转汇入余某飞的账户，二人约定交易成功后再分配利润。次日，余某飞与案外人湖北人杰特种汽车科技有限公司签订了《汽车买卖合同》，在该公司处订购了二原告所需的车辆，购车款为46.4万元。当天，被告余某飞向湖北人杰特种汽车科技有限公司的收款账户汇入2万元定金。同年4月8日，被告余某飞通过余某向原告吴某武要求其支付车辆首付款16.57万元，原告吴某武将16.57万元直接汇入了被告余某飞的农行账户。同年4月9日，被告余某飞再次要求原告吴某武支付车辆购置税、保险、上牌等各项费用共计88,515元，原告吴某武将上述款项仍汇入被告余某飞的农行账户。

因二原告对剩余购车款需要办理分期贷款，经被告余某飞介绍，由原告蔡某煌与第三人悦达公司签订了《汽车融资租赁合同》。原告蔡某煌与被告易信公司另行签订了《车辆买卖合同》，该合同中的第1条约定，车辆的规格型号为

EQ5311JSQZMV随车起重运输车,整车价格为52.3万元等。买卖合同签订完后,被告易信公司收到南京拓海金融信息服务有限公司支付的分期车款共计30.73万元。4月17日,被告易信公司将分期车款30.73万元转汇给案外人王某勇。当日,王某勇将该笔款项转给被告余某飞。同日,原告吴某武向余某微信账户转款3000元作为次年办理保险的预付款,余某将该3000元转汇至被告余某飞的微信账户。当日,被告余某飞向湖北人杰特种汽车科技有限公司业务员夏某军的微信账户支付了剩余购车款44.4万元,并向案外人随州市骏马汽车销售有限公司业务人员汪某兵的微信账户支付2.7万元车辆改装费,以对涉案车辆进行改装。同年4月19日,被告余某飞安排司机余某园去湖北人杰特种汽车科技有限公司提车,并办理上牌手续。之后,司机余某园驾驶涉案车辆去加油时,在加油站发生交通事故,导致一人死亡。随后,涉案车辆被扣押在随州市某交警支队。该交通事故处理完后,二原告拒绝接收涉案车辆,该车辆由随州吉星汽车服务有限公司提走。后因二原告认为二被告未履行交车义务,遂诉至法院。

【案件争点】

1. 车辆买卖合同中,作为出售方的签约人和实际履行人不一致时,其权利、义务主体认定的问题。

2. 涉案车辆在交付前出现意外事故,是否导致二原告的合同目的不能实现,而二原告依法有权主张解除。

【裁判要旨】

1. 本案虽是基于原告蔡某煌与被告易信公司之间签订的《车辆买卖合同》而产生的纠纷,从形式上看,合同的供方签约主体并非被告余某飞,但若仅依据该合同而确认被告易信公司为本案汽车买卖合同的供方主体,并确定其应承担涉案民事责任有失公平。为了不影响原告蔡某煌办理分期贷款,经被告余某飞介绍由被告易信公司与原告蔡某煌之间签订一份名义上的汽车买卖合同。被告余某飞并非被告易信公司的职员,二者之间也不存在任何委托代理关系。对此,原告蔡某煌与被告易信公司在签订涉案合同过程中均为知晓。从履行上看,涉案车辆的定作、改装、办理上牌手续等均是由被告余某飞负责进行,并且原告支付的涉案车辆的购车款最终全额汇入了被告余某飞账户,原告也没有证据证明被告易信公司从中赚取了任何利润。从合同的目的上看,被告易信公司与原告蔡某煌签订《车辆买卖合同》,并不是为了自身利益,而是为了方便被告余某飞协助客户办理贷款分期业务。因此,涉案买卖合同的实际供方为被告余某飞,即余某飞实为涉案汽车买卖合同的一方权利义务主体。故对原告请求被告易信公司承担涉案责任,法院不予支持。

2. 案涉车辆在被告余某飞安排司机余某园送车过程中,因发生意外交通事故,导致车辆被交警大队扣押无法及时交付,之后被随州吉星汽车服务有限公司提走。该交通事故被告余某飞属于交付环节的风险负担问题,因该交通事故从主观上讲,也非被告余某飞的故意,且虽造成人员伤亡,但并未造成案涉车辆本身质量受损,不能构成不能交付而致使原告的合同目的不能实现。因此,原告以此为由主张解除合同,并要求被告退还车款、赔偿损失,没有事实和法律依据,法院不予支持。二原告应继续履行接收涉案车辆的义务,但可以就被告余某飞迟延交付车辆给二人造成的经济损失,另行提供证据主张赔偿。

另外,因原告蔡某煌与第三人悦达公司之间的融资租赁合同纠纷已经盐城经济技术开发区人民法院作出生效判决,且该纠纷与本案不属于同一法律关系,二原告就该融资租赁合同并没有直接的利害关系,即便涉案汽车买卖合同解除,第三人悦达公司的融资款的退还也应由其自行主张。二原告于起诉状中将悦达公司列为第三人,并非该公司的意志。综上所述,对原告请求判令二被告偿还第三人的全部融资款项,法院亦不予支持。

在买卖合同签订的过程中,合同文本签约的当事人与实际履行的第三人知道或应当知道,一方签约人仅作为名义上的出卖方或买受方,实际履行行为突破了合同文本签约人,并且仅发生在一方签约人与第三人之间。名义签约人在买卖合同关系中,仅限于借名签约,与实际履行的第三人不存在委托代理关系,始终不具有履行合同义务的意思表示且未获取任何利益。对于名义签约人的存在,实际履行买卖合同的当事人知道或应该知道名义签约人的真实意思表示。

例案二 | 杜某与寇某等买卖合同纠纷案

【法院】

四川省广元市中级人民法院

【案号】

(2018)川08民终408号

【当事人】

上诉人(原审原告):杜某

被上诉人(原审被告):寇某

被上诉人(原审被告):唐某,系寇某之妻

原审第三人:康泰塑胶科技集团有限公司

【基本案情】

上诉人杜某因与被上诉人寇某、唐某,原审第三人买卖合同纠纷一案,不服四川省苍溪县人民法院(2017)川0824民初2808号民事判决,向四川省广元市中级人民法院提起上诉。

杜某作为康泰塑胶科技集团有限公司(以下简称康泰公司)一级经销商,与康泰公司签订了《经销商合同》,并向寇某的客户供应货物,寇某多次签署"销售清单"、确认收货,并与杜某进行最终结算,以"欠条"明确欠杜某的货款。从合同实际履行方面,杜某与寇某按"销售清单"价格进行结算,寇某在与其客户另行对账、结算及付款,故杜某与寇某存在有效的经销合同关系。

寇某辩称:一审已查明杜某与其不存在真实的买卖合同关系。具体经销过程中,是由康泰公司与需方签订的买卖合同,康泰公司也授权何某平与需方进行接洽。寇某仅仅是帮何某平转付给杜某的货款。所涉欠货款应当由杜某向需方主张权利,而与寇某无关。

一审法院认定的事实:第三人康泰公司分别于2012年3月2日、2012年3月22日、2012年12月27日、2013年4月15日与案外人重庆厦坤集团有限公司、四川伟力劳务有限公司江与城项目部、南充市第四建筑工程有限公司丽晶府项目部、南充市第四建筑工程有限公司岳池县亿联五金城项目部等(上述公司简称为需方)签订供货合同,约定第三人康泰公司向需方提供管材管件系列产品,上述四份合同,均由杜某以康泰公司授权代表的名义在合同上签字。被告寇某的表妹何某平实际与需方负责联系、结算和收款。何某平分别于2012年6月5日、2012年7月30日向杜某转款共计6万元。2013年6月24日,杜某的员工向何某平的邮箱发送了多份对账单,其中列有货物名称、规格型号、单位、数量和单价等。2013年12月25日杜某以康泰公司营销副总裁的名义授权何某平代表康泰公司负责"南充工程服务与收款"的相关事宜。2014年5月23日杜某的员工再次向何某平的邮箱发送文件,其中载明:"合计:458,552.53元。已付货款:2012年6月5日收现金3万元,2012年7月30日收现金3万元,2012年10月31日收现金2万元,2013年4月27日收现金3.5万元,实际未付款:343,552.53元。"

同时查明,寇某在杜某的成都办公室分别于2013年4月16日的一张销售清单、2013年5月3日的两张销售清单、2013年5月10日的两张销售清单的收货人处签字(上述清单与杜某员工发给何某平的部分对账单产品名称、规格型号、数量等一致,但产品单价要少于对账单)。2014年5月29日寇某向杜某出具欠条:“今欠到杜某货款266,800元整,欠款人:寇某。”杜某称该欠款为供货合同供货总金额减扣寇某已付后形成。当日,被告寇某向原告支付4万元货款,寇某称该货款是由何某平在南充收款后向其转账。2015年原告曾以买卖合同纠纷起诉被告寇某、唐某至苍溪县人民法院,后撤回起诉。撤诉后被告寇某于2016年5月29日付款2万元,2017年1月27日通过微信转款1万元。该款由何某平在南充收款后支付给寇某。

另查明,庭审中第三人康泰公司称杜某原系康泰公司工作人员,后杜某离职作为康泰公司一级经销商销售康泰公司产品,康泰公司授权杜某康泰系列产品在成都区域经销权和成都工程推广使用权。

【案件争点】

原告杜某与被告寇某之间是否存在买卖合同关系。

【裁判要旨】

法院认为:虽涉案供货合同系康泰公司与需方签订,但从合同的履行过程来看,以康泰公司名义向需方供应货物后,与康泰公司结算货款的是杜某,杜某与康泰公司结算涉案货物的价格低于涉案合同的价格,也低于杜某与寇某结算的价格,故应认定康泰公司仅为名义的销货方。以康泰公司名义向需方供货后,收取货款的是何某平,何某平收取货款后并未直接支付给康泰公司,而是支付给了杜某。同时,寇某亦向杜某支付货款。故康泰公司陈述的关于与需方签订合同仅为其保证供应的产品质量合格,与法院所查明的涉案产品的销售模式是相互吻合的。

寇某在涉案货物的销售清单上签字确认,并与杜某进行结算后出具欠货款的欠条。上述事实均充分证明了就涉案货物的买卖双方应为杜某与寇某。综上,杜某依据寇某出具的欠条主张权利并无不当,寇某应当承担货款的支付责任。至于需方是否付清货款,与杜某无关。若需方尚未付清货款,寇某主张权利时,杜某及康泰公司应当履行相应的协助义务。

买卖合同签订后,可能有第三人参与交易的过程。如甲方与乙方签订合同后,丙方作为“中间商”,分别与甲乙双方进行交易,此时此刻,三方的买卖合同关系已经突破合同文本,应具体分析甲方与丙方、乙方与丙方、甲方与乙方相互之间是否存在实际的买卖合同关系。并非简单以合同文本签订的签约主体来判断买卖合同关系的主体,而应具体分析实际的买卖行为来确认买卖合同关系主体。

例案三 | 绿洲物流股份有限公司与江苏三木化工股份有限公司买卖合同纠纷案

【法院】

江苏省南通市中级人民法院

【案号】

(2017)苏06民终2811号

【当事人】

上诉人(原审被告):江苏三木化工股份有限公司

被上诉人(原审原告):绿洲物流股份有限公司

原审第三人:马某鸣

【基本案情】

马某鸣系常州丰勃物资有限公司的法定代表人,2016年4月、6月,经马某鸣引荐,绿洲物流股份有限公司(以下简称绿洲公司)与江苏三木化工股份有限公司(以下简称三木公司)签订煤炭购销合同两份,约定由绿洲公司向三木公司供应煤炭,并约定了供应时间、供应煤种、价格、吨数、结算方式等。绿洲公司的签约代表分别为徐某、郑某位。在合同订立过程中,马某鸣通过手机为双方转递过合同文本。合同履行过程中,双方于2016年6月30日结算第一份合同项下的货款为11,867,520元,2016年8月22日结算第二份合同项下的货款为9,791,924.35元,合计21,659,444.35元。绿洲公司分别于2016年6月30日、7月4日、8月23日分三次全额开具了增值税发票,发票金额分别为7,018,790.4元、4,848,729.6元、9,791,924.35元,由马某鸣将上述发票转交三木公司入账。2016年7月11日至9月1日期间,三木公司分十次将134份共计21,662,842.38元银行承兑汇票交给马某鸣。马某鸣将其中的23份汇票交付绿洲公司,金额合计2,286,033元。此外,马某鸣还向绿洲公司交付银行承兑汇票33张,金额合计6,484,609.38元。绿洲公司于2016年6月15日通过其会计私人账户以劳务费名义向马某鸣付款29.5万元,马某鸣认为该款系打点三木公司相关交易环节之用。

另查明,绿洲公司自认收到三木公司8,770,642.38元货款,系从马某鸣手中取得的共计56份银行承兑汇票组成。其中23份与三木公司所提供的向绿洲公司的付款汇票一致,该23份汇票均由三木公司以空白背书方式交付给马某鸣,尔后由马某鸣交付给绿洲公司。另33份汇票与三木公司提供的付款汇票不一致,其中有17份汇票在绿洲公司取得之前,三木公司系票据记载的最后持票人。

还查明,马某鸣从三木公司领取134份银行承兑汇票的具体经过是:2016年7月11日,马某鸣以绿洲公司的名义,私自购置了收款收据,并加盖了其私刻的绿洲公司印章向三木公司提出付款请求。当日,三木公司交付马某鸣3份银行承兑汇票,在该汇票上,马某鸣以绿洲公司经办人徐某的名义签署“原件已收”的字样。嗣后,马某鸣又陆续用私刻的绿洲公司印章伪造了收款收据从三木公司收取银行承兑汇票131份,共计金额19,610,642.38元。其中,2016年9月1日的20份汇票系三木公司职员马某自三木公司财务部门领取后交付给马某鸣。

因绿洲公司向三木公司追索货款,马某鸣曾主动向公安机关自首。

一审归纳本案的争议焦点为:三木公司向马某鸣交付银行承兑汇票是否构成对绿洲公司货款债权的有效清偿。

一审法院认为,本案现有证据可以表明,绿洲公司与三木公司之间缔结了煤炭买卖合同关系,绿洲公司依据合同履行了向三木公司供应50,265吨煤炭的义务,应享有期待三木公司支付相应对价21,659,444.35元的权利。三木公司向法院提供的证据亦表明,其已经向马某鸣交付了面额为21,662,842.38元的银行承兑汇票。三木公司认为马某鸣有权代表绿洲公司接受汇票,故其向马某鸣交付汇票的行为可以取得清偿绿洲公司债权的效果。而绿洲公司认为,马某鸣并非其公司的职员或代理人,无权接受货款,故三木公司向马某鸣交付汇票的行为不能发生清偿货款的法律效果。

依据债法的一般原理,债务因清偿而消灭,债务人的有效给付,是债务得以清偿的前提条件。本案绿洲公司与三木公司之间形成债权债务的原因系基于双方之间的煤炭买卖关系,通常而言,只有三木公司依照合同约定向绿洲公司履行了给付义务,才能发生清偿的法律效果。但法律还赋予向适格第三人履行义务以清偿的法律后果,以适应市场交易的多样性。故本案衡量三木公司给付行为的效力在于判断其是否构成向绿洲公司本人履行或者向经绿洲公司同意的适格第三人履行。

对此,一审认为,三木公司的给付行为并不构成向绿洲公司本人履行。本案查明的事实可以表明,绿洲公司未曾派员至三木公司取款,三木公司亦未通过银行转账的方式将货款直接付给绿洲公司,故本案不存在三木公司直接向绿洲公司付款的事实。案涉合同的货款均由三木公司将银行承兑汇票以空白背书的方式交付给马某鸣,由此尚需进一步判断三木公司向马某鸣交付汇票的行为是否构成对绿洲公司的有效给付。

由于交易关系的错综复杂性,除交易相对方直接给付外,法律还规定了向第三人给付制度,以减少交易环节,降低交易成本。只要这种向第三人给付符合法律规定的代理制度或表见代理制度,均可发生有效给付的法律后果。诚如前面所述,三木公司未在银行承兑汇票上记载绿洲公司的名称,故不可认定为向绿洲公司直接给付。其将银行承兑汇票交付给了马某鸣,则需考量马某鸣是否为绿洲公司的代理人或表见代理人,以此来衡量向马某鸣交付银行承兑汇票的行为是否构成对绿洲公司的有效清偿。马某鸣并非绿洲公司的员工,也非双方合同的具名经办人。绿洲公司也未向三木公司出具过授权委托书,故马某鸣显然不是绿洲公司的委托代理人或职务代理人。三木公司仅可依表见代理制度主张其向马某鸣交付汇票的行为构成对绿洲公司的有效清偿。

所谓表见代理制度,是指行为人虽无代理权,但以本人名义而为,足以使善意第三人相信其有代理权的表象,而与之为民事法律行为,由本人承担法律后果的民事法律制度。其构成要件有三:行为人无代理权,相对人有理由相信行为人具有代理权,相对人善意无过失。本案中,如前所述,马某鸣无代理权,三木公司向法院提交了公证书及绿洲公司向马某鸣支付费用的相关证据,以此来说明其相信马某鸣可以代表绿洲公司。然而现有证据可以表明,马某鸣为促成绿洲公司与三木公司之间的煤炭交易发挥一定作用,在当事人间传递结算凭证,三木公司据此就相信马某鸣可以代表绿洲公司,于一般理性商人应该有的谨慎注意义务而言,未免显得轻率。马某鸣先前曾与三木公司之间发生过多次煤炭交易,与三木公司的相关人员关系熟稔,在马某鸣变换身份与三木公司从事相关民事行为时,三木公司对其身份的识别判断理应有更高的要求。故三木公司对马某鸣有权代理身份的信赖缺乏事实基础,其理由难以令人信服。

而且,三木公司向马某鸣支付汇票的行为存在过错。根据三木公司的陈述,三木公司系国有企业,有相对健全的财务制度,从其提供的付款证据看,内部亦存在严格的审批手续。但在向马某鸣交付汇票时,马某鸣最初接受汇票就冒用绿洲公司合同经办人徐某的名义在汇票存根上署名,尔后在未见到绿洲公司授权委托书的情况下就听任马某鸣将巨额汇票取走,甚至放任本单位员工马某领取客户银行承兑汇票,此举使得严格的财务制度形同虚设。马某鸣虽然提交了私制的收款收据,但其在收款收据上所盖印章的识别码与绿洲公司的增值税发票上印章的识别码相比较一眼就能辨别真伪。倘三木公司在所交付的银行承兑汇票上记载了被背书人的名称,排除银行承兑汇票被他人取得,非经绿洲公司签章也就无法合法使用票据。上述所列种种,足以说明三木公司在向马某鸣支付银行承兑汇票时,心怀不善，致其所交付的银行承兑汇票被马某鸣据为己有，三木公司难辞其咎。

综上所述，三木公司通过空白背书的方式以银行承兑汇票向马某鸣交付款项，并不构成向绿洲公司的直接给付。银行票据的使用增加了交易结算的便利性，但其本身具有无因性、文意性等特点，故我国《票据法》第30条规定：汇票以背书转让或者以背书将一定汇票权利授予他人行使时，必须记载被背书人名称。本案中，三木公司以银行承兑汇票向绿洲公司结算煤款，实际是将三木公司所取得的银行承兑汇票权利转让给绿洲公司，其理应在背书转让时记载被背书人的名称，但其仅以背书人的身份在背书栏签章，未将绿洲公司的名称记载于被背书人栏下，致使银行承兑汇票的流转新增了不确定性。故此，未记载绿洲公司名称的银行承兑汇票不能当然视为对绿洲公司货款的给付。三木公司的行为亦不符合表见代理的构成要件，不能构成对绿洲公司的有效清偿，三木公司理应向绿洲公司支付相应的货款。但债务的有效清偿包含债务人的给付与债权人的受领两个方面，鉴于绿洲公司已自认收到货款8,770,642.38元，法院予以照准。故三木公司还应向绿洲公司支付货款12,888,801.97元。至于绿洲公司主张自2016年10月1日起计算货款利息损失，因双方合同约定三木公司应于收到全额增值税发票后3个月左右付清货款，绿洲公司于2016年8月全额开具发票，至2016年10月1日付款履行期尚未届满，故绿洲公司主张货款利息损失不符合合同的约定，对此不予支持。据此判决：(1)三木公司于判决生效后10日内向绿洲公司给付货款12,888,801.97元；(2)驳回绿洲公司其他诉讼请求。

二审期间，三木公司提供印鉴卡片1份，以证明绿洲公司在一审中陈述其财务专用章的字体排版方式只有从左到右没有从上到下系虚假陈述，事实上有从上到下的字体排版方式。

经质证，绿洲公司对印鉴卡片的真实性无异议，但认为上诉人对其一审陈述理解有误，其陈述的是绿洲公司原财务印章的印纹自左至右，且加注了印章防伪码，公司在公安机关备案的印章有5枚，印章防伪码的排序为3206010913131开始，财务专用章尾号为32。

法院认证如下：绿洲公司对三木公司提供印鉴卡片的真实性无异议，对其真实性法院予以确认。

法院经审理查明，一审查明的事实中除认定三木公司系国有企业不当，实为民营企业外，其余事实属实，法院予以确认。

本案二审争议焦点为：三木公司对绿洲公司的货款有无清偿完毕，主要涉及对马某鸣从三木公司领取承兑汇票的行为效力如何认定。

法院认为,绿洲公司与三木公司签订的煤炭买卖合同合法有效,双方均应按约履行各自的合同义务。绿洲公司已按约供货,三木公司应按约付款。三木公司虽向马某鸣交付面额为21,662,842.38元的银行承兑汇票,但该行为并不构成对绿洲公司的有效给付,其仍应承担相应的付款义务。具体理由如下:

1. 马某鸣从三木公司领取承兑汇票的行为不构成对绿洲公司的职务行为和委托代理。(1)马某鸣系常州丰勃物资有限公司的法定代表人,并非绿洲公司工作人员。从其促成案涉合同订立的事实看,其应系案涉合同的居间人。因此,三木公司一审提交的公证书及绿洲公司向马某鸣支付费用的证据仅能证明绿洲公司向马某鸣支付了居间服务费,并不能证明马某鸣系绿洲公司的业务经办人,故马某鸣不构成职务代理。(2)绿洲公司对马某鸣也未出具授权委托书,因此马某鸣也不构成委托代理。

2. 马某鸣的行为不构成表见代理。《合同法》第49条规定,行为人没有代理权、超越代理权或者代理权终止后以被代理人名义订立合同,相对人有理由相信行为人有代理权的,该代理行为有效。表见代理有三个构成要件:(1)代理人无代理权;(2)客观上存在使相对人足以相信无权代理人拥有代理权的理由,即具有代理权表象;(3)相对人必须善意无过失。关于第一个构成要件,马某鸣从三木公司收取货款并未得到绿洲公司的授权,其行为构成无权代理。关于第二个构成要件,马某鸣是常州丰勃物资有限公司的法定代表人,其仅系案涉煤炭贸易的居间人,并非代表绿洲公司签订案涉两份合同的代理人,不具有能够代表绿洲公司的身份,因此不具有代理权表象。关于第三个构成要件,马某鸣与三木公司素有业务往来,与三木公司的相关人员也熟悉,因此在马某鸣以绿洲公司的名义领取承兑汇票时,三木公司对马某鸣是否能代表绿洲公司应具有更高的注意、识别义务,但三木公司不仅听任马某鸣以绿洲公司合同经办人徐某的名义领取巨额承兑汇票,而且在马某鸣提交私制的收款收据时对加盖的绿洲公司印章不加甄别,抑或是放任本单位员工马某在无任何代理手续的情况下代客户领取承兑汇票,在此过程中三木公司均存在较大过错,明显不构成善意。故马某鸣领取承兑汇票的行为对绿洲公司不构成表见代理,不能认定三木公司已向绿洲公司付款完毕,三木公司仍应向绿洲公司支付尚欠货款。

至于三木公司所称一审未将绿洲公司提交的公安机关对马某鸣的讯问笔录质证的问题,经查,一审已将该笔录交三木公司质证,但三木公司表示需核实,未当庭发表质证意见。是否发表质证意见是三木公司的权利，但不能因其未当庭发表质证意见即认定一审程序存在瑕疵。

【案件争点】

三木公司向第三人交付银行承兑汇票是否构成对绿洲公司的实际履行行为。

【裁判要旨】

买卖合同纠纷中，第三人的出现应注意是否存在向第三人履行合同的可能性问题。《合同法》第64条规定："当事人约定由债务人向第三人履行债务的，债务人未向第三人履行债务或者履行债务不符合约定，应当向债权人承担违约责任。"因此，向第三人履行实属合同履行方式的一种，并未突破合同相对性。

三、裁判规则提要

当事人订立买卖合同，可以采取书面形式、口头形式或其他形式；特定类型的买卖合同由法律规定应该采用书面形式(房屋买卖合同等)。尽管买卖合同为非要式合同，原则上买卖合同一经签订后，合同签约双方成立买卖关系，合同一方当事人未履行的情况下，出现买卖合同关系之外第三人实际履行的情况下，应当谨慎判断实际履行的双方是否成立事实上的买卖合同关系。

(一)注意对合同相对性及按约履行的一方当事人权益的保护

合同相对性原则将相应的权利义务关系限定在合同当事人之间，既对合同当事人产生拘束力，同样也是对合同当事人权益的保护。合同缔结是双方当事人意思自治的体现，合同条款的约定亦是当事人的真实意思表示，排除欺诈、胁迫、重大误解等情形。因此，当签约一方不履行合同时，基于买卖合同关系，履约一方当事人可以向未履行方主张权利，第三人的出现不能因其实际履行行为而当然突破合同相对性。在裁判过程中，出于保护善意交易方既得利益的考虑，强调应提供证据证明，合同缔结、履行等阶段，一方当事人知道或应当知道第三人的存在且同意或默许其履行行为，并且实际履行行为仅发生在一方当事人与第三人之间，避免原合同双方当事人与第三人之间的买卖行为存在混淆不清之情形。

(二)明确第三人的真实意思表示

在买卖活动交易过程中，出卖人转移标的物所有权给买受人，由买受人支付相应价款，交易结束，买卖合同得以履行。如若出现第三人代为支付价款的情形，不能当然认定是对买卖合同的履行。在审理过程中,应重点审查第三人是否具有缔结买卖合同关系的意思表示,是否存在债务加入或者债权债务转移的可能。债务加入是指第三人加入合同关系中,原债务人并不脱离合同关系,第三人与原债务人债务并存的状态,因此原合同关系不会随着第三人的实际履行行为而消失。债权转让和债务转移不仅需要转让双方当事人之间的合意,同样需要通知原债务人或者取得原债权人的同意。但涉及债务加入或债权债务转移而对买卖合同的履行,在实际履行双方之间并不当然形成买卖合同关系。应严格按照买卖合同关系的形成要件进行判断,考察实际履行方是否具有真实形成买卖交易的意思表示。

(三)排除合同原签约人与案外人是否存在其他法律关系

可能存在借名签约的情形,名义签约人与实际履行人如果存在代理关系,应根据代理关系的构成要件进行审理。根据《民法典》第925条和第926条的规定,受托人以自己的名义与第三人订立合同,第三人不知道受托人与委托人之间的代理关系的,如果受托人因第三人的原因对委托人不履行义务,受托人应当向委托人披露第三人,委托人因此可以行使受托人对第三人的权利;如果受托人因委托人的原因对第三人不履行义务,受托人应当向第三人披露委托人,第三人因此可以选择受托人或者委托人作为相对人主张其权利。由此可见,对于权利的继受或者对相对人的选择,是出于保护善意相对人利益的考虑,不能因实际履行而免除原债务人的责任。因此,在适用此项裁判规则时,应当注意厘清当事人之间的权利义务关系,避免一方当事人未履行合同义务而因他人实际履行行为免责。

另外,需要注意是否出现向第三人履行的情形,因为向第三人履行仅为合同履行方式的选择。合同双方当事人约定向第三人履行时,不仅应取得第三人的同意,而且为他人设定权利的行为对第三人不会带来损害,并且未突破合同相对性,谨慎判断是否由一方签约人与第三人成立事实买卖合同关系。

四、辅助信息

高频词条:

《民法典》

第522条 当事人约定由债务人向第三人履行债务,债务人未向第三人履行债务或者履行债务不符合约定的,应当向债权人承担违约责任。

法律规定或者当事人约定第三人可以直接请求债务人向其履行债务,第三人未在合理期限内明确拒绝,债务人未向第三人履行债务或者履行债务不符合约定的,第三人可以请求债务人承担违约责任;债务人对债权人的抗辩,可以向第三人主张。

第 523 条 当事人约定由第三人向债权人履行债务,第三人不履行债务或者履行债务不符合约定的,债务人应当向债权人承担违约责任。

第 925 条 受托人以自己的名义,在委托人的授权范围内与第三人订立的合同,第三人在订立合同时知道受托人与委托人之间的代理关系的,该合同直接约束委托人和第三人;但是,有确切证据证明该合同只约束受托人和第三人的除外。

第 926 条 受托人以自己的名义与第三人订立合同时,第三人不知道受托人与委托人之间的代理关系的,受托人因第三人的原因对委托人不履行义务,受托人应当向委托人披露第三人,委托人因此可以行使受托人对第三人的权利。但是,第三人与受托人订立合同时如果知道该委托人就不会订立合同的除外。

受托人因委托人的原因对第三人不履行义务,受托人应当向第三人披露委托人,第三人因此可以选择受托人或者委托人作为相对人主张其权利,但是第三人不得变更选定的相对人。

委托人行使受托人对第三人的权利的,第三人可以向委托人主张其对受托人的抗辩。第三人选定委托人作为其相对人的,委托人可以向第三人主张其对受托人的抗辩以及受托人对第三人的抗辩。

买卖合同纠纷案件裁判规则(一)第18条:

相对人有理由相信行为人具有代理权的情形:一是行为人通过使用被代理人的名义、介绍信、印章等积极行为,足以使相对人相信行为人具有代理权;二是被代理人明知行为人对相对人有以其名义进行的法律行为但未提出反对意见

〔**规则描述**〕:委托代理关系是民商事活动中常见的法律关系。代理,是指在代理权限内,行为人以被代理人的名义实施意思表示,而其法律效果直接对被代理人发生的民事法律行为。行为人在没有代理权、超越代理权或者代理权终止后以被代理人名义订立的合同行为属于无权代理,而在行为人具有一定权利表象的情况下,客观上具有授权的表象特征,使相对人有理由相信行为人具有代理权的,可以认定代理行为有效,即构成表见代理。相对人根据行为人的积极作为,在相对人尽到合理注意义务之外,行为人具有例如持空白介绍信、带有被代理人印章的合同文本等客观表象,足以使相对人相信行为人具有代理权。另外,被代理人在明知行为人以其名义与相对人进行买卖活动的,未提反对意见的,可视为被代理人默示同意行为人的代理行为。

一、类案检索大数据报告

时间:2020年2月10日之前,案例来源:Alpha案例库,案件数量:2041件,数据采集时间:2020年2月10日。本次检索到相关案件共2041件,整体情况如图18-1所示。法院认为代理人具有代理权限的案件735件,占比为36.01%;不认为的案件693件,占比为33.95%,不相关案件613件,占比为30.04%。

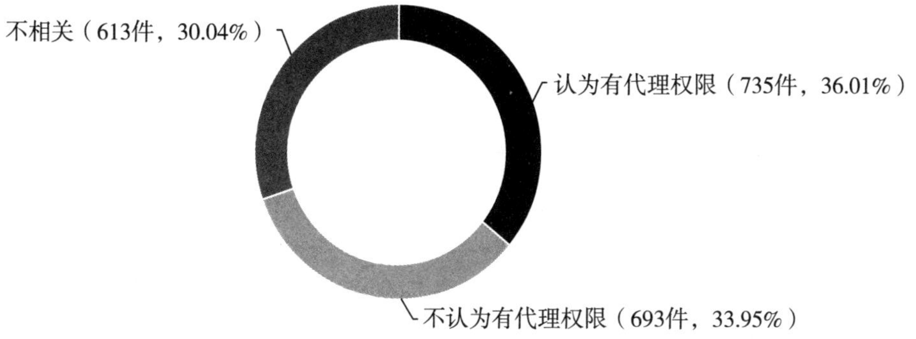

图 18－1　法院是否认为行为人有代理权限

如图 18－2 所示,从案件主要年份分布情况可以看出当前条件下合同纠纷案件数量的变化趋势。

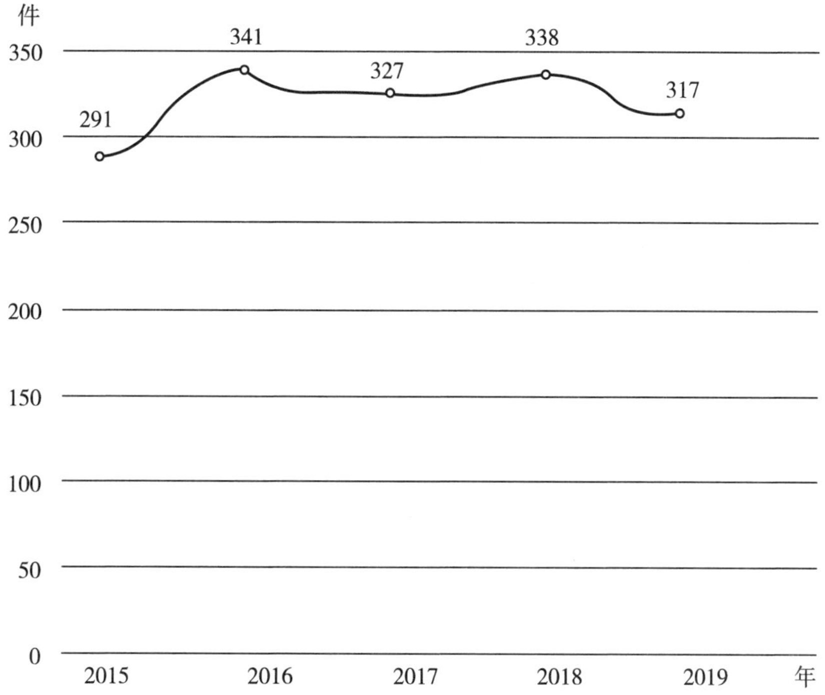

图 18－2　案件主要年份分布情况

如图 18－3 所示,从案件主要地域分布来看,当前买卖合同纠纷案件主要集中在四川省、江苏省、新疆维吾尔自治区、浙江省。其中,四川省的案件数量最多,达到 250 件。

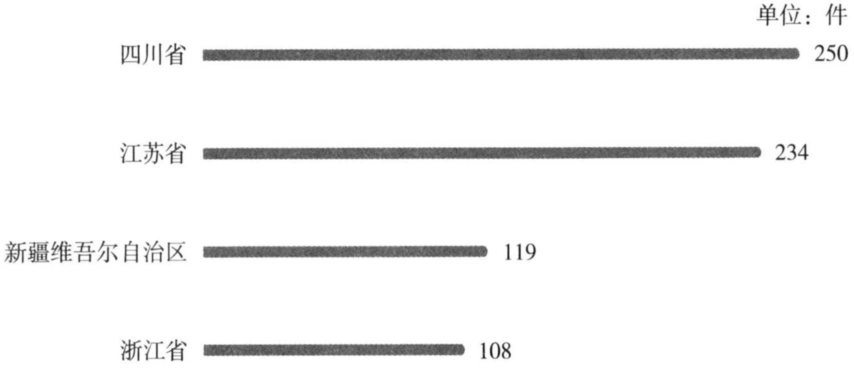

图 18-3 案件主要地域分布情况

如图 18-4 所示,从上面的行业分类情况可以看出,买卖合同纠纷当前的行业分布主要集中在建筑业、批发和零售业、制造业、房地产业、租赁和商务服务业。

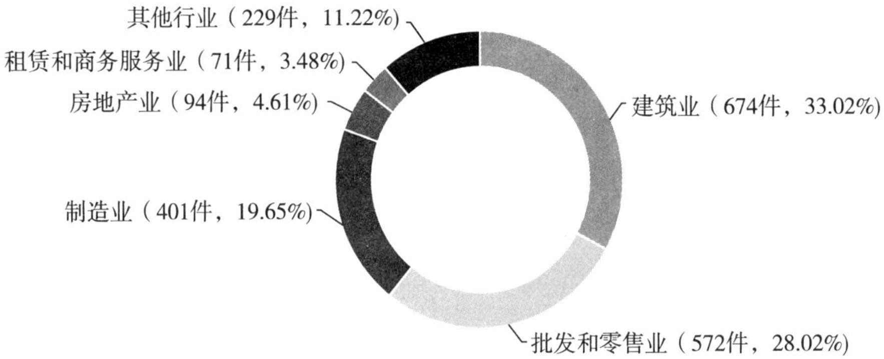

图 18-4 案件行业分类情况

二、可供参考的例案

例案一 | 上海绿地建设(集团)有限公司与王某买卖合同纠纷案

【法院】

最高人民法院

【案号】

(2018)最高法民申 4726 号

【当事人】

再审申请人(一审被告,二审被上诉人):上海绿地建设(集团)有限公司

被申请人(一审原告,二审上诉人):王某

【基本案情】

上海绿地建设(集团)有限公司(以下简称上海绿地公司)承包上海绿地集团哈尔滨绿洋置业有限公司(以下简称绿洋置业公司)的"哈尔滨绿地世纪城"工程。后绿地公司与盐城市太极建设有限公司(以下简称太极公司)签订《建设工程专业分包合同》,将"哈尔滨绿地世纪城"55#~70#楼工程分包给太极公司,孟某辉系"哈尔滨绿地世纪城"55#~70#楼工程的负责人。2013年4月24日,孟某辉、刘某某作为乙方与作为甲方的王某签订了《赊销合同书》,约定:"乙方于2013年4月24日在王某处购得钢材(钢材数量、单价、货款金额明细详见本公司结算单)。经甲乙双方协商,甲方以赊销的方式给乙方供货。从合同签订日期开始至甲方供给乙方1000吨钢材时,乙方给甲方结付全部货款的70%,余款在供货之日起三个月内结清。如在合同签订日期开始二个月内,甲方供给乙方不满1000吨钢材,乙方按合同签订日期算起二个月结算。供货方式为乙方付运费或自提。"王某在合同书首部甲方处签字,孟某辉、刘某某在乙方处签字。乙方盖章处加盖了"绿地公司哈尔滨绿地世纪城项目经理部"印章。合同签订后,王某履行了供应钢材义务。

2014年4月26日,孟某辉、刘某某与王某签订了还款计划,约定:"孟某辉、刘某某在哈尔滨绿地世纪城项目中采购了王某钢材,共发生880万元材料款,至今共支付80万元,尚欠800万元。经协商达成如下共识:(1)孟某辉、刘某某分别在2014年7~10月分批偿还王某的材料款。……(3)孟某辉、刘某某承诺按期按时进行还款,如逾期不还,太极公司和绿地公司有权直接从孟某辉、刘某某所到工程款中扣除,直接支付给王某。孟某辉、刘某某承担一切经济责任。"该还款计划上分别有甲方孟某辉、刘某某及见证人张某、乙方王某的签字。还款计划签订后,王某收到出票人为绿地哈分公司、收款人为太极公司,金额分别为100万元的三张支票,支票号分别为03107993、03107994、03107995号。后该三张支票未能承兑。对上述800万元欠款,王某确认仅在2014年7月末收到了100万元。

【案件争点】

上海绿地公司是否为案涉《赊销合同书》的主体,从而应否向王某支付剩余货款及逾期付款利息。

【裁判要旨】

上海绿地公司是否为案涉钢材购销合同的主体,应否承担购货方民事责任,关键在于孟某辉、刘某某与王某之间订立钢材购销合同并加盖上海绿地公司"哈尔滨绿地世纪城项目经理部”印章等行为,是否属于对上海绿地公司的表见代理行为。

本案中,上海绿地公司与太极公司签订的《建设工程专业分包合同》属双方之间的内部协议,在孟某辉、刘某某与王某签订的还款计划中有“甲方(孟某辉、刘某某)承诺按期按时进行还款,如逾期不还,太极公司和上海绿地公司有权直接从甲方所到工程款中扣除直接支付给乙方(王某)”的约定内容,但从上述约定文义内容看,尚不足以清晰地显现出孟某辉、刘某某与太极公司或上海绿地公司之间属于工程项目部施工人员与本施工企业间,基于转包、违法分包、借用资质等违规行为而成立的实际施工人与显名的建筑企业间,专业分包或劳务分包施工人员与总承包企业间中的哪一种民事关系。按一般人认知,很难依据上述约定内容作出孟某辉、刘某某与上海绿地公司为各自独立的民事主体的判断,也尚不足以向购销合同卖方王某表明太极公司是案涉工程对外独立承担民事责任的工程承包人。上海绿地公司未提供充分证据证明王某知晓“哈尔滨绿地世纪城”55#～70#楼工程由上海绿地公司分包给太极公司施工。故上海绿地公司主张王某明知太极公司与上海绿地公司间存在分包关系,理据尚不充分。作为建材购销主合同的《赊销合同书》显示本笔交易为等价有偿的正常交易,王某在签约和履约中并无明显过错,卖方王某对交货地点、收货人身份、货物用途、买方承诺偿付余款的还款计划中有关与上海绿地公司关联的叙述等,基本符合表见代理的表象特征。二审根据查明的事实,认定孟某辉、刘某某构成表见代理,其代理实施的民事行为后果由被代理人上海绿地公司承担,适用法律并无明显不当。故上海绿地公司的申请不符合《民事诉讼法》第200条第6项规定的“原判决、裁定适用法律确有错误的”情形。

其次,上海绿地公司主张,案涉《赊销合同书》中上海绿地公司“哈尔滨绿地世纪城项目经理部”印章,遮盖了“签订经济合同无效”字样,系经变造而成。法院认为,如买方孟某辉、刘某某使用经其变造的上海绿地公司项目部印鉴与卖方王某签订钢材购销合同,主观上存在恶意,客观上实施了欺诈行为,应当依法依约承担相应民事责任。如上分析,一审、二审历经三轮审理,最终二审依据上述签约和履约的诸多案件事实和相关背景情况分析梳理后作出符合表见代理表象特征的认定,并非依据购销合同上盖有经变造的上海绿地公司项目部印鉴这一孤证作出的认定。单就变造印鉴对案件基本事实的影响而言,关键在于合同相对人是否尽到合理的注意义务。即使认定案涉《赊销合同书》上加盖的印章系经孟某辉、刘某某变造,结合前述提到的原审诸多证据所反映的事实,从签约后的履约全过程来看,认定合同相对人王某已尽到合理注意义务的相关证据更充分。因此,二审判决认定的基本事实，并非完全依赖《赊销合同书》或者合同文本上所盖印章而认定。本案不符合《民事诉讼法》第200条第3项规定的“原判决、裁定认定基本事实的主要证据是伪造的”情形。

在相对人尽到合理的注意义务之外，对于行为人是否构成表见代理，不仅依据购销合同上被代理人的印章，应综合多方因素判断是否符合表见代理的表象特征。综合签约人的工作地点与内容、合同约定交货地以及合同文本中涉及被代理人的相关内容等因素。

例案二 | 江苏摩天建工集团公司与淮安兴港建材有限公司买卖合同纠纷案

【法院】

最高人民法院

【案号】

(2015)民申字第3341号

【当事人】

再审申请人(一审被告、二审被上诉人)：江苏摩天建工集团公司

被申请人(一审原告、二审上诉人)：淮安兴港建材有限公司

【基本案情】

摩天公司申请再审称：(1)二审判决认定的基本事实缺乏证据证明。2013年8月13日，兴港公司法定代表人陈某萍打电话给摩天公司时，讲所欠货款是100多万，而诉讼时却变成2,386,460元，二审法院对该重要事实未予调查。针对兴港公司提交的王某某和杜某签字的证据，二审法院对王某某与杜某的身份与签名真实性未予调查，便直接作为定案依据。(2)二审判决适用法律确有错误。二审法院认为“王某某的行为构成表见代理，摩天公司应当履行付款义务”，系认定事实有误，适用法律不当，与2013年8月12日《江苏省高级人民法院审判委员会关于买卖合同纠纷案中当事人是否构成表见代理认定问题的纪要》精神相悖。(1)王某某的行为是无权代理行为。本案中的买卖合同需方填写的摩天公司项目部，但最终签字的是王某某个人，签约时王某某未向兴港公司出示委托书。虽然加盖了摩天公司项目部章，但该印章来源不明，且摩天公司有证据证明该印章不是摩天公司提供给王某某的。(2)兴港公司与王某某签订合同时，不具有足以使兴港公司相信王某某有权代表摩天公司的事实与理由。兴港公司提供的证据，仅能证明王某某是项

目负责人,并不具有代表摩天公司对外购买建材的权限,且该证据是签订合同以后取得的。兴港公司没有证据证明摩天公司项目部章是经过摩天公司授权合法刻制的。(3)兴港公司在与王某某签订合同时,既不核实王某某身份及有无代理权,也不核实摩天公司项目章的真实性与合法性,又不要求摩天公司加盖公司印章,在合同履行过程中,也未要求摩天公司予以确认或追认,具有明显过错。因此,王某某的行为不符合《合同法》第49条规定的表见代理构成要件,不构成表见代理,摩天公司不承担付款责任。摩天公司依据《民事诉讼法》第200条第2项、第6项的规定申请再审。

【案件争点】

摩天公司向兴港公司支付材料款是否有误。

【裁判要旨】

1. 王某某有权使用摩天公司印章

依据摩天公司与王某某《内部承包协议书》约定,摩天公司应向王某某提供工商、建设等部门必要的证件,委派人员协助王某某开展工作,提供印章、手续等服务。摩天公司不认可《预拌商品混凝土定购合同》所加盖"摩天公司涟水国际商贸城1#楼公寓项目部"印章的真实性,主张其实际提供给王某某使用的印章有"担保赊账合同借欠款无效"字样,但其并未提交证据证明有此字样的印章曾经对外使用。摩天公司认为兴港公司不能证明项目部印章系经授权合法刻制的,无疑加重了兴港公司的证明责任。现有证据不能证明兴港公司在签订合同时明知该枚印章系王某某私自刻制,故由摩天公司对该项目部的对外负债承担法律责任符合本案事实。

2. 王某某以摩天公司的名义对外缔结合同,摩天公司并未反对

根据内部承包协议,王某某以摩天公司的名义对外开展业务,摩天公司向王某某收取管理费。案涉工程施工合同亦是由王某某代表摩天公司与康驰公司签订,该合同上不仅有王某某的签名,摩天公司还加盖了公司印章,王某某是摩天公司认可的案涉工程负责人及实际施工人。工程施工期间,王某某以摩天公司的名义与兴港公司签定混凝土定购合同,合同上加盖了摩天公司项目部印章。兴港公司在二审中提交的杨某忠、朱某宇等建材供应商就涟水国际商贸城1#楼公寓项目所供建材与王某某订立的购销合同均加盖了该印章。其中2012年10月25日与杨某忠签订的钢结构承包合同中,代表摩天公司签订合同的是摩天公司委派至项目部负责印章管理人员张某平,故摩天公司应当知道该印章在王某某承建工程期间对

外使用,但并未反对。根据《民法通则》第66条中“本人知道他人以本人名义实施民事行为而不作否认表示的,视为同意”的规定,摩天公司应对王某某的行为对外承担民事责任。

3. 摩天公司应否履行付款义务

兴港公司提交的供货进度表以及明细与案涉工程进度在时间、供应数量和进度上相吻合;王某某对于所供混凝土及欠款数额均签字确认,摩天公司对此未提交相反证据予以反驳,上述事实足以认定兴港公司已在案涉混凝土定购合同签订后按约向涟水国际商贸城1#楼公寓项目部供应混凝土并用于该项目建设。摩天公司作为案涉工程的施工方与实际受益人,应当承担付款责任。兴港公司以对账单所载欠款2,386,460元向摩天公司主张偿还欠款并承担利息,二审法院以此确定欠款数额,依据充分。二审判决认为王某某的行为构成表见代理适用法律不当,但实体处理并无不妥,法院予以维持。

被代理人明知他人以其名义进行民商事活动,而未提出反对意见,加以合同上有被代理人的公章等客观表象,致使相对人信赖行为人有代理权且信赖是有理由的。被代理人无法证明行为人确系无权代理,知道他人以本人名义实施民事行为而不作否认表示的,视为同意。

例案三 | 唐山曹妃甸混凝土有限公司与中太建设集团股份有限公司买卖合同纠纷案

【法院】

最高人民法院

【案号】

(2016)最高法民再197号

【当事人】

再审申请人(一审原告、二审上诉人):唐山曹妃甸混凝土有限公司

被申请人(一审被告、二审被上诉人):中太建设集团股份有限公司

【基本案情】

唐山曹妃甸混凝土有限公司(以下简称曹妃甸公司)与中太建设集团股份有限公司(以下简称中太公司)买卖合同纠纷一案,曹妃甸公司不服河北省高级人民法院(2015)冀民二终字第28号民事判决,向法院申请再审。

曹妃甸公司申请再审请求:(1)撤销河北省高级人民法院(2015)冀民二终字第28号民事判决;(2)依法改判支持曹妃甸公司全部诉讼请求;(3)本案一审、二审及再审诉讼费用由中太公司承担。事实与理由:(1)二审法院认为景某军签字确认的对账单不构成表见代理属于认定事实不清,适用法律错误。根据曹妃甸公司与中太公司2009年12月20日签订的《商品混凝土销售合同》第4条第2款关于混凝土数量结算方式的约定,曹妃甸公司与中太公司要定期对发货单进行对账、复核,对一段时间内双方发生的发货单上涉及的混凝土数量或者有出入的地方以及其他瑕疵进行修改,形成最终的、对双方有约束力的对账清单,用于双方货款的结算。对该对账清单,曹妃甸公司是在上面加盖结算专用章,中太公司是由授权或者同意的人员签字确认,景某军就是中太公司授权或同意的人。曹妃甸公司相信景某军有签字确认对账清单和接收发票的代理权基于如下事实:2010年4月7日,曹妃甸公司与中太公司形成第一张对账清单,由黄某签字。同日,中太公司出具给曹妃甸公司的发票有四项内容,第一项记载混凝土数量和金额内容,签字接收人是景某军;第二项记载第一项票据原件收回,签字确认人也是景某军;第三项记载"以上方量金额确认无误",签字确认人是黄某;第四项记载"同意",签字人杨某平。从上述事实可以看出,景某军在对账清单上对混凝土方量和金额的签字确认,得到了黄某的签字确认,黄某的签字确认又得到了杨某平的同意,而杨某平是曹妃甸公司与中太公司2010年7月27日《商品混凝土销售合同》的签字人。基于此,曹妃甸公司相信景某军具有与曹妃甸公司签字确认对账清单和接收发票的代理权,符合《合同法》第49条规定的表见代理的要件。(2)二审法院认定中太公司未对景某军签字确认的对账清单的行为进行追认,属于事实不清,适用法律错误。二审法院对曹妃甸公司提交的中太公司分五次支付混凝土款的收据及转账凭证的证据视而不见,径行认定"曹妃甸公司对于中太公司向其支付过货款的证据无法提供",且对上述五笔款项仅认定三笔,属于事实认定错误。二审法院适用《合同法》第48条的规定而不适用《合同法解释二》第12条,属于适用法律错误。而且为进一步证明本案应该适用《合同法解释二》第12条,曹妃甸公司曾调取河北省廊坊市中级人民法院关于此案第一次庭审中中太公司提供的三份证据,该三份证据无可辩驳的证实了中太公司以代付的方式向曹妃甸公司支付混凝土款的事实。综上所述,曹妃甸公司已经证实景某军签字确认对账清单构成了表见代理,并且中太公司也以付款的行为对景某军签字确认清单的行为进行了追认。

中太公司辩称:(1)中太公司不欠曹妃甸公司混凝土款。①曹妃甸公司曾向二审法院提供不具有真实性、关联性、合法性的 29 本发货单,这是二审法院驳回曹妃甸公司诉讼请求的重要原因。②曹妃甸公司提供的证据中签字、盖章均存在矛盾。(2)中太公司从未依据景某军的对账单向曹妃甸公司付过款。(3)曹妃甸公司到廊坊市中级人民法院调取的三份证据,更加证实了曹妃甸公司的无理诉求。①杨某平签字的 ST100714 号合同存在重大瑕疵,不能认定。②代付协议与景某军是否构成表见代理无任何关系。(4)景某军的行为不构成表见代理。①曹妃甸公司相信景某军有代理权无事实和法律依据;②2011 年 10 月 9 日的总的对账清单不仅景某军的签字无效,盖章无效,数额也矛盾,应依法不予认定。综上,请求依法驳回曹妃甸公司的再审申请。

曹妃甸公司向河北省廊坊市中级人民法院提起一审诉讼,请求判令:(1)中太公司给付混凝土款 7,544,466.15 元;(2)中太公司给付计算至 2014 年 11 月 18 日的逾期违约金 10,456,630.08 元;(3)中太公司承担本案诉讼费用。

一审法院认定事实:(1)2009 年 12 月 20 日,曹妃甸公司与中太公司签订商品混凝土销售合同 1,约定曹妃甸公司向中太公司承建的曹妃甸医院工程供应混凝土。双方于同日签订商品混凝土销售合同 2,对合同标的、数量、结算单价及工程技术质量要求进行了确认。两份合同加盖了"中太建设集团股份有限公司曹妃甸工业区医院项目部"(以下简称中太公司曹妃甸医院工程项目部)印章。2010 年 7 月 27 日,曹妃甸公司与中太公司曹妃甸医院工程项目部签订商品混凝土销售合同 1,约定曹妃甸公司向中太公司承建的曹妃甸医院工程供应混凝土,混凝土总量暂定 6 万立方米,总价款暂定 1,800,000 元。双方于同日签订商品混凝土销售合同 2,对合同标的、数量、结算单价及工程技术质量要求进行了确认。2010 年 9 月 30 日,曹妃甸公司与中太公司曹妃甸医院工程项目部签订补充协议,该补充协议约定了新增加高标号混凝土报价。2009 年 12 月 20 日、2010 年 7 月 27 日的商品混凝土销售合同约定的混凝土数量的结算方式为:以乙方(曹妃甸公司)持有的甲方(中太公司)现场确认的商品混凝土发货单数量为准。2010 年 7 月 27 日商品混凝土销售合同及商品混凝土销售合同(附件一、附件二)落款处签字人为杨某平并加盖了中太公司曹妃甸医院工程项目部印章。

(2)一审庭审中,曹妃甸公司主张,2011 年 10 月 9 日景某军签字并加盖中太公司曹妃甸医院工程项目部技术资料专用章的商品混凝土对账清单,可以证明中太公司对对账清单进行了确认。中太公司辩称,景某军的签字并没有获得授权,加盖的技术资料章没有任何效力,不符合规定。曹妃甸公司提供的 2011 年 10 月 9

日商品混凝土对账清单依据的是11份结算单、发票收据、增值税发票。中太公司辩称,景某军签字的发票收条,中太公司没有收到。公司没有授权景某军接收发票和对账清单,并且都没有加盖公司印章。其中对于黄某签字的两份对账清单及刘某彬签字的两份对账清单,中太公司辩称,黄某和刘某彬均不是公司人员,对账清单也没有加盖公司印章。

(3)曹妃甸公司主张,景某军的签字符合表见代理的构成要件,其主要证据为2010年4月7日由北京京秦基础工程有限公司(以下简称京秦公司)黄某签字的结算单、景某军签字杨某平同意的发票收条及3张发票。理由为:①曹妃甸公司供应中太公司的混凝土已由中太公司的外包单位京秦公司黄某确认方量和金额,景某军签字确认,并得到中太公司负责人杨某平的同意。②根据景某军对结算单方量和金额的确认,曹妃甸公司给中太公司开具了3张发票,景某军接收了3张发票。中太公司依据景某军签字的对账清单付款,应视为对其签字的追认。故景某军签字确认的对账清单,对双方均具有法律约束力。中太公司辩称,景某军不是项目负责人,没有授权和确认。技术资料专用章不能用于对账清单,否则违反财务制度。其他的对账清单均没有公司印章。综上所述,不认可景某军的签字对中太公司有约束力。

一审法院认为:(1)曹妃甸公司与中太公司签订的商品混凝土销售合同意思表示真实,不违反法律的强制性规定,应为有效。该合同约定,混凝土数量的结算方式为:以曹妃甸公司持有的中太公司现场签字的商品混凝土发货单数量为准。双方应当依此约定进行结算。但是,曹妃甸公司未能提供经中太公司签字的商品混凝土的发货单,而依据的是由景某军签字确认的商品混凝土的对账清单主张权利。景某军在发票收条中的签字,被中太公司合同签字人杨某平签字确认,可以认定景某军为中太公司的员工。但曹妃甸公司未能证明景某军有代表中太公司进行对账结算的授权和职责,且中太公司对景某军的对账行为不予认可。另外,该对账清单虽然加盖了中太公司曹妃甸医院工程项目部技术资料专用章,但对该技术资料专用章,中太公司也不予认可。曹妃甸公司又无证据证明该技术资料专用章为中太公司的印章。况且,在没有进行特殊约定的情况下,技术资料专用章是进行技术资料管理的一种认证标识,很显然不能作为法人对账结算的象征。综上所述,一审法院认为,景某军的签字和加盖技术资料专用章,均对中太公司无约束力。其他对账清单明细,同理,亦无中太公司的盖章或负责人签字确认,对中太公司亦不发生法律效力。故对该对账清单及对账清单明细不予采信。

(2)关于景某军签收发票行为，同理，亦没有中太公司的授权和追认，中太公司否认收到发票，故景某军签收发票不代表为中太公司的行为。况且，按曹妃甸公司主张，中太公司未全部付款，曹妃甸公司开具的发票应与付款总额吻合。而实际开具发票总额与其主张的结算数额不符。故曹妃甸公司以开具发票佐证结算数额的主张不予采信。

(3)关于曹妃甸公司主张景某军的2010年4月7日签字构成表见代理，一审法院认为，仅就一次签字付款行为而认定景某军此后的所有签字行为对中太公司均有约束力，显失公平。

综上所述，一审法院认为，曹妃甸公司仅依据景某军签字和加盖技术资料专用章的对账清单等，要求中太公司给付货款及违约金的主张，证据不足，不予支持。一审法院判决：驳回曹妃甸公司的诉讼请求。案件受理费94,951元，由曹妃甸公司承担。

曹妃甸公司不服一审判决，上诉称：一审判决对2011年10月9日由景某军签字并加盖“中太公司曹妃甸医院工程项目部技术资料专用章”的对账清单不予认可，属于认定事实错误。(1)曹妃甸公司在一审时提供的三组证据能够证实中太公司负责人景某军签字确认对账清单的行为完全符合表见代理的所有要件。首先，中太公司在庭审中明确承认：景某军是其公司人员，一审法院对此也予以认定。其次，曹妃甸公司根据景某军对曹妃甸公司交付混凝土的确认清单，给中太公司开具了与上述确认清单上规格、型号完全一致的混凝土发票并由景某军接收了上述发票。上述事实，已足以让曹妃甸公司认定景某军有权代表中太公司和曹妃甸公司确认混凝土购入清单上的数量和金额，景某军签字确认行为完全符合表见代理的构成要件。由景某军和曹妃甸公司签字确认的对账清单，是合法而有效的，对双方当事人均具有法律约束力。(2)中太公司根据景某军签字确认的对账清单，支付混凝土款的行为应视为对该对账清单的追认。该追认相当于给景某军的授权。中太公司一共分五次向曹妃甸公司支付了混凝土款7,142,721.85元。中太公司支付第一笔款项1,122,947.5元时，依据的是2010年4月7日的结算单，该结算单有景某军签字确认的5840.5立方米、金额为1,722,947.5元，以后的对账行为均发生在2010年4月20日之后。2011年10月9日由景某军和曹妃甸公司确认的总的混凝土对账清单对双方均具有约束力，该对账清单显示，货物总金额为14,687,188元，已付款7,142,721.85元，中太公司尚欠混凝土款7,544,466.15元，曹妃甸公司已经向中太公司开具了总金额为10,737,909元的18份混凝土发票，景某军代表中太公司也已接收了上述发票。(3)曹妃甸公司提供的证据证实双方交易的混凝土金额14,687,188元,中太公司已经支付的混凝土款为7,142,721.85元,与2011年10月9日总的对账清单上的总金额和中太公司已经支付的混凝土款完全对应一致。请求:撤销一审判决,改判中太公司立即支付拖欠的混凝土款7,544,466.15元及逾期付款的违约金,由中太公司承担一审、二审的诉讼费用。

中太公司答辩称:(1)景某军的行为不构成表见代理。①中太公司从未授权景某军与曹妃甸公司进行对账单的核对,曹妃甸公司也未能提供任何授权证书。2011年10月9日的对账单为技术资料专用章,该章不能用于对账,是用于技术方面的问题。并且曹妃甸公司也未在法律规定的1个月内催告中太公司。②本案多次出现不同的章,有的是项目部的章,有的是技术资料章,双方签订的两份合同及相关附件显示的章都不一样,至少有一个是假章,曹妃甸公司用假合同主张权利不应得到支持。③无论景某军是不是中太公司的员工,无授权无公章,中太公司也从未授权景某军接收对方发票,中太公司也从未接到过景某军接到的曹妃甸公司的发票,并且仅有发票不能证明付过款,应以银行相关单据证明付款行为。④曹妃甸公司上诉称中太公司支付过货款数与所谓的景某军签字确认的1,722,747.5元不一致,不能证明曹妃甸公司所谓的中太公司付款行为与景某军的签字确认有关系,中太公司没有追认。(2)曹妃甸公司提供的证据不真实,存在矛盾。①曹妃甸公司提供的结算单中既有黄某的签字,又有刘立彬的签字,还有景某军的签字,曹妃甸公司用如此混乱的结算单来证明景某军的行为,不应得到法院的支持。②曹妃甸公司提供的证据中对账单付款额中显示的付款金额为7,142,721.85元,本案经过发回,在河北省高级人民法院第一次二审开庭时,曹妃甸公司提供的证据数据为7,175,821.85元,相差33,100元,原因就是曹妃甸公司将一张33,100元的收据撤回,该收据编号为0043887,开票日期为2010年5月31日,金额为33,100元,收款人为张某静,曹妃甸公司的此种行为就是为了掩盖其证据的矛盾。该对账单作为重要的结算凭证没有金额单位,根本无法确认债权债务。③景某军不是中太公司本案项目的负责人,中太公司向一审法院提交的证明材料,是中太公司与曹妃甸基础设施建设投资有限公司签订的合同,该合同已向相关建设部门备案,合同明确了该项目负责人权限范围。(3)对于曹妃甸公司提供的部分证据中太公司不认可。①曹妃甸公司提供的对账清单及明细只有个人签字没有公司印章,所加盖的章也不一致,有的对账清单只有曹妃甸公司自己加盖的公章。②曹妃甸公司称其给中太公司开具了总金额为10,737,909元的混凝土发票,而曹妃甸公司提供的景某军签字的对账清单却显示已付款7,142,721.85元,曹妃甸公司提供的证据与主张的事实矛盾,均不能得出合理解释。③曹妃甸公司提供发票是单方行为,有发票不一定有交易,发票收条只有两个人签字,无中太公司的公章,也未得到中太公司授权代表的确认。④中太公司将本案发包给京秦公司,与京秦公司签订的合同明确约定是包工包料,该合同已向一审法院提交,曹妃甸公司无法证明其提供的混凝土全部用于中太公司。(4)曹妃甸公司对最原始的基础债权凭证不能提供合法有效的证据。①双方对结算的方式有明确的约定,以曹妃甸公司持有的中太公司现场签认的商品混凝土发货单为依据,现在曹妃甸公司提供的证据有的盖章,有的未盖章,还有的用技术资料专用章,签字的有的是景某军签字,还有刘某彬、黄某,上述人员中太公司均不认识。②从主张权利的角度讲,曹妃甸公司缺乏基本的欠款证据,而用未授权、未盖章,相互矛盾的各种材料证明其诉讼请求,不应得到法院的支持。请求二审法院查明事实,维持原判。

二审法院对一审查明的事实予以确认。

二审另查明:(1)中太公司与曹妃甸公司签订的两份合同及相关附件显示的章都不一致,有很大区别,有的是字体排列方式(有直行排列和椭圆形两种),有的加盖的是项目部的章,有的加盖的是技术资料章。中太公司称至少有一个是假章,曹妃甸公司称均是当时加盖,但未能提供证据支持其主张。(2)曹妃甸公司二审庭审中出示有中太公司仝某敏签字确认的收条1张,时间是2010年9月26日,收条显示的票号为012494106、01249345、01249346,金额分别为184,584元、1,052,640元、964,450元。仝某敏认可该收条是其本人签收,并称中太公司的项目经理是张某栋,是工地的负责人,是张某栋让其签收的收条。(3)曹妃甸公司称中太公司已向其公司支付过货款7,142,721.85元,分三笔支付,其中两笔是以现金的形式支付,第三笔是通过转账支付,但是曹妃甸公司无法提供中太公司向其支付过货款的相关证据。(4)曹妃甸公司称中太公司向其支付7,142,721.85元,尚欠7,544,466.15元,曹妃甸公司向中太公司出具了共计129,395,856元的增值税发票,中太公司辩称发票没有收到过,仅是收到过有仝某敏签字确认的发票3张。(5)中太公司称已经向曹妃甸公司支付过全部货款,双方债权债务已经不存在,相关的证据都保存在了曹妃甸医院项目部的资料中,但该项目部的资料库失火,其他许多与本案相关证据资料全部烧毁,其向曹妃甸公司付款所依据的合同也由于失火原因烧毁,中太公司当庭向法庭提交了工地失火的照片,曹妃甸公司对照片的真实性和与本案的关联性均不认可。(6)曹妃甸公司在庭审时出示了29本发货单,该发货单记载有时间、混凝土的型号、数量、收货单位。29本发货单均没有中太公司的章,均是复印件,每张发货单的签字人处的签字均应当是复印笔迹,并且29本发货单所涉的签字人与曹妃甸公司提供的11份对账单的人员不一致;29本发货单签字处有田某红、罗某松等人签名,但笔迹明显不一致,田某红、罗某松二人签字至少出现两种笔迹,对发货单存在的上述问题,中太公司称曹妃甸公司在制造假证据欺骗法庭。曹妃甸公司对于发货单存在的问题解释称,签字所体现的字体出入确实很大,也可能属于代签行为,并且对于发货单上签字人田某红、罗某松的身份,曹妃甸公司称不清楚这些员工身份。(7)中太公司向法庭提交了商品砼购入确认单两份,一份是2010年4月6日,另一份是2010年6月17日。清单记载,供方曹妃甸公司,需方中太公司,方量合计分别为130立方米和1176.5立方米,金额合计分别为35,880元和347,822元。中太公司称该两份清单在上次河北省高级人民法院对本案二审开庭时曹妃甸公司作为证据提交过,在发回一审法院审理时,曹妃甸公司将两份清单撤回,两份清单涉及金额分别为35,880元和347,822元,但曹妃甸公司从本案一审起诉到第二次二审所主张的欠款额一直没变,但用来支持主张金额的证据却在变化,曹妃甸公司提供的证据所显示的金额与其主张所述的金额存在矛盾。曹妃甸公司当庭陈述该两份清单确实提交过,但两份清单所涉及款项中太公司已向其支付过,所以将两份证据撤回,欠款金额还是以2011年10月9日有景某军签字的总的对账单为准。(8)曹妃甸公司主张依据双方2010年7月27日所签合同第5条第1款的约定,违约金应从2011年2月6日起算到一审开庭之日2014年11月18日,共计1380天,金额为10,411,368.6元。中太公司认为不拖欠曹妃甸公司的混凝土款,所以不存在违约,仅就曹妃甸公司提供的书面合同而言,双方所约定的每日0.1%的数额过高,应以同期银行贷款利率为准。

二审法院认为:本案的争议焦点为,景某军签字确认对账清单的行为是否构成表见代理,中太公司是否应当向曹妃甸公司支付混凝土款7,544,466.15元及违约金。

中太公司与曹妃甸公司签订的商品混凝土销售合同对结算方式作出了明确的约定:“以乙方(曹妃甸公司)持有的甲方(中太公司)现场签字的商品混凝土发货单数量为准。”但是曹妃甸公司未能提供中太公司签字的商品混凝土发货单,而以景某军签字确认的商品混凝土对账清单主张权利。对于景某军的身份,中太公司在二审庭审中承认景某军是中太公司的员工,但对景某军代表中太公司进行签字确认的行为不予认可,明确表示对景某军从未有过授权行为,对景某军签字确认对账单的行为不予认可,曹妃甸公司对于景某军能够代表中太公司进行对账结算的行为未能提供证据。中太公司对于2011年10月对账清单加盖的技术资料专用章也不予认可,曹妃甸公司也无证据证明是中太公司用于结算所使用的印章。

曹妃甸公司为印证景某军签字的行为构成表见代理,用发票收条、29本发货单、对账单等证据进行佐证,但曹妃甸公司作为证据出示的发票没有加盖任何印章,并且与其主张中太公司已经向其支付过的货款金额不一致,中太公司又否认收到过发票,曹妃甸公司现有证据不能证实中太公司收到过该发票。同时曹妃甸公司提供的29本发货单,在签字人处,同一人名的书写笔迹明显不同,曹妃甸公司也认可笔迹存在很大差异,并且发货单签字人与11份对账单上签字人员无一吻合。曹妃甸公司主张中太公司已经支付过7,142,721.85元货款,但是不能提供相应的证据证实,曹妃甸公司提供的证据相互之间存在矛盾,对于证据中存在的问题曹妃甸公司均不能作出合理的解释。

对于曹妃甸公司二审庭审中出具的有中太公司员工仝某敏签字确认的收条,中太公司认可该收条所记载的3张发票中太公司已经收到,但收条中涉及的货款中太公司称已经向曹妃甸公司支付,并称双方之间全部货款全部支付完毕,双方的债权债务关系已经不存在,支付货款的证据由于失火烧毁现无法提供。中太公司主张该收条是本案项目经理张某栋让仝某敏签收的,仝某敏在施工现场,知道签收手续,从而也印证了中太公司没有让景某军接收过发票和签认过对账单。曹妃甸公司仅以仝某敏收到一次发票收条的行为来佐证中太公司收到曹妃甸公司向其开具的全部发票,显失公平,并且曹妃甸公司对于中太公司收到过其他发票收条的证据无法提供,其主张的中太公司向其支付过7,142,721.85元货款的证据不足,所以双方以该收条佐证其他案件事实的主张,二审法院均不予采信。

曹妃甸公司主张景某军签字确认对账单的行为构成表见代理及中太公司对景某军签字的行为进行了追认的证据不足。结合双方提供的现有证据,依照《民事诉讼证据规定》第2条的规定:“当事人对自己提出的诉讼请求所依据的事实或者反驳对方诉讼请求所依据的事实有责任提供证据加以证明。没有证据或者证据不足以证明当事人的事实主张的,由负有举证责任的当事人承担不利后果”和《合同法》第48条第1款的规定:“行为人没有代理权,超越代理权或者代理权终止后以被代理人名义订立的合同,未经被代理人追认,对被代理人不发生效力,由行为人承担责任。”曹妃甸公司向中太公司主张应支付7,544,466.15元货款及违约金的主张,二审法院不予支持。

法院再审查明,对曹妃甸公司所称中太公司已向其公司支付过货款7,142,721.85元,分五笔支付,其中两笔是以现金的形式支付,其余三笔是通过银行转账支付,中太公司予以认可。曹妃甸公司将原二审期间提交的29本发货单变更为18本,理由是内部审计整理的时候进行了合并,内容并无变化。中太公司认为曹妃甸公司将29本发货单擅自改变证据形态,不予认可。法院再审查明的其他事实与原一审、二审查明的事实基本一致。

【案件争点】

1. 景某军签字确认对账单的行为是否构成表见代理。

2. 中太公司是否尚欠曹妃甸公司混凝土款。

【裁判要旨】

(一)双方存在真实的商品混凝土销售合同法律关系

曹妃甸公司与中太公司签订的三份商品混凝土销售合同及补充协议意思表示真实,不违反法律的强制性规定,应当认定为有效。当事人应当依照合同约定全面履行自己的义务,曹妃甸公司按照合同约定向中太公司供应混凝土,中太公司亦应当按照合同约定支付相应混凝土价款。

(二)在中太公司不提供相关证据的情况下,基于曹妃甸公司提交的现有证据可以认定中太公司尚欠其混凝土款

曹妃甸公司提交的29本发货单证明了双方交易的基础事实。双方合同约定的混凝土款结算方式为:(1)以乙方(曹妃甸公司)持有的甲方(中太公司)现场签认的商品混凝土发货数量为准。(2)甲乙双方每15天,对签认的商品混凝土发货单进行复核,并履行100%的确认手续。曹妃甸公司在二审庭审时出示了29本发货单,该发货单记载有时间、混凝土的型号、数量、收货单位。再审中,曹妃甸公司将29本发货单整合为18本,实质性内容并没有改变。虽然中太公司提出,29本发货单均没有中太公司的章,发货单的签字不是原始签字,并且29本发货单所涉的签字人与曹妃甸公司提供的11份对账单的人员不一致,同一个人签名存在笔迹明显不一致等瑕疵,但这些发货单上的瑕疵并不能否认曹妃甸公司曾向中太公司供应混凝土的基本事实,中太公司承认已向曹妃甸公司实际支付7,142,721.85元的货款也佐证了发货单的客观存在。至于这些发货单中包含的瑕疵,曹妃甸公司对此亦作了解释:由于合同未约定具体的签收人,签字人较多,也可能存在代签行为,但29本发货单均属于原始单据,且得到11份对账清单的进一步确认。中太公司对上述发货单的真实性以及曹妃甸公司的解释不予认可,完全可以提出反证,证明

其实际收到曹妃甸公司供应混凝土的时间、型号、数量等，并据此对曹妃甸的主张进行抗辩，但中太公司自始至终没有提交任何相关证据证明自己的主张。

曹妃甸公司提交的证据可以证明其有理由相信景某军有代理权。中太公司虽对景某军签字行为不予认可，但承认景某军是其员工。双方在合同中也未约定具体人员负责货款结算事宜。曹妃甸公司提交的2010年4月7日有景某军签字的发票收条有四项内容，第一项记载混凝土数量和金额内容，签字接收人是景某军；第二项记载第一项票据原件收回，签字确认人也是景某军；第三项记载“以上方量金额确认无误”，签字确认人是黄某；第四项记载“同意”，签字人杨某平。曹妃甸公司认为，景某军在对账清单上对混凝土方量和金额的签字确认，得到了黄某的签字确认，黄某的签字确认又得到了杨某平的同意，而杨某平是曹妃甸公司与中太公司2010年7月27日《商品混凝土销售合同》的签字人。曹妃甸公司二审庭审中出具的有中太公司员工仝某敏签字确认的发票收条，中太公司认可该收条所记载的3张发票中太公司已经收到，故景某军出具发票收条行为有先例可循，考虑到景某军在案涉交易中的身份以及增值税票的特性，可以认定中太公司收到了曹妃甸公司向其开具的全部增值税发票。景某军还多次参与了后续的对账结算行为，其于2011年10月9日签字确认的商品混凝土对账清单，同时加盖了中太公司项目部的技术资料专用章。就此而言，曹妃甸公司相信景某军在案涉交易中具有代理中太公司的权利，本院予以支持。

《民事诉讼证据规定》第2条规定：“当事人对自己提出的诉讼请求所依据的事实或者反驳对方诉讼请求所依据的事实有责任提供证据加以证明。没有证据或者证据不足以证明当事人的事实主张的，由负有举证责任的当事人承担不利后果。”一审、二审及再审中，法院多次向中太公司释明应提供双方合同及银行结算凭证等交易证据以证明自己关于案涉交易已经结算完毕的主张，但中太公司作为大型股份有限公司，仅仅以项目部失火结算资料全部烧毁灭失为由进行抗辩，显然不符合公司财务管理的通常要求，亦与情理不合；且中太公司在本案诉讼过程中先是否认与曹妃甸公司有合同关系，否认景某军是其工作人员，否认收到过发票，否认支付过货款，后又承认景某军是其工作人员，承认收到部分发票，承认支付过货款，显然亦有违诚实信用原则。

本案中，曹妃甸公司主张中太公司尚欠混凝土款的证据明显占优，中太公司主张双方已经结清货款没有提供任何证据证明。根据《民事诉讼法解释》第108条第1款“对负有举证证明责任的当事人提供的证据，人民法院经审查并结合相关事实,确信待证事实的存在具有高度可能性的,应当认定该事实存在”的规定,曹妃甸公司基于现有证据主张中太公司尚欠曹妃甸公司混凝土款7,544,466.15元具有高度可能性,法院予以支持。

《合同法》上规定了当事人在合同上签字或者盖章,但具体如何签字、使用何种签章并没有作进一步的规定,一般认为行政公章代表企业单位,使用范围最广,效力最高。但除公章之外,行为人使用带有项目章、技术章、材料章、资料章等印章的相关材料时,原则上不能认定该类印章具有缔约或结算效力。但是如果该类印章曾用于印章原用途之外的交易活动,或依一般交易习惯有理由相信该印章具有超出其字面记载的实际功能,可以认定具有代理权的表象。

三、裁判规则提要

在司法实务中,存在大量行为人使用他人印章、介绍信、合同文本等进行签约或从事民商事活动的现象,因行为人积极的权利外观表象足以使相对人相信行为人具有代理权,由被代理人承担相应的权利义务关系是出于保护牺牲善意相对人的利益,也是被代理人意思自治的利益的一种让步。

(一)印章的性质不当然影响对代理权限的判断和合同效力的认定,应结合合同缔结与履行过程中的综合因素进行判断

针对较常出现的伪造印章代为签订合同之情况,2018年《最高人民法院民二庭第18次法官会议纪要》指出,在合同书上加盖公司公章的法律意义在于,盖章之人所为的是职务行为,即其是代表或代理公司作出意思表示。但章有真假之分,人也有有权无权之别,不可简单根据加盖公章这一事实就认定公章显示的公司就是合同当事人,关键要看盖章之人有无代表权或代理权。盖章之人为法定代表人或有权代理人的,即便其未在合同上盖章甚至盖的是假章,只要其在合同书上的签字是真实的,或能够证明该假章是其自己加盖或同意他人加盖的,仍应作为公司行为,由公司承担法律后果。反之,盖章之人如无代表权或超越代理权的,则即便加盖的是真公章,该合同仍然可能会因为无权代表或无权代理而最终归于无效。

可见,对于合同上印章的真伪问题不当然决定行为人是否有代理权,也不当然成为代理权的客观表象。要判断相对人是否有理由相信行为人具有代理权并且相对人是善意且无过失的,仅仅凭借合同上是否加盖印章这一单一情形是不充分的。对于行为人是否真正具有代理权限的判断,相对人的合理注意义务不只是对印章

真伪的审查,同时应当对签约的行为人的职位、权限等,以及合同缔结的时间地点、标的物交付方式及地点、合同签约的目的、是否参与合同履行等因素。

另外,一般认为行政公章代表企业单位,使用范围最广、效力最高。但除公章之外,行为人使用带有项目章、技术章、材料章、资料章等印章的相关材料时,原则上不能认定该类印章具有缔约或结算效力。其实,对于不同性质的印章,是公章抑或是非公章等,是否能赋予行为人代理权限的外观,同样应综合各方面因素进行判断,在相对人尽到合理注意义务的同时,充分判断该印章的使用人是否具有代理权限,该印章是否曾用于用途之外的交易活动,或依一般交易习惯有理由相信该印章具有超出其字面记载的实际功能的,可以认定具有代理权的表象。

(二)被代理人的消极态度影响相对人对于行为人是否具有代理权限外观的判断

行为人不当的代理行为将会使被代理人不得不承担相应的民事责任。因此,被代理人在日常的民商事活动中,应该采取积极措施,规范管理印章及带有印章的合同文本及其他文件,对有本人、本公司授权的文件材料尽到妥善保管之义务。

在被代理人明知行为人以其名义进行民商事活动时未反对,无论是在行为人实施无权代理的行为之时或是之后,被代理人对此明知,却保持沉默、消极的表示,对于相对人来说,在无法完全获取行为人与被代理人之间是否有明确授权的情况下,被代理人的默示表示,对善意相对人释放了行为人具有代理权限的表象外观。在相对人已经形成对代理权限的内心确信,并且已经与行为人为相应的法律行为,被代理人在当时明知行为人的无权代理行为而未反对的,尽管被代理人在事后积极主张对行为人代理行为的否认,仍不影响相对人与行为人在实施法律行为之时信赖行为人且信赖是有理由的,被代理人并不能因迟延的否认而免责。

四、辅助信息

高频词条:

《民法典》

第161条 民事主体可以通过代理人实施民事法律行为。

依照法律规定、当事人约定或者民事法律行为的性质,应当由本人亲自实施的民事法律行为,不得代理。

第171条 行为人没有代理权、超越代理权或者代理权终止后,仍然实施代理行为,未经被代理人追认的,对被代理人不发生效力。

相对人可以催告被代理人自收到通知之日起三十日内予以追认。被代理人未作表示的,视为拒绝追认。行为人实施的行为被追认前,善意相对人有撤销的权利。撤销应当以通知的方式作出。

行为人实施的行为未被追认的,善意相对人有权请求行为人履行债务或者就其受到的损害请求行为人赔偿。但是,赔偿的范围不得超过被代理人追认时相对人所能获得的利益。

相对人知道或者应当知道行为人无权代理的,相对人和行为人按照各自的过错承担责任。

第172条 行为人没有代理权、超越代理权或者代理权终止后,仍然实施代理行为,相对人有理由相信行为人有代理权的,代理行为有效。

第503条 无权代理人以被代理人的名义订立合同,被代理人已经开始履行合同义务或者接受相对人履行的,视为对合同的追认。

第919条 委托合同是委托人和受托人约定,由受托人处理委托人事务的合同。

第920条 委托人可以特别委托受托人处理一项或者数项事务,也可以概括委托受托人处理一切事务。

第925条 受托人以自己的名义,在委托人的授权范围内与第三人订立的合同,第三人在订立合同时知道受托人与委托人之间的代理关系的,该合同直接约束委托人和第三人;但是,有确切证据证明该合同只约束受托人和第三人的除外。

买卖合同纠纷案件裁判规则(一)第 19 条:
原债务人为第三人作出债务负担的表意属于“自己代理”

〔**规则描述**〕:第三人直接向债权人单方承诺由第三人履行债务人的债务,但同时不免除债务人履行义务的债务承担方式,即债务加入。原债务人在未经第三人同意或追认的情形下,为第三人作出债务负担的意思表示,属于“自己代理”。《民法典》禁止自己代理行为,对于是否不利于被代理人利益在所不问,避免代理人有损被代理人利益的可能性。

一、类案检索大数据报告

时间:2020 年 2 月 10 日之前,案例来源:Alpha 案例库,案件数量:27 件,数据采集时间:2020 年 2 月 10 日。本次检索到相关案件共 27 件,整体情况如图 19 - 1 所示。法院认为案件原债务人为第三人债务承担的表意构成“自己代理”的案件 17 件,占比为 62.96%;不认同的案件 1 件,占比为 3.70%;不相关案件 9 件,占比为 33.34%。

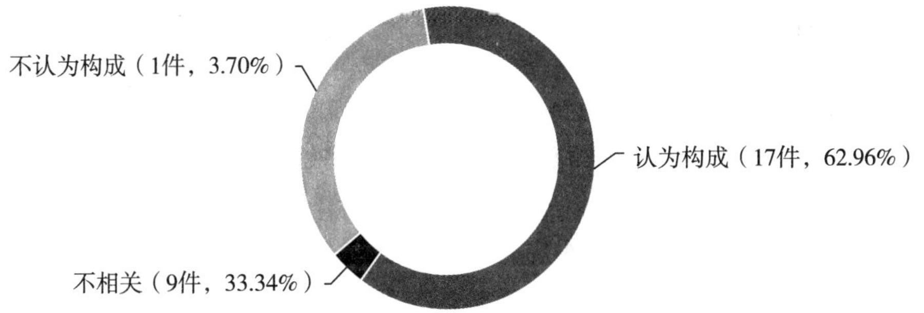

图 19 - 1 法院是否认为原债务人为第三人债务承担的表意构成“自己代理”

如图 19 - 2 所示,从案件主要年份分布情况可以看出当前条件下合同纠纷案件数量的变化趋势。

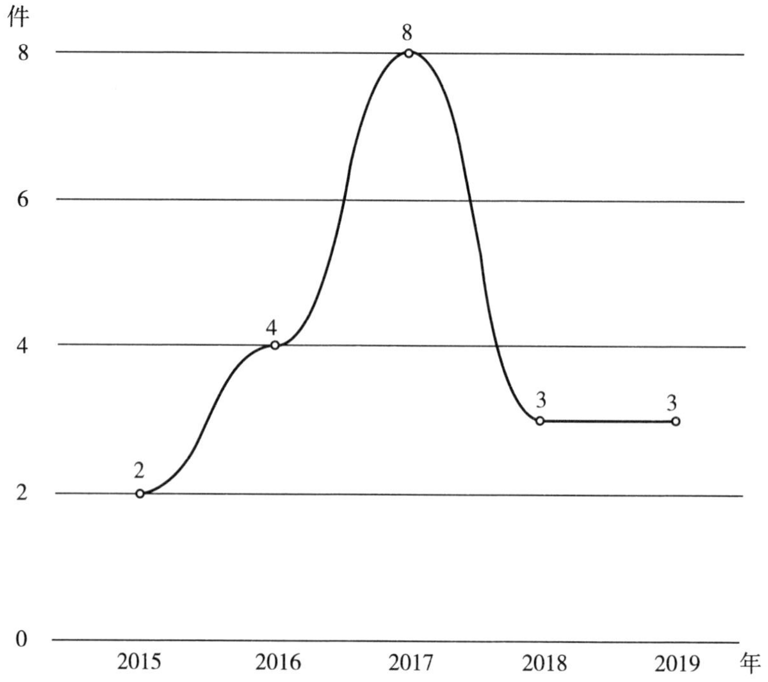

图 19－2　案件主要年份分布情况

如图 19－3 所示,从案件主要地域分布情况来看,当前买卖合同纠纷案件主要集中在江苏省、四川省、河北省、浙江省、湖南省。其中,江苏省的案件数量最多,达到 6 件。

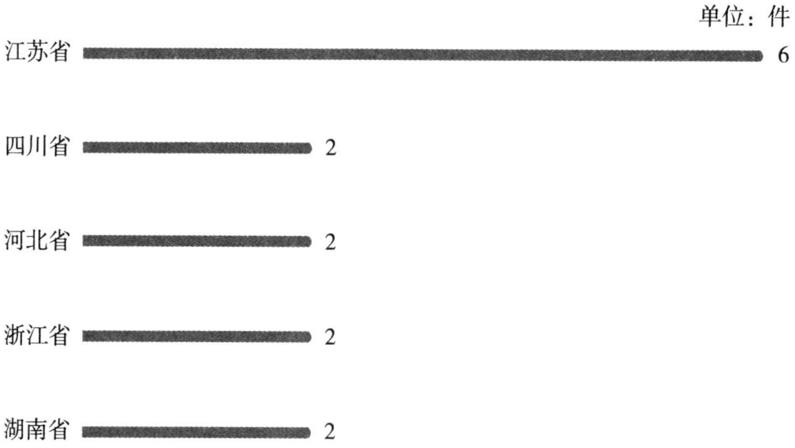

图 19－3　案件主要地域分布情况

如图19－4所示,从案件的行业分类情况可以看出,买卖合同纠纷当前的行业分布主要集中在批发和零售业、制造业、建筑业、科学研究和技术服务业、租赁和商务服务业。

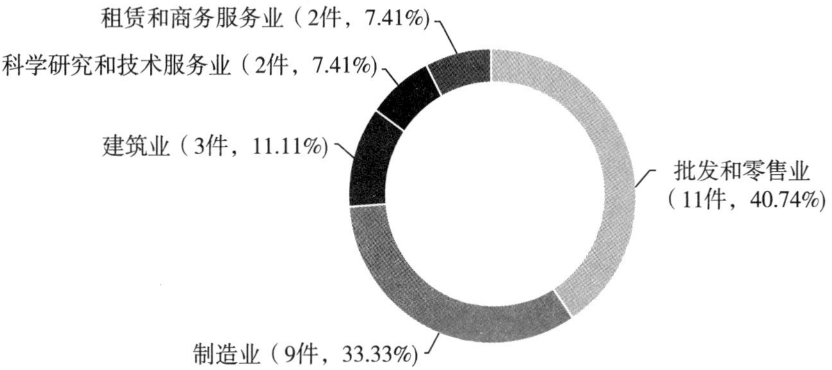

图19－4　案件行业分类情况

二、可供参考的例案

例案一 | 余某科、杨某梅与彭某英等房屋买卖合同纠纷案

【法院】

成都市武侯区人民法院

【案号】

(2013)武侯民初字第4880号

【当事人】

原告:余某科

原告:杨某梅

被告:彭某英

被告:成都一睿投资有限公司

【基本案情】

原告余某科、杨某梅与被告彭某英、成都一睿投资有限公司(以下简称一睿公司)的房屋买卖合同纠纷一案。原告余某科、杨某梅诉称:2009年6月24日,原告与被告彭某英签订委托协议,委托其代为出售位于成都市二环路南三段1号2栋2单元17楼1号房屋。协议签订后,被告彭某英转委托刘某杰与被告一睿公司签订

购房合同,并将房屋过户至一睿公司名下。原告于2013年8月15日在成都市工商局查询得知,代理人彭某英接受委托后的一个月内,即2009年7月1日与其丈夫黄某共同登记成立了一睿公司,用于购买原告的房屋。前述彭某英属于自己代理,且未告知原告一睿公司与其夫妇的关系,侵害了原告的合法财产权利,原告有权拒绝承认合同效力,故请求判决确认2009年9月1日二原告与被告一睿公司房屋买卖合同无效。

被告彭某英辩称:原告的诉讼请求没有事实和法律依据,原告就同一案子、不同诉请在其他法院起诉,且已经判决,房屋买卖合法有效,被告行为不构成自己代理或双方代理。

被告一睿公司辩称:买卖合同合法有效,不存在无效的情形,请求驳回原告的诉讼请求。

经审理查明:原告余某科、杨某梅系夫妻关系,2009年7月1日,原告余某科、杨某梅与被告彭某英签订1份委托书,并在四川省成都市国力公证处办理了公证,双方约定,"位于成都市二环路南三段1号祥福苑W单位17楼D号房屋(现地址变更为成都市二环路南三段1号2幢2单元17楼1号)系委托人余某科、杨某梅夫妻以银行按揭方式购买的夫妻共有财产,该房屋无其他共有人。现因委托人事务繁忙,特委托彭某英作为我们的代理人办理如下事项:(1)代理我们到相关银行、房管部门及相关部门办理上述房屋的提前归还银行贷款及办理结按手续、领取相关资料、退保、注销抵押登记,撤销合同备案号,办理并领取注销抵押登记后的房屋所有权证及国有土地使用证等相关手续。(2)上述房屋结按后,代理我们到房管部门查询上述房屋档案,出售或处置上述房屋,与买方签订买卖合同,代收售房款,并以售房款或处置款偿还中国东方资产管理有限公司成都办事处的相关债务等事宜……受托人在办理上述事宜时有权在相关文件上签字并缴纳相关费用,委托人均认可,受托人有权转委托"。

被告方与中国东方资产管理公司达成协议,以467,911元的金额于2009年8月21日结清了原告方欠中国东方资产管理公司的债务(实际债务金额为651,119.20元)。同年9月1日,刘某杰受彭某英委托与一睿公司签订房屋买卖合同,载明一睿公司以30万元的价格购买原告余某科、杨某梅名下的位于成都市二环路南三段1号2幢2单元17楼1号房屋,同日该房屋过户至一睿公司名下。庭审中,原、被告双方均认可双方并未实际履行买卖合同中付款事项。

另查明:一睿公司于2009年7月1日获得企业名称预先核准通知书,于2009

年7月13日向工商管理部门递交公司设立申请书,后公司成立,股东为彭某英、黄某,被告彭某英认可公司设立时二人为夫妻关系。

余某科、杨某梅向成都市金牛区人民法院起诉,要求判令彭某英赔偿其损失40万元,金牛区人民法院查明,中国东方资产管理有限公司对余某科、杨某梅享有赋有强制执行力的债权464,166.47元及相应利息、罚息和实现债权的费用。2011年12月15日,四川众信物业管理有限公司出具证明,载明"2009年6月20日,彭某英出示公证书请求我公司帮忙找人购买祥福苑E单位18楼C号、W单元17号D、E三套房屋,我公司没找到人买。6月25日,彭某英了解了无人购买的情况后,称谁能按中国东方资产管理公司办事处确定的债权金额和支付时间及时一次支付给债权人,三套房屋就归谁所有,我公司还是没能找到人购买"。2011年12月15日,四川众信房地产开发有限公司出具证明,载明"2009年6月20日,彭某英出示公证书,请求我公司回购祥福苑E单位18楼C号、W单元17号D、E三套房屋,我公司因欠款被成都中院执行……没有能力回购……"故成都市金牛区人民法院认定彭某英在办理委托事项时不存在过错,彭某英已将办理委托事项的结果报告余某科、杨某梅,并判决驳回余某科、杨某梅的诉讼请求。后余某科、杨某梅上诉至成都市中级人民法院,后成都市中级人民法院驳回其上诉,维持原判。

上述事实,有结婚证、委托书、公证书、房屋买卖合同、房屋信息摘要、还款凭证、个人贷款结清证明、企业名称预先核准通知书、公司设立申请书、公司章程、股东会议纪要、民事判决书2份及双方当事人庭审陈述在案佐证。

【案件争点】

被告彭某英作为原告余某科、杨某梅的代理人与被告一睿公司签订的房屋买卖合同是否有效。

【裁判要旨】

法院认为:原告余某科、杨某梅与被告彭某英签订委托书系双方真实意思表示,内容不违反法律、行政法规的强制性规定,合法有效。从委托书的内容来看,原告委托彭某英处置其名下的位于成都市二环路南三段1号2幢2单元17楼1号房屋,其委托处置房屋的目的在于清偿欠中国东方资产管理有限公司的债务。处置房产期间,被告所欠债务赋有强制执行力,本案所涉房产设有抵押,被告在将房产出售给一睿公司前亦经过多次努力,寻找其他途径处置该房屋均未果,最终将该房屋出售给一睿公司,清偿了原告所欠中国东方资产管理有限公司的债务,其行为实现了原告与被告彭某英签订委托协议的目的。被告彭某英处置房产后已将委托事项的处理结果报告原告余某科、杨某梅,虽没有证据证明报告的内容是否包括交易对象一睿公司股东构成及该公司与被告彭某英的关系,但对房屋处置价款及清偿所欠中国东方资产管理有限公司事实未提出异议,即应视为对委托事项办理结果的认可。故原告以被告彭某英自己代理,违反诚实信用原则,事后未经原告追认为由主张确认二原告与被告一睿公司于2009年9月1日签订的房屋买卖合同无效的诉讼请求,法院不予支持。

在司法审判实践中,对于自己代理的行为,没有直接否定其效力,而是通过将代理合同及目的与代理人的行为相结合进行审查。在代理人积极为被代理人之委托事宜,并且最终通过代理行为实现委托代理之目的,保证了被代理人的利益,未使被代理人承担不利之风险,并且委托代理合同及买卖合同均已履行完毕。对于被代理人提出的买卖合同无效之主张,法院不予认可。

例案二 | 张某、乐临贸易有限公司与杜某某买卖合同纠纷案

【法院】

上海市第二中级人民法院

【案号】

(2010)沪二中民一(民)终字第176号

【当事人】

上诉人(原审被告):张某

上诉人(原审被告):乐临贸易有限公司

被上诉人(原审原告):常州对外贸易有限公司

原审被告:杜某某

【基本案情】

2006年7月、8月,张某与常州对外贸易有限公司(以下简称常州外贸)签订9份售货合同,该9份合同中英文记载的买受人分别涉及KELL WOOD WESTER NREGION、PARIS BLUSE、LAND' NSEA、BONGOAPPAREL、ZOOMERS等公司。张某在合同的买受人签署一栏中签署不尽相同的英文名,其中6份合同的张某英文签名下方有小字体的LOKLAM TRADING LIMITED字样。合同签订后,常州外贸遂组织常州新麦尔克服饰有限公司生产服装,并在上海将货物交付至张某指定的地点。2006年9月12日至2007年1月25日,从乐临贸易有限公司(以下简

称乐临公司)名下分十次共计向常州外贸汇款375,964.63美元。

之后,常州外贸与张某就货款支付发生争议,常州外贸于2007年1月15日向常州市中级人民法院提起诉讼,请求判令张某、乐临公司连带支付拖欠的货款801,492.79美元,因被告杜某某与张某系夫妻关系,要求被告杜某某对张某的债务承担共同偿还责任。法院受理后,向张某、杜某某送达了诉状副本、应诉通知书等。2007年2月7日,常州外贸向常州市中级人民法院申请撤回对乐临公司的诉讼,法院口头裁定予以准许。常州市中级人民法院在审理中认为该案不属其管辖,裁定将本案移送上海市第二中级人民法院审理。上海市第二中级人民法院审核后,指定由上海市闸北区人民法院审理。上海市闸北区人民法院于2007年8月10日受理,常州外贸变更诉请为要求张某、杜某某连带支付货款773,024.81美元,折合成人民币6,029,593.52元,并要求张某、杜某某连带赔偿退税款损失人民币726,643.22元,合计人民币6,756,236.74元,另支付自2007年1月26日至全部货款清偿之日止的逾期付款利息。因乐临公司与本案的审理结果有直接利害关系,原审法院依法重新追加其作为被告。

原审法院另查明,常州外贸曾向中国出口信用保险公司常州办事处就与张某签订的售货合同申请出口信用保险。2006年12月20日,张某也以乐临公司负责人的名义向中国出口信用保险公司常州办事处发函,函中称"我公司(乐临贸易有限公司/LOKLAM TRADING LIMITED)与常州新麦尔克服饰有限公司、常州对外贸易有限公司一起,从2006年5月开展涉外贸易业务,有关我司的涉外业务由我全权负责"。中国出口信用保险公司常州办事处审核后认为,因合同文本显示的买方与实际签署方不一致,无法确定合同主体究竟是文本显示方还是实际签署方、合同签署方并没有获得合同文本显示买家的书面授权委托书,出口合同订立人不明确,决定不予承保上述出口业务。

2006年12月15日,张某拟定一份案情简介,简介中载明生产商是常州新麦尔克服饰有限公司,出口商是常州外贸,卖家是乐临公司(张某系该公司总经理),美国买家是Kell Wood Western Region。贸易的流程是由美国买家下单给乐临公司,乐临公司下单给常州外贸,再由常州外贸下单给常州新麦尔克服饰有限公司。简介中又称因美国买家未支付部分货款,致使作为卖家的乐临公司资金回笼受严重影响。张某以乐临公司授权代表的名义在该简介上签字。因不认可张某主张的售货合同的主体是乐临公司,常州外贸在简介中未签字,常州新麦尔克服饰有限公司总经理朱某某在签字后又将签名划去。

原审审理中,张某曾到庭陈述,称乐临公司由其母郭某某(音)在我国香港特区一人出资设立,其系乐临公司在上海办事处的业务主管,上海办事处并未进行工商登记;从2006年开始,乐临公司每年向其出具一份授权委托书,其以乐临公司的名义与内地企业洽谈对外贸易;其以乐临公司的名义与常州外贸签订合同,是履行职务行为。原审法院曾多次要求张某到庭参加案件审理过程中的证据交换以及法庭审理,但张某均未到庭。

原审庭审中,张某代理人提供了由乐临公司2005年5月10日出具的授权委托书,称其自2005年6月1日至2007年6月1日经乐临公司授权,代表该公司在中华人民共和国的贸易活动,目前张某并不知晓乐临公司的经营状况,也无法联系乐临公司。经原审法院当庭核对,该授权委托书上的乐临公司的印章与张某发给常州外贸的函件、张某发向中国出口信用保险公司常州办事处的函件中的乐临公司的印章不尽相同。常州外贸则称,在交易过程中,张某未曾出具过该份委托书,常州外贸一直是与张某进行交易。

原审法院再查明:张某与江苏阳光集团有限公司分别出资250万元,于2003年4月26日设立上海阳光国际贸易有限公司,该公司在2005年4月21日被吊销工商登记。

原审法院经审理认为,本案的主要争议焦点是与常州外贸签订售货合同、进行交易的是张某还是乐临公司?张某的前述行为是否系履行乐临公司指派的职务行为?首先,张某到庭陈述的获得乐临公司的授权时间与当庭提供的授权委托书记载的时间并不一致,张某在与常州外贸交易时是否获得乐临公司的授权存疑。该授权委托书上的乐临公司的印章与张某在随后货款支付过程中发出函件的印章也并不一致,法院无法核实该授权委托书的真实性。其次,张某与常州外贸交易的主要形式是,张某在取得国外公司的订单后,按照国外客户的要求,与常州外贸签订合同。从双方签订的9份售货合同看,合同首部的买受人是由张某选择确定,合同尾部买受人均由张某签署,虽其中6份合同有乐临公司英文缩写,但无法得出张某是履行职务行为的必然结论。而张某曾以江苏阳光集团有限公司副总经理、上海阳光国际贸易有限公司总经理等身份与常州外贸有过相关交易,其方式也是张某按取得的国外客户订单的要求,与常州外贸进行交易。但不论张某以何身份与常州外贸进行交易,对于常州外贸来说,其交易选择的对象均是张某,而非其他公司。再次,本案审理中,原审法院曾多次要求张某到庭与常州外贸核实相关事实,但张某均未到庭,加之乐临公司未到庭参加诉讼,使得原审法院无法核实乐临公司是否授权张某进行相关交易。依据庭审各方提供的证据以及张某在公安机关的陈述,乐临公司的日常经营及管理均由张某负责。也就是说,张某是乐临公司的经营者、决策者。现张某称,不知晓乐临公司的经营状况,不合常理。最后,售货合同履行过程中,虽部分货款是以乐临公司名义支付,但也得不出乐临公司是常州外贸交易对象的必然结论,无法排除张某利用任职便利通过乐临公司付款的情况。即便在合同履行过程中,张某向常州外贸说明交易的对象系乐临公司,常州外贸也有权选择是由张某还是乐临公司来履行合同义务。综上,原审法院确认,与常州外贸进行相关交易的是张某而非乐临公司。因张某与常州外贸之间的关系并非代理销售货物,而是买卖合同关系,在常州外贸履行交付货物的义务后,张某应及时支付货款。张某所称常州外贸交付的货物存在质量问题,但未提供相关证据,且相关的争议发生在张某与国外客户之间,故该辩称意见,不予采纳。现常州外贸要求张某支付拖欠货款,并承担延迟付款的违约责任,予以支持。至于常州外贸所称的81,840美元的货物,因常州外贸并未交付该笔款项下的货物,故要求张某支付货款,无法律依据,不予支持。常州外贸仅因被告杜某某与张某系夫妻,要求被告杜某某承担连带责任,但未提供证据证明张某从与常州外贸交易过程中获得的收入用于夫妻共同生活,故常州外贸该项请求,不予支持。据此,依照《合同法》第107条、第403条、《民事诉讼法》第130条之规定,判决:(1)张某应于判决生效之日起10日内支付常州对外贸易有限公司货款691,184.81美元;(2)张某应于判决生效之日起10日内支付常州外贸自2007年1月26日起至全部货款付清之日止的逾期付款利息(以691,184.81美元为基数,按照中国银行上海市分行规定的同期美元贷款利率计付);(3)常州外贸的其余诉讼请求,不予支持。如果未按判决指定的期间履行给付金钱义务,应当依照《民事诉讼法》第229条之规定,加倍支付迟延履行期间的债务利息。

张某、乐临公司均不服原审法院判决,分别向上海市第二中级人民法院提起上诉。

张某认为,其作为乐临公司的工作人员与常州外贸签订了买卖合同,相应法律后果应当归属于乐临公司,原审法院判令其承担个人责任不妥,请求二审法院改判张某不对常州外贸承担买卖合同的付款责任。

乐临公司认为张某系其工作人员,张某与常州外贸签订买卖合同系履行职务行为,合同效果应归乐临公司。乐临公司所购货物存在质量问题,美国买方未支付货款导致乐临公司未付款,常州外贸应当就货物质量问题承担相应责任,不仅无权向乐临公司主张剩余货款,而且应对乐临公司遭受的损失承担赔偿责任。

被上诉人常州外贸认为,自始至终都是与张某发生的交易行为,应当由张某承担付款义务,原审法院判决正确,请求二审法院维持原审法院判决。

法院经审理查明,原审法院查明事实无误,予以确认。

法院另查明,2007年9月10日,在接受常州市公安局钟楼公安分局经侦大队讯问时,张某陈述,乐临公司"注册登记在我国香港特区,是我母亲办理的……平时我就在上海南山路88弄某号16A办公,在香港特区的办公地点只有一个秘书接线,所有业务都是我负责,我母亲不过问,她不参与经营"。该节事实以常州市公安局钟楼分局2007年9月10日的讯问笔录为证。

乐临公司于2005年4月21日在香港特区注册成为有限公司,股东为郭某某,乐临公司的董事亦为郭某某,2009年9月11日,乐临公司的董事由郭某某变更为DUXIHUI。该节事实以中国法律服务(香港)有限公司于2009年9月28日出具的深办字第43590号证明书及附件为证。

【案件争点】

案涉售货合同签约主体问题以及乐临公司是否应承担债务的履行义务。

【裁判要旨】

法院认为:根据张某在公安机关的侦查过程中的陈述,乐临公司由张某实际控制,因此乐临公司签署的授权委托书实际是张某的意思表示,因委托书中的受托人是张某,故在该授权委托关系中仅有张某的单方意思表示,属于自己代理,在张某与常州外贸发生交易的过程中,乐临公司始终由张某实际控制,难以认定乐临公司有独立于张某的意思表示,故乐临公司与张某之间的授权委托书应认定为无效,张某以乐临公司名义与常州外贸公司之间发生的交易行为为无权代理行为,应当由张某个人承担其行为的法律后果。因此,张某关于其行为系履行职务,要求由乐临公司承担责任的上诉请求依据不足,法院难以采信。乐临公司在一审中拒不出庭参加诉讼,二审中对张某的行为认可为职务行为,但根据该公司的设立人及唯一董事为张某的母亲,以及张某为实际控制人,其母不参与公司经营等情况,难以认定乐临公司在与常州外贸之间的合同签订及履行过程中有独立于张某的意思表示。

张某作为乐临公司的实际经营人和控制人,以乐临公司的名义授权自己代为从事民商事活动,仅为张某单方意思表示,属于自己代理,该代理授权委托书无效。在常州外贸发生交易的过程中,始终由张某与常州外贸之间联系往来,能以认定乐临公司在合同签订及履行的过程中,有独立于张某的意思表示。而张某在事后主张由乐临公司承担债务,既无法证实在代理乐临公司的行为真实有效,也无法证实乐临公司作出了真实的债务负担的意思表示,法院认定合同的签订及履行为张某个人行为并且应由其个人承担相应责任。

例案三 东莞市长进电子科技有限公司、江门市蓬江区华锐光电照明配件厂与郭某霞买卖合同纠纷案

【法院】

广东省江门市中级人民法院

【案号】

(2015)江中法民二终字第460号

【当事人】

上诉人(原审原告):东莞市长进电子科技有限公司

被上诉人(原审被告):江门市蓬江区华锐光电照明配件厂

被上诉人(原审被告):郭某霞

【基本案情】

东莞市长进电子科技有限公司(以下简称长进公司)于2010年11月9日登记成立,股东有王某、张某翠和郭某霞,其中王某为法定代表人,郭某霞任销售经理,负责开发客户、送货和收款等。郭某霞主张其工资收入为提成工资,即按销售收回货款总额提成。2011年前提成比例为7%,2011年开始提成比例为5%,2009年至2013年共领取提成工资170多万元,尚有500多万元未领。故此,郭某霞曾于2014年4月10日向东莞市劳动人事争议仲裁院申请仲裁,要求长进公司支付欠发工资570多万元,该院于同年4月23日以东劳人仲望庭案字[2014]14号仲裁裁决书裁决驳回郭某霞的请求。当事人双方为此产生矛盾。郭某霞从2013年5月中旬开始已停止参加长进公司工作,双方并逐步善后处理相互之间的经济矛盾。

2014年4月27日,双方当事人就争议问题经协商,按“共同点”和“异议点”两项内容签订会谈纪要,其中“共同点”有5个方面:(1)供应商应付、应收账目核对清楚。(2)4月底至5月13日约3万张板料收据回公司。(3)到2013年4月郭某未拿提成380万元。(4)金富能(老雷)欠款分三阶段,如何处理:A.老金富能,长进公司经手账目归公司;B.新金富能欠款谁承担,以协议为准;C.华锐欠款90多万元,由郭某负责(本条款又用笔画横线表示删除)。(5)分红和股权截至2013年

5月,后期盈亏与郭某霞无关。“异议点”有3个方面:(1)公司欠张某芳的借款,先还张某芳。(2)郭某霞提成需要预付一部分。(3)所有对完账的收据,包括空白及送货单,何时归还公司。上述会谈纪要,长进公司由王某代表签名,郭某霞由其妻子张某芳代表签名。同年5月12日,双方当事人又签订协议书一份,内容为:甲乙(长进公司与郭某霞)双方就业务提成,股份分红达成如下协议:(1)2013年5月1日至2013年5月13日由黄某华(或郭某霞)送往客户的货物(约3.2万张),货款归郭某霞所有,由郭某霞负责到客户处收取,长进公司无权收取此阶段的欠款。(2)截至2013年4月30日的应收款(500万~600万元),双方按应收款清单,按50%对分,其中创奇归长进公司收取,杨某峰归郭某霞收取,其他客户双方协商分配。若收款中需对方配合,应无条件配合。(3)雷某明分两个阶段的欠款约1000万元,损失归股东,双方不再追究彼此责任。此协议书,长进公司有经办人签名和单位盖章,郭某霞由其妻子张某芳代表签名。诉讼中,长进公司提供一份时间为2014年6月16日的撤销通知书,内容为送给郭某霞,认为上述协议书,张某芳没有代理权限,无权代理签订该协议,故通知郭某霞撤销该协议。庭审中,郭某霞认为没有收到该通知书。

另查明:郭某霞除在长进公司任职销售经理负责销售产品外,于2012年8月30日个人独资开办江门市蓬江区华锐光电照明配件厂(以下简称华锐配件厂),并以该厂名义向长进公司购买铝基板产品,截至2013年4月,华锐配件厂尚欠长进公司货款902,698.32元。郭某霞为对抗长进公司主张的欠款,在庭审中提供一份长进公司的格式盖印收款收据,内容为2014年5月13日长进公司收到华锐配件厂货款902,699元,注明该款冲抵提成费用,经手人郭某霞,另提供一份以自己名义于2014年5月14日开具给长进公司的收款收据,内容为收到长进公司2012年业务提成费用。长进公司认为没有收到上述两份收据。

又查明:2014年7月5日,长进公司与郭某霞签订协议书一份,内容约定对客户江门市丰达线路板有限公司截至2013年4月底的欠款181,710元及同年5月后的欠款分配处理达成协议:(1)2013年4月30日前欠款181,710元,其中,15万元由长进公司收取,余款由郭某霞收取。(2)2013年5月以后的欠款由郭某霞收取。同年10月13日,双方又就江门市奥托普照科技有限公司的欠款分配处理签订协议书,主要内容是:2013年4月底,该公司欠款确认为113,000元,由长进公司收取5万元,余款63,000元由郭某霞收取。

原审法院审理认为:长进公司与华锐配件厂、郭某霞之间具有双重关系,既存在买卖合同关系,也存在股权关系。长进公司主张华锐配件厂、郭某霞拖欠货款902,698.32元要求清偿,华锐配件厂、郭某霞承认收取该货物,但认为该货款已在提成款中抵销,并提供了长进公司的抵销收款收据为凭。综合双方的诉辩意见,本案的争议焦点是:华锐配件厂、郭某霞主张的债务抵销行为是否有效。根据《民事诉讼证据规定》第5条第1款:“在合同纠纷案件中,主张合同关系成立并生效的一方当事人对合同订立和生效的事实承担举证责任;主张合同关系变更、解除、终止、撤销的一方当事人对引起合同关系变动的事实承担举证责任”的规定,长进公司与华锐配件厂、郭某霞对各自的主张均提供了相应的证据。原审法院经审查认为,郭某霞是长进公司的股东,职位是销售经理,其有权代表长进公司对外销售产品和回收货款,故此,其持有和使用长进公司的空白收款收据属职务行为。根据双方当事人签订的会谈纪要反映,长进公司尚应支付提成款380万元给郭某霞,2014年5月12日双方订立的协议书也约定“截至2013年4月30日应收款(500万~600万元),双方按应收款清单,按50%对分”。长进公司主张的欠款属于该时间段的应收款,即华锐配件厂和郭某霞存在应付款给长进公司,而长进公司也存在应付提成款给郭某霞。也就是说,长进公司与郭某霞互负到期债务。郭某霞代表长进公司出具收款收据确认收取华锐配件厂涉案货款以抵销其相应价值的提成款,该行为符合《合同法》第99条第1款关于“当事人互负到期债务,该债务的标的物种类、品质相同的,任何一方可以将自己的债务与对方的债务抵销,但依照法律规定或者按照合同性质不得抵销的除外”的规定,故此,郭某霞主张的债务抵销行为应为合法有效,长进公司的诉讼请求,理据不充分,依法不予支持。

上诉人长进公司不服原审判决,上诉称:(1)长进公司与华锐配件厂存在真实交易,华锐配件厂尚欠长进公司902,698.32元货款。庭审中,华锐配件厂、郭某霞均承认在2013年1月至4月收到长进公司的货物,对货款金额也没有异议,华锐配件厂、郭某霞欠长进公司902,698.32元货款未付。

(2)原审判决思维混乱,股权纠纷与买卖合同纠纷并非同一法律关系。原审法院明知本案是买卖合同纠纷,却在审明本案买卖合同属实的情况下,将华锐配件厂、郭某霞的债务抵扣所谓的股权款,背离客观事实,适用法律错误。

首先,适用《合同法》第99条第1款关于债务抵销的行为是否有效,必须具备以下要件:一是互负债务。抵销以在等额范围使双方债务消灭为目的,在长进公司与华锐配件厂的涉案买卖合同关系中,只有长进公司对华锐配件厂存在债权,不存在债务,不发生抵销的情况。二是债权有效存在。有效是指合法、无瑕疵。本案中,原审法院认为长进公司与华锐配件厂存在债权,郭某霞与长进公司存在债权,但是原审法院并没有审查郭某霞与长进公司所谓的股权纠纷是否合法存在,庭审中长进公司已否认了其所谓债权,相互抵销的债权不明确或不合法,不得主张抵销。债发生的原因行为不成立或无效时,其债权不能有效存在,故当然不能抵销;原审法院没有审查债权的合法性、真实性,剥夺了长进公司的抗辩权,有损长进公司的合法权益。

其次,华锐配件厂、郭某霞主张的股东纠纷的债权证据不足。庭审中,郭某霞提交会谈纪要以及协议书以证明长进公司与郭某霞之间存在债权债务,但这两份文件均没有郭某霞签名,且郭某霞没有出席这两份文件的洽谈与签订,长进公司并未认可其真实性,其真实性存疑,并且该文件与本案的买卖合同纠纷无关。这两份文件涉及郭某霞与长进公司,但郭某霞由其妻子代表签名,若文件内容签订对其有利的,郭某霞则追认,若不利的则予以否认。对于上述证据,原审法院在长进公司没有确认其真实性、合法性的前提下,直接认定该债权存在,可见原审判决在案件事实认定上的无所适从,导致判决混乱。

最后,原审法院没有结合《合同法》第 99 条第 2 款正确认定债权抵销的实际权利范围。《合同法》第 99 条规定:"当事人互负到期债务,该债务的标的物种类、品质相同的,任何一方可以将自己的债务与对方的债务抵销,但依照法律规定或者按照合同性质不得抵销的除外。当事人主张抵销的,应当通知对方。通知自到达对方时生效。抵销不得附条件或者附期限。"郭某霞提出的所谓债权抵销的证据是保留长进公司以前的空白收据以及自己填写的收据,长进公司对此并不知情。郭某霞擅自填写长进公司的收据作为长进公司收到货款的行为是否合法,长进公司将保留一定追究权利。在此情况下,一审法院审查过程中,已明知郭某霞自己填写收据并且长进公司没有实际收取货款,仍然判决债权抵销,该判决的合法性存疑。

(3)长进公司没有实际收取货款,郭某霞提出的货款抵扣提成的证据不足,郭某霞应当对其取得收据的合法性承担举证责任。关于收据的取得时间、方式、来源等问题,郭某霞与华锐配件厂一再做出不同的说法。并且郭某霞于 2013 年 5 月中旬开始停止参加长进公司的工作,却于 2014 年 5 月 13 日出具收据的行为,在此情况下,原审法院却没有严格审查该收据的来源、时间的差异等疑点,反而轻易认定该收据有效。

综上所述,原审判决事实不清,适用法律不当,判决失当,请二审法院重新查明和认定事实,作出公正判决。为此,长进公司请求:(1)撤销原审判决;(2)依法支持长进公司的诉讼请求。

被上诉人华锐配件厂答辩称：原审判决认定事实清楚，证据充分，判决结果正确。(1)华锐配件厂收到长进公司的货物后已经将货款交付给长进公司的实际经营者，长进公司已开具相应的收款收据给华锐配件厂。因此，长进公司与华锐配件厂的货物买卖已经结算完毕。(2)郭某霞是长进公司的股东之一，而且是长进公司的实际经营者，郭某霞与长进公司的债权债务关系已进行结算，长进公司也确认拖欠郭某霞的销售提成款。因此，郭某霞与长进公司存在债权债务关系，双方以及长进公司的股东都是确认的。郭某霞收到华锐配件厂的货款后，已经将该货款与长进公司的提成款进行冲抵，是完全正确的。若长进公司对提成款有异议，应另行起诉，该问题不属于本案的处理范围。(3)长进公司现已没有经营场所，实际上已经解散，是名存实亡。长进公司的法定代表人王某背着股东会使用长进公司的公章提起本案诉讼，明显是滥用法定代表人的职权，是为了王某的个人利益，特别是长进公司的法定代表人对股东郭某霞提起诉讼没有经过股东会的决议，明显违反公司法的规定。综上，长进公司提出上诉的理由没有法律依据，依法应驳回其上诉。

被上诉人郭某霞答辩称：(1)郭某霞至今仍是长进公司的股东，其有权代表长进公司收取货款，并且长进公司的货款一直由郭某霞收取，因此，郭某霞的收款行为是合法有效的。(2)华锐配件厂收到的有郭某霞签名并盖有长进公司财务专用章的收款收据是真实的，双方的买卖关系已经完成。

二审期间，上诉人长进公司向本院提交如下证据：(1)收据三份，证明郭某霞利用违法持有的空白收据收取长进公司的货款；(2)郭某霞与雷某明签订的协议书，证明郭某霞与雷某明私下串通侵占属于长进公司的货款；(3)客户为金富能的对账单和送货单，证明郭某霞共侵占长进公司约1000多万元的货款。

华锐配件厂、郭某霞对长进公司提交的证据共同发表质证意见如下：对于证据1，对于创辉特收据的真实性与关联性不予确认，此收据为虚假证据，该份证据上的收款人并非黄某华本人的笔迹，并且加盖的账务章造假，证据上显示的财务章是双边框，真正的财务章是单边实框；对于卓创收据，长进公司与卓创公司的判决书已确认郭某霞作为长进公司的股东和实际经营人有权收款；对于华锐收据，该收据是真实的，亦符合双方的交易习惯，法院依法应予以认定。对于证据2，该证据是复印件，对其真实性无法确认；对其关联性不予确认，该证据显示系于2012年5月签订，签订后的每个月，长进公司均与雷某明进行正常对账并且出具加盖其印章以及有雷某明签字的月对账单，这说明郭某霞是在长进公司同意的情况下才与其交易，并且在2013年4月的会谈纪要及5月的协议书中均有约定雷某明的欠款处理方式,长进公司所要证明的主张是其主观臆断,与事实不符,更与本案无关。对于证据3,对其真实性不予确认,并且该证据与本案无关。长进公司的法定代表人在处理与郭某霞的经济纠纷时,一直是按2013年5月签订的协议书来执行的,在此协议前所有与该协议相抵触的条款均应以该协议书的约定为准。长进公司断章取义所提供的其他协议,与本案无关。

结合各方当事人的质证意见,法院对长进公司提交的证据认证如下:对于证据1中的客户为江门华锐光电的收据,该收据已由华锐配件厂、郭某霞作为一审期间的证据向原审法院提交,法院对此不予审查。对于证据1的其他两份收据、证据2以及证据3,证据1的其他收据以及证据3仅反映了长进公司与创辉特、卓创五金、金富能等案外第三人之间的经济业务往来,而证据2仅说明了郭某霞与案外第三人雷某明之间的业务合作事宜,上述证据与本案审理的事实均没有关联性,故法院对该等证据不予采纳。

被上诉人华锐配件厂与郭某霞共同提交如下证据:(1)全国企业信用信息公示系统(广东)打印信息,证明长进公司已经名存实亡;(2)应收账款明细表,证明长进公司2013年4月的应收账款约为600万元;(3)东莞市第一人民法院民事判决书及证据目录,证明长进公司在另案中提交了2014年4月27日会谈纪要,可见该公司已确认了会谈纪要的真实性;(4)长进公司与江门市江海区创辉特电子有限公司签订的和解协议书,证明长进公司的代理人私下与江门市江海区创辉特电子有限公司的代理人对应收账款的货款进行折价处理,并将应收账款直接汇入长进公司代理人的账户,该行为没有经过股东的同意,是违法的。

长进公司对华锐配件厂、郭某霞提交的证据发表质证意见如下:对于证据1,该证据是网络打印资料,无法核实其真实性,且与本案无关,对其真实性、合法性与关联性均不予确认;对于证据2,对其真实性、合法性、关联性均不确认,这份证据只是打印材料,并没有双方的签字或盖章,并且根据该证据备注中涉及的内容显示,该证据并没有得到双方的确认,只是华锐配件厂、郭某霞单方面作出的材料。对于证据3,对其真实性、合法性确认,关联性不确认,该民事判决书的原告潘某城与华锐配件厂、郭某霞无关,也与本案无关。长进公司提交的证据只是证明还有3万张板料尚未收回,与本案庭审中的意见一致,并无冲突,并且会谈纪要只能证明郭某霞与长进公司谈判的内容,但郭某霞并未履行纪要的内容,故其无权取得提成费,更无权以提成费抵销涉案货款。对于证据4,长进公司的代理人是获得特别授权的,并且系通过法院正常的途径收取款项,是合法有效的。该和解协议书的内容是王某与江门市江海区创辉特电子有限公司的法定代表人赖某晴达成的,属于公司行为,长进公司收取自己的货款并无不妥,郭某霞若觉得该行为侵犯其利益应另案起诉,与本案无关。

结合各方当事人的质证意见,法院对华锐配件厂、郭某霞共同提交的证据认证如下:(1)对于证据1以及证据4,证据1仅说明了长进公司目前的经营状况,证据4则反映了长进公司与案外第三人江门市江海区创辉特电子有限公司之间的经济纠纷处理情况,与本案审理的事实无关,故法院对该等证据不予采信。(2)对于证据2,该证据是华锐配件厂与郭某霞单方制作,且长进公司对此不予确认,故法院对其真实性不予认可。(3)对于证据3,涉案会谈纪要仅说明了长进公司与郭某霞就双方之间的债权债务等事宜所达成的协议,与长进公司、华锐配件厂之间的买卖合同纠纷无关,该证据所证明的事实与本案不具有关联性,法院不予采信。

经二审审理,法院依法确认原审法院所查明的事实。

法院认为:本案为买卖合同纠纷。根据《民事诉讼法解释》第323条“第二审人民法院应当围绕当事人的上诉请求进行审理。当事人没有提出请求的,不予审理,但一审判决违反法律禁止性规定,或者损害国家利益、社会公共利益、他人合法权益的除外”的规定,结合本案各方当事人的诉辩意见,本案二审的争议焦点为华锐配件厂是否已向长进公司清偿涉案货款。

关于华锐配件厂是否已向长进公司清偿涉案货款的问题。本案中,华锐配件厂承认截至2013年4月尚欠长进公司的货款902,698.32元,但以其已向长进公司的股东郭某霞支付涉案货款并以长进公司拖欠郭某霞的提成费抵销该笔货款为由主张涉案货款已清偿,其提供了长进公司出具的收款收据、郭某霞出具的收款收据等证据予以证明。对此,法院认为,首先,现有证据显示,涉案送货单、对账单所记载的交易对象均为华锐配件厂,华锐配件厂对双方之间的买卖关系亦予确认,由此可认定华锐配件厂与长进公司之间存在合法有效的买卖合同关系,华锐配件厂作为合同的相对方理应承担支付货款的义务,即长进公司对华锐配件厂依法享有902,698.32元的货款债权。华锐配件厂、郭某霞抗辩称涉案货款已经与长进公司拖欠郭某霞的部分提成费进行抵销。根据《合同法》第99条第1款的规定,抵销的基础在于双方当事人既互负债务,又互享债权。本案中,华锐配件厂、郭某霞所主张的提成费债权的权利义务主体是郭某霞与长进公司,并不涉及华锐配件厂的权利或义务。虽然华锐配件厂是郭某霞投资成立的个人独资企业,其作为商事活动中的独立的经营实体,与郭某霞属于两个不同的民事主体,二者所享有的权利与负担的义务相互独立,郭某霞对长进公司所享有的债权并不能视为华锐配件厂对长进公司享有相同的债权。本案中,并无证据证明华锐配件厂对长进公司享有合法有效的债权,因此,华锐配件厂与长进公司之间并不存在互负债务、互享债权的情形,不符合抵销的条件。故华锐配件厂、郭某霞的该项抗辩意见,理据不足,法院不予采纳。原审法院对此认定有误,现予以纠正。

其次,华锐配件厂认为其已向郭某霞支付涉案货款并由郭某霞开具了加盖长进公司账务专用章的收款收据,主张涉案货款已支付。郭某霞对此予以确认,并称其已直接以涉案货款抵销长进公司拖欠的提成费。对此,法院认为,在郭某霞进行的收取货款、开具长进公司收据的行为中,郭某霞既作为华锐配件厂的投资人,又作为长进公司的代表,其行为属于自己代理。庭审中,郭某霞亦确认其系在没有征得长进公司其他股东同意的情况下而直接以涉案货款冲抵提成费的,即涉案货款实际上并未进入长进公司的账户内,该行为与长进公司的利益相违背,并且长进公司对郭某霞作出的上述行为均不予追认,故郭某霞所作出的收取涉案货款、开具长进公司的收据的行为应属无效,即华锐配件厂并未向长进公司作出有效的付款行为。经查,长进公司已按合同约定履行交付货物的义务,但华锐配件厂至今未向长进公司支付涉案货款,其行为已构成违约,应当承担支付价款并赔偿损失的违约责任。故长进公司请求华锐配件厂偿付涉案货款902,698.32元,合法有据,应予支持。华锐配件厂的上述抗辩意见,依据不足,法院不予采信。

对于长进公司主张华锐配件厂从2013年5月13日起按中国人民银行同期同类贷款利率支付逾期货款的利息问题,实质为长进公司主张华锐配件厂赔偿逾期付款的损失。经查,华锐配件厂与长进公司并未对货款的支付时间以及逾期付款的违约责任作出书面约定,华锐配件厂亦否认曾就货款支付时间与长进公司达成一致的口头约定。根据《买卖合同解释》第24条第4款关于"买卖合同没有约定逾期付款违约金或者该违约金的计算方法,出卖人以买受人违约为由主张赔偿逾期付款损失的,人民法院可以中国人民银行同期同类人民币贷款基准利率为基础,参照逾期罚息利率标准计算"的规定,长进公司请求以涉案货款902,698.32元为本金、按照中国人民银行同期同类贷款的利率计算逾期付款的利息,符合上述法律规定,法院予以支持。此外,根据《合同法》第61条关于"合同生效后,当事人就质量、价款或者报酬、履行地点等内容没有约定或者约定不明确的,可以协议补充;不能达成补充协议的,按照合同有关条款或者交易习惯确定"以及第161条关于"买受人应当按照约定的时间支付价款。对支付时间没有约定或者约定不明确,依照本法第61条的规定仍不能确定的,买受人应当在收到标的物或者提取标的物单证的同时支付”的规定,本案中,长进公司与华锐配件厂对涉案货款的支付时间未能达成一致约定,且涉案货物已于2013年4月28日前全部交付给华锐配件厂,华锐配件厂应在收到涉案货物的同时支付货款,即应于2013年4月28日前支付全部货款。现长进公司主张从2013年5月13日起计算逾期付款的利息,系其对自身权利的处分,法院依法予以确认。

最后,长进公司主张郭某霞与华锐配件厂共同偿还涉案货款及逾期付款的利息,其实质是要求郭某霞对华锐配件厂的债务承担连带清偿责任。经查,华锐配件厂系个人独资企业,其投资人为郭某霞。根据《个人独资企业法》第2条关于“本法所称个人独资企业,是指依照本法在中国境内设立,由一个自然人投资,财产为投资人个人所有,投资人以其个人财产对企业债务承担无限责任的经营实体”的规定,郭某霞作为投资人应对华锐配件厂的债务承担无限连带清偿责任。长进公司的该项主张,合法有据,法院予以支持。

【案件争点】

1. 郭某霞提出以提成费抵销货款的主张是否有效。
2. 华锐配件厂是否已向长进公司清偿涉案货款。

【裁判要旨】

法院认为:郭某霞既作为华锐配件厂的投资人,又作为长进公司的代表,其行为属于自己代理。郭某霞在未经长进公司同意的情况下,自行决定将提成款抵销货款,并非长进公司真实意思表示,且提成费债权的权利义务主体是郭某霞与长进公司,并不涉及华锐配件厂的权利或义务,华锐配件厂与长进公司之间买卖合同关系,提成费请求与长进公司的货款请求基于不同法律关系且发生在不同主体之间,华锐配件厂与长进公司之间并不存在互负债务、互享债权的情形,不符合抵销的条件。

华锐配件厂与长进公司之间基于买卖合同关系产生的未付货款纠纷,长进公司已按约交付了货物,华锐配件厂应按着合同约定支付相应款项,郭某霞作出的由提成费抵销货款的主张不予支持。

三、裁判规则提要

根据《民法典》第168条规定,代理人不得以被代理人的名义与自己实施民事法律行为,但是被代理人同意或者追认的除外。代理人不得以被代理人的名义与自己同时代理的其他人实施民事法律行为,但是被代理的双方同意或者追认的除外。该规定是现行法律规范中对"自己代理"的法定限制,目的是保护被代理人利益,对被代理人是否有利在所不问,否定代理人与自己或自己代理的第三人实施代理行为,既适用于意定代理也适用于法定代理。

在债务承担的问题上,第三人直接向债权人单方承诺由第三人履行债务人的债务,但同时不免除债务人履行义务的债务承担方式,即债务加入,该意思表示应该是真实有效且不损害他人利益的,而原债务人是否能为第三人作出债务负担的表意呢,是否构成"自己代理"呢?

债务负担的意思应该是第三人自愿作出的真实意思表示,并且应经债权人同意。原债务人作为第三人之代理人,向债权人作出债务负担之意思,构成自己代理,根据《民法典》之规定,为避免侵害第三人的利益,此种行为原则上是被禁止的。但禁止自己代理有例外之情形,即第三人本人事前同意或事后追认,可认定自己代理行为有效。

在《民法总则》(已失效)生效前,在司法审判实践中,对于自己代理行为并不当然依据行为形式否定其效力,往往在裁判过程中,依据诚实信用原则、无权代理等相关规定,法官将针对代理行为是否有效、是否对被代理人造成利益损害、是否存在利益之冲突进行综合判断。代理人自己代理的行为,使已存在的债务得以清偿并未产生新的权利义务关系,且不影响被代理人及相对人的利益,这其中包括被代理人与代理人之间、被代理人与相对人之间的债务,专为履行债务可以成为禁止自己代理之例外,但在其中需要注意排除代物清偿等行为,并且需要在审理过程中针对各方真实意思表示进行判断。

四、辅助信息

高频词条:

《民法典》

第 162 条 代理人在代理权限内,以被代理人名义实施的民事法律行为,对被代理人发生效力。

第 164 条 代理人不履行或者不完全履行职责,造成被代理人损害的,应当承担民事责任。

代理人和相对人恶意串通,损害被代理人合法权益的,代理人和相对人应当承担连带责任。

第168条 代理人不得以被代理人的名义与自己实施民事法律行为,但是被代理人同意或者追认的除外。

代理人不得以被代理人的名义与自己同时代理的其他人实施民事法律行为,但是被代理的双方同意或者追认的除外。

买卖合同纠纷案件裁判规则(一)第20条:

买卖合同双方当事人不得起诉的约定,系当事人擅自订立放弃诉权,因违反《民事诉讼法》强制性规定而无效

〔**规则描述**〕:诉权是当事人向人民法院起诉和应诉,请求人民法院保护其权益的权利。程序意义上的诉权,是指当事人认为自己的民事权益受到侵害,依据《民事诉讼法》的规定,向人民法院提出启动诉讼程序的权利。在当事人不违反《民事诉讼法》的强制性规定,只要符合起诉条件就具有程序意义上的诉权。在买卖合同或者交易过程中,双方约定不得提起诉讼是对具有公法性质的诉权的任意处分;公法上的法律关系不能由当事人通过合同的约定进行任意的变更,即诉权不能任由当事人自由处分,因此认定约定放弃诉权的条款是无效的。

一、类案检索大数据报告

时间:2020年2月10日之前,案例来源:Alpha案例库,案件数量:429件,数据采集时间:2020年2月10日。本次检索到相关案件共429件,整体情况如图20-1所示,法院认为买卖合同双方当事人不得起诉的约定无效的案件213件,占比为49.65%;不认为无效的案件152件,占比为35.43%;不相关案件64件,占比为14.92%。

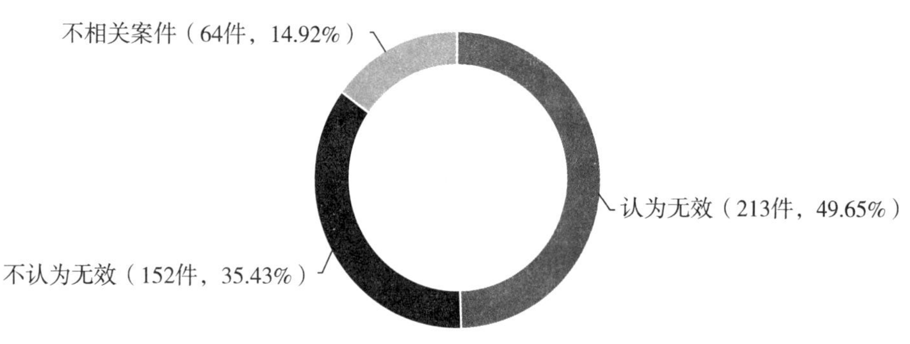

图20-1 法院是否认为不起诉约定无效

如图20-2所示,从案件主要年份分布情况可以看出当前条件下合同纠纷案件数量的变化趋势。

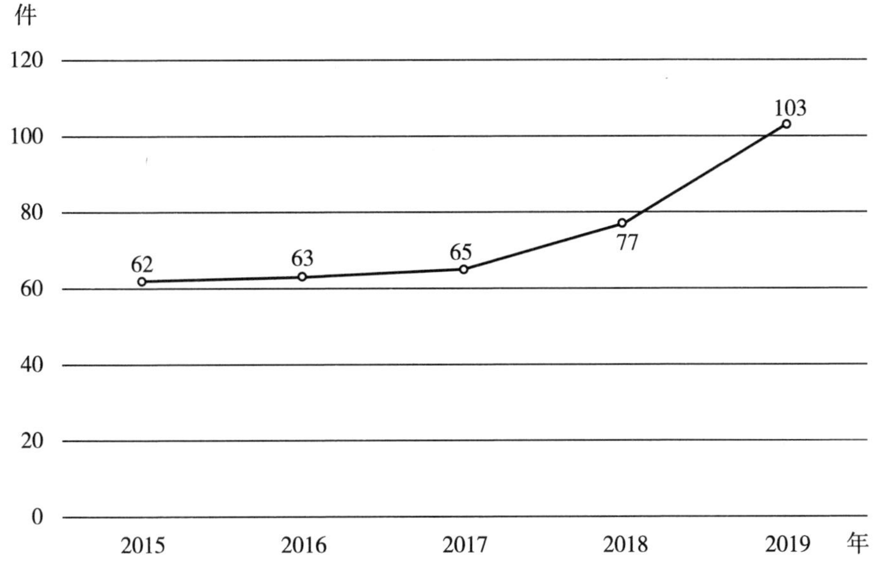

图 20－2　案件主要年份分布情况

如图 20－3 所示,从案件主要地域分布情况来看,当前买卖合同纠纷案件主要集中在广东省、广西壮族自治区、湖南省、山东省、河南省。其中,广东省的案件数量最多,达到 55 件。

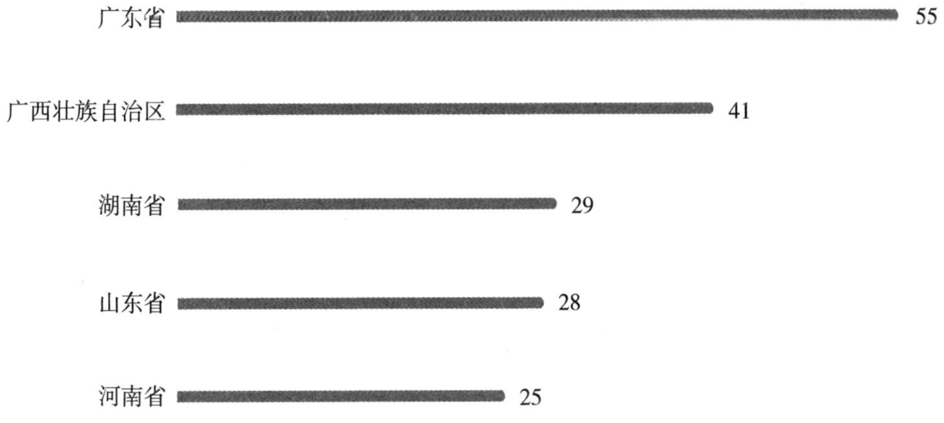

图 20－3　案件主要地域分布情况

如图 20－4 所示,从案件的行业分类情况可以看出,买卖合同纠纷当前的行业分布主要集中在批发和零售业、制造业、建筑业、房地产业、租赁和商务服务业。

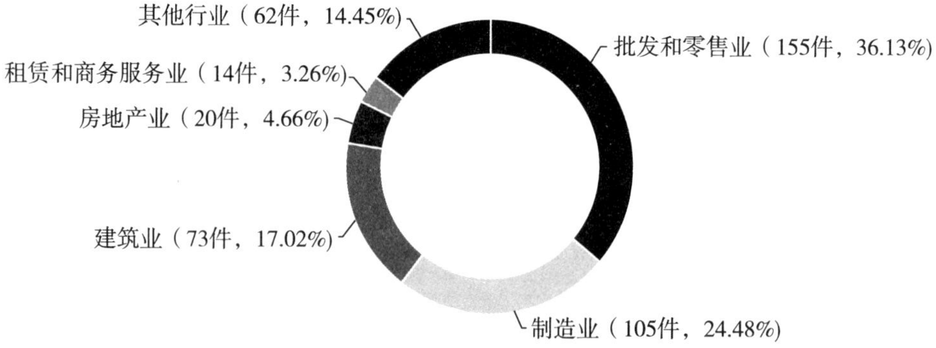

图 20-4 案件行业分类情况

二、可供参考的例案

例案一 | 刘某方、刘某磊买卖合同纠纷案

【法院】

安徽省高级人民法院

【案号】

(2019)皖民申805号

【当事人】

再审申请人(一审被告、二审被上诉人):刘某方

被申请人(一审原告、二审上诉人):刘某磊

【基本案情】

刘某方申请再审称:终审判决既认可当事人关于"三年内不得起诉"是自由处分原则的体现,没有违反法律的强制性规定,又肯定刘某磊通过诉讼的方式索要货款正确,自相矛盾。首先,双方之间关于"三年内不得起诉"是自由处分原则的体现,没有违反法律的强制性规定,合法有效,如果违约就应承担违约责任。双方均是完全民事行为能力人,应该尊重当事人双方的意思表示,而刘某磊在限定时间内提起诉讼,已经违约,理应按照双方约定承担违约责任,即在总货款中扣减50万元。其次,二审法院强行设定当事人之间并无约定的内容不符合法律规定。本案没有任何证据证明双方之间关于"刘某磊承诺三年内不得因拖欠货款而起诉刘某方,如起诉,刘某磊自愿让利50万元给刘某方"是关于违约金的约定,刘某磊该项承诺,是基于诸如产品质量等因素。双方之间并未约定具体的付款期限及利率,逾

期利息应该按照法律规定办理,从起诉之日计算。即使算作违约金的话,也不足以弥补其损失,因为双方往来总额高达700余万元,产生的利润远不止50万元,其损失与刘某磊的获利是严重失衡的,简单算作违约金有违公平。

法院经审查认为:刘某磊与刘某方于2016年5月10日经对账形成的对账单,系双方当事人的真实意思表示,亦是刘某磊行使自由处分权的体现,不违反法律、行政法规效力性强制性规定,应为合法有效。刘某磊在该对账单上承诺三年内不得因拖欠货款而起诉刘某方,否则,刘某磊自愿让利50万元给刘某方。该内容应是刘某磊违反"三年内不得因拖欠货款而起诉"的承诺向刘某方付出的代价,即相当于违反该承诺应承担的违约责任。虽然刘某方与刘某磊之间存在上述约定,但法院并不能因此剥夺刘某磊通过诉讼程序要求刘某方支付货款的权利,故刘某磊提起本案诉讼,刘某方可以依据上述承诺的内容追究刘某磊的违约责任,但不能以此作为其不支付货款的抗辩理由,终审判决认定涉案对账单的合法有效性和支持刘某磊的相应诉讼主张并不矛盾。双方对账约定刘某磊三年内不得起诉刘某方,现刘某磊违反该约定期限提起本案诉讼,构成违约,应向刘某方承担相应的违约责任,即自愿让利50万元给刘某方。双方对账单确认刘某方应向刘某磊支付货款1,121,500元,未约定付款时间,刘某方未及时支付应承担逾期付款的利息损失,因双方之间没有关于付款期限及利率的约定,故终审判决认为应以1,121,500元为基数自2016年10月17日起按中国人民银行同期同类贷款利率1.5倍计算至实际清偿止并无不当。同时,终审判决认为双方关于违约金数额约定过高,明显违反公平原则,予以调整,并综合本案实际情况,将刘某方应支付的逾期付款利息损失与刘某磊提前起诉应付的违约金进行冲抵,体现了公平原则和诚实信用原则,并无不妥。刘某方申请再审不符合《民事诉讼法》第200条第2项和第6项规定,不予支持。

【案件争点】

合同中约定的"三年内不得起诉"是否有效。

【裁判要旨】

法院认为:刘某磊与刘某方于2016年5月10日经对账形成的对账单,系双方当事人的真实意思表示,亦是刘某磊行使自由处分权的体现,不违反法律、行政法规效力性强制性规定,应为合法有效。刘某磊在该对账单上承诺3年内不得因拖欠货款而起诉刘某方,否则,刘某磊自愿让利50万元给刘某方。该内容应是刘某磊违反"三年内不得因拖欠货款而起诉"的承诺向刘某方付出的代价,即相当于违反该承诺应承担的违约责任。虽然刘某方与刘某磊之间存在上述约定,但法院并不能因此剥夺刘某磊通过诉讼程序要求刘某方支付货款的权利,故刘某磊提起本案诉讼,刘某方可以依据上述承诺的内容追究刘某磊的违约责任,但不能以此作为其不支付货款的抗辩理由,终审判决认定涉案对账单的合法有效性和支持刘某磊的相应诉讼主张并不矛盾。双方对账约定刘某磊3年内不得起诉刘某方,现刘某磊违反该约定期限提起本案诉讼,构成违约,应向刘某方承担相应的违约责任,即自愿让利50万元给刘某方。

民商事合同中的订立过程充分遵循双方意思自治原则,在不违反法律和社会公共利益的情况下,当事人有充分的合同自由。当一方在合同上作出"三年内不得起诉对方"的承诺并且就此承诺约定了对应的违约责任时,是双方当事人意思自治的表现,法院认为该条款系双方当事人的真实意思表示且认可其效力。在本案中,法院认为当事人拥有并依法行使诉权与依据合同约定行使诉权即承担相应违约责任,是不矛盾的。不能因合同中对诉权行使期间的特殊约定而剥夺一方当事人提起诉讼的权利,但合同中的该特殊约定条款是有效的,因此在未按合同特殊约定行使诉权后即触发合同违约条款。

对于本案的裁判结果是值得商榷的,法院认为部分一方面认为不能剥夺当事人提起诉讼维护自身利益的权利,可认为是对合同中"三年内不得起诉"的特殊条款效力的否认,另一方面又依据该特殊约定判令当事人承担违约责任,看似"不矛盾"实则从法理与逻辑上都是自相矛盾的。现行的《民法总则》第197条明确规定:"诉讼时效的期间、计算方法以及中止、中断的事由由法律规定,当事人约定无效。当事人对诉讼时效利益的预先放弃无效。"该条规定明确了诉讼时效法定,双方当事人的意思自治不能突破法定规定,因此,在合同中对诉讼时效问题进行了特殊约定或者豁免,都应认定为无效。《民事诉讼法》第13条第2款也明确规定了"当事人有权在法律规定的范围内处分自己的民事权利和诉讼权利",以法律规定为限,排除了当事人的任意约定。

例案二 | 王某海、谢某启买卖合同纠纷案

【法院】

山东省临沂市中级人民法院

【案号】

(2019)鲁13民终4953号

【当事人】

上诉人(原审被告):王某海

被上诉人(原审原告):谢某启

【基本案情】

2013年起王某海多次购买谢某启饲料。2018年2月10日,王某海向谢某启购买了价值12,000元的饲料,并由王某海当日出具欠款条一份,约定:“今欠谢某启现金12,000元,大写:壹万贰仟元。”后王某海偿还谢某启3000元,在双方的见证下将欠款条更改为:“今欠谢某启现金9000元,经双方协商约定,玖仟元应足额还清,如逾期不还,欠款人自愿从欠款之日起按照每日1%加付违约金,在还款过程中出现任何纠纷,均由河东区人民法院裁定。”2018年12月10日,王某海又向谢某启购买了价值1000元的饲料,王某海当日出具欠条一份,载明:“今欠谢某启1000元正”,由王某海签字确认并交由谢某启留存为证。上述欠款共计10,000元。2019年1月19日,王某海又向谢某启购买了4吨饲料,2019年1月20日,因该饲料质量问题,王某海要求谢某启向其出具证明一份,载明:“甲方谢某启乙方王某海乙方欠甲方人民币一万,由于甲方卖过期料给乙方被乙方发现,作为补偿,甲方承诺在2024年前不得向乙方催款,否则自己自愿放弃乙方所欠的款项,特此证明。”该证明由谢某启签字确认交由王某海留存为证。

王某海称该“证明”是双方自愿书写,谢某启应当按照“证明”约定,在2024年之前不得向王某海催要饲料款,否则将自愿放弃王某海所欠的款项。

根据庭审情况,双方均认可案涉“证明”条系在王某海家中出具,出具的情形系双方对2019年1月19日交易的4吨饲料是否存在质量问题产生争议,谢某启要拉走该4吨饲料,王某海不让拉,并称“要不就给我出具涉案的协议,要不我就给工商局打电话”。后谢某启为了拉走该4吨饲料,为王某海出具案涉证明条。从双方自认的事实看,在出具证明条时,谢某启的意思表示受到限制,其出具证明条系为顺利拉走饲料进行的妥协;从证明条的内容看,该证明条载明了谢某启不得在2024年前向王某海追要10,000元货款,否则自愿放弃该款项。

【案件争点】

买卖合同中约定一方对其诉讼权利的放弃,即该方当事人是否有权要求对方返款货款及其利息。

【裁判要旨】

法院认为:诉权是国家赋予公民获得司法救济的基本权利,具有绝对性,应当受到法律保护。当事人虽有处分权,可选择诉或不诉,但不能通过事先约定的方式排除司法救济。涉案证明中的约定,实际是要求谢某启五年内不得向王某海催要欠款,同时如果违反该证明中的约定,甲方将丧失救济的权利,包括谢某启将丧失起诉的权利。该约定实际限制了公民的诉权,侵犯了公民的法定权利。故一审法院认为,该份证明不能产生诉讼法上的效果,应认定为无效条款。

原告、被告之间的法律关系为买卖合同法律关系,双方应当按照约定履行各自义务。谢某启请求王某海偿还饲料款10,000元及利息,并提供欠款条两份予以证明,该欠款事实清楚,证据充分。

《民事诉讼法》第13条的规定"民事诉讼应当遵循诚实信用原则。当事人有权在法律规定的范围内处分自己的民事权利和诉讼权利"是赋予当事人诉讼中对民事实体权利与诉讼权利的有限处分自由。对民事实体权利的处分主要体现为当事人确定、变更、放弃、承认诉讼请求、达成调解协议等。对诉讼权利的处分主要体现在是否行使起诉权、上诉权、反诉权、申请再审、申请执行、撤回起诉、上诉等,但前提是在保障诉权和不违反强制性规定范围内行使上述处分权。约定不得起诉是对当事人诉权的排除,并且是违反民事诉讼法强制性规定,系无效约定。

例案三 | 伍某等与马某文买卖合同纠纷案

【法院】

江西省赣州市中级人民法院

【案号】

(2019)赣07民终862号

【当事人】

上诉人(原审被告):伍某

上诉人(原审被告):严某燕

上诉人(原审被告):江西宇洲家具有限公司

被上诉人(原审原告):马某文

【基本案情】

上诉人伍某、严某燕、江西宇洲家具有限公司(以下简称宇洲公司)的上诉请求为:(1)撤销原审判决第3项,改判上诉人不承担货款利息;(2)本案上诉费由被上诉人承担。主要理由如下:(1)本案的欠条及还款计划均未约定利息,根据相关法律规定,应当视为不支付利息。即便上诉人伍某在原审中陈述有利息约定,但是该约定也是附条件的,即被上诉人如果不提起诉讼,则愿意按照月利率2%计付利息,但是被上诉人向法院提起了诉讼,故该支付利息的约定条件没有成就,应当不支付利息。(2)本案债务是属于宇洲公司的债务,与上诉人伍某、严某燕没有关系,原审判决上诉人伍某、严某燕承担责任没有依据。

被上诉人马某文答辩称:原审庭审已经查明当事人之间约定了利息,且在还款承诺中形成了书面记载。原审判决认定事实清楚,适用法律正确,请求予以维持。

被上诉人马某文向原审法院提出诉讼请求:(1)解除原、被告签订的还款计划;(2)判令被告宇洲公司、伍某共同偿还原告货款30.7万元,并自2016年6月22日起按月利率2%计付利息至还清为止;(3)判令被告严某燕承担连带清偿责任。

原审法院认定事实:伍某、严某燕系夫妻关系。马某文原在广东佛山经营"佛山市南海区里水腾骏拼板厂"(现已注销)。在经营期间,宇洲公司在马某文处购买家具生产原料。马某文与宇洲公司于2016年6月22日对货款进行结算,宇洲公司共欠原告货款373,490元,由宇洲公司总经理伍某向马某文出具欠条一张,并口头约定按月利率2%计付利息。欠条出具后,宇洲公司向马某文支付66,490元,尚欠原告货款307,000元。2018年5月28日,伍某向马某文出具还款计划一份,约定对尚欠货款307,000元进行分期支付,在同年春节前还清,并结清到年底的利息15万元,但宇洲公司未按期支付货款及利息。伍某辩称与马某文约定其愿意支付货款利息的前提是其不起诉。

原告要求被告宇洲公司、伍某支付货款利息,从2016年6月22日起按月利率2%计付利息至还清为止,有欠条及当事人的庭审陈述为证,故予以支持。被告伍某、严某燕系夫妻关系,该债务系两被告夫妻关系存续期间产生,依法应确定为夫妻共同债务,故被告严某燕与被告伍某有共同支付货款本息的责任。

【案件争点】

在一方当事人作出让利情况下而约定不起诉,诉讼中是否可以依据该约定进行抗辩。

【裁判要旨】

法院认为:上诉人伍某在原审庭审中关于利息的陈述构成自认,且与还款承诺计划中的约定一致,原审对于利息的判决有事实和法律依据。因宇洲公司系由上诉人伍某、严某燕夫妇出资经营,且本案债务系在上诉人伍某、严某燕夫妇共同经营宇洲公司期间产生,故应当认定为夫妻共同债务。原审判决上诉人伍某、严某燕、宇洲公司共同承担还本付息责任于法有据,应予维持。

本案中,双方当事人在还款协议中约定债权人"如果不提起诉讼",债务人"则愿意按照月利率2%计付利息"。该条款不仅是对债权人起诉权利的限制,实则是在债务人作出让利,试图用其他利益的交换来阻止诉讼的发生。当然,根据《民事诉讼法》的强制性规定,通过约定不起诉的方式来限制一方当事人的诉讼权利是无效的,当一方当事人突破约定提起诉讼后,另一方当事人是否可以根据这一约定进行抗辩或者主张对方返还其让利?

如果简单按照诉权法定的原则"一刀切"地认定限制诉讼权利的约定无效,则直接认定对该约定附加的原合同之外的条件或对方的让利而提出的请求一律认为无效的话,则可能出现提起诉讼的一方利用对方的信赖,在条件达成或者获取对方让利之后,依旧选择提起诉讼,不仅损害对方的信赖利益,同时可能造成对方直接的经济损失。在此情况下,对于让利一方是否可以根据约定不起诉的附加条件进行抗辩,则应从诉讼权利的角度延伸至实体权利进行考量,在保证诉讼请求的行使,不违反强制性规定的前提下,根据《合同法》的规定以及诚实信用原则、公平原则、处分原则等结合实际情况进行判断,以确定通过附加条件或者让利而约定不起诉的条款无效时能否根绝附加条件提出抗辩。

三、裁判规则提要

约定不起诉,是指当事人通过私人之间的约定对诉权进行处分,以阻止案件进入法院审判;该约定兼具私法契约和诉讼契约的属性。目前对于不起诉约定,法律及司法解释未作专门的规定,因而法官在审理过程中缺乏指向性规定。《民事诉讼法》第13条第2款规定"当事人有权在法律规定的范围内处分自己的民事权利和诉讼权利",然对于诉权处分之约定因违反《民事诉讼法》强制性规定而无效,但在案件审理过程中该约定的无效并不导致合同完全无效,法官需要在约定不起诉无效的情况下,完成对案涉争议的解决。

(一)诉权具有公法性质,对诉权的处分不能突破《民事诉讼法》等强制性规定

《民事诉讼法》是典型的强行性规范,在《民事诉讼法》没有明确授权当事人可

以处分的情形下,当事人擅自订立放弃诉权的约定,剥夺了当事人的诉权,有违《民事诉讼法》的强制性规定,因此该放弃诉权的约定不能产生相应的法律效力。并且,诉权作为程序性权利,具有公法性质。意思自治原则是私法的基本原则,一般只适用于私法领域。程序意义上的诉权,是民事纠纷主体请求司法救济的权利,不能简单通过当事人私人之间的约定进行限制,诉权由公法规制,是针对司法机关而行使的。根据公私法的理论可知,公法上的法律关系不能由当事人通过合同的约定进行任意的变更,即诉权不能任由当事人自由处分,否则程序的安定性和严肃性将得不到保障。

(二)法院在审理类似案件的过程中,缺乏统一裁判标准,导致同案不同判的弊端

买卖合同中约定不起诉之情况在司法实践中屡有出现,因为缺乏统一、细化的裁判标准以及对约定不起诉的法律效果认识不清等原因,导致法官在审理过程中出现前后矛盾的现象。部分案例显示,有法官认同约定不起诉的条款的效力的同时作出驳回诉讼请求之裁判,但按照程序法的规则,如果认可该约定不起诉的效力即限制一方诉权,应当作出不予受理或者驳回起诉之裁判。

因缺乏统一的裁判标准与对约定不起诉的规范化认识,司法审判出现同案不同判的现象,并且部分法官在裁判的过程中仍然以实体法思维做判断,特别是在审理合同纠纷的过程中,往往依据《民法典》等法律规范,将约定不起诉视为当事人之间私法领域对自己权利的自由处分,根据意思自治原则,有约定从其约定。但诉权具有实体法意义和程序法意义,因此不能完全根据双方当事人的约定来,程序意义上的诉权不能通过私法自治进行判断,需要考虑是否符合《民事诉讼法》等关于程序法的强制性规范。

(三)应综合程序法和实体法角度进行审理

如前所述,诉权兼具实体意义和程序意义,从程序法角度进行考量时,在符合《民事诉讼法》的强制性规范及符合起诉条件时,即具有程序意义上的诉权,而约定不得起诉因违反程序法上的强制规定,系无效的。但实际审理过程中,需要充分考虑程序法和实体法意义进行审理。对于诉权放弃的条款往往不是独立存在的,通常伴随部分实体性权利放弃的条款并存在于当事人双方的合同约定中,如约定一方在3年内不起诉则另一方愿意让出部分利益,若提起诉讼的一方坚持认为需要

继续审理,法院应在受理案件后针对合同中对实体性权利的约定条款进行审核;如果对实体性权利放弃或妥协让利的行为属实,且不符合《民法典》中关于合同无效的规定,则法院应基于民事行为意思自治原则,驳回起诉或者判决其败诉,因双方对于实体权利放弃条款的意思自治已经改变了之前的约定,并非独立地认同放弃诉权的约定条款有效。即使双方曾约定一方放弃诉权,反悔后诉至法院,只要符合起诉的条件,放弃诉权的约定是不会得到法院的支持的,法院依然会受理案件。

对于在和解协议等文件中约定了放弃诉权,应当审查是否已经履行完毕,并且审查协议中的条款是否违反法律和行政法规的强制性规定,是否存在重大误解、欺诈、胁迫等可撤销情况。在协议已经履行完毕后,对于约定放弃诉权的条款,不能以此约定无效为由提出协议或履行无效,但可以对法律效力予以认定而驳回起诉。

四、辅助信息

高频词条:

《民法典》

第197条 诉讼时效的期间、计算方法以及中止、中断的事由由法律规定,当事人约定无效。

当事人对诉讼时效利益的预先放弃无效。

《民事诉讼法》

第13条 民事诉讼应当遵循诚实信用原则。

当事人有权在法律规定的范围内处分自己的民事权利和诉讼权利。

《民事案件适用诉讼时效规定》

第2条 当事人违反法律规定,约定延长或者缩短诉讼时效期间、预先放弃诉讼时效利益的,人民法院不予认可。

第15条 权利人向公安机关、人民检察院、人民法院报案或者控告,请求保护其民事权利的,诉讼时效从其报案或者控告之日起中断。

上述机关决定不立案、撤销案件、不起诉的,诉讼时效期间从权利人知道或者应当知道不立案、撤销案件或者不起诉之日起重新计算;刑事案件进入审理阶段,诉讼时效期间从刑事裁判文书生效之日起重新计算。

图书在版编目(CIP)数据

买卖合同纠纷案件裁判规则．一，合同的订立与效力／钟莉主编．--北京：法律出版社，2021
ISBN 978-7-5197-5582-9

Ⅰ．①买…　Ⅱ．①钟…　Ⅲ．①房屋-买卖合同-合同纠纷-审判-案例-中国　Ⅳ．①D923.65

中国版本图书馆CIP数据核字(2021)第082417号

买卖合同纠纷案件裁判规则(一)：合同的订立与效力
MAIMAI HETONG JIUFEN ANJIAN CAIPAN GUIZE(YI):HETONG DE DINGLI YU XIAOLI

钟　莉　主编

责任编辑　朱轶佳　林　蕊
装帧设计　李　瞻

出版发行　法律出版社
编辑统筹　司法实务出版分社
责任校对　杨锦华　王沁陶
责任印制　胡晓雅
经　　销　新华书店

开本　710毫米×1000毫米　1/16
印张　23　　**字数**　400千
版本　2021年6月第1版
印次　2021年6月第1次印刷
印刷　固安华明印业有限公司

地址：北京市丰台区莲花池西里7号(100073)
网址：www.lawpress.com.cn
投稿邮箱：info@lawpress.com.cn
举报盗版邮箱：jbwq@lawpress.com.cn

销售电话：010-83938349
客服电话：010-83938350
咨询电话：010-63939796

书号：ISBN 978-7-5197-5582-9
定价：55.00元

凡购买本社图书，如有印装错误，我社负责退换。电话：010-83938349